Ajith Fernando

W0305470

Checkliste Glaube

Dienen wie Jesus

francke

Über den Autor:
Ajith Fernando lebt in Sri Lanka, ist nationaler Leiter der Organisation „Jugend für Christus“ und wirkt weltweit als Redner und Coach im Bereich Mentoring und Seelsorge. Er hat 11 Bücher geschrieben, die in 13 Sprachen übersetzt wurden. Mit seiner Frau Nelun engagiert er sich für die Randgruppen seiner Stadt.

Bibliografische Information Der Deutschen Bibliothek
Die Deutsche Bibliothek verzeichnet diese Publikation in der Deutschen Nationalbibliografie; detaillierte bibliografische Daten sind im Internet über http://dnb.ddb.de abrufbar.

ISBN 978-3-86827-239-0
Alle Rechte vorbehalten
Originaltitel: Jesus Driven Ministry
© 2002 by Ajith Fernando
Published by Crossway Books, a publishing ministry of
Good News Publishers, Wheaton, Illinois 60187, USA
This edition published by arrangement with Good News Publishers.
© 2011 by Verlag der Francke-Buchhandlung GmbH
35037 Marburg an der Lahn
Deutsch von Thomas Weißenborn
Umschlagbilder: © iStockphoto.com / ziprashantzi
© iStockphoto.com / ajafoto
Umschlaggestaltung: Verlag der Francke-Buchhandlung GmbH /
Christian Heinritz
Satz: Verlag der Francke-Buchhandlung GmbH
Druck: Bercker Graphischer Betrieb, Kevelaer

www.francke-buch.de

Inhaltsverzeichnis

Stimmen zum Buch 7

Vorwort 9

1. Den Griechen ein Grieche 11

2. Bevollmächtigt durch den Heiligen Geist 27

3. Von Gott bestätigt 53

4. Rückzug von aller Aktivität 72

5. Den Willen Gottes bestätigen 87

6. Im Wort gegründet 108

7. Wilden Tieren begegnen 130

8. Gute Nachrichten bringen 139

9. Ein Team aufbauen 161

10. Jüngere Leiter zu Jüngern machen 193

11. Jünger in den Dienst aussenden 219

12. Den Kranken und Besessenen dienen 244

13. Hausbesuche 272

14. Gebet 292

Stimmen zum Buch

Als ich Ajith Fernando das erste Mal traf, begegnete ich einem begnadeten Konferenzredner. Als ich ihn im Drogenreha-Projekt in Sri Lanka besuchte, fand ich einen liebevollen, väterlichen Hirten, der seine Mitarbeiter und Schutzbefohlenen begleitet und notfalls durchträgt. Auch im Gebet.

Dieses Buch enthält ein Vermächtnis für eine neue Generation von Mitarbeitern – und eine Kostbarkeit gerade für uns in der westlichen Welt: Hingabe in einer Liebe, die sich selbst vergisst, um anderen zu helfen.

Es ist kein Zufall, dass Ajith Fernando die Bibelarbeit zur Eröffnung des 3. Lausanner Kongresses für Weltmission hielt. Ich kenne wenige christliche Leiter, die eine so tiefe Liebe zu Jesus Christus mit einer authentischen Retterliebe für die Menschen dieser Zeit verbinden. „Checkliste Glaube" atmet diese Liebe – Seite für Seite.

Ulrich Weinhold
Leiter von Hilfe für Brüder,
Co-Workers und Christliche Fachkräfte International

Während in der westlichen Christenheit neue Modelle und Rezepte für Management, Wachstum und Lebensfreude gesucht werden, zeigt einer der bekanntesten Sprecher aus der 3. Welt, was die klaren biblischen Grundsätze des geistlichen Dienstes sind. Als erfahrener Jugendpastor hat er sie vielfach erprobt und bewährt. Zunächst unter jungen Mitarbeitern in der angefeindeten evangelistischen Jugendarbeit im buddhistischen Sri Lanka. Dann überall in der Welt neu in den Mittelpunkt gerückt bei unzähligen Pastorentagungen und Bibelkonferenzen. Wie kaum ein anderer stellt Ajith Fernando Jesus in den Mittelpunkt.

Winrich Scheffbuch
Mitbegründer von Hilfe für Brüder
und Christliche Fachkräfte International

Bücher über geistliche Leiterschaft sind rar. Das Buch „Checkliste Glaube“ ist eine der rühmlichen Ausnahmen. Ajith Fernando führt seine Leser durch die „Basics“, die zum Gelingen christlichen Lebens und geistlicher Leiterschaft gehören. Das Buch ist praktisch, christuszentriert und gewinnt seine Erkenntnisse aus der Exegese. Das ist biblische Jüngerschaft vom Feinsten in schriftlicher Form für alle, die geistlich Verantwortung tragen.

Hans Walter Ritter
Leiter der ÜMG Deutschland

Ajith Fernando ist ein Autor, von dem ich viel gelernt habe. Seine Echtheit schätze ich außerordentlich.

Ravi Zacharias
Autor, Redner, Gründer und Präsident von Ravi Zacharias International Ministries

Ajith Fernandos Schriften zeichnen sich durch eine derartige Glaubwürdigkeit, große Schlichtheit und biblischen Reichtum aus, dass ich jedes Mal in seinen Büchern hängenbleibe, wenn ich eigentlich in ihnen etwas ganz Spezielles suche. Die Kirche im Westen muss lesen, was Fernando schreibt.

John Piper
Pastor in der Bethlehem Baptist Church, Minneapolis

Das was Ajith Fernando so überzeugend macht, ist die Authentizität seines geistlichen Dienstes. Er ist einer der wenigen Menschen dieser Generation, der lebt, was er predigt.

Robert E. Coleman
Professor für Evangelisation und Jüngerschaft am Gordon-Conwell Theological Seminary

Vorwort

Als ich dieses Buch zum ersten Mal in die Hand bekam, war ich offen gesagt nicht besonders begeistert. Mir gefiel nicht, wie der Autor manchmal einfach nur Bibelstellen aneinanderreihte, ohne sich mit den einzelnen näher zu beschäftigen. Manche dogmatischen Aussagen waren mir zu wenig ausgewogen. Doch trotzdem wollte ich das Buch nicht wieder aus der Hand legen. Bei ihm handelt es sich schließlich um eine Stimme aus der Zwei-Drittel-Welt, aus einem von Krieg, Armut und Korruption gebeutelten Land – und damit einem, das der Lebenswelt Jesu und der ersten Apostel um vieles näher ist als mein eigenes Umfeld. Vielleicht waren also meine Vorbehalte nichts weiter als die westliche Arroganz, mit der ein Doktor der Theologie vom bequemen Lehnstuhl aus über einen Praktiker im Dienst der Menschen urteilt.

Und ich muss sagen, je mehr ich mich mit diesem Buch beschäftigt habe, desto mehr fesselte es mich. In dem Werk, das aus einer Vortragsreihe entstanden ist, schreibt Fernando einfache Wahrheiten und schlichte Weisheiten, die aber gerade wegen ihrer Einfachheit und Schlichtheit in der bunten Glitzerwelt moderner und postmoderner Gemeinden ebenso gern übersehen werden wie im alltäglichen Getriebe traditioneller Kirchen. Ihm geht es nicht um spektakuläre Erfahrung und atemberaubende Erlebnisse, sondern vor allem um ein Leben, das im ganz klassischen Sinn Gott die Ehre gibt und in der Nachfolge Jesu verwurzelt ist. Sein Schwerpunkt liegt deshalb auf einem Bereich, den wir zu unserem eigenen Schaden oft verleugnen: der Ausformung eines christlichen Charakters.

Fernando knüpft damit im besten Sinne an pietistische und andere Traditionen an. Die meisten seiner Erkenntnisse sind deshalb nicht neu, nur oft vernachlässigt. In seinem Vorwort, das hier nicht übersetzt wurde, vergleicht der Autor sein Buch mit einer Checkliste, die ein Pilot vor dem Start seines Flugzeugs durchgehen müsse. An sich sei das wenig aufregend, man lerne damit auch keinen Kunstflug, allerdings sei die regelmäßige Kontrolle aller wichtigen Teile für einen reibungslosen Flug absolut notwendig. Dieser Vergleich trifft das vorliegende Buch sehr gut. Hier geht es tatsächlich nicht um neue Gemeindeaufbaumethoden, interessante Gottesdienstmodelle oder auch nur um tief greifende theologische Gedanken. Es ist tatsächlich eher so etwas wie eine Checkliste, die dem Leser helfen soll, sein eigenes geistliches Leben einmal systematisch durchzugehen. Wenn man dabei auf Bereiche stößt, die eine besondere Aufmerksamkeit erfordern, hat das Werk eigentlich seinen Zweck erfüllt. Mir jedenfalls hat es in dieser Hinsicht sehr geholfen und mir Stoff geliefert, über den ich sicher noch eine Weile nachdenken werde.

Ich hoffe, dass ich damit nicht der Einzige bleibe. Denn ohne die grundlegenden Dinge, ohne Arbeit am eigenen Charakter, ohne das, was den Glauben schon seit den Aposteln geprägt hat und prägen sollte, führen neue Erkenntnisse zwar zu einem Methodenfeuerwerk, jedoch nicht zu verändertem Leben und einer veränderten Welt.

Thomas Weißenborn,
Autor u. a. von „Geheimnis der Hoffnung“ und „Christsein in der Konsumgesellschaft“

1. Den Griechen ein Grieche

Soll man gleich im ersten Kapitel betonen, wie wichtig es ist, sich mit den Menschen zu identifizieren, unter denen man arbeitet? Ich habe lange gezögert, dieses Buch so zu beginnen. Damit steht doch alles schnell unter einem negativen Vorzeichen. Aber so startet nun einmal der Bibeltext, mit dem wir anfangen wollen, und davon möchte ich eigentlich nicht abweichen. Und je mehr Kapitel ich angefügt habe, desto deutlicher wurde mir auch, dass es tatsächlich der richtige Einstieg ist, denn hierbei geht es um das zentrale Element christlichen Lebens. Obwohl heute viel über „inkarnatorischen Lebensstil" geredet wird und darüber, dass wir uns mit den Menschen identifizieren müssen, habe ich trotzdem das Gefühl, dass wir ein neues Verständnis dafür entwickeln müssen, was das wirklich für unseren Dienst unter den Menschen bedeutet.

Was die Bibel sagt

Johannes beginnt sein Evangelium mit einer tief gehenden theologischen Meditation über das Geheimnis der Inkarnation, der Menschwerdung Gottes. Markus beginnt ebenfalls mit der Inkarnation, allerdings tut er es in dem lebendigen und fast schon hastigen Stil, der sein ganzes Evangelium charakterisiert. Er berichtet zunächst über das Auftreten Johannes des Täufers, der dem Messias den Weg bereiten sollte (1,2f.). Dann beschreibt er den Auftrag des Johannes, der „in der Wüste" war und „die Taufe der Buße zur Vergebung der Sünden" predigte (1,4). Markus führt aus: „Und es ging zu ihm hinaus das ganze jüdische Land und alle Leute von Jerusalem und ließen sich von ihm taufen im Jordan und bekannten ihre Sünden." (1,5) Jerusalem war die Hauptstadt der religiösen Elite. Unter denen, die sich zu Johannes aufmachten, waren nach Matthäus „viele Pharisäer und Sadduzäer" (Matthäus 3,7).

In Vers 9 präsentiert Markus nun einen starken Kontrast, indem er sagt: „Und es begab sich zu der Zeit, dass Jesus aus Nazareth in Galiläa kam und ließ sich taufen von Johannes im Jordan." Nazareth war ein Ort in Galiläa, über den ein anderer Galiläer, Nathaniel, ausrief: „Was kann aus Nazareth Gutes kommen!" (Johannes 1,46) Sogar die Einwohner von Galiläa schienen also von Jesu Heimatstadt nicht besonders viel zu halten.

Aber das ist noch nicht alles. Jesus kam und „ließ sich taufen von Johannes im Jordan" (Markus 1,9b). Warum sollte sich der sündlose Retter der Welt einer „Taufe der Buße zur Vergebung der Sünden" (1,4) unterwerfen? Matthäus berichtet: „Aber Johannes wehrte ihm und sprach: Ich bedarf dessen, dass ich von dir getauft werde, und du kommst zu mir?" (Matthäus 3,14) Jesu Antwort ist der Schlüssel dafür, warum er sich der Taufe unterwarf: „Lass es jetzt geschehen! Denn so gebührt es uns, alle Gerechtigkeit zu erfüllen." (Matthäus 3,15) „Alle Gerechtigkeit erfüllen" meint nichts anderes, als alles zu tun, was zu einer gehorsamen Gottesbeziehung dazugehört. Für sich persönlich brauchte Jesus keine Taufe, weil er ja sündlos war. Aber für jeden anderen gehört sie zu einem Leben mit Gott dazu, deshalb wurde durch sie „alle Gerechtigkeit erfüllt". Als Haupt der Gemeinde teilte Jesus alle Erfahrungen seines Volkes. Durch seine Taufe offenbarte er den Menschen ihre Nöte, damit er ihnen in ihren Nöten begegnen konnte.

Um sich mit den Menschen zu identifizieren, denen er dienen wollte, wurde er einer von ihnen und unterwarf sich sogar diesem Ritus, obwohl er ihn persönlich eigentlich nicht nötig hatte. Diese Art der Identifikation war für das ganze irdische Leben Jesu charakteristisch. In diesem Fall beinhaltete sie für Jesus zwar keine besonderen Leiden, doch sein ganzes Leben ist eine Illustration dafür, wie sehr er sich mit uns identifizierte, um unser Erlöser zu sein.

Der große amerikanische Erweckungstheologe Jonathan Edwards hat gezeigt, dass das Opfer Christi tatsächlich schon in der Inkarnation begann – als er sich selbst entäußerte und Knechtsgestalt annahm – und weiterging, bis Christus schließlich die Sünde der Welt am Kreuz trug. Nach Edwards wurde die unendliche Kluft zwischen Menschen und Gott dadurch überbrückt, dass der Herr des Himmels seinen Thron der Herrlichkeit verließ und ein hilfloses Kind wurde. Aus diesem Grund ist das Opfer dieses Mannes genug, um für die

Sünde der Welt zu bezahlen. Denn schließlich war es ein unendlich großes Opfer.

Jesus wurde in einem Stall geboren, weil kein Raum in der Herberge war. Als Kind musste er nach Ägypten fliehen, denn in seinem Heimatland war er nicht mehr sicher. Nach seiner Rückkehr wuchs er in einer obskuren Kleinstadt auf, von der nicht viele Menschen irgendetwas Gutes erwarteten (Johannes 1,46). Obwohl er der Schöpfer des Himmels und der Erde war, war er seinen irdischen Eltern gehorsam (Lukas 2,51). Als Jugendlicher musste er vermutlich recht bald das Geschäft seines verstorbenen Vaters übernehmen und konnte deshalb nicht studieren. Als er später seinen Dienst begann, hat man ihm genau das vorgehalten (Johannes 7,15). Das sind jedoch exakt die Probleme, mit denen sich ein großer Teil der Weltbevölkerung täglich herumschlagen muss.

Jesus nahm dieselben emotionalen Leiden auf sich, die alle von uns haben. Seine Eltern verstanden ihn nicht, als er als Jugendlicher verschwand, um mit den geistlichen Leitern im Tempel zu diskutieren (Lukas 2,50). Seine Familie hielt ihn anfangs für verrückt und glaubte nicht an ihn (Markus 3,21). Kurz bevor er Lazarus von den Toten auferweckte, ließ er eigene Tränen zu, als er das Weinen von Lazarus' Schwester sah (Johannes 11,35). Seine engsten Freunde verstanden nicht, worum es ihm in seinem Dienst eigentlich ging. Einer von ihnen stahl aus der Gemeinschaftskasse Geld (Johannes 12,6) und verriet ihn später. Ein anderer bestritt vehement, ihn überhaupt zu kennen. In der Nacht vor seinem Tod stritten sie darüber, wer von ihnen der Größte sei (Lukas 22,24) – und das, obwohl er ihnen kurz zuvor durch die Fußwaschung gezeigt hatte, wie wahres Dienen aussieht. Dann verließen sie ihn alle, als er verhaftet wurde (Matthäus 26,56). Seine Gegner verleumdeten ihn ständig und sogar seine Taten der Barmherzigkeit bezeichneten sie als Werke des Teufels (Matthäus 12,24). Mit ihren falschen Anschuldigungen gelang es ihnen schließlich, ihn ans Kreuz zu bringen.

Verschiedene Ereignisse während seines öffentlichen Auftretens zeigen das ganze Paradox eines Herrn der Schöpfung, der Bedürfnisse hat:

- Der Schöpfer des Himmels und der Erde fastete vierzig Tage und ihn „hungerte“ (Matthäus 4,2) – so sehr, dass er versucht war, diesen Hunger auf falsche Weise zu stillen.
- Der, dem das ganze Universum gehört, fand keinen Platz, wo er „sein Haupt hinlegen“ konnte (Matthäus 8,20).
- Später erleben wir ihn, wie er so vielen Menschen hilft, dass er nicht einmal zum Essen kommt. Also sagte er seinen Jüngern: „Geht ihr allein an eine einsame Stätte und ruht ein wenig.“ Er selbst bekam diese Ruhe jedoch nicht, denn wo immer er hinging, folgten ihm die Menschenmassen. Daher predigte er den Menschen, statt auszuruhen. Doch selbst nach einer langen Lehrstunde kümmerte er sich noch um die Bedürfnisse seiner Zuhörer und speiste sie mit fünf Broten und zwei Fischen (Markus 6,31-42). Der Schöpfer von Nahrung und Zeit fand also keine Gelegenheit, selbst zu essen oder auszuruhen, aber er war in der Lage, mit der Mahlzeit eines Kindes fünftausend Menschen satt zu machen.
- Als Jesu hörte, dass sein Freund Lazarus krank war, gebot er der Krankheit nicht einfach, wie er es ein andermal getan hatte (Lukas 7,6-10). Stattdessen lief er wenigstens dreißig Kilometer (nach Ansicht mancher Gelehrter waren es sogar rund hundertdreißig Kilometer) nach Bethanien in Judäa (Johannes 11). Diese Reise war nicht ungefährlich, denn schließlich war er kurz zuvor aus Judäa geflohen, weil man ihn dort einsperren wollte. Und eigentlich hatte er gerade jenseits des Jordans einen erfolgreichen Dienst begonnen (Johannes 10,39-42). Die Frage der Jünger ist also durchaus verständlich: „Meister, eben noch wollten die Juden dich steinigen, und du willst wieder dorthin ziehen?“ (Johannes 11,8)
- Beim letzten Abendmahl schließlich nahm der Herr der Herren, den seine Anhänger ehrfurchtsvoll „Meister“ nannten, ein Handtuch, um seinen völlig überraschten Jüngern wie ein Sklave die Füße zu waschen (Joh 13).
- Am meisten hat Jesus jedoch bei seinem Tod auf alle Rechte verzichtet, um die Menschheit zu retten. Seine Anfechtungen im

Garten Gethsemane zeigen, dass es für ihn schwierig war, sich diesem Leiden zu stellen. Er nahm seinen Tod also keineswegs auf die leichte Schulter. Damit steht er in starkem Kontrast zu vielen christlichen Märtyrern der Kirchengeschichte, die freudig in den Tod gegangen sind. Aber sein Tod war anders, denn „der von keiner Sünde wusste", wurde „für uns zur Sünde gemacht" (2. Korinther 5,21). Das Band der Dreieinigkeit, dessen Tiefe und Verbundenheit unser menschlicher Verstand noch nicht einmal ansatzweise erfassen kann, wurde in einer solchen Weise zerrissen, dass Jesus am Kreuz ausrief: „Mein Gott, mein Gott, warum hast du mich verlassen?" (Markus 15,34) Es wird berichtet, dass Martin Luther, als er über diese Stelle meditierte, verzweifelt ausgerufen haben soll: „Gott von Gott verlassen! Wer kann das verstehen?" Und trotzdem lesen wir an zwei Stellen der Passionsgeschichte, dass Jesus jederzeit Gottes Engel hätte zu Hilfe rufen können, damit ihm das Kreuz erspart bliebe (Matthäus 26,53; Johannes 18,36).

Paulus beschreibt in sehr bewegenden Worten diese Selbstentäußerung Christi:

> *„Er, der in göttlicher Gestalt war, hielt es nicht für einen Raub, Gott gleich zu sein, sondern entäußerte sich selbst und nahm Knechtsgestalt an, ward den Menschen gleich und der Erscheinung nach als Mensch erkannt. Er erniedrigte sich selbst und ward gehorsam bis zum Tode, ja zum Tode am Kreuz." (Philipper 2,6-8)*

Der, der Gott gleich war, wurde zu einem Nichts. Der Herr der ganzen Schöpfung wurde ein Sklave. Der Schöpfer selbst ist gestorben. Der König, der Souverän der Weltgeschichte, wurde gehorsam bis zum Tod. Der Sündlose hat den Lohn der Sünde getragen, den Tod.

Das ganze Leben Christi ist ein Paradox, das durch den Wunsch, die Menschheit zu erlösen, vorangetrieben wird. Er nahm Lasten auf sich, die er nicht hätte tragen müssen, gab Dinge auf, die eigentlich seine legitimen Rechte gewesen wären. Und kurz bevor er diese Welt verließ, sagte er seinen Jüngern: „Wie mich der Vater gesandt hat, so sende ich euch" (Johannes 20,21). Seine Mission wurde unsere Mission. Beim letzten Abendmahl rief er seine Jünger dazu auf, wie er selbst ihr Leben für andere hinzugeben (Johannes 15,12f.). Dann fuhr er fort, dass man an ihrer Bereitschaft dazu erkennen könne, ob sie wirklich seine Jünger seien (Johannes 15,14).

Paulus übernahm unmittelbar von seinem Herrn die Praxis der Inkarnation und Identifikation mit den Menschen, denen er diente. Sehr gut drückt er das in 1. Korinther 9 aus, wo er verschiedene legitime Rechte erwähnt, die er aufgibt, um effektiver dienen zu können (1. Korinther 9,1-18). Dann führt er aus: „Obwohl ich frei bin von jedermann, habe ich doch mich selbst jedermann zum Knecht (wörtlich: Sklaven) gemacht, damit ich möglichst viele gewinne." (1. Korinther 9,19) Im Folgenden spricht er davon, wie er „wie ein Jude" geworden ist, „wie einer unter dem Gesetz" und „wie einer ohne Gesetz", um sowohl Juden wie Nichtjuden anzusprechen (9,20f.).

Im nächsten Vers lässt er sogar das Wörtchen „wie" (griech. *hos*) ganz weg: „Den Schwachen bin ich ein Schwacher geworden, damit ich die Schwachen gewinne." (9,22a) Er wurde also nicht *wie* eine schwache Person, er wurde tatsächlich schwach. Ich fürchte, wir alle tun unseren Dienst eher aus einer Position der Stärke heraus. Es schmeichelt unseren Egos nicht, wenn wir schwach sind. Aber das ist genau das, was Diener oder Sklaven sind: schwach. Paulus schließt deshalb seine Ausführungen mit folgenden Worten ab: „Ich bin allen alles geworden, damit ich auf alle Weise einige rette." (1. Korinther 9,22)

Der Begriff *doulos*, der im Neuen Testament gebraucht wird, um unser Dasein als Diener zu beschreiben, wird in den meisten Übersetzungen mit „Knecht" wiedergegeben. Richtiger wäre es allerdings, von „Sklave" zu sprechen. Zur biblischen Identifikation und Inkarnation gehört es, dass wir für andere schwach werden. Freilich können wir das nicht ohne die Stärke tun, die aus unserer Identität in Christus kommt. Doch das werden wir in Kapitel 3, „Von Gott bestätigt", weiter ausführen.

Unser Leben ist also ebenfalls ein Paradox. Wir sind Kinder des

Königs und Diener der Menschen. Wir bezahlen einen Preis, damit wir uns mit den Menschen identifizieren und ihnen wirklich dienen können.

Die Herausforderung der Postmoderne

In der postmodernen Gesellschaft wird es immer schwieriger, einen dienenden Lebensstil zu praktizieren, durch den wir unsere Rechte und Pläne für etwas aufgeben, das größer ist als wir selbst. Die Postmoderne, die nach dem Zweiten Weltkrieg voll aufgeblüht ist, ist neben vielem anderen eine Reaktion auf den strikten Rationalismus der Moderne. Postmodernde Denker behaupten, die Moderne habe die Menschen depersonalisiert, indem sie sie an rationale, objektive und wissenschaftliche Prinzipien gebunden habe. Sie behaupten, dass die subjektiven Instinkte unserer menschlichen Natur durch den Zwang zur Produktivität und die durch verschiedene Dogmen auferlegten Fesseln überwältigt worden seien.

Als Reaktion darauf betont die Postmoderne mehr die subjektiven Aspekte des Lebens – „meine“ Gefühle, „meine“ Vorlieben und „meine“ Instinkte. Die postmoderne Generation ist eine instinktgesteuerte Generation, in der die Menschen lieber fühlen als denken. Und postmoderne Menschen fühlen sich unwohl, wenn von außen vorgetragene Prinzipien ihre Entscheidungen und ihr Verhalten bestimmen sollen.

Die postmoderne Betonung der subjektiven Erfahrung hat jedoch auch einige positive Resultate. Zum Beispiel rückt die Sehnsucht nach Spiritualität viel stärker in den Vordergrund als früher. Die Menschen lassen sich nicht mehr länger mit einer trockenen Rechtgläubigkeit abspeisen, die ohne geistliche „Wärme“ auszukommen scheint. Für unsere geistliche Gesundheit kann es allerdings gefährlich sein, wenn wir es ablehnen, Prinzipien zu gehorchen. Wenn geistliche Leiter denen helfen wollen, die ihnen anvertraut sind, müssen sie hingegeben sein. Das schließt die Bereitschaft ein, Dinge zu lassen, die man gern tun würde, um stattdessen etwas zu tun, was einem keinen Spaß macht. Weil sie sich ihrer Zielgruppe verpflichten, werden sie auch dann noch weiterarbeiten, wenn es unbequem und scheinbar aussichtslos ist. Ihre Gefühle mögen ihnen sagen: „Vergiss diese Arbeit und mach irgendetwas, was produktiver und befriedigender ist. Diese Leute haben deine Hingabe nicht verdient.“ Aber weil sich echte Leiter ihrer Zielgruppe verpflichtet haben, werden sie um keinen Preis aufgeben.

Ich war kürzlich in Europa und Nordamerika unterwegs und bereitete mich gerade auf einen Vortrag über den Stress und die Belastungen vor, die der geistliche Dienst so mit sich bringt. Aufmerksam hörte ich deshalb jedem Gespräch zu, das irgendwie in die Richtung ging, weil ich hoffte, für meinen Vortrag noch etwas lernen zu können. Dabei war ich erstaunt, wie viele Christen mir offenbarten, dass sie sich von irgendeiner belastenden Verpflichtung befreit hatten. Der eine hatte eine mühsame Aufgabe ad acta gelegt, ein anderer eine problematische Gemeinde verlassen, wieder ein anderer einen schwierigen Ehepartner in die Wüste geschickt. Sie alle erzählten strahlend davon, dass Gott sie von ihren Schmerzen erlöst habe. Ich frage mich allerdings, ob es Gott nicht lieber gewesen wäre, wenn sie den Schmerz auf sich genommen hätten, weil sie den jeweiligen Menschen gegenüber eine Verpflichtung gehabt hatten.

Ich habe in den letzten beiden Jahren die Tagebücher John Wesleys gelesen und war überrascht, dass darin die Frustrationen, Entbehrungen und Leiden, die sein Dienst mit sich brachte, wie Nebensächlichkeiten behandelt werden. Dinge, über die ich nicht wenig murren würde, wirklich „große Sachen“ (jedenfalls wenn ich sie erlebte), tauchen dort am Rande auf, so als wären sie überhaupt kein ernsthaftes Problem. Während des Lesens wurde mir klar, dass mein Verständnis von einem „erfüllten Dienst“ sich fundamental von Wesleys unterscheidet. Wir sind es einfach nicht gewöhnt, auch einmal Frustrationen und Leiden ausgesetzt zu sein. Wenn wir ihnen trotzdem begegnen, schrecken wir vor ihnen zurück. Dabei sind Frustration und Leid grundlegende Bestandteile eines inkarnatorischen Dienstes.

Wenn wir uns also wirklich und wahrhaftig mit den Menschen identifizieren wollen, müssen wir demnach mit Frustration und Leiden rechnen. Wenn nicht, dann wird uns beides überraschen und wir sind versucht, die Arbeit stehen und liegen zu lassen, um irgendeinem einfacheren Weg zu folgen – oder wir werden völlig desillusioniert und verlieren jede Freude an unserem Dienst. Ich glaube, dass nicht wenige Menschen in ihrem Dienst genau aus diesem Grund unnötig leiden: Sie haben schlichtweg nicht damit gerechnet, dass zum Dienen notwendigerweise auch das Leiden dazugehört. Und so hat das Leiden sie unzufrieden gemacht, anstatt dass sie sich darüber freuen, wenn sie in mancherlei Anfechtung fallen.

Dabei ist es gar nicht so schwierig wie es auf den ersten Blick scheint, sich bestimmten Prinzipien des Dienstes zu unterwerfen. Nach christlichem Verständnis ist die Wahrheit eine objektive Wirklichkeit, die wir erkennen können, was wiederum die Menschen frei macht (Johannes 8,32) und ihnen die Tür zu einem wirklich erfüllten Leben öffnet (Johannes 10,10). Sich für Grundsätze aufzuopfern ist zudem eine zutiefst befriedigende Sache. Jesus sagt: „Wer sein Leben erhalten will, der wird's verlieren; und wer sein Leben verliert um meinetwillen und um des Evangeliums willen, der wird's erhalten" (Markus 8,35). Ich habe insgesamt achtzehn Passagen im Neuen Testament gefunden, in denen Leiden eng mit Freude verbunden wird. Paulus drückt diesen Zusammenhang sehr gut aus, wenn er schreibt: „Nun freue ich mich in den Leiden, die ich für euch leide, und erstatte an meinem Fleisch, was an den Leiden Christi noch fehlt, für seinen Leib, das ist die Gemeinde. Ihr Diener bin ich geworden durch das Amt, das Gott mir gegeben hat, dass ich euch sein Wort reichlich predigen soll" (Kolosser 1,24f.). Er freut sich in den Leiden, die er als Diener der Menschen erduldet. Ja, er glaubt sogar, dass seine Leiden notwendig sind, um seine Gemeinschaft mit dem gekreuzigten Christus vollständig zu machen.

Ich fürchte, die westlichen Gemeinden sind gerade dabei, sich in Bezug auf Mission völlig zu disqualifizieren, indem sie ihren Mitgliedern ein Christentum vor Augen malen, das zwar eine nette Religion ist, aber jegliche Radikalität vermissen lässt. Wenn ich irgendwo im Westen eine Predigt halte, ist die typische Reaktion immer dieselbe: „Diese Predigt hat mir gut gefallen." Predigten sollten jedoch aufrütteln, verstören, überzeugen und zu einem radikalen und kostspieligen

Gehorsam motivieren. Ich habe oft den Eindruck, dass die Leute lieber eine nette Predigt hören anstatt sich in radikale Jünger verändern zu lassen, die die Welt auf den Kopf stellen. Wenn das so ist, dann hat die Gemeinde die postmoderne Stimmung so sehr aufgenommen, dass sie innere Gefühle höher wertet als die Verpflichtung gegenüber Prinzipien. In Bezug auf Anbetung ist es ähnlich: Hier wir eine Nebensache – dass es Spaß macht – zur Hauptsache. Solche Gemeinden mögen zwar zahlenmäßig wachsen, aber sie sind nicht in der Lage die Missionare hervorzubringen, die die Welt braucht – Männer und Frauen, die um jeden Preis bereit sind, sich mit ihrer Zielgruppe zu identifizieren, und die die Frustrationen aushalten, die damit verbunden sind.

In der missionarischen Ausbildung liegt der Schwerpunkte heute richtigerweise auf der Anthropologie und der Kontextualisierung. Beides kann eine wichtige Hilfe für alle sein, die sich auf missionarische Weise identifizieren möchten. Aber alle Ausbildung ist wirkungslos, wenn wir nicht bereit und willig sind, den Preis zu zahlen, der mit echter Hingabe verbunden ist. Und der Schlüssel dazu ist, ob wir in der Lage sind, uns mit anderen zu identifizieren und es bei der Zielgruppe auszuhalten, für die wir uns verpflichtet haben, selbst wenn es frustrierend ist.

Wenn mir junge westliche Christen erzählen, sie hätten einen Ruf in die Mission, und mich fragen, was sie tun sollten, um sich vorzubereiten, rate ich ihnen normalerweise, dass sie zunächst einmal in der Gemeinschaft bleiben sollen, zu der sie gerade gehören. Das ist eine gute Übung in inkarnatorischer Identifikation, die wiederum der Schlüssel zu einem effektiven Missionsdienst ist. Heutige Christen sind oft zu schnell bereit, ihre Gemeinde oder Organisation, ihren Haus- oder Freundeskreis und sogar ihren Ehepartner zu verlassen, wenn es schwierig wird. Die meisten Menschen würden lieber gehen, anstatt sich den Problemen zu stellen, über die sie frustriert sind. Diese Tendenz führt zu flachen Beziehungen, die wiederum dazu führen, dass unser oberflächlicher Dienst auch nur minimale Früchte bringt. Um es ganz offen zu sagen: Der Schlüssel zu echten Früchten in unserem Dienst, egal wo in der Welt, liegt in unserer Bereitschaft, den Preis der Hingabe zu zahlen.

Einige Beispiele, wie Identifikation Frustration erzeugt

Ich möchte an ein paar Beispielen aus verschiedenen Lebensbereichen deutlich machen, wie ich Identifikation praktiziere. Zuerst habe ich meine Frau nach einigen Illustrationen aus dem häuslichen Leben gefragt, denn das ist vermutlich das wichtigste Gebiet überhaupt. Sie hat mir zwei erzählt. Die Erste hat mit dem Bücherschreiben zu tun. Wenn ich an einem Buch oder irgendeinem anderen größeren Projekt oder Problem arbeite, bin ich gedanklich oft so sehr damit beschäftigt, dass es mir schwerfällt, beim Essen den normalen Gesprächen zu folgen. Körperlich bin ich zwar anwesend, aber innerlich bin ich ganz woanders. Wenn ich jedoch ein guter Ehemann und Vater sein möchte, muss ich mich zusammenreißen und mich in solchen Fällen auf die Familie konzentrieren, egal wie viele dringende Angelegenheiten mir durch den Kopf gehen.

Meine Frau hat mir auch noch ein zweites Beispiel genannt. Hier in Sri Lanka essen wir normalerweise nach 20:00 Uhr zu Abend. Danach braucht meine Frau mich eigentlich in der Küche, um ihr beim Abwasch zu helfen (wir haben nämlich keine Spülmaschine), weil sie nach dem Essen immer ziemlich müde ist. Bei mir ist das genau andersherum. Ich werde abends erst so richtig wach und erledige einiges an Arbeit nach dem Abendessen. Oft liebäugele ich schon während des Essens mit meinem Schreibtisch, auf dem ein Projekt liegt, das ich gleich weiterführen möchte. Aber solche Wünsche muss ich unterdrücken, wenn ich mich mit den Bedürfnissen meiner Frau identifizieren will.

Vor einigen Jahren war ich zu einem unserer „Jugend-für-Christus"-Zentren unterwegs, als ich einen Mitarbeiter traf, der mich bat, einer Familie, an deren Dorf ich vorbeikommen würde, eine Nachricht zu überbringen. Nachdem ich das getan hatte, begann die Familie Tee zu servieren. Ich sagte ihnen, dass ich es wirklich eilig habe, weil ich zu einer bestimmten Zeit bei einem Meeting sein müsse, und verließ das Haus, ohne den Tee auch nur anzurühren. Nun ist es in unserer Kultur sehr unhöflich, einfach so aufzustehen, ohne den Gastgebern die Gelegenheit zu geben, ihre Gastfreundschaft offen zu zeigen. So machte auch schon bald das Gerücht die Runde, der JfC-

Direktor habe ein Dorf besucht und sei zu stolz gewesen, dort eine Tasse Tee zu trinken. Auf schmerzliche Weise wurde mir dadurch eine tiefe Wahrheit bewusst: Wenn ich keine Zeit hatte, in einem Dorf eine Tasse Tee zu trinken, sollte ich besser einen großen Bogen um das Dorf machen.

Während meines Aufbaustudiums in den USA war ich Mitglied eines Kreises junger Erwachsener. Er wurde von einem Studenten im ersten Semester geleitet, der offensichtlich von Theologie keine Ahnung hatte. Entsprechend dürftig waren dort die Lehre und das ganze Programm. Ich fand es ziemlich frustrierend. Trotzdem war diese Gruppe irgendwie „meine Gemeinde". Obwohl ich meistens lieber zu Hause geblieben wäre, bin ich doch in der Regel hingegangen, denn das entsprach meiner Theologie vom Leib Christi. Die Teilnahme an solchen Veranstaltungen ist schließlich keine Option, sondern Teil meiner Hingabe an die Gemeinde, zu der ich gehöre. Und es hat sich gelohnt: Mit der Zeit sind einige wunderbare Freundschaften in dieser Gemeinde entstanden, und die Zeit in diesem Kreis junger Erwachsener gehört mittlerweile zu den schönsten Erinnerungen, die ich über meinen damaligen Aufenthalt in Amerika habe.

Seit mehr als zwei Jahrzehnten tobt in Sri Lanka ein Bürgerkrieg, der zwischen zwei Volksgruppen geführt wird. Ich gehöre zur Mehrheit der Singhalesen, die Sinhala sprechen. Gegen sie kämpfen einige der Tamilen, die einen unabhängigen Staat im Norden und Osten der Insel errichten wollen. Zu ihrer Strategie gehört es, immer wieder Militante in den Süden zu schicken, die an strategischen Orten Bombenanschläge verüben. Weil es aber auch im Süden viele Tamilen gibt, werden bei uns des Öfteren junge Leute, die Tamil sprechen, als Terroristen verhaftet. Man wirft ihnen Verbindungen mit den „Tamil Tigers" vor, der Aufstandsbewegung, die gegen die Regierung kämpft. Als respektierter singhalesischer Bürger gelingt es mir oft, auf der Polizeistation für solche Menschen ein gutes Wort einzulegen. Wenn ich den Polizisten versichere, dass der entsprechende junge Mann nichts mit den „Tamil Tigers" zu tun hat, wird er meistens wieder freigelassen. Die Sache hat nur einen Haken: Wenn so eine Fürsprache nicht in den ersten sechsunddreißig Stunden passiert, verschwinden die jungen Leute auf unabsehbare Zeit hinter Gittern. Einer meiner Kollegen war volle fünfzehn Monate im Gefängnis (und der Herr hat ihm dort die Türen für einen wunderbaren Dienst geöffnet!). Für mich bedeutet das, dass ich mich sofort zur Polizeistation aufmachen muss, sowie ich erfahre, dass jemand verhaftet worden ist.

Wenn man bedenkt, dass so ein Gang mehr als sechs Stunden dauern kann, versteht man, warum ich oft das Gefühl habe, dass ich mir von meiner Arbeit her solche Unterbrechungen eigentlich gar nicht leisten kann. Aber ein bekannter christlicher Leiter hat einmal gesagt: Wenn du dich bei Gott beschwerst, dass deine Arbeit gestört wird, dann denke immer daran, dass solche Störungen Gottes Arbeit sind! Jeder von uns kennt solche ärgerlichen Unterbrechungen, die auf den ersten Blick wie eine dämonische Störung aussehen, die uns von unserem eigentlichen Ziel abbringen soll. Aber wir dürfen nicht vergessen, dass Gott der Herr der Herren ist. Nichts passiert ohne seine Zustimmung. Deshalb sollten wir gerade die Dinge, die uns besonders lästig erscheinen, besonders genau prüfen, ob dort nicht Gottes Hand mit im Spiel ist. Als John Wesley einmal mit einem seiner Prediger unterwegs war, trafen sie auf zwei Frauen, die sich stritten. Der Prediger wollte schnell vorbeigehen, aber Wesley hielt ihn fest: „Bleib hier, Sammy. Hier kannst du lernen, wie man predigt." Offensichtlich kann einem ein Streit also einiges über die Tiefen der menschlichen Natur offenbaren.

Wenn man in einem Land lebt, das unter einem Bürgerkrieg, ausufernder Korruption und einer zusammenbrechenden Wirtschaft zu leiden hat, ist Frustration eine Alltagserfahrung. Besonders wenn ich von einer Reise aus Europa oder Nordamerika nach Hause zurückkehre, fallen mir unsere Probleme schmerzlich ins Auge. Alles dauert hier Ewigkeiten. Am schlimmsten ist es, wenn man sich weigert, die entsprechenden Leute zu bestechen. Dann muss man damit rechnen, dass überhaupt nichts mehr vorangeht. Es kann passieren, dass irgendeine Veranstaltung ohne Vorwarnung ausfallen muss, weil eine Ausgangssperre verhängt wurde. Letzten Monat habe ich über vierzig Stunden in einen Vortrag investiert, den ich auf einer Konferenz in

England hätte halten sollen. Dort bin ich allerdings nie angekommen, weil unser Flughafen angegriffen wurde und deshalb alle Flugzeuge am Boden bleiben mussten. In all dem muss ich mir immer wieder eines klarmachen: Solche frustrierenden Erfahrungen sind Teil meiner Identifikation mit meinem Volk, für das Enttäuschungen schlichtweg alltäglich sind. Ich glaube, dass mir solche Erfahrungen deshalb helfen, den Menschen um mich herum besser dienen zu können. Solche Enttäuschungen bleiben niemandem erspart, der mit Menschen zu tun hat. Denken wir nur daran, wie viele Probleme Jesus mit seinen Jüngern hatte! Als Prediger sollten wir uns also nicht damit aus der Affäre ziehen, dass wir unangenehme Dinge anderen überlassen, damit wir uns selbst nur noch auf die Verkündigung konzentrieren können. Mit Frustrationen umgehen zu lernen ist vielmehr ein zentraler Bestandteil unserer Predigtvorbereitung.

In einigen Bereichen meines Dienstes habe ich es mit Menschen zu tun, deren Schwächen wirklich schmerzhaft für mich sind. Sie missverstehen, was ich oder meine Mitarbeiter tun, und schwärzen uns hinter unserem Rücken bei anderen an. Normalerweise braucht es dann mehrere Stunden, bis wir die Missverständnisse ausgeräumt haben und alles wieder im Lot ist. Und dabei stehen wir eigentlich immer unter Zeitdruck. Wenn wir mit solchen Leuten arbeiten, sind wir deshalb in der Regel zwei Versuchungen ausgesetzt: Die eine ist, die Schwierigkeiten einfach zu übergehen und so weiterzumachen, als wäre nichts passiert. Das würde sicher einiges an Zeit und Nerven sparen, die man braucht, wenn man sich mit einem aufgebrachten Menschen auseinandersetzen muss. Jesus hat allerdings gesagt, dass man sofort zu seinem Gegner hingehen soll, um sich mit ihm zu versöhnen. Das ist so dringend, dass Jesus sogar dazu rät, unsere Gabe dafür auf dem Altar liegen zu lassen, weil es nun Wichtigeres zu tun gibt (Matthäus 5,23f.). Und Jesus hat nicht gesagt, dass diese Anweisung nicht gilt, wenn wir es mit schwierigen Leuten zu tun haben. Wir müssen uns auf den Weg zu ihnen machen und den Schmerz und die Frustrationen aushalten, die mit einem solchen Gespräch verbunden sind. Wenn wir uns mit einer Gemeinschaft identifizieren wollen, müssen wir uns mit den Starken und den Schwachen identifizieren.

Es gibt noch eine zweite Versuchung, vor der wir stehen: Wir können den Menschen, die anscheinend an allem etwas auszusetzen haben, signalisieren, dass sie in unserer Gemeinde nicht willkommen sind. In nicht wenigen Fällen geben Gemeindeleiter einem Teil ihrer Gemeindemitglieder zu verstehen, dass sie sich eine andere Gemeinde suchen sollen, wenn sie mit dem nicht einverstanden sind, was hier läuft. Aber wir können nicht das tun und gleichzeitig davon sprechen, dass die Gemeinde eine große Familie ist. Kann man einem Familienmitglied sagen, dass es nicht mehr nach Hause kommen soll, weil es regelmäßig das gemütliche Beisammensein stört? Ich fürchte, so etwas passiert zwar heutzutage, aber das entspricht nicht dem christlichen Verständnis von Familie. Doch obwohl wir immer wieder behaupten, unsere Gemeinden und Organisationen seien so etwas wie große Familien, werden die meisten wie Firmen geleitet.

Wir bleiben an schwierigen Menschen dran und halten die damit verbundenen Frustrationen aus, weil wir davon überzeugt sind, dass wir sie verlieren, wenn wir uns nicht hingeben. Unsere Theologie muss in solchen Fällen über unseren Gefühlen stehen. Wir müssen glauben, dass auf einem biblischen Verständnis vom Leib Christi Gottes Segen liegt. Das bedeutet freilich, dass wir einen Lebensstil entwickeln müssen, in dem die Theologie eine größere Rolle spielt als unsere persönlichen Gefühle und natürlichen Instinkte – was in der Postmoderne nicht gerade leicht ist!

Einige werden diesen Ansatz sicher ablehnen, weil sie fürchten, dadurch zu viel Zeit zu verlieren und von dem abgelenkt zu werden, was eigentlich ihr Auftrag ist. Unsere pragmatische Generation hält die mit den Identifikationen verbundenen Frustrationen sowieso für eine reine Zeit- und Energieverschwendung. Aber auf lange Sicht führt unser Ansatz zu einem nachhaltigeren Dienst und einer bleibenden Frucht. Als eines Tages ein Bombenanschlag auf unsere Zentralbank verübt wurde, hat man zwei unserer ehrenamtlichen Mitarbeiter verhaftet. Ich konnte sie zum Glück wieder freibekommen, allerdings musste ich dafür rund sechs Stunden auf einer Polizeistation verbringen.

An diesem Tag wollte ich eigentlich einige Bibelstunden über den

Galaterbrief vorbereiten, deshalb habe ich mein Skript und einen Kommentar mitgenommen. Ich habe also einfach weitergearbeitet, manchmal auf einem Stuhl in einem Wartebereich, manchmal sogar, wenn ich irgendwo in einer Schlange anstehen musste. Dabei traf ich auf einen Mann, dessen Kleidung über und über mit Blut verschmiert war. Er war im Zentralbankgebäude gewesen, als die Bombe explodierte, und war nun auf der Polizeistation, um den Verlust seines Ausweises zu melden. Neben ihm saß eine Frau, die am ganzen Körper blaue Flecken hatte, weil sie von ihrem Mann verprügelt worden war. Da fiel mir auf, dass es eigentlich keinen besseren Ort gibt als eine Polizeistation, wenn man Bibelstunden vorbereiten will. Denn hier und nicht zu Hause im Arbeitszimmer trifft man die Probleme, die das Evangelium anspricht.

Wenn wir die Frustration aushalten und uns weiter mit den Menschen identifizieren, denen wir dienen wollen, wird sie das im Laufe der Zeit verändern und ihre Bindung an die Gemeinde oder die Organisation wird sich vertiefen. Doch darum wird es im 11. Kapitel gehen.

Wenn jemand bereit ist, den Preis der Identifikation zu bezahlen, dann wird sich sein oder ihr Dienst deutlich verändern, denn die Hingabe an andere zahlt sich aus. Die Menschen verändern sich, und unser Dienst wird effektiver werden.

2. Bevollmächtigt durch den Heiligen Geist

Das Erste, was Jesus tat, diente der Identifizierung mit seinem Volk. So berichtet es uns das Markusevangelium. Als Zweites erleben wir ihn, wie er für seinen Dienst die Bevollmächtigung des Heiligen Geistes empfängt. Inkarnation und Bevollmächtigung sind die beiden zentralen Aspekte des christlichen Dienstes. Das Erste ist wichtig für unsere Hingabe an die Menschen, das andere zeigt uns, woher unsere Kraft kommt, nämlich von Gott. Leider sind Menschen, die besonders „geisterfüllt" auftreten, manchmal unsensibel, was die Lebensumstände und Bedürfnisse der Menschen angeht, worunter ihr Dienst leidet. Doch das größere Problem besteht darin, dass viele Christen zwar in der Lage sind, sich mit den Menschen zu identifizieren und auch die richtigen Methoden anzuwenden, aber trotzdem kaum Frucht bringen, weil sie sich mehr auf ihre Methoden als auf die Kraft des Heiligen Geistes verlassen.

Kraft für Jesu Dienst

Markus berichtet, „als er aus dem Wasser stieg, sah er, dass sich der Himmel auftat und der Geist wie eine Taube herabkam auf ihn" (Markus 1,10). Das Wort, das hier mit „auftun" übersetzt wird (*schizo*), bedeutet „aufreißen, zerreißen, separieren, teilen". Markus möchte hier vielleicht bewusst an Jesaja 64,1 erinnern, wo es heißt: „Ach dass du den Himmel zerrissest und führest herab" (in manchen Bibelausgaben ist dieser Vers Jesaja 63,19b). Das ganze Kapitel des Buches Jesaja ist ja eine flehentliche Bitte an Gott, Israel zu retten. Wenn Markus wirklich an diesen Abschnitt gedacht hat, dann wollte er zeigen, dass Gott sich nun aufmacht, um sein Volk durch seinen Messias zu erlösen. Und nun bevollmächtigt er seinen Messias, indem er ihn bei seiner Taufe mit dem Heiligen Geist erfüllt.

Weiter heißt es, der Geist sei „wie eine Taube" auf Jesus herabgekommen. Wir wissen leider nicht, ob Markus damit meinte, der Geist habe die Form eines Vogels gehabt, oder ob er damit eher beschreiben wollte, auf welche Weise der Geist auf Jesus herabkam. Damit können wir auch nicht mit Sicherheit feststellen, was Markus mit dieser Metapher aussagen wollte, obwohl es nicht wenige Vermutungen dazu gibt. Allerdings gibt es einige Hinweise, dass die Juden im ersten Jahrhundert den Geist mit einer Taube assoziierten.

Wie auch immer, dieses Ereignis erinnert jedenfalls an eine weitere Jesajastelle: „Der Geist Gottes des Herrn ist auf mir, weil der Herr mich gesalbt hat. Er hat mich gesandt, den Elenden gute Botschaft zu bringen" (Jesaja 61,1). Diesen Abschnitt wird Jesus wenige Tage später bei seiner „Antrittsrede" in Nazareth zitieren (Lukas 4,18f.), um ihn dann mit dem Satz abzuschließen: „Heute ist dieses Wort der Schrift erfüllt vor euren Ohren." (Lukas 4,21)

Kurz nachdem er berichtet hat, wie der Geist auf Jesus herabkam, zeigt Lukas zweimal, dass Jesus vom Geist bevollmächtigt war. Der Evangelist schreibt: „Jesus aber, voll Heiligen Geistes, kam zurück vom Jordan und wurde vom Geist in die Wüste geführt" (Lukas 4,1). Nach der Versuchungsgeschichte wiederum berichtet Lukas: „Und Jesus kam in der Kraft des Geistes wieder nach Galiläa" (Lukas 4,14). Matthäus zitiert ebenfalls einen Abschnitt aus dem Buch Jesaja, um den Dienst Jesu mit der Vollmacht des Geistes zu verbinden: „Siehe, das ist mein Knecht, den ich erwählt habe, und mein Geliebter, an dem meine Seele Wohlgefallen hat; ich will meinen Geist auf ihn legen, und er soll den Heiden das Recht verkündigen." (Matthäus 12,18 mit einem Zitat aus Jesaja 42,1) Und Matthäus ist es auch, der Jesus mit der Aussage zitiert: „Wenn ich aber die bösen Geister durch den Geist Gottes austreibe ..." (Matthäus 12,28). Ohne jeden Zweifel offenbaren uns die Evangelien also die Bevollmächtigung durch den Geist als Schlüssel zu Jesu Leben und Dienst.

Die Taufe mit dem Heiligen Geist

Geht es nach Lukas, ist das Prinzip der Erfüllung mit dem Heiligen Geist nicht auf Jesus beschränkt, sondern betrifft auch uns. Sein Evangelium macht deutlich, dass die Kraft des Heiligen Geistes ein unverzichtbarer Bestandteil jedes christlichen Dienstes ist. Kurz nachdem er seinen Jüngern den Missionsbefehl gegeben hat, sagt Jesus: „Und siehe, ich will auf euch herabsenden, was mein Vater verheißen hat. Ihr aber sollt in der Stadt bleiben, bis ihr ausgerüstet werdet mit Kraft aus der Höhe." (Lukas 24,49) Eine ähnliche Aussage finden wir auch in der Apostelgeschichte, aus der offensichtlich wird, dass es sich bei der hier erwähnten „Kraft" um den Heiligen Geist handeln muss: „Und als er mit ihnen zusammen war, befahl er ihnen, Jerusalem nicht zu verlassen, sondern zu warten auf die Verheißung des Vaters, die ihr, so sprach er, von mir gehört habt; denn Johannes hat mit Wasser getauft, ihr aber sollt mit dem Heiligen Geist getauft werden nicht lange nach diesen Tagen." (Apostelgeschichte 1,4f.) Nur wenig später erklärt Jesus, dass die Erfüllung durch den Heiligen Geist die Grundlage eines kraftvollen Zeugnisses ist: „Ihr werdet die Kraft des Heiligen Geistes empfangen, der auf euch kommen wird, und werdet meine Zeugen sein" (Apostelgeschichte 1,8).

Leider gibt es über diese Verse jedoch viele Diskussionen. Ist die Taufe mit dem Heiligen Geist etwas, das jeder Christ bei seiner Bekehrung erlebt? Oder handelt es sich um eine zweite Erfahrung, die erst einige Zeit nach der Bekehrung stattfindet? Das Wort *baptizo* kann – je nach Kontext – beide Bedeutungen haben. Laut unserer Lexika wurde das Verb in der griechischen Alltagssprache sowieso in einem recht breiten Sinn verwandt. Im Wesentlichen sagt es nur aus, dass etwas „im Wasser untergeht" oder „untergetaucht wird". Im übertragenen Sinn konnte es auch „durchtränken" meinen. *Baptizo* konnte „reinigen" bedeuten, weil es mit Wasser zu tun hat, und damit das ausdrücken, was mit der Umkehr einhergeht. Das Wort konnte jedoch auch für eine Initiation oder Weihe gebraucht werden, die unmittelbar auf die Umkehr und die Reinigung folgte. Ebenso konnte es das Eintauchen und Aufgehen in einer Flut meinen, womit wir bei der Erfüllung wären. Schließlich konnte es gebraucht werden, um die Erfahrung der Erfüllung zu beschreiben, die auf eine entsprechende Weihehandlung folgte. Was das Wort an der jeweiligen Stelle genau bedeutet, können wir also nur mithilfe des Kontextes entscheiden.

Unglücklicherweise ist jedoch bei der Stelle, wo es um die Taufe mit dem Heiligen Geist geht, der Kontext alles andere als eindeutig. Die eben betrachteten Verse aus dem Lukasevangelium und der

Apostelgeschichte scheinen von der Geisterfüllung als einem eigenen Geschehen zu sprechen, denn die Apostel waren ja schon lange umgekehrt und hatten ihr Vertrauen auf Christus gesetzt. Auch die Art und Weise, wie hier die Taufe mit dem Geist beschrieben wird, scheint eher auf eine Erfüllung hinzudeuten als auf irgendeine Form der Weihehandlung. In Lukas 24,49 und Apostelgeschichte 1,8 geht es um Kraft. Johannes der Täufer sagt: „Es kommt aber einer, ... der wird euch mit dem Heiligen Geist und mit Feuer taufen." (Lukas 3,16) Alle diese Verse sprechen damit von einer Erfüllung, die mit einer Erfahrung verbunden ist. Dazu passt auch, dass in Apostelgeschichte 2 berichtet wird, wie diese Erfahrung aussah, als an Pfingsten der Geist zum ersten Mal ausgegossen wurde.

Gibt es nun noch mehr Beispiele in der Apostelgeschichte, wo davon erzählt wird, dass die Erfüllung mit dem Heiligen Geist eine eigene Erfahrung ist, die auf die Bekehrung folgt? Wenn ja, sind sie normativ für alle Gläubigen zu allen Zeiten? Sollten alle, die mit dem Geist getauft wurden, in Zungen sprechen? Einige halten die entsprechenden Beispiele für normativ, andere sehen in ihnen besondere heilsgeschichtliche Ereignisse, die man auf keinen Fall verallgemeinern dürfe. Heute bezeugen viele Christen, dass sie durch eine Erfüllungserfahrung nach ihrer Bekehrung eine neue Kraft bekommen hätten, und identifizieren diese Erfahrung mit der Taufe durch den Heiligen Geist. Andererseits schreibt Paulus in 1. Korinther 12,13: „Wir sind durch einen Geist alle zu einem Leib getauft, wir seien Juden oder Griechen, Sklaven oder Freie, und sind alle mit einem Geist getränkt." Der Kontext dieser Stelle lässt keinen Zweifel daran, dass Paulus damit die ganze Gemeinde im Blick hat. Dann aber fällt die Erfüllung mit dem Geist mit der Wassertaufe zusammen, denn durch die Taufe wird ein Mensch Teil der Gemeinde und damit des Leibes Christi. Wenn wir uns also die ganze Argumentation betrachten, sollten wir uns nicht wundern, dass die Taufe mit dem Geist umstritten ist!

Meiner Meinung nach sollte die ganze Thematik nicht zu wichtig genommen werden. Denn wie wir es auch drehen oder wenden, deutlich ist doch, dass im Neuen Testament von „taufen" oder „Taufe" gesprochen wird, um Erfüllung auszudrücken, egal ob sie nun mit der Wassertaufe verbunden wird oder nicht. Christen sollten erfüllt sein. Paulus kann das in Epheser 5,18 sogar als Befehl formulieren: „Lasst euch vom Geist erfüllen!" Wenn die Wassertaufe der Anfang des christlichen Lebens ist, dann geschieht die Erfüllung dort, und die Tür wird geöffnet, um auf Gottes erlösendem Weg weitere Erfüllung zu erleben. Unbestritten ist jedenfalls: Gott möchte, dass alle Christen mit dem Heiligen Geist erfüllt sind. Statt über den richtigen Zeitpunkt oder die „biblische" Weise zu debattieren, sollten wir uns meiner Meinung nach mehr darauf konzentrieren, dass wir wirklich erfüllt werden. Unser Leben muss in der Kraft des Geistes gelebt und unser Dienst in seiner Vollmacht getan werden.

> Die Verheißung einer Erfüllung mit dem Heiligen Geist ist schließlich kein Dogma, über das man lange streiten mag, sondern eine Wirklichkeit, in der wir leben sollten. Es geht hier nicht um einen angenehmen Nebeneffekt für ein paar übereifrige Christen oder um die Sonderlehre einiger evangelikaler Gemeinden. Deshalb muss man zwar die Unterschiede beim Namen nennen und darf auch gern die entsprechenden Bibelstellen unterschiedlich interpretieren, trotzdem bleibt der Heilige Geist die Wirklichkeit, von der das Neue Testament ausgeht – und zwar nicht nur für einzelne Gläubige, sondern für alle.

Auswirkungen der Erfüllung auf das Leben

Nach der Apostelgeschichte hat die Erfüllung mit dem Heiligen Geist zwei Aspekte. Der eine ist ein verändertes Leben, er betrifft alle Christen. Der andere ist eine Bevollmächtigung für besondere Herausforderungen.

Zunächst also ist die Fülle des Geistes etwas, das das Leben aller Christen bestimmen sollte. Als in der Jerusalemer Gemeinde Menschen gesucht wurden, die bestimmte Verwaltungsaufgaben übernehmen sollten, suchte man nach Männern, „die einen guten Ruf haben und voll Heiligen Geistes und Weisheit sind" (Apostelgeschichte 6,3). Stephanus und Barnabas werden als geisterfüllt beschrieben (Apostelgeschichte 6,5; 11,24). Dass es sich dabei nicht um etwas Besonderes handelt, sondern um etwas, was von allen Christen verlangt wird, macht Paulus' Befehl deutlich: „Lasst euch vom Heiligen Geist erfüllen!" (Epheser 5,18) Indem die Jerusalemer Gemeinde die Fülle des Geistes jedoch zur Voraussetzung für die Übernahme eines Dienstes macht, wird gleichzeitig auch deutlich, dass offenbar nicht alle mit dem Geist erfüllt waren. Manche waren also anormale Christen.

Schon die erste Erwähnung einer Erfüllung mit dem Heiligen Geist erinnert uns demnach daran, dass der Geist nicht automatisch über uns kommt, sondern gesucht werden muss und gleichzeitig bei allen Christen erwartet wird. Damit aber müssen wir diese Fragen speziell in den Blick nehmen, wenn wir Gemeindeämter zu besetzen haben. In der ersten Gemeinde war die Erfüllung mit dem Geist nicht nur die Grundvoraussetzung für alle, die predigen und lehren, sondern sogar für diejenigen, die Verwaltungsaufgaben übernahmen.

Während die Apostelgeschichte nur an wenigen Stellen über die Erfüllung mit dem Heiligen Geist als Bedingung schreibt, nimmt dieses Thema in Paulus' Lehre über den Geist breiten Raum ein. Paulus geht es dabei vor allem um die Ausbildung eines christlichen Charakters, die er für das zentrale Werk des Geistes hält. Der in dieser Hinsicht bekannteste Abschnitt ist sicher der über die Frucht des Geistes (Galater 5,22f.). Auch wenn das Wort „Erfüllung" an dieser Stelle nicht auftaucht, wird doch deutlich, dass es genau darum geht, besonders zwei Verse weiter unten, wo Paulus schreibt: „Wenn wir im Geist leben, so lasst uns auch im Geist wandeln." (Galater 5,25) Letztlich ist das doch nur eine andere Art, Erfüllung mit dem Geist zu beschreiben. Ähnlich ist das im 1. Korintherbrief, in dem Paulus die Geistesgaben diskutiert, um in die Argumentation plötzlich ein Kapitel über die Liebe einzufügen (1. Korinther 13). Und er spricht implizit von einer Erfüllung mit dem Geist, wenn er sagt: „die Liebe Gottes ist ausgegossen in unsre Herzen durch den Heiligen Geist, der uns gegeben ist" (Römer 5,5). Was hier mit „ausgegossen" wiedergegeben wird (*ekcheo*), ist ein Wort, das mit Üppigkeit und Überfluss zu tun hat.

Ich habe mir einmal die Mühe gemacht, eine genaue Statistik aufzustellen: In den Paulusbriefen gibt es neunundfünfzig verschiedene Stellen, die das Werk des Heiligen Geistes mit der Frucht des Geistes oder ähnlichen Themen aus dem Bereich der Heiligung zusammenbringen. Insgesamt handelt es sich dabei um einundachtzig Verse. Römer 8 zum Beispiel ist solch eine klassische Stelle, in der von der Kraft des Geistes gesprochen wird, die uns hilft ein heiliges, geistgemäßes Leben statt dem bisherigen nach dem Fleisch zu leben.

Wir schließen daraus Folgendes: Wenn die Bibel von der Erfüllung mit dem Heiligen Geist im Sinne einer Vorbedingung spricht, dann meint sie einen Zustand, in dem der Geist das Leben eines Menschen in einer Weise beherrscht, dass man es in seinem Verhalten und seinem Dienst erkennen kann. Diese Wahrheit wird heute leider allzu oft übersehen. Wir assoziieren die Kraft des Heiligen Geistes eher mit besonderen Kraftwirkungen, die sich in unserem Dienst zeigen, und versuchen sie so in den Mittelpunkt unseres Dienstes zu stellen, dass Außenstehende davon angezogen werden und in unsere Gemeinde kommen. Das ist sicher gut und richtig. Vielleicht macht uns aber die allgemein zu beobachtende Marktorientierung von Gemeinden einen Strich durch die Rechnung. Denn sie sorgt dafür, dass wir die besonderen Erlebnisse mit dem Geist weitaus stärker betonen als sein eigentliches Ziel, die Veränderung unseres Charakters.

Das Ergebnis dieser Fehlentwicklung ist ebenfalls allenthalben sichtbar: Immer wieder erleben wir moralische und geistliche Verfehlungen von christlichen Leitern, die eigentlich als besonders geisterfüllt gegolten und das durch Zeichen und Wunder unter Beweis gestellt haben. Mir war es immer ein Rätsel, wie Menschen, die so kraftvoll geistliche Gaben praktizieren, gleichzeitig ein unmoralisches Leben führen und so offensichtlich im Bereich der Frucht des Geistes versagen können. Und ich muss sagen, ich bin darüber immer noch sprachlos. Eines ist jedoch klar: Wenn es herauskommt, dass einer der prominenten und „geistgesalbten" Christen unheilig lebt, ist der Schaden für Christus immens. Gerade die unter uns, die vor allem predigen und lehren, müssen auf der Hut vor Satan sein, der möchte, dass wir in unserem ständigen Kampf gegen die Unheiligkeit nachlässig werden. Seine Falle besteht darin, dass er uns auf die offensichtliche Kraft hinweist, die unseren Dienst begleitet, um uns dann vorzumachen, damit sei auch in allen anderen Bereichen alles in Ordnung.

Aber die Kraft, die sich in unserem Dienst zeigt, wird in solch einem Fall sicher nicht lange vorhalten. Wenn wir in unserer Gottlosigkeit verharren, werden wir eines Tages vor einem Scherbenhaufen stehen. Die Kraft wird uns verlassen und wir werden nicht länger in der Lage sein, unseren Dienst fortzuführen. Unser Leben wird unseren Dienst einholen, so wie es Simson passiert ist, der plötzlich (zu spät!) herausfand, dass ihn die Kraft verlassen hat (Richter 16,20). Als Ergebnis wird Gottes Name in den Schmutz gezogen und wir stehen in Scham und Schande da. Deshalb müssen wir in diesen Fragen ständig auf der Hut sein.

In 1. Korinther 13,1-3 ist von großartigen Gaben die Rede, die wir normalerweise in der Gemeinde besonders schätzen. Gleichzeitig wird in diesen Versen aber mit eindrücklichen Worten davor gewarnt, dass diese Gaben leer sind, wenn sie nichts mit Liebe zu tun haben. Paulus' Anweisung an Timotheus gilt auch hier: „Hab Acht auf dich selbst und auf die Lehre; beharre in diesen Stücken! Denn wenn du das tust, wirst du dich selbst retten und die, die dich hören." (1. Timotheus 4,16) Vor dieser Aufforderung lesen wir, dass Paulus seinen Mitarbeiter ermutigt, im Dienst sein Bestes zu geben (4,14f.). Es ist also wichtig, dass wir unser Bestes geben. Aber wenn es nicht auf dem Hintergrund eines gottgemäßen Lebens geschieht, ist es nutzlos.

Bei mir selbst entdecke ich immer wieder, wie kleine Kompromisse und Nachlässigkeiten meine Hingabe beeinträchtigen. Wenn ich nicht aufpasse, könnten solche Kleinigkeiten auf lange Sicht mein Leben ruinieren. Meiner Meinung nach „betrübt" so ein Verhalten „den Heiligen Geist Gottes" (Epheser 4,30). Dieser Vers im Epheserbrief ist übrigens umgeben von allen möglichen Dingen, die den Geist betrüben. Da ist von „faulem Geschwätz" die Rede (4,29) und von „Bitterkeit und Grimm und Zorn und Geschrei und Lästerung" (4,31). In einem ähnlichen Abschnitt spricht Paulus interessanterweise davon, dass wir den Geist „dämpfen" können, um dann auf die Unterdrückung einer bestimmten Gabe zu sprechen zu kommen: „Prophetische Rede verachtet nicht." (1. Thessalonicher 5,19f.) Wir können also den Geist durch ein unheiliges Leben ebenso behindern wie dadurch, dass wir ihm die Freiheit nehmen, die Gaben einzusetzen, die er einsetzen möchte.

Der Schlüssel zu einem geisterfüllten und heiligen Leben ist ein Herz, das offen ist für den Heiligen Geist. Wenn wir zum Geist aufschauen, wird er uns warnen, wenn wir uns in eine gefährliche Richtung bewegen. Eine seiner Aufgaben ist es ja, unser Lehrer zu sein (Johannes 14,26), und die Bibel lässt keinen Zweifel daran, dass uns Gott auf „rechter Straße" führen wird (Psalm 23,3). Mit Sicherheit wird er uns also darauf aufmerksam machen, wenn wir auf Abwege geraten. Ein weiteres Werk des Heiligen Geistes ist es schließlich auch, „der Welt die Augen auf[zu]tun über die Sünde und über die Gerechtigkeit und über das Gericht" (Johannes 16,8). Wenn er das schon mit der Welt macht, wird er es ohne jeden Zweifel auch mit denen tun, die zu ihm gehören.

Aber wie kann ein Herz für die Impulse des Heiligen Geistes offen werden? Paulus rät uns, uns vor der Teilnahme am Abendmahl genau zu prüfen (1. Korinther 11,28). Wenn das schon beim Abendmahl notwendig ist, wie viel wichtiger ist es dann, dasselbe zu tun, bevor wir andere in der Anbetung oder dem christlichen Zeugnis anleiten. Wiederum sagt Paulus: „Erforscht euch selbst, ob ihr im Glauben steht; prüft euch selbst!" (2. Korinther 13,5) Und der Psalmist betet: „Erforsche mich, Gott, und erkenne mein Herz; prüfe mich und erkenne, wie ich's meine. Und sieh, ob ich auf bösem Wege bin, und leite mich auf ewigem Wege." (Psalm 139,23f.)

Vor einem geistlichen Dienst ist eine ideale Zeit zur Selbstprüfung. Kurz vor einer Predigt trifft mich oft ein Gefühl der Verzweiflung, weil ich auf keinen Fall Gottes Werk behindern möchte. Ich gehe alles noch einmal durch. Vielleicht war ich ja bezüglich einer Sache in meinem Leben nachlässig, und der Gedanke, gleich predigen zu müssen, bringt es ans Licht. Bei solchen Gelegenheiten bin ich besonders offen und der Geist erinnert mich an Dinge, die geklärt und verändert werden müssen. Manchmal wird mir in solchen Augenblicken klar, dass ich mit einer Person reden muss oder ihr einen Brief schreiben. Wenn ich das vor der Predigt nicht mehr erledigen kann, verspreche ich dem Herrn, das später zu tun, und fahre mit meinen Vorbereitungen fort.

Ein großer amerikanischer Prediger hat in einem Interview einmal erklärt, dass er oft sonntags sein Auto auf dem Gemeindeparkplatz abstellt und dann seine Frau für etwas um Vergebung bittet – noch bevor sie beide aussteigen. Er wusste ganz genau, dass er ins Reine kommen muss, bevor er auf die Kanzel steigt. Während einer Predigt M. L. Moodys fiel dessen Blick auf einen Mann im Publikum, mit dem er Differenzen hatte. Sofort forderte er die Zuhörer auf, sich zu erheben und er stimmte ein Lied an. Als sie sangen, stieg er von der Kanzel, ging zu dem Mann hin und macht mit ihm Frieden. Dann ging er wieder zurück auf die Kanzel, wartete, bis das Lied fertig gesungen war, ließ die Leute sich wieder setzen und fuhr mit seiner Predigt fort.

Georg Müller (1805–1898), der „Waisenvater von Bristol", zog sich im Alter von siebzig Jahren von seinen Waisenhäusern zurück und begann einen Dienst als reisender Evangelist, den er bis ins hohe Alter von siebenundachtzig Jahren fortführte. Während dieser siebzehn Jahre legte er eine Strecke von über 300.000 Kilometern zurück, predigte in zweiundvierzig Ländern und wurde von rund drei Millionen Menschen gehört. Das sind schier unglaubliche Zahlen, vor allem wenn man bedenkt, dass es damals weder Flugzeuge noch Soundsysteme gab.

Müller wurde einmal gefragt, was denn das Geheimnis seines langen Lebens sei. Er nannte drei Gründe: Der Zweite war die Freude, die er in Gott und seiner Arbeit empfand. Der Dritte war die Auferbauung, die er beim Lesen der Heiligen Schrift erlebte, und dass dadurch sein ganzes Dasein immer wieder erneuert werde. Der erste Grund ist in unserem Zusammenhang der wichtigste: Er übe sich darin, allezeit ein unverletztes Gewissen zu haben vor Gott und den Menschen. Damit zitierte er Paulus' Aussage vor dem Statthalter Felix (Apostelgeschichte 24,16). Das Wort, das in unseren Bibeln mit

„üben" übersetzt wird (*askeo*), bedeutet, dass sich einer mit ganzer Hingabe und Kraft einer Aufgabe widmet. Es geht also um eine Praxis, die unseren ganzen Einsatz erfordert. Mit einem ungeklärten geistlichen Problem durchs Leben zu gehen ist eine gewaltige Belastung. Die damit verbundenen Schuldgefühle rauben uns die Energie und lassen uns ausgelaugt und ohne die Fülle des Geistes zurück.

Ich fürchte, dass wir mit unserem Verhalten als geistliche Leiter für die nächste Generation nur ein sehr armseliges Beispiel abgeben. Wenn wir diesen Trend nicht stoppen, liegt die Schuld für den in der jüngeren Generation überall zu findenden Zynismus bei uns selbst. Die jungen Leute kümmern sich wenig um unsere Lehren, weil wir sie nicht mit einem gottgefälligen Leben unterstreichen (Titus 2,10). Wenn wir nicht aufpassen, wird das in ein neues „finsteres Mittelalter" führen, in dem Gesetzlichkeit und Kraftlosigkeit die Gemeinde plagen. Wer immer in der Gemeinde eine Aufgabe übernommen hat, sollte sich also mit ganzer Kraft darum bemühen, dass Jesu Barmherzigkeit und Reinheit in ihm sichtbar werden.

Natürlich wird die Nachhaltigkeit eines Dienstes auf lange Sicht daran gemessen, ob er zu Leben geführt hat, die vom Geist geprägt sind. Jesus sagt: „Wen da dürstet, der komme zu mir und trinke! Wer an mich glaubt, wie die Schrift sagt, von dessen Leib werden Ströme lebendigen Wassers fließen." Der Evangelist Johannes erläutert dies mit den Worten: „Das sagte er aber von dem Geist, den die empfangen sollten, die an ihn glaubten" (Johannes 7,37-29). Ein Hauptgrund für die unter geistlichen Leitern um sich greifende Problematik des Burnouts könnte auch darin zu finden sein, dass wir zu viel aus unserer eigenen Kraft heraus dienen und zu wenig aus den unerschöpflichen Ressourcen des Geistes heraus. Susan Pearlman, eine Leiterin in der „Juden-für-Jesus"-Bewegung, hat diesen Zusammenhang folgendermaßen auf den Punkt gebracht: „Ein Burnout passiert, wenn der Docht brennt, aber nicht die Kerze."

Meine größte Angst ist, dass ich die Fülle des Geistes verlieren könnte, aus der ein echter Dienst entspringt. Die Menschen werden zuerst gar nicht merken, dass ich nur noch aus meiner Kraft heraus mein Amt ausführe. Ich habe vermutlich genug Wissen, Erfahrung und Fähigkeiten, um einer Menge Leuten für eine recht lange Zeit etwas vorzumachen. Und selbst wenn sie etwas merken würden, würden sie es wahrscheinlich nicht an die große Glocke hängen. Aber in Bezug auf das, worauf es im Reich Gottes ankommt, wäre ich trotzdem ein Ausgestoßener, einer, dessen Arbeit nicht Gottes Zustimmung hat. Ich finde es beruhigend zu wissen, dass ich mit dieser Angst nicht allein bin. Auch Paulus kannte sie. Er schreibt: „Ich bezwinge meinen Leib und zähme ihn, damit ich nicht andern predige und selbst verwerflich werde“ (1. Korinther 9,27).

Die Unmittelbarkeit des Geistes

Wenn wir beschreiben wollen, wie das Leben eines geisterfüllten Menschen aussieht, kommt noch ein weiterer Aspekt hinzu. Jesus sagte, dass es für seine Jünger besser sei, wenn er wegginge, denn dann käme der Tröster zu ihnen (Johannes 16,7). In den Versen danach beschreibt er, wie der Geist die Welt überführt. Aber ich denke, wir können auch annehmen, dass eine der Segnungen, die Jesus mit dem Kommen des Geistes verband, die Unmittelbarkeit seiner Gegenwart ist. Er will bei uns sein, nicht nur manchmal (wie bei den Jüngern, als Jesus noch auf der Erde war), sondern immer. Gottes Gegenwart scheint ein Charakteristikum des Neuen Bundes zu sein, das Jeremia und andere vorausgesehen haben (Jeremia 31,31-34; vgl. Hesekiel 11,18-20). In der Zeit des Alten Testaments war eine solche Unmittelbarkeit des Geistes nur einigen wenigen Privilegierten vorbehalten.

Das Neue Testament beschreibt eine neue Phase der Nähe in unserer Gemeinschaft mit Gott durch den Heiligen Geist (Römer 8,9; 1. Korinther 3,16; 6,19; 2. Korinther 13,14; Philipper 2,1). Der Geist gibt Zeugnis unserem Geist und versichert uns, dass wir Gottes Kinder sind (Römer 8,15f.). Gott ist kein fernes Wesen, mit dem wir nur auf intellektueller Ebene eine Beziehung haben könnten. Wir erfahren ihn wirklich. Wir erleben seine Kraft in unserem Alltag (Lukas 24,49; Apostelgeschichte 1,8). In der Apostelgeschichte wird das Empfangen des Geistes ja auch nicht als ein intellektueller Vorgang beschrieben, an den man einfach glauben muss, sondern als etwas, das persönlich erlebt wird (Apostelgeschichte 8,17-19; 19,6). Dort wird von Zeiten berichtet, in denen die Gläubigen ganz genau wussten, dass der Geist zu ihnen gesprochen hatte, um ihnen die Richtung zu weisen (Apostelgeschichte 13,2-4; 16,6f.). Manchmal kam eine solche Wegweisung auch durch eine besondere geistliche Gabe, wie der Dienst des Agabus deutlich macht (Apostelgeschichte 11,27f.; 21,10f.; vgl. 1. Korinther 12 und 14).

Durch die Kirchengeschichte hindurch haben Christen aus allen Konfessionen diese Unmittelbarkeit Gottes durch den Heiligen Geist erlebt. Aber oft hat eine spröde Rechtgläubigkeit (und manchmal auch eine spröde Falschgläubigkeit) in der Gemeinde Einzug gehalten und wie eine nasse Decke solche Erfahrungen erstickt. Über die Jahrhunderte gab es immer wieder Erweckungsbewegungen, die entstanden, wenn Christen wieder neu die Unmittelbarkeit des Geistes erlebten und sie ins Zentrum des geistlichen Lebens rückten. In den letzten drei Jahrhunderten ist dies zum Beispiel durch den Methodismus John Wesleys und die charismatische Erneuerung passiert.

Der Gedanke einer Unmittelbarkeit des Geistes ist tatsächlich immer wieder missbraucht worden. Manche Christen behaupten, Gott habe ihnen bestimmte Dinge offenbart, die vermutlich eher ihre eigenen Wünsche sind als Hinweise des Geistes. Das führt manchmal zu leidvollen Erfahrungen. Allerdings sollte der Missbrauch der geistlichen Gaben nicht dazu führen, dass wir den Gebrauch generell ablehnen. Stattdessen sollten wir Leitlinien für den Umgang mit den Gaben entwickeln, wie das auch Paulus in 1. Korinther 12-14 getan hat.

Die erste Folge einer Geisterfahrung ist eine neue Lebendigkeit in unserem Lobpreis. An Pfingsten wurde dies deutlich erkennbar, als die ersten Christen Gott in einer bisher nicht gekannten Weise priesen (Apostelgeschichte 2,1-12). Kurz nachdem Paulus die Epheser aufgefordert hat, sich mit dem Geist erfüllen zu lassen (Epheser 5,18), schreibt er: „Ermuntert einander mit Psalmen und Lobgesängen und geistlichen Liedern, singt und spielt dem Herrn in eurem Herzen und sagt Dank Gott, dem Vater, allezeit für alles, im Namen unseres Herrn Jesus Christus“ (5,19f.). Die Häuser der ersten Methodisten konnte man angeblich am Gesang erkennen. In unseren Tagen ist durch die charismatische Erneuerung die ganze weltweite Kirche angeregt worden, neu über Stellenwert und die Lebendigkeit des Lobpreises nachzudenken. Das Ergebnis ist eine ganze Welle neuer Lieder (manche davon sind gut, andere dagegen eher nicht).

Die Erfüllung als Bevollmächtigung für den Dienst

Der zweite Aspekt, in dem die Erfüllung mit dem Geist wichtig ist, ist die Frage nach der Bevollmächtigung für den Dienst. Wir sehen das an verschiedenen Stellen der Apostelgeschichte. Als er die erste Verteidigungsrede schildert, die jemals ein Christ vor den jüdischen Autoritäten halten musste, beginnt Lukas mit den Worten: „Petrus, voll des Heiligen Geistes, sprach zu ihnen ..." (Apostelgeschichte 4,8). Der Geist war es, der Petrus half, auf die Anschuldigungen angemessen zu reagieren, denn Jesus hatte verheißen: „Wenn sie euch hinführen und überantworten werden, so sorgt euch nicht vorher, was ihr reden sollt; sondern was euch in jener Stunde gegeben wird, das redet. Denn ihr seid's nicht, die da reden, sondern der Heilige Geist" (Markus 13,11). Er gibt die Vollmacht, Widerständen entgegenzutreten.

In diesem Zusammenhang „geboten" die jüdischen Autoritäten „ihnen, keinesfalls zu reden oder zu lehren in dem Namen Jesu" (Apostelgeschichte 4,18). Die Jünger antworteten: „Wir können's ja nicht lassen, von dem zu reden, was wir gesehen und gehört haben" (4,20), dann gingen sie zum Rest der Gemeinde und erzählten dort, was ihnen widerfahren war. Es war die erste wirkliche Krise für die neuentstandene Gemeinde. Das, was sie als ihre höchste Aufgabe ansah, war soeben für illegal erklärt worden. Doch „als sie das hörten, erhoben sie ihre Stimme einmütig zu Gott" und beteten (4,24): „Und nun, Herr, sieh an ihr Drohen und gib deinen Knechten, mit allem Freimut zu reden dein Wort" (4,29). Es war ein Gebet, das von Gott unmittelbar beantwortet wurde: „Als sie gebetet hatten, erbebte die Stätte, wo sie versammelt waren; und sie wurden alle vom Heiligen Geist erfüllt und redeten das Wort Gottes mit Freimut" (4,31). Auch hier haben wir es mit einer Bevollmächtigung inmitten von Widerständen zu tun.

Leider reagieren wir oft ganz anders, wenn wir auf Widerstände oder Probleme stoßen. Manchmal werden wir übervorsichtig und sagen Sätze wie: „In so einer feindseligen Umgebung werde ich meinen Mund nicht mehr aufmachen." Oder: „Ich werde nie mehr irgendwelche Veränderungen vorschlagen. Meine Gemeinde ist zu radikalen Schritten einfach nicht bereit." Oder: „So will ich nicht mehr weiterarbeiten. Vielleicht sollte ich alles hinwerfen." Manchmal fallen unsere Antworten auch geradezu aggressiv aus. Ich erinnere mich an einen Jugendpastor, dem mitgeteilt worden war, dass die Ältesten seiner Gemeinde eine umstrittene Veranstaltung ausfallen lassen wollten. Zornig rief er aus: „So, das ist es, was die Ältesten wollen? Na gut, ich bin schließlich der Pastor. Wir werden ja sehen, wer hier am Ende die Hosen an hat!" Vielleicht bekommen wir einen wenig freundlichen Brief von einem Gemeindemitglied. Unsere natürliche Reaktion ist oft, ihm ebenfalls eine wenig freundliche Antwort zurückzuschreiben.

Wenn wir attackiert werden, haben wir also die Weisheit und den Mut des Heiligen Geistes dringend nötig. Es ist deshalb in solchen Situationen absolut notwendig, Gott um seine Weisung und Stärke zu bitten und unserem ersten Impuls nicht zu folgen, der darin besteht, einfach zurückzuschlagen oder irgendetwas zu unternehmen, womit wir das Problem allein in die Hand nähmen. Leider fällt uns Gebet oft erst dann ein, wenn unser eigener Lösungsversuch keinen Erfolg hatte.

Vor ein paar Jahren stand ich vor der größten Herausforderung meines bisherigen Dienstes. Einige meiner Mitarbeiter waren mit ein paar grundlegenden Entscheidungen nicht einverstanden und hatten das Gefühl, dass ich sie als Leiter verraten hatte. Sie schütteten all ihren Ärger vor mir aus, was mich sehr verletzte. Aber in dieser Krise hat mir Gott etwas beigebracht, was sich als äußerst hilfreich erwies: Bevor wir in einer Krise feindseligen Menschen gegenübertreten, sollten wir Gott begegnen. Ansonsten ist unser Dienst schnell nicht mehr als die Reaktion auf Ärger, Ablehnung und Vorwürfe. Nur wenn wir zutiefst davon überzeugt sind, dass Gott uns annimmt, als wertvolle Diener betrachtet und mit seinem Geist erfüllt, können wir uns den Herausforderungen stellen.

Während dieser Krise bin ich manchmal stundenlang allein in meinem Arbeitszimmer gewesen, habe gedacht, gebetet und in der Bibel gelesen und war mir dabei dessen bewusst, dass dies alles in der Gegenwart Gottes geschieht. Danach habe ich mich mit den entsprechenden Leuten getroffen, ebenfalls in dem Bewusstsein, dass Gott mir die Kraft dazu gibt. Ich glaube, dass diese Zeit mit Gott sehr hilfreich war, denn ich wollte dem Ärger der Menschen in der Kraft des Geistes begegnen und nicht im Fleisch. Nur auf diese Weise, so glaube ich, konnte ich zur Heilung beitragen, statt Öl ins Feuer zu gießen. Ein gutes Beispiel für dieses Prinzip ist Jakob, der eine Nacht lang mit Gott rang, bevor er seinem Bruder Esau begegnen konnte, der ihm mit einer großen Streitmacht entgegenkam (1. Mose 32,22-32). Als er abends loslief, war er ein ängstlicher Mann, doch am nächsten Morgen konnte er sich mit dem Segen Gottes der Herausforderung stellen.

Der dritte Aspekt, wie Erfüllung und Bevollmächtigung durch den Geist zusammenhängen, wird in der Apostelgeschichte kurz vor dem Tod des Stephanus erwähnt. Stephanus hielt ja eine große Rede, in der er seinen Zuhörern vorwarf, dem Gesetz ungehorsam gewesen zu sein und den Messias gekreuzigt zu haben (Apostelgeschichte 7,51-53). Im nächsten Vers lesen wir: „Als sie das hörten, ging's ihnen durchs Herz und sie knirschten mit den Zähnen über ihn." Dann aber heißt es: „Er aber, voll Heiligen Geistes, sah auf zum Himmel und sah die Herrlichkeit Gottes und Jesus stehen zur Rechten Gottes und sprach: Siehe, ich sehe den Himmel offen und den Menschensohn zur Rechten Gottes stehen." (7,55f.) Daraufhin wurde er vom Mob gesteinigt.

Es geht hier also nicht um eine Bevollmächtigung zum Dienst, etwa zu einer besonderen Predigt. Die Herausforderung, vor der Stephanus steht, ist vielmehr sein unmittelbar bevorstehender schmerzvoller Tod. Es geht also um die Bevollmächtigung, dem Tod ins Auge zu sehen. An dieser Stelle geschieht die Bevollmächtigung in einer besonderen Form: Stephanus bekommt eine Vision des auferstandenen Herrn und seiner Herrlichkeit. Durch die Kirchengeschichte hindurch haben viele Menschen in schweren Krisenzeiten einen neuen Einblick in Gottes Sein und Herrlichkeit bekommen. Das geschah auch schon im Alten Testament: In dem Jahr, in dem der gerechte König Usija starb und durch einen bösen ersetzt wurde, sah Jesaja „den Herrn sitzen auf einem hohen und erhabenen Thron" (Jesaja 6,1).

Als der spätere große indische Prediger Sadhu Sundar Singh Christ wurde, hat ihn seine eigene Sikh-Familie nicht nur verstoßen, sondern sogar vergiftet. Er überlebte den Anschlag und war einige Zeit später wieder in der Gegend seines Heimatdorfes auf einer Predigtreise. So beschloss er, seinen Vater zu besuchen. Sundar Singh berichtet: „Zuerst wollte mich mein Vater gar nicht sehen oder auch nur ins Haus lassen. Weil ich Christ geworden war, hatte ich meine Familie entehrt. Doch nach einer Weile kam er hinaus und sagte: ‚Gut, meinetwegen kannst du heute Nacht hierbleiben – aber nur, wenn du vor Sonnenaufgang verschwindest. Ich will dich nie wieder sehen.'" Singh führt weiter aus: „Ich habe kein Wort gesagt. Beim Abendessen musste ich abseits sitzen, damit ich weder sie noch das Geschirr verunreinigen konnte. Schließlich brachte er mir etwas zu essen und gab mir etwas zu trinken. Er nahm ein Gefäß und goss das Wasser in meine Hände, sodass ich nichts berühren konnte, so wie man es mit einem Ausgestoßenen zu tun pflegt."

Und weiter: „Mein Vater, der mich einst so geliebt hatte, hasste mich nun, als sei ich ein Unberührbarer." Für Sundar Singh war das fast unerträglich. „Während dieser Behandlung begann ich zu weinen, die Tränen flossen nur so über meine Wangen." Aber zu diesem Zeitpunkt erlebte er etwas, was ich eine Erfüllung mit dem Heiligen Geist nennen würde. Er berichtet: „Doch trotz alledem war mein Herz mit einem unaussprechlichen Frieden erfüllt. Ich dankte meinem Vater trotz dieser Behandlung ... sagte ihm respektvoll ‚Auf Wiedersehen' und ging weg. Als ich draußen auf dem Feld war, dankte ich Gott und verbrachte die Nacht unter einem Baum, um am Morgen weiterzuziehen." Viele Jahre später wurde auch Sundar Singhs Vater Christ.

Von einem christlichen Märtyrer wird berichtet, dass er zu lächeln anfing, während sein Peiniger das Feuer anzündete, auf dem er verbrannt werden sollte. Der Henker fuhr ihn an: „Was gibt's denn da zu lachen!?" Der Christ antwortete: „Ich habe die Herrlichkeit Gottes gesehen und bin glücklich."

Zeiten, in denen wir für eine gerechte Sache emotional oder vielleicht sogar im wahrsten Sinne des Wortes sterben müssen, sind schwer auszuhalten. Unsere natürliche Reaktion ist Ärger, schließlich haben wir nichts Unrechtes getan, während die, die im Augenblick die Überhand haben, ganz offensichtlich falschliegen. In solchen Situationen wird der christliche Charakter bis in seine Grundfesten geprüft. Wir brauchen daher Gottes Gnade als Unterstützung. Wir brauchen eine besondere Berührung Gottes – eine Bevollmächtigung durch die Fülle des Geistes.

Den vierten Aspekt der Erfüllung als Bevollmächtigung für eine Aufgabe erkennen wir am Dienst von Paulus und Barnabas vor dem römischen Prokonsul Sergius Paulus, der bereitwillig das Wort Gottes hörte. „Da widerstand ihnen der Zauberer Elymas – denn so wird sein Name übersetzt – und versuchte, den Statthalter vom Glauben abzuhalten." (Apostelgeschichte 13,8) Paulus aber, „voll Heiligen Geistes, sah ihn an", wies ihn zurück und verkündete, dass er blind sein solle. Und in der Tat wurde Elymas blind (13,9-11). Wir haben es also mit einem Fall zu tun, in dem der Geist zu einer vollmächtigen Zurückweisung begabt.

Auch in diesem Bereich haben wir die Kraft des Geistes bitter nötig, obwohl wir uns gern um solche Themen herumdrücken, weil eine Konfrontation schwierig und unangenehm ist. Wir brauchen aber auch die Kontrolle des Geistes, sonst werden wir ungeduldig und weisen andere in einer Weise zurück, die mehr Schaden als Nutzen bringt. Wenn ich jemanden zurückweisen muss, bete ich also nicht nur vor dem entscheidenden Gespräch, sondern auch währenddessen, damit ich ganz unter der Kontrolle des Geistes spreche.

Wenn wir nur die Apostelgeschichte nach Situationen absuchen, in denen eine besondere Bevollmächtigung des Geistes nötig ist, haben wir es zwangsläufig nur mit einer begrenzten Anzahl zu tun. Diese Vorgehensweise ist trotzdem hilfreich, denn sie stößt uns zum Beispiel darauf, dass es auch eine Bevollmächtigung gibt, die mit dem

Sterben zu tun hat, oder eine, die zur Zurückweisung befähigt, beides Aspekte, die wir normalerweise nicht mit der Erfüllung mit dem Heiligen Geist in Verbindung bringen. Wenn wir an Vollmacht denken, dann assoziieren wir sie in der Regel nur mit öffentlichkeitswirksamen Dingen wie Predigen oder Heilen. In der Apostelgeschichte sehen wir aber, dass es auch eine Vollmacht gibt, die uns durch Krisen hindurchhilft.

Der Abschnitt aus Jesaja (61,1f.), den Jesus in Nazareth in Bezug auf seine eigene Bevollmächtigung zitiert, erwähnt ebenfalls verschiedene Aspekte des Dienstes. „Der Geist des Herrn ist auf mir, weil er mich gesalbt hat, zu verkündigen das Evangelium den Armen; er hat mich gesandt, zu predigen den Gefangenen, dass sie frei sein sollen, und den Blinden, dass sie sehen sollen, und den Zerschlagenen, dass sie frei und ledig sein sollen, zu verkündigen das Gnadenjahr des Herrn." (Lukas 4,18f.) Die Vielfalt der hier aufgezählten Dienste macht deutlich, dass wir für alles, was wir tun, Gottes Vollmacht brauchen. Es kann sein, dass wir auf einer Konferenz einen Vortrag halten oder einen Sünder zurechtweisen müssen. Es kann sein, dass wir auf Widerstand und Entmutigung stoßen. Es kann sein, dass wir im Kindergottesdienst oder in der Schule Kindern etwas beibringen sollen. Es kann der Besuch bei einem Kranken ebenso sein wie das Singen eines Liedes oder ein geistliches Gespräch mit den eigenen Kindern. Es kann sich um unseren Einsatz für soziale Gerechtigkeit oder allgemein um Sozialarbeit handeln. Es kann sein, dass wir in einem unmoralischen und korrupten Umfeld arbeiten müssen. Für alle diese Herausforderungen brauchen wir die Vollmacht des Geistes.

Manchmal kommt diese Vollmacht in einer Weise auf uns, dass andere es deutlich erkennen, wie das an manchen Stellen der Apostelgeschichte zu lesen ist. Das bedeutet jedoch nicht, dass wir ohne Vollmacht handeln, wenn wir nichts Besonderes erlebt haben. Ich bin zum Beispiel immer wieder erstaunt, wenn Menschen auf eine Predigt ansprechen, die ich für einen echten Flop halte. Bei solchen Gelegenheiten merke ich, dass die Botschaft trotzdem ankommt, obwohl ich mich nicht besonders geistgeleitet gefühlt habe, denn es ist der Geist, der die Menschen anspricht, nicht ich.

Vollmacht und Gebet

Aus diesen Gründen brauchen wir für unseren Dienst unbedingt Gottes Bevollmächtigung. Wie jedoch sollen wir sicherstellen, dass wir wirklich im Segen arbeiten? Der souveräne Gott wird uns sicher nach seinem Willen mit seiner übernatürlichen Kraft erfüllen, und manchmal werden wir erleben, dass er uns dort am meisten gebraucht, wo wir am wenigsten damit gerechnet haben. Trotz dieser Gewissheit können wir aber auch etwas dazu beitragen, um Gefäße für Gottes Gebrauch zu werden. Als Paulus diese Gefäßmetapher Timotheus gegenüber gebraucht, führt er weiter aus: „Wenn nun jemand sich reinigt von solchen Leuten, der wird ein Gefäß sein zu ehrenvollem Gebrauch, geheiligt, für den Hausherrn brauchbar und zu allem guten Werk bereitet." (2. Timotheus 2,21) Welche bedeutende Rolle unser Leben als heilige Diener Gottes dabei spielt, haben wir ja bereits gesehen.

Im Neuen Testament, vor allem in den beiden lukanischen Büchern, gibt es jedoch auch eine enge Verbindung von Erfahrungen mit dem Geist und Gebet. Nach seiner Taufe betete Jesus, als sich der Himmel öffnete und der Heilige Geist auf ihn herabkam (Lukas 3,21f.). Jesus verheißt, dass „der Vater im Himmel den Heiligen Geist" denen geben wird, „die ihn bitten" (Lukas 11,13). Vor dem großen Pfingstereignis waren die Jünger „stets beieinander einmütig im Gebet samt den Frauen und Maria, der Mutter Jesu, und seinen Brüdern" (Apostelgeschichte 1,14). Nachdem Petrus und Johannes ein Predigtverbot erteilt worden war, traf sich die Gemeinde zum Gebet und erlebte unmittelbar danach eine Erfüllung mit dem Geist (Apostelgeschichte 4,21).

In manchen Bereichen unseres Dienstes, wie dem Gebet für Kranke, wird die Kraft Gottes direkt durch Gebet freigesetzt. Im Zusammenhang mit heilendem Gebet führt etwa Jakobus aus: „Des Gerechten Gebet vermag viel, wenn es ernstlich ist." (Jakobus 5,16) In unserem Dienst leiten wir oft Menschen im Gebet und beten dabei für die verschiedenen öffentlichen und privaten Nöte der Menschen. Darüber hinaus dürfen wir niemals vergessen, dass das Gebet ein Schlüssel ist, um unser Leben für den Geist zu öffnen, sodass er uns erfüllen kann. Als die Jünger Jesus fragten, warum sie nicht in der Lage waren, einen Jungen von einem bösen Geist zu befreien, antwortete er: „Diese Art kann durch nichts ausfahren als durch Beten." (Markus 9,29) In diesem Zusammenhang lesen wir zwar nichts über ein Gebet Jesu – „Jesus aber ergriff ihn bei der Hand und richtete ihn auf, und er stand auf." (9,27) – aber kurz zuvor hatte Jesus auf dem Berg der Verklärung gebetet (Lukas 9,29).

Als Jesus also seinen Jüngern in Markus 9,29 erklärte, wie wichtig das Gebet ist, um Kraft für eine bestimmte Aufgabe zu schöpfen, sprach er von einem Leben im Gebet als grundlegenden Aspekt für die Vorbereitung auf den Dienst. Jesaja 40,31 verheißt: „Die auf den Herrn harren, kriegen neue Kraft, dass sie auffahren mit Flügeln wie Adler, dass sie laufen und nicht matt werden, dass sie wandeln und nicht müde werden."

Das Gebet hilft uns, mit dem Herzen Gottes in Einklang zu kommen. Judas schreibt: „Ihr aber, meine Lieben, ... betet im Heiligen Geist, und erhaltet euch in der Liebe Gottes" (Judas 20f.). „Betet" ist im Griechischen ein Partizip, und „erhaltet euch" ist ein Imperativ. Aber wie erhalten wir uns in der Liebe Gottes – wie stellen wir sicher, dass wir völlig im Einklang mit dem Heiligen Geist sind? Indem wir im Heiligen Geist beten. Wenn wir beten, setzen wir die Segel, in die der Heilige Geist hineinweht, um uns dahin zu treiben, wohin er uns haben möchte. Je mehr Zeit wir in seiner Gegenwart verbringen, je tiefer wir in ihn eindringen, desto besser werden wir ihn in unserem Dienst repräsentieren.

Manche gebrauchen hierfür das altertümliche Wort „Salbung". Damit beschreiben sie das „mystische Etwas" in einer Predigt, das niemand wirklich definieren kann, das aber jeder bemerkt, der ein wenig geistlich sensibel ist. Diese Salbung erlangt man nur durch Gebet. Alles andere, was für eine gute Predigt wichtig ist, bekommt man durch Gebet *und* irgendetwas anderes. Allein die Salbung erlangt man ausschließlich durch Gebet. Deshalb zeigt ihr Fehlen auch wie nichts anderes, wie ärmlich unser Gebetsleben im „stillen Kämmerlein" tatsächlich ist. Eine ordentliche Predigt offenbart die Vorbereitung eines Menschen, aber an der Salbung erkennt man die Gegenwart Gottes.

E. Stanley Jones war in seinem Dienst unglaublich vital, bis er fast neunzig Jahre alt war. Mein Predigtlehrer Donald Demaray hat mir erzählt, wie er als junger Prediger einmal das Privileg hatte, Dr. Jones nach einem Meeting nach Hause zu fahren. Demaray fragte ihn, was ihn zu so einem brillanten Verkündiger des Evangeliums mache. Offensichtlich war Jones die Frage peinlich, jedenfalls schien er nach Worten zu suchen. Doch kurz bevor er aus dem Auto stieg, fiel ihm etwas ein: „Gebet." Er selbst schrieb: „Jemand fragte mich einmal, wie ich mein geistliches Leben gestalte. Ganz einfach: Bestimmte Stunden gehören nicht zu meinem Tag, ich rechne sie nicht mit. In dieser Zeit bekomme ich die Kraft, die ich für meinen Tag brauche. Wenn ich diese Stunden zusammenstreiche, fällt mein Tag ebenfalls in sich zusammen. Ob ich gut bin oder schlecht, hängt davon ab, ob ich viel oder wenig bete. Ich kann den Tag vergessen, wenn ich meine Gebetsstunde vergesse."

Manchmal passiert es, dass uns Gott mitten in einer Aufgabe wie dem Verfassen einer Predigt innehalten lässt und uns auffordert, uns selbst vorzubereiten, bevor wir die Aufgabe weiter vorbereiten. Wenn wir so etwas merken, dann sollten wir sofort aufhören und anfangen zu beten.

Unsere Vorbereitung kann manchmal für das Gebet hinderlich sein. Meine Gemeinde trifft sich nachmittags, und normalerweise bete ich für ihre Mitglieder, bevor ich sonntags in den Gottesdienst gehe. Ich höre also mit allem auf, was ich gerade tue, und nehme mir ungefähr eine halbe Stunde Zeit, um zu beten. Eines Tages saß ich an meinem Computer und arbeitete gerade mit großem Elan an einer Auslegungsreihe, die schließlich dieses Buch hier werden sollte. Plötzlich fiel mir ein, dass ich jetzt eigentlich aufhören und beten müsste. Aber ich zögerte den Zeitpunkt immer weiter hinaus, weil ich gerade so gut im Fluss war. Irgendwann war es dann zu spät. Es war Zeit zu gehen. Ich speicherte also meine Arbeit und wollte den Computer ausschalten. Genau in diesem Augenblick stürzte das Betriebssystem ab. Die letzte halbe Stunde Arbeit war verloren! Doch für mich war es eine gute Lektion, meine Prioritäten das nächste Mal anders zu setzen.

Wenn wir für eine Veranstaltung beten, sollten wir Gott um seine Fülle für unseren Dienst bitten. Paulus bat seine Leser, für die verschiedenen Aspekte seines Dienstes zu beten. So schreibt er an die Epheser: „Betet allezeit ... für mich, dass mir das Wort gegeben werde, wenn ich meinen Mund auftue, freimütig das Geheimnis des Evangeliums zu verkündigen, ... dass ich mit Freimut davon rede, wie ich es muss." (Epheser 6,18-20) Wenn er schon andere zum Gebet für seinen Dienst aufgerufen hat, hat er mit Sicherheit auch selbst dafür gebetet. Ich singe während meiner Gebetszeit oft ein Kirchenlied, das etwas mit dem christlichen Auftrag oder der Vollmacht durch den Geist zu tun hat, weil Lieder manchmal besser als Worte ausdrücken, was ich empfinde. Und wenn ich dann auf die Kanzel steige, um meine Predigt zu beginnen, bitte ich in der Regel Gott in der Stille um seine Vollmacht.

Trotzdem glaube ich nicht, dass wir unsere ganze Gebetszeit vor einer Aufgabe damit verbringen sollten, um die Erfüllung mit dem Heiligen Geist zu beten. Andere Formen des Gebetes wie die Fürbitte bringen uns ebenfalls in Einklang mit dem Herzen Gottes. Wenn wir beten, haben wir einen direkten Zugang zu Gott. In meinen Gebeten vor einer Predigt gehe ich normalerweise auch meine Liste mit Leuten durch, für die ich üblicherweise bete. Vor Kurzem war ich in Amsterdam auf einer Konferenz für Evangelisten, wo ich eine Morgenandacht gehalten habe. Vor rund zehntausend Evangelisten zu sprechen ist nicht nur herausfordernd, sondern auch sehr anstrengend. Deshalb bin ich früh am Morgen aufgestanden, um zu beten. Doch nachdem ich eine Weile um Gottes Vollmacht gebetet hatte, dachte ich, dass es keinen Sinn macht, mit immer neuen Worten um dieselbe Sache zu bitten. Also packte ich meine Gebetsliste aus und betete für meine Familie und meine Kollegen, so wie ich das jeden Tag tue. Später erkannte ich, dass diese Fürbitte ebenfalls eine Vorbereitung für meinen Dienst gewesen war. Indem ich Zeit mit Gott verbrachte, kam ich in Einklang mit seinem Herzen.

In der Regel nehme ich mir schon am Tag vor einer Veranstaltung meinen Terminkalender vor, um genügend Zeit für das Gebet einzuräumen. Allerdings hat das auch schon bei verschiedenen Gelegenheiten nicht funktioniert, weil irgendetwas Unvorhergesehenes dazwischengekommen ist. In solchen Fällen bin ich auf Gottes Gnade angewiesen, die für alles genügt, und gehe im Glauben, dass Gott meinen Dienst schon segnen wird.

Letztes Jahr war ich auf einer Missionskonferenz in England, wo ich einen Vortrag darüber halten sollte, wie wichtig für christliche Hauptamtliche regelmäßige Zeiten mit Gott sind. Am Abend vorher habe ich vier verschiedene Wecker gestellt, um wirklich sicherzugehen, dass ich genügend Zeit zum Gebet hatte. Ich habe es tatsächlich geschafft, alle vier zu verschlafen! Ich musste sogar so hetzen, dass ich es beinahe nicht pünktlich zu meinem Vortrag geschafft hätte. Aber Gottes Gnade genügte auch für diese Herausforderung!

Manchmal passiert es auch, dass mir unmittelbar vor einer Predigt noch ein Punkt einfällt, den ich unbedingt noch berücksichtigen sollte. Deswegen fallen meine Gebetszeiten manchmal kürzer aus als geplant. Bei solchen Gelegenheiten bitte ich Gott, auf mich aufzupassen und verspreche ihm, dass ich nach meiner Predigt mit meiner Fürbitte fortfahren werde. Das ist mir zum Beispiel heute passiert, als ich an diesem Absatz geschrieben habe. Kurz vor meiner Predigt sind mir morgens noch einige gute Gedanken gekommen. Sie aufzuschreiben hat zwangsläufig meine Gebetszeit verkürzt. Also habe ich Gott versprochen, dass ich am Abend mit meinem Gebet weitermachen würde. Abends hatte ich das allerdings vergessen und setzte mich an den Schreibtisch, ohne meine Fürbitten wieder aufzunehmen. Nachdem dieser Absatz fertig war, fiel es mir plötzlich wieder ein. Also habe ich eine Pause eingelegt und erst einmal gebetet!

Das zeigt, dass wir nicht gesetzlich sein sollten, was die Beziehung von Gebet und Vollmacht für unseren Dienst angeht. Wichtig ist nur, dass wir in Gottes Nähe bleiben. Und ich kenne dazu keinen besseren Weg als das Gebet.

Lasst uns also sicherstellen, dass wir im Geist dienen. Letztlich gehen wir im Glauben, vertrauen darauf, dass Gott uns schon hindurchhelfen wird, und sind uns sehr wohl bewusst, dass wir eigentlich sind, um eine solch großartige Arbeit zu tun. Doch wenn wir dabei etwas erkennen, das Gott behindert, dann müssen wir uns dem mit äußerster Dringlichkeit zuwenden. Das ist unsere Aufgabe – wir müssen nur versuchen, die Hindernisse aus dem Weg zu räumen, damit Gott wirken kann. Denn es bleibt dabei: Letzten Endes wirkt allein Gott.

Wie viel Vollmacht wir haben, hängt nicht allein an unserem Gebet. Die Briefe des Apostels Paulus machen uns deutlich, dass er auf das Gebet anderer angewiesen war, um Kraft für seinen Dienst zu bekommen. Ich habe elf Stellen in acht Briefen gefunden, in denen er seine Leser zum Gebet für ihn auffordert. Zwei weitere Bitten kommen im Hebräerbrief dazu. Paulus bat für unterschiedliche Anliegen um Gebet, wie die folgende Liste zeigt:

- Einmal geht es um eine allgemeine Bitte: „Liebe Brüder, betet auch für uns." (1. Thessalonicher 5,25) In Hebräer 13,18 geht es um ein ähnliches Anliegen.
- Fünfmal fordert er seine Leser dazu auf, für seine Freilassung aus dem Gefängnis oder für die Bewahrung vor Feinden zu beten (Römer 15,31; 2. Korinther 11,1; Philipper 1,19; 2. Thessalonicher 3,2; Philemon 22).
- Er ruft zum Gebet dafür auf, dass ihm die richtigen Worte gegeben werden, um furchtlos das Evangelium zu verkündigen (Epheser 6,19).
- Noch einmal bittet er um Gebet, damit er mutig bekennen kann (Epheser 6,20).
- Er bittet um offene Türen für die Evangelisation (Kolosser 4,3) und dass die Botschaft sich schnell verbreitet und auf fruchtbaren Boden fällt (2. Thessalonicher 3,1).
- Der Autor des Hebräerbriefes bittet seine Leser, dafür zu beten, dass er bald zu ihnen kommen kann (Hebräer 13,19).

Diese Liste zeigt, dass es eine große Bandbreite an Anliegen bezüglich unseres Lebens und Dienstes gibt, für die wir Menschen um Gebet bitten können. Ich weiß, dass es Menschen gibt, die dabei eher zögerlich sind. Manche fragen sich, ob sie damit nicht bei anderen etwas abladen, was diesen zur Last werden könnte. Andere fragen sich, ob diejenigen, die sie bitten, überhaupt an ihren Gebetsanliegen interessiert sind. Manche halten es für unnötig, sich durch die Offenlegung ihrer Bedürfnisse verletzlich zu machen. Manche glauben, dass es unter ihrer Würde als Pastor ist, andere um Gebet für ihre Probleme und Bedürfnisse zu bitten. Ich denke, dass die große Zahl der Gebetsbitten in den Briefen, von denen die meisten an ganze Gemeinden gerichtet sind, eindeutig belegt, dass die genannten Argumente wenig stichhaltig sind.

Ich habe es mir angewöhnt, an einen recht breiten Kreis von Leuten Briefe und E-Mails mit besonderen Gebetsanliegen zu versenden. Meistens schreibe ich in diesen Briefen, dass sich niemand verpflichtet fühlen soll, für meine Anliegen zu beten oder auch nur den Brief zu lesen, schon gar nicht, ihn zu beantworten. Wenn wir mitbekommen, dass manche unsere Briefe ungelesen in den Papierkorb werfen, sollten wir uns nicht aufregen. Jeder von uns bekommt so viele Briefe und Mails, dass wir einfach Prioritäten setzen müssen und nicht alles sorgfältig behandeln können. Aber ich weiß auch, dass nicht wenige meiner Brief- und Mailempfänger für die genannten Anliegen beten, und das ist ein Schlüssel für die Nachhaltigkeit meines Dienstes.

Auch die Problematik, ob wir uns durch das Offenlegen unserer Schwächen und Bedürfnisse nicht verwundbar machen, wird meiner Meinung nach überschätzt. Wenn wir ganz ehrlich sind, müssen wir doch zugeben, dass wir eigentlich nicht qualifiziert sind, um an Gottes Reich zu bauen. Wir sind irdene Gefäße, die Schwachen der Welt, denen Gott in seiner Barmherzigkeit einen Auftrag gegeben hat (2. Korinther 4,1-7). Ohne Gottes Vollmacht sind wir nichts. Deshalb gebrauchen wir alles, was nötig ist, um in dieser Vollmacht unser Leben und unseren Dienst zu gestalten.

3. Von Gott bestätigt

Im ersten Kapitel haben wir die Aspekte unseres Dienstes betrachtet, die im Wesentlichen unser Anteil sind – Identifikation bzw. Inkarnation als Grundvoraussetzung. Im zweiten Kapitel haben wir einen Blick auf den Bereich geworfen, der in erster Linie von Gott abhängt – die Bevollmächtigung durch den Heiligen Geist. Nun schauen wir auf einen weiteren Schlüssel zu unserem Dienst, die Bestätigung, die ebenfalls weitgehend von Gott kommt. Die Herausforderungen, vor denen wir in unserem Dienst stehen, sind so groß, dass wir uns immer zunächst auf das konzentrieren sollten, was Gott für uns tut. Wenn wir das nicht tun, werden uns die Probleme und unsere eigenen Unzulässigkeiten so sehr über den Kopf wachsen, dass wir in wenig hilfreicher Weise reagieren. In schwierigen Situationen werden wir dann vielleicht entmutigt und ängstlich. Wir werden kleinlaut, zynisch oder bitter, wenn wir es mit schwierigen Menschen zu tun haben. Oder wir werden diktatorisch und getrieben, weil wir Angst haben, dass uns die Kontrolle über Situationen und Menschen zu entgleiten droht.

Wie Gott uns bestätigt

Der Anfang von Jesu Dienst

Nachdem der Geist auf Jesus herabgekommen war, „geschah eine Stimme vom Himmel: Du bist mein lieber Sohn, an dir habe ich Wohlgefallen." (Markus 1,11) Diese Stimme war ohne Zweifel Gottes Stimme. In dem Satz werden vermutlich zwei alttestamentliche Abschnitte zusammengefasst. Der erste stammt aus Psalm 2,7: Gott „hat zu mir gesagt: Du bist mein Sohn, heute habe ich dich gezeugt." Psalm 2 ist ein sogenannter „Thronbesteigungspsalm", der vermutlich bei der Salbung und Einsetzung der davidischen Könige gebetet wurde. Die andere Passage ist Jesaja 42,1: „Siehe, das ist mein Knecht – ich halte ihn – und mein Auserwählter, an dem meine Seele Wohlgefallen hat. Ich habe ihm meinen Geist gegeben; er wird das Recht unter die Heiden bringen." Matthäus zitiert diesen Abschnitt, um zu erläutern, dass Jesu Dienst eine Erfüllung der Prophetien Jesajas ist (Matthäus 12,18). Beide Texte aus dem Alten Testament wurden von vielen Zeitgenossen Jesu als messianische Weissagungen verstanden. Was wir also in Gottes Ausruf über Jesus erkennen, ist eine Kombination des niedrigen, leidenden Gottesknechtes, von dem Jesaja spricht, mit dem königlichen Auserwählten aus den Psalmen.

Fällt eine solche Botschaft auf fruchtbaren Boden, erfüllt sie drei der grundlegendsten menschlichen Bedürfnisse. Indem er Jesus seinen Sohn nennt, spricht Gott zuerst Jesu Bedürfnis nach Identität an. Indem er sein Wohlgefallen ausdrückt, befriedigt er Jesu Bedürfnis nach Gewissheit. Mit Gott an unserer Seite haben wir nichts zu fürchten. „Ist Gott für uns, wer kann wider uns sein?" (Römer 8,31), wie Paulus schreibt. Indem Gott bestätigt, dass Jesus der Messias ist, erfüllt er schließlich als drittes das menschliche Bedürfnis nach Bedeutung. Jesus hatte eine wichtige Aufgabe vor sich.

Brauchte Jesus überhaupt eine solche Bestätigung? Ob er sie nun brauchte oder nicht, er bekam sie jedenfalls. Und weil er ganz Mensch war, können wir annehmen, dass er bestimmte Dinge ebenso brauchte wie andere Menschen. Wir haben dessen ungeachtet zweifelsohne alle drei nötig: Identität, Gewissheit und Bedeutung.

Seine Bestätigung empfing Jesus zu einem Zeitpunkt, als er seinen Dienst gerade erst begonnen hatte. So etwas hätte jeder von uns gerne, wenn er einen neuen Dienst oder eine neue Aufgabe übernimmt. Wir fragen uns doch immer, ob wir den Herausforderungen gewachsen sein werden, die dabei auf uns zukommen, und nicht selten hilft uns Gott in unserem Glauben, indem er uns ein bestätigendes Wort zuspricht.

Als Gott in Apostelgeschichte 4 die Stätte, wo die Gemeinde versammelt war, erbeben ließ, hat er meiner Ansicht nach damit solch eine Bestätigung ausgesprochen. Petrus und Johannes hatten kurz zuvor berichtet, dass die jüdischen Autoritäten ihre Hauptaufgabe untersagt hatten. Sie durften nicht mehr länger evangelisieren. Die Gemeinde betete daraufhin, dass Gott ihr Mut zur Verkündigung gebe, und bat ihn, seine Hand auszustrecken, damit Heilungen und Wunder geschehen (Apostelgeschichte 4,29f.). „Als sie gebetet hatten, erbebte die Stätte, wo sie versammelt waren; und sie wurden alle vom Heiligen Geist erfüllt und redeten das Wort Gottes mit Freimut." (4,31) Auf diese Weise teilte Gott ihnen mit, dass ihr Gebet erhört worden war. Er würde ihnen das geben, was sie zu ihrem Dienst brauchten.

Ich kann mich noch gut daran erinnern, was passierte, als zwei von mir hoch geschätzte und verehrte christliche Leiter in sexuelle Sünde gefallen waren. Von dem ersten Fall hörte ich während einer Konferenz, kurz nachdem ich die Morgenandacht gehalten hatte. Ich ging auf mein Zimmer und war am Boden zerstört. *Wenn selbst dieser große Mann fallen kann, gibt es dann irgendeine Hoffnung für mich?*, dachte ich. Wie üblich habe ich auch auf dieser Konferenz in meiner stillen Zeit jeden Tag nach einem Bibelleseplan die Heilige Schrift gelesen. So schlug ich den Text in 2. Mose auf, der an diesem Tag dran war. Er war voll von Verheißungen, dass Gott Israel bewahren und behüten werde. Das war genau die Botschaft, die ich an diesem Tag nötig hatte.

Die Nachricht von dem zweiten Fall erreichte mich per Telefon. Ein Freund rief mich während meiner stillen Zeit an. Diesmal war ich noch geschockter, denn die Person, um die es sich handelte, stand mir sehr nahe. Ich ging ans Klavier, schlug mein Gesangbuch nach dem Zufallsprinzip auf und begann zu singen. Das erste Lied war „Leaning on the Everlasting Arms" („Gehalten von den ewigen Armen"). Da stand ich nun und fragte mich: „Werde ich es schaffen?" Und Gott erinnerte mich an seine Treue und daran, dass ich bei ihm geborgen war. Die Herausforderung bestand darin, das von ganzem Herzen zu glauben!

Wenn wir allein und entmutigt sind

Es gibt noch zwei andere Gelegenheiten, bei denen Jesus nach der Bibel die Himmelsstimme hörte. Das zweite Mal geschah, kurz nachdem er in Cäsaräa Philippi seinen Jüngern offenbart hatte, was eigentlich seine Mission war. Alle drei synoptischen Evangelien berichten davon (Matthäus 16,13ff.; Markus 8,27ff.; Lukas 9,18ff.). Vermutlich war dies das erste Mal, dass Jesus ganz offen erklärte, sein gewaltsamer Tod bilde den Kern seiner Mission. Gerade eben hatte Petrus sein großartiges Bekenntnis abgelegt – „Du bist Christus, des lebendigen Gottes Sohn!" – worauf ihn Jesus besonders ermutigte (Matthäus 16,16-19). Doch als Jesus über seinen Tod redete, fuhr ihn Petrus in einer Weise an, dass Jesus ausrief: „Geh weg von mir, Satan! Du bist mir ein Ärgernis; denn du meinst nicht, was göttlich, sondern was menschlich ist." (16,23) Dann fuhr er fort und lehrte seine Jünger, wie teuer sie ihre Nachfolge zu stehen kommen würde.

Von hier an wollen wir dem Bericht des Lukas folgen. Lukas 9 ist eines der einsamsten Kapitel der Bibel. Einige Tage später nahm Jesus Petrus, Jakobus und Johannes mit auf einen Berg, um zu beten. Jesus wurde verklärt und sprach mit Mose und Elia „von seinem Ende" (also vermutlich über seinen Tod, seine Auferstehung und seine Himmelfahrt). „Petrus aber und die bei ihm waren, waren voller Schlaf." Selbst nachdem sie aufgewacht waren, redete Petrus wirres Zeug über den Bau von Hütten. Lukas kommentiert das mit den Worten: „Er wusste aber nicht, was er redete." (Lukas 9,28-33) In diesem Augenblick wurde Jesus von einer Wolke überschattet und Gott sprach vom Himmel herab: „Dieser ist mein auserwählter Sohn; den sollt ihr hören!" (9,34f.)

Jesu Einsamkeit ging mit der Verklärung nicht zu Ende. Als er in die menschliche Gemeinschaft zurückkehrte, fand er heraus, dass seine Jünger vergeblich versucht hatten, einem Jungen einen Dämon auszutreiben (Lukas 9,37-40). Nachdem der Vater des Kindes die Situation erklärt hatte, antwortete Jesus und sprach: „O du ungläubiges und verkehrtes Geschlecht, wie lange soll ich bei euch sein und euch erdulden?" (9,41) Ich frage mich, wie oft jeder von uns schon heimlich ähnliche Sätze gesprochen oder gedacht hat. Mir ist das jedenfalls mehr als einmal passiert.

Jesus heilte den Jungen, und die Menschen waren entsetzt über die Herrlichkeit Gottes (9,42f.). Dann schreibt Lukas: „Als sie sich aber alle verwunderten über alles, was er tat, sprach er zu seinen Jüngern: Lasst diese Worte in eure Ohren dringen: Der Menschensohn wird überantwortet werden in die Hände der Menschen." (9,43bf.) Jesus forderte sie also auf, genau zuzuhören, welche Lasten er auf dem

Herzen hatte. „Aber dieses Wort verstanden sie nicht, und es war vor ihnen verborgen, sodass sie es nicht begriffen. Und sie fürchteten sich, ihn nach diesem Wort zu fragen." (9,45) Jesus war wieder einmal allein in seiner Einsamkeit.

Diese Einsamkeit wurde sicher noch größer, als die Jünger darüber zu streiten anfingen, „wer von ihnen der Größte sei" (9,46). Dann lesen wir von Johannes, der einem Menschen verboten hatte, böse Geister im Namen Jesu auszutreiben, weil er ihnen nicht nachfolgte. Jesus wies ihn daraufhin zurecht (9,49f.). Es folgt eine kurze Notiz, dass die Samaritaner Jesus nicht aufnahmen, worauf Jakobus und Johannes fragten, ob sie „Feuer vom Himmel" auf das entsprechende Dorf fallen lassen sollten. Jesus musste sie erneut zurechtweisen (9,51-55). Das Kapitel endet schließlich mit der Beschreibung von drei Möchtegern-Nachfolgern, die so unerwartete Antworten von Jesus bekamen, dass sich es sich vermutlich anders überlegten (9,57-62).

Was für eine Einsamkeit! Was für eine Entmutigung! Doch mitten in diesen Berichten von der Einsamkeit Jesu lesen wir von seiner Verklärung, von seinem Gespräch mit Mose und Elia und davon, dass er die Himmelsstimme hörte. Gott sprach also nicht nur deutlich hörbar zu ihm, er sandte auch zwei Menschen, die mit ihm über sein „Ende" sprachen. Das Versagen seiner engsten irdischen Freunde, die nicht verstanden, was mit dem „Ende" gemeint war, war sicher der Hauptgrund, warum sich Jesus so einsam gefühlt haben muss.

Es ist erhellend zu erkennen, dass auch Mose und Elia durch lange Zeiten der Einsamkeit hindurchgegangen sind und dass auch sie Gottes wunderbare Bestätigung erlebten. Mose klagt ja an verschiedenen Stellen über die Last, die er empfindet, weil er ein schwieriges Volk anführen soll, am meisten vermutlich in 4. Mose 11,11-15. Dort beantwortet Gott seine Not, indem er siebzig Älteste auf kraftvolle Weise mit demselben Geist erfüllt, der vorher in Mose war (4. Mose 11,16-30). Am einsamsten war Elia, so wird uns berichtet, nach dem Gottesurteil auf dem Berg Karmel. Offenbar war er kurz davor, in eine schwere Depression abzugleiten. Doch auch da sprach Gott zu ihm in seiner Niedergeschlagenheit und erzählte ihm von anderen, die wie er Gott die Treue gehalten hatten. Dann gab er ihm einen neuen Dienstauftrag (1. Könige 19). Interessanterweise heilt Gott die Einsamkeit seiner Diener in beiden Fällen, indem er ihnen Kollegen an die Seite stellt. Es würde freilich hier den Rahmen sprengen, das näher zu untersuchen.

Paulus machte ähnliche Erfahrungen in Korinth (Apostelgeschichte 23,11) während seiner ersten Reise nach Europa. Er hatte ja in einer Vision einen Ruf nach Makedonien empfangen und sich dorthin auf den Weg gemacht, doch aus jeder makedonischen Stadt, die er besuchte, musste er fliehen, weil er bedroht wurde. In Philippi wurde er angeklagt und eingesperrt. Nachdem die Stadtoberen herausgefunden hatten, dass sie ihm als römischem Bürger damit Unrecht getan hatten, entschuldigten sie sich zwar bei ihm, verlangten aber trotzdem, dass er die Stadt verließ (Apostelgeschichte 16,22-40). In Thessalonich kam es zum Aufruhr, weshalb die Gläubigen Paulus in der erstbesten Nacht aus der Stadt brachten (17,5-10). Von da aus zog Paulus nach Beröa weiter, wo er zuerst wohlwollend empfangen wurde. Dann tauchten jedoch Juden aus Thessalonich auf, die die Menge aufstachelten, sodass Paulus so schnell wie möglich an die Küste gebracht wurde (17,11-14). Er wandte sich nun Athen zu und traf dort auf ziemlich gleichgültige Zuhörer, unter ihnen einige Intellektuelle, die die Nase rümpften, weil er an die Auferstehung glaubte (17,16-34). Es ist also nicht überraschend, dass er in Korinth, der nächsten Station seiner Reise, „in Schwachheit und in Furcht und mit großem Zittern" (1. Korinther 2,3) ankam. Auch dort wurde er zunächst offen aufgenommen, recht bald aber von einigen Juden misshandelt und aus der Synagoge geworfen (Apostelgeschichte 18,6).

Paulus muss zu diesem Zeitpunkt ziemlich niedergeschlagen gewesen sein. Doch der Herr sprach zu ihm in einer Vision: „Fürchte dich nicht, sondern rede und schweige nicht! Denn ich bin mit dir, und niemand soll sich unterstehen, dir zu schaden; denn ich habe ein großes Volk in dieser Stadt." (Apostelgeschichte 18,9f.) Durch diese Botschaft überzeugt blieb Paulus „dort ein Jahr und sechs Monate und lehrte unter ihnen das Wort Gottes" (18,11). Und er hatte Erfolg: Trotz der anfänglichen Probleme existiert die Gemeinde in Korinth bis heute.

Eine ähnliche Vision bekam Paulus, nachdem er bei seinem letzten Besuch in Jerusalem verhaftet worden war. Diesmal war er nicht im Gefängnis, weil er das Evangelium gepredigt hatte, sondern weil man ihm vorwarf, den Tempel verunreinigt zu haben. Paulus war ein Patriot und hatte nichts weiter getan als auf Verlangen der Jerusalemer Gemeinde den Tempel zu besuchen, um damit seine Treue zum jüdischen Gesetz zu demonstrieren (Apostelgeschichte 21,20-26). Diese Verhaftung musste für ihn also besonders schwer zu verdauen sein. Doch in einer Nacht „stand der Herr bei ihm und sprach: Sei getrost! Denn wie du für mich in Jerusalem Zeuge warst, so musst du auch in Rom Zeuge sein." (23,11). Auch die Begegnung mit einem Engel auf der Überfahrt nach Rom, als das Schiff von einem fürchterlichen Sturm bedroht war (27,23f.), können wir zu den Worten Gottes rechnen, mit denen er seine Arbeiter aufrichtet, wenn sie einsam und entmutigt sind.

Als er über das Opfer nachdachte, das er zu bringen hatte

Zum dritten Mal hörte Jesus die Himmelsstimme in Johannes 12, als er über das Opfer nachdachte, das er zu bringen hatte. Johannes spricht bis dahin schon bei verschiedenen Gelegenheiten von der „Stunde" oder „Zeit" seines großen Opfers als von etwas, was in der Zukunft liegt (2,4; 4,21.23; 7,30; 8,20). Jetzt sagt Jesus zum ersten Mal selbst: „Die Zeit ist gekommen, dass der Menschensohn verherrlicht werde." (12,23) Von diesem Augenblick an spricht Johannes von der „Stunde" oder „Zeit" als von etwas, was nun angebrochen ist (12,27; 13,1; 17,1).

Unser Abschnitt zeigt uns einen Jesus, der sich unsicher ist, wie er mit seinem nahe bevorstehenden Tod umgehen soll. Er sagt: „Jetzt ist meine Seele betrübt. Und was soll ich sagen? Vater, hilf mir aus dieser Stunde!" Doch diesen Gedanken weist er zurück. Statt dem Kreuz auszuweichen, macht er sich noch einmal seinen Auftrag deutlich: „Doch darum bin ich in diese Stunde gekommen. Vater, verherrliche deinen Namen!" (Johannes 12,27b-28a) Hier haben wir es also mit dem zu tun, was im Johannesevangelium dem Gebet im Garten Gethsemane entspricht.

Keiner von uns nimmt das Kreuz selbstverständlich auf sich. Ein Opfer schmerzt, und der Schmerz ist real. Aber es gibt in uns noch eine tiefere Sehnsucht als die Schmerzvermeidung. Wir wollen Gottes Willen tun. In den synoptischen Evangelien betet Jesus deshalb: „Nicht, was ich will, sondern was du willst" soll geschehen (Markus 14,36). In dem Gegenüber im Johannesevangelium betet er: „Vater, verherrliche deinen Namen!" (Johannes 12,28a) Für Johannes gehören Kreuz und Auferstehung als Verherrlichung Christi zusammen.

Gottes Antwort auf Christi Gebet ist deshalb besonders erhellend: „Ich habe ihn verherrlicht und will ihn abermals verherrlichen." (Johannes 12,28b) Gott hatte seinen Namen schon durch Jesu Wunder verherrlicht (2,11). Nun verheißt er, dass er ihn durch Jesu Tod, Auferstehung und Erhöhung erneut verherrlichen will. Gott sagt damit im Grunde nichts anderes, als dass Jesus ihm vertrauen kann. Er hat ihm in der Vergangenheit geholfen, und er wird ihm auch jetzt beistehen, wo es auf den Tod zugeht. Sein Tod wird zur Herrlichkeit führen. Dann sagt Jesus: „Diese Stimme ist nicht um meinetwillen geschehen, sondern um euretwillen." (12,30) Damit wollte er sicher nicht ausdrücken, dass sie ihn gar nichts angeht. Während die Botschaft vor allem für seine Jünger bestimmt war, war sie doch Gottes Antwort auf Jesu Bitte, seinen Namen zu verherrlichen. Deshalb hat sie auch Christus selbst ermutigt.

Dieses Wort Gottes lehrt uns etwas sehr Grundlegendes: Wenn wir an die großen Opfer denken, die wir aufgrund unserer Berufung zu bringen haben, dann erinnert uns Gott gleichzeitig daran, dass diese Dinge ihm Ehre geben, genauso wie er sich in ähnlichen Situationen verherrlicht hat.

Viele Menschen blenden das Leiden einfach aus, wenn sie an die Arbeit im Reich Gottes denken. Das ist ein großer Fehler. Im Neuen Testament wird uns immer wieder deutlich gemacht, dass wir leiden werden, wenn wir Gott die Treue halten. Wenn wir einen geistlichen Dienst übernehmen, streifen wir uns den Mantel Jesu über, den des leidenden Gottesknechtes. Paulus etwa gibt uns eine lange Liste von verschiedenen Leiden, die er um Christi willen erlitten hat. Er beschreibt sogar seine persönlichen Leiden als Leiden Christi (Philipper

3,10; Kolosser 1,24f.), womit er unterstreicht, dass Leiden ein Aspekt unserer Vereinigung mit Christus ist. Wenn wir also nicht mit Leiden rechnen, werden wir enttäuscht werden, wenn sie uns trotzdem ereilen, und vielleicht versuchen, ihnen durch Ungehorsam auszuweichen.

Trotzdem ist Leiden keine leichte Sache. Wer die Liebe als sein höchstes Ziel ansieht, wird zutiefst verletzt, wenn er gerade von den Menschen zurückgewiesen, abgelehnt, ausgebeutet oder feindselig behandelt wird, die er liebt. Das ist freilich das Schicksal von Gottes Dienern. Doch obwohl Leiden auf uns warten, erinnert uns Gott daran, dass auch unser Leiden Gott Ehre geben wird, genauso wie Christi Leiden ihm die Ehre gab. Dass das wahr ist, erkennen wir daran, dass Gott seinen Namen durch uns ja bisher schon verherrlicht hat. Mit Sicherheit kann er es dann auch in den Herausforderungen tun, vor denen wir stehen.

Das Zeugnis des Geistes

Die drei Bestätigungen, die Jesus bekam, hatten also etwas mit seiner Identität, Gewissheit und Bedeutung zu tun. Sie bestätigten Jesu Beziehung zu Gott und zeigten, dass Gott ihn und sein Werk annimmt. Wenn wir in unserer Gemeindearbeit zufrieden sein wollen, müssen wir von genau diesen Dingen überzeugt sein. Sind wir in diesen Punkten unsicher, dann werden wir nicht nur unzufrieden mit unserem Leben, sondern auch anfällig für einige Kardinalfehler im christlichen Dienst, die wir uns noch näher betrachten werden. Mit diesen Überzeugungen sind wir dagegen in Gott geborgen und können in der Freiheit des Geistes leben. Paulus beschreibt diese Freiheit folgendermaßen: „Denn ihr habt nicht einen knechtischen Geist empfangen, dass ihr euch abermals fürchten müsstet; sondern ihr habt einen kindlichen Geist empfangen, durch den wir rufen: Abba, lieber Vater!" (Römer 8,15) Auch wir brauchen in unserem Dienst diese Freiheit.

Unglücklicherweise erleben die meisten von uns diese Freiheit nicht einfach automatisch, sobald sie Christen werden. Jeder von uns hat erlebt, dass Menschen ihn ablehnen, verlassen oder verletzen. Solche Erfahrungen reichen bis in die früheste Kindheit zurück. Allein die Tatsache, dass wir nun in der Gemeinde aktiv sind, bedeutet nicht, dass wir von solchen Erlebnissen ausgenommen sind. Im Gegenteil, die immer wieder implizierte Botschaft, dass wir nicht genügen, fällt bei uns auf einen so fruchtbaren Boden, dass wir sie oft für wahr halten. Dann hören wir die Botschaft, dass wir Gottes geliebte Kinder sind und von ihm eine ewige Bedeutung empfangen. Wir glauben dies zwar auf der intellektuellen Ebene, aber trotzdem fällt es uns schwer, uns im Alltag wie Menschen zu verhalten, bei denen Identität, Gewissheit und Bedeutung geklärt sind. Die Wahrheit sitzt in unseren Köpfen, aber sie hat es nicht bis ins Herz geschafft, denn der Weg zwischen Kopf und Herz wird oft durch schmerzhafte Erinnerungen blockiert.

Wie aber können wir wirklich das besitzen, was uns als Kindern Gottes eigentlich gehört? Gott gebraucht viele Dinge, um uns dabei zu helfen. Der wichtigste Schlüssel ist der Glaube, dass die Bibel die Wahrheit sagt, wenn sie uns beschreibt. Die gute alte Methode, um Menschen Gewissheit über ihre Erlösung zu geben, ist immer noch die beste: Die Bibel sagt es, also sollten wir es glauben. Allerdings geht es hierbei um mehr als um intellektuelle Überzeugungen, zu unserem Menschsein gehören auch Gefühle und Emotionen. Verletzte Gefühle können die Wahrheit behindern, die wir eigentlich verstandesmäßig glauben, sodass sie uns nicht in Gewissheit, Freude und Freiheit führen kann. Doch Gott hat noch andere Wege als die Bibel, um die biblischen Wahrheiten uns gegenüber zu bezeugen. Ein erfahrener und gläubiger Seelsorger kann uns zum Beispiel bei der Heilung helfen, sodass wir die Wahrheit über uns besser begreifen lernen. Ebenso kann dies eine Gruppe von Menschen tun, in der wir Annahme und Bestätigung erfahren.

Römer 8 zeigt uns einen weiteren wichtigen Weg Gottes, uns unsere Stellung in Christus bewusst zu machen. Paulus ergänzt seine in Vers 15 ausgeführte Beschreibung der herrlichen Freiheit der Kinder Gottes mit einer Erläuterung darüber, wie Gott uns unserer Adoption gewiss macht. Er sagt: „Der Geist selbst gibt Zeugnis unserm Geist, dass wir Gottes Kinder sind.“ (8,16) Ich vermute, dass das, was dieser Vers beschreibt, auf uns einen ähnlichen Effekt haben könnte wie sie die hörbare Stimme Gottes auf Jesus und Paulus hatte. Wir wollen es das Zeugnis des Heiligen Geistes gegenüber dem menschlichen Geist nennen. Hierbei geht es darum, dass Gott persönlich zu uns gesprochen hat und uns davon überzeugt, dass wir zu ihm gehören und von ihm angenommen sind.

Aber wie können wir diese Gewissheit erlangen? Wie gibt der Geist Zeugnis unserem Geist? Schauen wir uns einige Beispiele an:

- Manchmal passiert es, dass ein Abschnitt der Bibel, den wir zufällig lesen, uns direkt ins Herz spricht. Wir sind freudig überrascht und merken, dass Gott unsere Situation kennt und weiß, was wir brauchen. Offensichtlich hat er es so geführt, dass wir gerade jetzt auf diesen Text stoßen.
- Es kann aber auch so etwas wie ein starker Eindruck sein. Manchmal handelt es sich dabei um ein Bibelwort, manchmal auch nicht. Das Besondere daran ist, dass dieser Eindruck gerade jetzt auftaucht, wo wir ihn für unseren Dienst bitter nötig haben.
- Es kann ein prophetisches Wort sein oder irgendein anderer besonderer Dienst, den ein begabter Diener Gottes an uns tut.
- Es kann auch eine hörbare Stimme sein, eine Vision oder ein Traum, so wie Jesus und Paulus es erlebt haben.
- Es kann eine Predigt sein oder ein Brief oder irgendetwas anderes, was genau in unsere Situation hineinspricht.
- Es kann sein, dass auf unsere Bedürfnisse mit einer Veränderung der Umstände geantwortet wird, etwa indem wir in finanziellen Notlagen plötzlich Geld zugesteckt bekommen.

Gott spricht auf all diesen Wegen zu uns und sagt uns, dass er mit uns ist, dass wir ihm gehören und dass er weiß, was wir brauchen. Das Ergebnis sind tiefer Friede und Freude und die Gewissheit, dass Gott sich um uns kümmert. Wenn wir solche Bestätigungen immer wieder erleben, wird die Botschaft der Welt, dass wir nutzlos sind, immer leiser, unbedeutender und verliert ihre Kraft. Wir lernen zu glauben, dass wir Gott gehören, dass Gott mit uns ist, dass er sich um uns kümmert und uns gebraucht. Wir glauben die Wahrheit, dass wir Gottes Kinder sind, nicht länger nur mit unserem Intellekt, sondern nehmen sie auch in unserem Herzen an und das wird unser Verhalten grundlegend verändern.

Allerdings müssen wir uns in diesem Gebiet vorsichtig bewegen, denn viele behaupten heutzutage in missbräuchlicher Weise, dass Gott zu ihnen spricht. Oft genug ist das, was wir für Gottes Stimme halten, nur ein Ausdruck unserer Vorstellungen. Indem wir fragwürdige Methoden gebrauchen, schaffen wir es manchmal auch, uns selbst davon zu überzeugen, dass Gott uns etwas gesagt hat, was wir gerne hören möchten. In manchen Kreisen hat die Abhängigkeit von solchen „besonderen Worten Gottes“ sogar das Bibellesen verdrängt. Menschen, die ihre Probleme eigentlich mithilfe eines sorgfältigen Bibelstudiums lösen könnten, warten stattdessen auf ein direktes Reden Gottes.

Aufgrund dieses missbräuchlichen Umgangs müssen wir ganz genau hinschauen, wenn Menschen behaupten, sie hätten ein Wort von Gott. Wenn wir solche „Botschaften“ „empfangen“, müssen wir zunächst prüfen, ob sie in Einklang mit dem stehen, was die Bibel lehrt, denn Gott wird uns niemals eine Botschaft übermitteln, die seinem Wort widerspricht. Solche Botschaften sollten deshalb mit anderen Gemeindemitgliedern besprochen werden, damit sie von diesen bestätigt werden können. Trotzdem können wir uns niemals hundertprozentig sicher sein, dass es sich dabei um ein Wort Gottes handelt, deshalb dürfen wir ihnen auch nie dieselbe Autorität und Zuverlässigkeit wie der Bibel zuschreiben. Vielmehr besteht bei jeder Botschaft die ganz reale Gefahr, dass wir in unserem Glauben, sie komme von Gott, falschliegen.

In den oben betrachteten Stellen aus dem Neuen Testament wurden Jesus und Paulus durch Gottes Bestätigung dazu ermutigt, den schweren Weg des Gehorsams weiterzugehen. Wenn wir Gottes Stimme hören, sollte das das Ergebnis sein. Wir sollten dadurch die Kraft bekommen, den Preis des Gehorsams wirklich zu zahlen. Wir werden gewiss in unserem Vertrauen auf Gott, und wenn wir auf Ablehnung und andere Hindernisse stoßen, können wir treu weitermachen ohne aufzugeben.

Ich muss allerdings zugeben, dass ein Leben nicht genug ist, um die Wahrheit unserer Adoption durch Gott wirklich zu begreifen. Unsere Ängste, Komplexe und Schwächen können jedoch stark reduziert werden, wenn wir diese Wahrheit auf unser Leben anwenden. Natürlich werden wir in dieser Welt niemals vollkommen sein. Sorgen und Furcht bleiben unsere Begleiter, weil sie mit unserer Schwachheit zu tun haben. Wie gut tut es da zu wissen, dass „der Geist unsrer Schwachheit aufhilft" (Römer 8,26).

Abschließend müssen wir also bekennen, dass Gott uns nicht gebraucht, weil wir so reife und abgerundete Individuen sind, sondern weil es ihm gefällt, irdene Gefäße zu benutzen. Denn dann bleibt die Ehre allein bei ihm!

Was wir tun können

Es gibt ein paar Dinge, die wir tun können, um sicherzustellen, dass wir mit einem Gefühl der Bestätigung durch Gott durchs Leben gehen. In jedem Dienst haben wir es mit Momenten zu tun, in denen unser Friede, unsere Freude und das allgemeine Gefühl von Gottes Wohlgefallen bedroht sind. Wir kommen zum Beispiel in schwierige Situationen. Bei solchen Gelegenheiten sollten wir uns nach Gottes Freude ausstrecken und uns nicht der Verzweiflung, der Bitterkeit oder dem Zorn hingeben. Als ich fünfzig wurde, beschloss ich, eine Liste mit den wirklich großen Kämpfen in meinem Leben zusammenzustellen. Mein dritter Punkt (nach den Kämpfen, mein Herz rein zu halten und Zeit fürs Gebet zu finden) war der ständige Kampf gegen den Ärger darüber, wie Menschen mich teilweise behandelten. Das ist eine entscheidende Schlacht und ich weiß, dass ich sie gewinnen muss, sonst liegen mein Leben und mein Dienst in Trümmern.

Im Alten Testament, vor allem in den Psalmen, lesen wir, dass wir den Herrn suchen und auf ihn warten sollen, wenn die Dinge nicht so gut laufen. David drückt seine Entschlossenheit dazu zum Beispiel in Psalm 27 aus, einem Psalm, der entstanden ist, als er in großen Schwierigkeiten war. In Vers 4 bittet er darum, „dass ich im Hause des Herrn bleiben könne mein Leben lang, zu schauen die schönen Gottesdienste des Herrn und seinen Tempel zu betrachten." In Vers 8 präzisiert er seinen Entschluss, Gottes Angesicht zu suchen. Der Psalm endet mit einer Ermahnung: „Harre des Herrn! Sei getrost und unverzagt und harre des Herrn!“ (27,14) Es ist möglich, dass David hier auf ein göttliches Wort oder eine entsprechende Tat wartete, die die Sehnsucht seines Herzens stillen konnten. Vielleicht spricht er aber auch nur allgemein davon, das Problem in der Gegenwart Gottes anzugehen, so wie das Jakob in Pnuël tat. Dort rang Jakob mit Gott und hatte einen festen Entschluss gefasst: „Ich lasse dich nicht, du segnest mich denn.“ (1. Mose 32,27)

Meinen ersten ernsthaften Kampf um die Freude in meinem Leben musste ich als Universitätsstudent bestehen. Mein Herz schlug für die Gemeindearbeit, aber ich studierte Botanik, Zoologie und Chemie für meinen Abschluss. Ein Drittel meiner Examensnoten hing von der praktischen Arbeit im Labor ab, aber ich war noch nie besonders geschickt mit meinen Händen! Das Ergebnis war absehbar: Obwohl ich wirklich hart arbeitete, waren meine Noten nicht überragend. Als Folge davon hatte ich oft mit Entmutigung zu kämpfen. Während dieser Zeit habe ich es mir angewöhnt, lange Spaziergänge zu machen. Ich kehrte erst dann zurück, wenn ich das Gefühl hatte, dass die Freude im Herrn in mein Leben zurückgekommen war. Manchmal dauerte das ziemlich lange, aber ich habe auch dann durchgehalten und mit dem Herrn gerungen, bis ich seine Freude spürte. Auf dem Heimweg bin ich in die Fürbitte eingestiegen. Im Zentrum der immer wieder hergestellten Freude war die Gewissheit, dass Gott mit mir war und auf mich aufpasste. Wenn ich das in der Tiefe meines Herzens akzeptierte, hatte ich keinen Grund, niedergeschlagen zu sein.

Seit ich in den hauptamtlichen Dienst eingestiegen bin, wurde mein Leben etwas komplizierter. Mit Menschen zu arbeiten geht mit einigem Ärger und Verletzungen einher, und die dadurch entstehenden Wunden sind tief. Aber ich bleibe bei dem Prinzip, so lange mit dem Herrn zu ringen, bis die Freude zurückkehrt. Heute dauert es manchmal sehr viel länger als damals auf meinen Spaziergängen. Es passiert nicht selten, dass eine Angelegenheit, die ich als längst abgeschlossen betrachtet habe, wieder auftaucht und mich mit Bitterkeit quält. Im Endeffekt bedeutet das, dass ich heute noch entschlossener in meinen Kampf um die Freude im Herrn hineingehen muss. Meistens kommt der Durchbruch erst dann, wenn ich von ganzem Herzen und ohne Vorbehalte dem Gedanken zustimme, dass Gott aus dem in meinen Augen Schlechten etwas Gutes machen wird, weil er mit mir ist. Sorgen und Ärger sind also fehl am Platz.

Wenn ich entmutigt oder genervt war, habe ich in den letzten Jahren oft zum Gesangbuch gegriffen. Ich war einfach zu aufgewühlt, um mit eigenen Worten zu beten, deshalb habe ich mir die Texte der Lieder geborgt. Die Musik ist eine zusätzliche Hilfe, um die Wahrheiten dieser Texte ins Herz sinken zu lassen, denn Musik ist die Sprache des Herzens. Es gibt Fälle, da kann ich anfangs gar nicht laut singen, weil ich so niedergeschlagen bin. Dann setze ich mich ans Klavier, spiele die Melodie und lese still den Text dazu. Mit der Zeit erfasst mich jedoch die ewige Wahrheit, die in diesen Liedern ausgedrückt wird, und ich fange befreit und voll Freude an zu singen.

Ich glaube, dass diese Gewissheit, die aus dem Ringen mit Gott kommt, eine ähnliche Erfahrung ist wie das, was Jesus und Paulus in Zeiten der Krise erlebt haben. Gott lässt sein Wort in unsere aufgewühlten Seelen sinken, sodass in uns die Zuversicht wächst, trotz der Schwierigkeiten, denen wir ausgesetzt sind.

Manchmal sind unsere Krisen ja auch Gelegenheiten, die Herrlichkeit von Gottes Bestätigung neu zu erfahren. Menschliche Ablehnung kann eine Chance sein, die Tiefe göttlicher Annahme zu erleben. Die damit verbundene persönliche Zuwendung Gottes gleicht in solchen Fällen den Schmerz, den Menschen uns zugefügt haben, mehr als aus. David etwa konnte sagen: „Mein Vater und meine Mutter verlassen mich, aber der Herr nimmt mich auf." (Psalm 27,10)

Dienen ohne Gottes Bestätigung

Es ist sehr gefährlich, wenn wir an den geistlichen Dienst herangehen, ohne unsere Identität, Gewissheit und Bedeutung in Gott gefunden zu haben. Die Geschichte lehrt uns, dass sich oft Menschen unter großem Einsatz an die Spitze arbeiten, die unter einer tiefen Unsicherheit leiden. Erfolg, für den sie alles tun würden, erscheint ihnen als Weg, um diese Unsicherheit zu überwinden. Auch im christlichen Bereich kämpfen nicht wenige Leiter mit Minderwertigkeitsgefühlen. Dass sie es trotzdem bis an die Spitze geschafft haben, kann ein großartiges Zeugnis für die Gnade Gottes sein. Allerdings müssen sie ihre tief verankerte Unsicherheit ersetzen durch eine genauso tief verankerte Gewissheit und Freude darüber, dass sie Gott vertrauen können, er sie als Kind angenommen hat und sie gebrauchen will.

Wenn wir ohne diese Gewissheit in Christus in die Gemeindearbeit einsteigen, wird unsere Unsicherheit unser Tun auf verschiedene Weise beeinflussen. Nicht selten geschieht es zum Beispiel, dass christliche Mitarbeiter ihre Identität und Bestätigung bei den Menschen suchen, mit denen sie zu tun haben.

- Manche werden besitzergreifend und versuchen die Menschen zu eng an sich zu binden. Es gibt jedoch Zeiten, in denen wir Menschen ziehen lassen müssen, weil sie woanders besser geistlich wachsen können. Unsichere Leiter würden dazu freilich niemals ihre Zustimmung geben.
- Unsicheren Leitern fällt es enorm schwer, wirklich begabte Lehrer oder Prediger in ihre Gemeinde einzuladen. Sie haben viel zu viel Angst, dass sie damit die Kontrolle über ihre Gemeindeglieder verlieren könnten.
- Manche Leiter sind von ihrer Arbeit geradezu besessen. Sie würden niemals einem Menschen eine Aufgabe übertragen, der sie besser erledigen könnte als sie selbst. Das führt dazu, dass in nicht wenigen Fällen Vorstände oder Kollegen vor der schmerzlichen Herausforderung stehen, diesem Leiter deutlich zu machen, dass es an der Zeit ist, einen bestimmten Bereich abzugeben oder sich sogar ganz aus der Arbeit zurückzuziehen.
- Kritik anzunehmen fällt unsicheren Leitern ebenso schwer wie der Umgang mit Hindernissen auf ihrem Weg. So etwas geht zwar an keinem spurlos vorüber, wer allerdings seinen Frieden in Gott gefunden hat, kann damit deutlich besser umgehen. Wer seine Bestätigung aus seiner Arbeit zieht, reagiert bei Kritik

schnell überzogen und in einer Weise, die Menschen verletzt und den Dienst gefährdet. Typisch für so einen unguten Umgang mit Kritik sind Bitterkeit, Zorn, Rachegedanken, Niedergeschlagenheit und Enttäuschung. Nicht wenige entscheiden sich dann, ab sofort auf Nummer sicher zu gehen und nie mehr etwas Riskantes zu wagen.

- Manche sind von einem brennenden Verlangen erfüllt, den Menschen etwas zu beweisen. Dabei haben sie vielleicht Botschaften aus ihrer Kindheit und Jugend im Hinterkopf, wie etwa: „Aus dir wird nie etwas!“ Durch ihren Erfolg wollen sie es jetzt allen zeigen. Damit werden sie jedoch niemals zufrieden sein, denn Menschen sind in Bezug auf die Wertschätzung unserer Arbeit sehr schwankend und unzuverlässig.
- Manche wirken sogar sehr demütig, so als hätten sie einen dienenden Geist. Sie arbeiten sehr hart und halten sich an die Regeln. Sie sind immer bereit, anderen zu helfen, aber tief in ihrem Herzen sind sie bitter, weil sie sich von anderen ausgenutzt fühlen. Sie behaupten zwar, dass ihnen die Anerkennung von Menschen nicht wichtig ist, aber sie ärgern sich darüber, dass man ihren Einsatz für selbstverständlich hält. Normalerweise halten sie diesen Ärger gut verborgen, aber manchmal kommt er doch zu Vorschein, in der Regel durch einen plötzlichen Ausbruch lange angestauter Wut, die sich über ein völlig ahnungsloses Opfer ergießt, das nicht weiß, wie ihm geschieht. Nichts kann diese Menschen wirklich glücklich machen, denn wenn andere etwas für sie tun würden, dann wären sie ihnen ja etwas schuldig. Das können sie jedoch nicht riskieren, denn damit verlören sie etwas, woraus sie ihre Lebensberechtigung ableiten. So halten sie an ihrem Selbstverständnis fest, dass sie in ihrer harten Arbeit nicht gewürdigt und ausgenutzt werden. Damit entschuldigen sie auch ihre Freudlosigkeit. „Ich bin nicht glücklich, weil die anderen mich so schlecht behandeln.“ Solche Menschen müssen Kinder des Königs werden, bevor sie Diener der Menschen sein können.

Ich bin davon überzeugt, dass sich die meisten von uns zu einem gewissen Grad in der eben aufgezählten Liste wiederfinden. Ernsthafte Probleme bekommen wir jedoch, wenn uns solche Haltungen beherrschen. Falls diese oder ähnliche Gefühle in uns auftauchen, sollten wir also die Gelegenheit ergreifen, unsere Identität, Gewissheit und Bedeutung neu in Gott festzumachen, denn dies alles kann nur von ihm kommen.

Dienerschaft kommt aus der Annahme

Menschen, die ihre Identität, Gewissheit und Bedeutung von Gott bekommen, haben die Kraft anderen zu dienen. Diener tun viele Dinge, die demütigend sind. Sie sind nicht Herren über ihre eigene Zeit, sondern ganz von den Launen ihrer Herren abhängig. Und oft verlangt etwas plötzlich ihre Aufmerksamkeit, obwohl sie eigentlich anderes zu tun hätten. Man muss also eine sehr starke Persönlichkeit haben, um als Diener fröhlich zu bleiben.

In diesem Zusammenhang ist es bezeichnend, dass zwei der bekanntesten Abschnitte, in denen Jesus als Diener dargestellt wird, zunächst von seiner Hoheit reden. Der erste Text zeigt uns, wie Jesus seinen Jüngern die Füße wäscht. Johannes beginnt seine Beschreibung dieser Begebenheit mit folgender Aussage: „Jesus aber wusste, dass ihm der Vater alles in seine Hände gegeben hatte und dass er von Gott gekommen war und zu Gott ging“ (Johannes 13,3). Das ist eine sehr starke Aussage über seine Identität, seine Autorität, sein Schicksal und seine Bedeutung. „Wusste“ ist im Original ein Partizip („wissend“) und die dazugehörenden konjugierten Verben finden wir im nächsten Vers, in dem es heißt: „Da stand er vom Mahl auf, legte sein Obergewand ab und nahm einen Schurz und umgürtete sich.“ Die Verben „aufstehen“, „ablegen“ und „umgürten“ sind also möglich, weil Jesus wusste, dass der Vater ihm alles in seine Hände gegeben hatte. Er wusste, woher er kam und wohin er gehen würde. Jesu erhöhte Identität gab ihm die Kraft, ein Diener zu sein.

Den anderen Abschnitt finden wir in Philipper 2,7f., wo es heißt: Christus „entäußerte sich selbst und nahm Knechtsgestalt an, ward den Menschen gleich und der Erscheinung nach als Mensch erkannt.

Er erniedrigte sich selbst und ward gehorsam bis zum Tode, ja zum Tode am Kreuz." Auch hier lesen wir im Vers vor dieser Beschreibung der Erniedrigung: Christus, „der in göttlicher Gestalt war, hielt es nicht für einen Raub, Gott gleich zu sein" (2,6). Auch die Verse danach sprechen von seiner Erhöhung: „Darum hat ihn auch Gott erhöht und hat ihm den Namen gegeben, der über alle Namen ist, dass in dem Namen Jesu sich beugen sollen aller derer Knie, die im Himmel und auf Erden und unter der Erde sind, und alle Zungen bekennen sollen, dass Jesus Christus der Herr ist, zur Ehre Gottes, des Vaters." (2,9-11)

Wer sich seiner herausgehobenen Identität in Christus in der Tiefe seines Herzens bewusst ist, muss nicht so tun, als sei er anderen überlegen, und braucht sie auch nicht schlechtzumachen. Solche Menschen sind vielmehr völlig begeistert von ihrem unglaublichen Status, der ihnen einfach übertragen wurde, ohne dass sie es verdient hätten. Und sie sind geradezu verliebt in Christus, der ihnen diesen Status gegeben hat. Deshalb wollen sie den Rest ihres Lebens damit verbringen, andere aufzurichten und tun dies in der Kraft dessen, was Gott für sie getan hat. Auf dem Hintergrund dieser ewigen Bedeutung, die sie durch den ewigen Gott bekommen haben, empfinden sie Menschen nicht mehr länger als eine Bedrohung. Sie sind frei, Diener zu sein!

Die Kraft unserer Identität, Gewissheit und Bedeutung kommt von der Tatsache, dass wir Gottes Kinder sind, von ihm angenommen wurden und er uns eine Rolle gibt, die wir in seinem ewigen Reich zu spielen haben. Lasst uns in dieser Grundeinstellung an unseren Dienst herangehen.

4. Rückzug von aller Aktivität

In seiner Taufe identifizierte sich Jesus mit den Menschen; durch das Herabkommen des Geistes empfing er Vollmacht für seinen Dienst; Gott bestätigte ihn in seiner Identität, Gewissheit und Bedeutung. Aber damit waren die Vorbereitungen für sein öffentliches Auftreten noch nicht abgeschlossen. Den nächsten Schritt, den er gehen musste, möchte ich eine „Auszeit" nennen.

Die Betriebsamkeit hinter sich lassen

In Markus 1,12-13a lesen wir: „Und alsbald trieb ihn der Geist in die Wüste; und er war in der Wüste vierzig Tage und wurde versucht von dem Satan". Matthäus berichtet uns, dass Jesus dort „vierzig Tage und vierzig Nächte gefastet hatte" (Matthäus 4,2). Matthäus, Markus und Lukas erwähnen übereinstimmend die vierzig Tage, eine Zeitspanne, die an alttestamentliche Traditionen erinnert. Mose wartete vierzig Tage auf dem Berg Sinai, bevor er die Gesetzestafeln empfing (2. Mose 24,18). Nach dem Abfall und der Anbetung des „Goldenen Kalbs" stieg er erneut auf den Berg, um die Tafeln noch einmal zu bekommen. Bei dieser Gelegenheit blieb er dort „vierzig Tage und vierzig Nächte und aß kein Brot und trank kein Wasser" (2. Mose 34,28). In der Exodusgeschichte hat die Zeitspanne von vierzig Tagen also etwas mit Offenbarung und Erlösung zu tun. Durch seinen Dienst hat Jesus ein Zeitalter der Offenbarung und Erlösung eingeleitet, das viel weiter reicht und tiefer geht als das durch das mosaische Gesetz eingeleitete. Elia marschierte vierzig Tage durch die Wüste, nachdem er von Raben versorgt worden war. Er kam schließlich an den Horeb, den Berg Gottes (1. Könige 19,8). Dort redete Gott mit ihm und gab ihm einen neuen Auftrag.

Matthäus liefert uns eine Begründung für Jesu Auszeit: „Da wurde Jesus vom Geist in die Wüste geführt, damit er von dem Teufel versucht würde." (Matthäus 4,1) Das bedeutet natürlich nicht, dass die Versuchung der einzige Grund für den Rückzug war. Die Tatsache, dass Jesus fastete, spricht dagegen, denn Fasten war im damaligen Judentum eine weitverbreitete Praxis, nicht nur, um mehr Zeit für das Gebet zu haben, sondern vor allem um in geistlicher Hinsicht offen zu werden. Jesus wollte also Gott begegnen.

Das war übrigens nicht das einzige Mal, dass sich Jesus aus der Betriebsamkeit zurückzog, um mit Gott allein zu sein. Nach einem sehr angefüllten Sabbattag, den er mit Lehren und Heilen verbracht hatte, stand er „noch vor Tage, ... auf und ging hinaus. Und er ging an eine einsame Stätte und betete dort." (Markus 1,35) Etwas Ähnliches tat er nach der Speisung der Fünftausend (Markus 6,46). Bevor er seine Apostel berief, verbrachte er auf einem Berg eine ganze Nacht im Gebet (Lukas 6,12). Später erleben wir ihn, wie er zum Gebet auf einen Berg steigt und dort verklärt wird (Lukas 9,28). Nach dem letzten Abendmahl und vor seiner Verhaftung zog er sich nach Gethsemane ins Gebet zurück (Markus 14,32-35). Lukas schreibt: „Er aber zog sich zurück, war in einsamen Gegenden und betete." (Lukas 5,16 nach der Elberfelder Übersetzung). Aus dem Kontext wird deutlich, dass es sich dabei um eine Gewohnheit handelte. Jesus ließ also immer wieder die geschäftige Welt mit ihren vielen bedürftigen Menschen hinter sich, um allein mit Gott zu sein.

Für uns ist vermutlich die „stille Zeit" die grundlegendste und zugleich bekannteste Umsetzung dieses Auszeitgedankens. Im letzten Kapitel dieses Buches werden wir uns ihr näher zuwenden. Jesus folgte wahrscheinlich dem im damaligen Judentum üblichen Muster des täglichen Gebetes. Aber zumindest in den Fällen, die wir eben angeschaut haben, ging er darüber hinaus und hatte neben seiner regelmäßigen stillen Zeit noch besondere Gebetszeiten.

Matthäus, Markus und Lukas stimmen darin überein, dass Jesus vom Geist in die Wüste gesandt wurde. Gott schickte ihn in die Einsamkeit, bevor er sein großes Werk beginnen sollte. Das ist sicher kein schlechtes Vorbild für die Neuanfänge in unserem Leben – etwa den Beginn eines neuen Lebensjahres oder den Einstieg in einen neuen Beruf oder eine neue Verantwortung. So wie der Geist Jesus geführt hat, so ruft er auch uns manchmal zu einer Auszeit auf, um mit Gott allein zu sein. Wenn das der Fall ist, müssen wir gehorsam sein und unseren Terminkalender so umorganisieren, dass wir seinem Rufen Folge leisten können.

Positive Effekte einer Auszeit

Mit einem Rückzug sind fünf positive Effekte verbunden, auf die ich im Folgenden eingehen möchte:

Eine Auszeit unterstreicht die Priorität des Geistlichen

Eine Auszeit gibt uns die Gelegenheit, uns ungehindert auf Gott und sein Wort zu konzentrieren. Das hilft uns, auf verschiedene Weisen unsere Perspektiven zur verändern. Was die Wünsche der Menschen beherrscht, worin sie ihre Energien investieren, sind alles Dinge, die nicht so wichtig sind, wie sie auf den ersten Blick erscheinen. Eine Auszeit hilft uns also, unsere Weltlichkeit abzulegen und uns auf das wirklich Wichtige zu konzentrieren. Sie wirkt wie ein Gegenmittel für unseren Aktivismus, der uns vortäuscht, wir bekämen unsere Erfüllung durch geschäftiges Treiben, nicht durch Gott. Aktivismus ist eine der großen Fallen, in die wir in unserem Dienst tappen, wenn wir nicht aufpassen. Den gefüllten Terminkalender einmal hinter sich zu lassen, hilft uns, den Kopf für geistliche Dinge frei zu bekommen.

Wir müssen in der Tat immer wieder neu die Priorität des Geistlichen bekräftigen. Damit dies geschieht, gibt uns Gott besondere Erfahrungen, die uns helfen, diese Priorität in unsere Herzen und Hirne zu brennen. Das ist das Prinzip hinter den biblischen Feiertagen. Wir glauben, dass Gott all unsere Bedürfnisse erfüllt, doch Gott hat während der Erntezeit verschiedene Feiertage eingerichtet, damit Israel diesen Zusammenhang versteht. Jeder Tag gehört dem Herrn, deshalb hat uns Gott den Sabbat gegeben, damit wir diese Wahrheit erkennen. In derselben Weise sollen wir alles im Geist tun. Deshalb verbringen wir jeden Tag eine gewisse Zeit mit Gebet und Bibellesen. Aber um die Priorität des Geistlichen in besonderer Weise zu unterstreichen, ziehen wir uns regelmäßig zurück – um uns über einen längeren Zeitraum geistlichen Übungen hinzugeben.

Auszeiten verlangsamen unser Leben

Während solch einer Auszeit ist es einfacher, schlichtweg Zeit im Angesicht Gottes zu verbringen. Manchmal sind wir ja so beschäftigt, dass wir kaum Zeit haben, um auf Gott zu warten. Die Fähigkeit dazu ist jedoch ein Schlüssel zu einem geistlich gesunden Leben. Gott ruft uns dazu auf: „Seid stille und erkennet, dass ich Gott bin!“ (Psalm 46,11)

Vor ein paar Jahren hatte ich die Windpocken und zwar in einer ziemlich schmerzhaften Form. Mir war recht schnell klar, dass mich das eine Weile beschäftigen würde, deshalb habe ich eine Matratze in mein Arbeitszimmer gelegt und gehofft, ich könnte während meiner Krankheit wenigstens ein bisschen arbeiten. Aber ich war so krank, dass ich schon zwei Tage nach den ersten Symptomen kaum noch lesen konnte. Selbst das Beten wurde schwierig. Als die Windpocken schließlich vorüber waren, machte ich dagegen eine ungewöhnliche Erfahrung: Mir fiel es auf einmal sehr leicht, mich auf das Gebet zu konzentrieren, und ich hatte sehr erfüllende Zeiten in der Fürbitte. Normalerweise brauche ich mindestens eine Viertelstunde, um wirklich ins Gebet hineinzukommen, diesmal ging alles viel schneller. Da erkannte ich, dass meine gehetzte Persönlichkeit während der Krankheit zur Ruhe gekommen war, sodass es mir leichter fiel, auf die Gegenwart Gottes zu warten. Ich dankte Gott für diese ungeplante und schmerzhafte „Auszeit“.

Manchmal hat unsere Geschäftigkeit mit unserer Unsicherheit zu tun. Wir wissen, dass zwischen Gott und uns die Dinge nicht ganz in Ordnung sind. Wir haben unsere Gewissheit verloren, weil wir die Nähe Gottes nicht mehr spüren. Aber wir wollen uns auch nicht damit beschäftigen, wer wir wirklich sind, weil das zu traumatisch wäre. Deshalb sind wir geschäftig und vermeiden so eine ehrliche Selbstanalyse. Der methodistische Bischof von Singapur, Rober Solomon, hat dies einmal so ausgedrückt: „Wir fühlen uns in der Stille nicht wohl, denn die Stille zwingt uns zu einer Begegnung mit Gott.“

Selbst in unserer Freizeit nutzen wir die Massenmedien, um jeden Freiraum zu vernichten. Wir ziehen uns lieber in die Scheinwelt des Fernsehens zurück, statt uns der wirklichen Welt zu stellen. Eigentlich ist es traurig: Gott will uns begegnen und uns heilen, aber der Satan und unser Selbst hindern uns daran, zu unseren Nöten zu stehen. Die Antwort auf dieses Problem ist eine Auszeit in einer Haltung wie David sie hatte, der betete: „Erforsche mich, Gott, und erkenne mein Herz; prüfe mich und erkenne, wie ich's meine. Und sieh, ob ich auf bösem Wege bin, und leite mich auf ewigem Wege." (Psalm 139,23f.)

Auszeiten öffnen unser Hören für Gottes Stimme

In der Bibel lesen wir an verschiedenen Stellen, wie Gott zu Menschen während ihrer Gebetszeiten sprach. Wir haben bereits die vierzig Tage erwähnt, die Mose und Elia jeweils allein verbrachten. Nach seinem Damaskuserlebnis fastete und betete Paulus, bis schließlich Ananias zu ihm kam, um ihm Anweisungen von Gott zu überbringen. Während dieser Zeit hatte Gott Paulus in einer Vision offenbart, dass ein Mann namens Ananias unterwegs zu ihm sei (Apostelgeschichte 9,9-12). Als Petrus auf dem Dach betete, sprach Gott zu ihm über den historischen Schritt, zu den Heiden zu gehen (Apostelgeschichte 10,9-16). Und als die Christen in Antiochia „dem Herrn dienten und fasteten, sprach der Heilige Geist: Sondert mir aus Barnabas und Saulus zu dem Werk, zu dem ich sie berufen habe." (Apostelgeschichte 13,2f.) Wenn wir unsere geschäftigen Aktivitäten hinter uns lassen und uns ins Gebet zurückziehen, sind wir also besonders offen für Gottes Stimme.

Psalm 139,23f. erwähnt einen Weg, wie Gott uns dient, indem er uns testet: „Erforsche mich, Gott, und erkenne mein Herz; prüfe mich und erkenne, wie ich's meine. Und sieh, ob ich auf bösem Wege bin, und leite mich auf ewigem Wege." Eine Auszeit öffnet die Tür für Gott, unsere Prioritäten zu überprüfen und einen kritischen Blick in unseren Terminkalender zu werfen. Wir können erkennen, ob wir unser tägliches Leben in einer Weise gestalten, die unserer Berufung entspricht. Im nächsten Kapitel werden wir sehen, dass der Hauptzweck von Christi Versuchung darin bestand, die Prioritäten klarzubekommen, die seinen Dienst bestimmen würden.

Um Silvester herum ziehe ich mich Jahr für Jahr mit meiner Frau für einen Tag zurück. Normalerweise reden wir dann auch über die Dinge, die im kommenden Jahr anstehen. Als wir einmal über meine Auslandsaufenthalte redeten, fiel mir plötzlich auf, dass ich zu viele von diesen Reisen vor oder nach anderen Trips geplant hatte. Das hätte bedeutet, dass ich mehr als zwanzig Prozent meiner verfügbaren Zeit außerhalb Sri Lankas verbracht hätte, womit ich über dem Limit gelegen hätte, worauf ich mich mit meiner Familie und meinem Vorstand geeinigt hatte. Ein Ergebnis dieser Auszeit war also, dass ich zwei Auslandsaufenthalte absagte – die beiden, die ich streichen konnte, ohne dass andere dadurch in Stress gerieten. Das zeigt, wie wichtig es ist, unsere Terminkalender von Zeit zu Zeit einer kritischen geistlichen Prüfung zu unterwerfen. Und dazu brauchen wir eine entsprechende Auszeit.

Auszeiten helfen uns der Tyrannei der Geschäftigkeit zu entfliehen
Manchmal sind wir so gehetzt, dass wir kaum klar denken können, weil wir einfach keine Muße haben. Weil wir so unter Druck stehen, sind wir oft gereizt und haben plötzliche Ausbrüche, vor allem zu Hause oder an der Arbeit. Wir müssen unser Tempo verlangsamen! Auszeiten helfen uns dabei.

Wenn wir uns genügend Zeit nehmen, um in der Stille zu reflektieren, wird das unsere Arbeitshaltung beeinflussen. Viele von uns dienen Menschen, die unter der Tyrannei der Geschäftigkeit leben. Solche Leute können mit der Idee, dass Gott in der Stille zu ihnen spricht, nicht viel anfangen. Wenn sie es mit uns zu tun haben, sollten sie deshalb an uns die Schönheit von Spiritualität erkennen und mit der Sehnsucht nach einem anderen Leben erfüllt werden, einem Leben frei von der Falle der Geschäftigkeit, die ihre Gefühlswelt und ihr geistliches Leben ebenso ruiniert wie ihre Familien.

Unglücklicherweise leben viele anscheinend sehr erfolgreiche christliche Leiter unter derselben Tyrannei. Sie sind deshalb kaum in der Lage, anderen den Weg zur Freiheit zu zeigen. Durch ihre harte Arbeit und ihre Leitungsgaben sind sie allerdings fähig, weitreichende Dienste oder große Gemeinden ins Leben zu rufen. Sie können Aktivitäten organisieren, die viele Menschen anziehen, obwohl sie selbst in großen geistlichen Nöten stecken. Aber nur ein Mensch des Gebetes wird andere zu Menschen des Gebetes machen.

In einer Gesellschaft, in der Unterhaltung und Zerstreuung zu den wichtigsten Beschäftigungen gehören, stehen auch Geistliche in der Versuchung, andere Menschen vor allem geschäftig zu halten. Während wir junge Menschen *von* der Straße holen wollen, damit sie sinnvolleren Beschäftigungen nachgehen, müssen wir die Älteren oft überhaupt erst *auf* die Straße kriegen. Deshalb stehen Geistliche mit ihren Gemeinden in einem harten Konkurrenzkampf mit Menschen und Institutionen, die etwas Aufregenderes anzubieten haben. Unsere Aufgabe besteht also im Gegenteil der Ablenkung. Die Frage, die sich unsere Gemeinden stellen sollten, ist also nicht, wie sie möglichst viele Menschen beschäftigt halten können, sondern wie wir sie davon abhalten können, so beschäftigt zu sein, dass sie die leise Stimme Gottes nicht mehr hören können.

Als Leiter einer Jugendorganisation ist es mir ein Anliegen, dass die Jugendlichen in unseren Mitarbeitern und Ehrenamtlichen vor allem Menschen sehen, die aus ihrer Gottesbeziehung heraus leben. Durch hervorragende Veranstaltungen können wir zwar ihre Aufmerksamkeit fesseln. (Und ich bin davon überzeugt, dass hervorragende Veranstaltungen nötig sind, wenn wir heute Jugendliche erreichen wollen. Deshalb sollten wir in dieser Hinsicht hart arbeiten.) Allerdings besteht unsere Hauptaufgabe nicht darin, Jugendliche während der aufwühlenden Jahre ihrer Pubertät durch gute Veranstaltungen beschäftigt zu halten. Ich bin mir zwar sicher, dass dies der geheime Wunsch vieler Eltern ist, die ihre Kinder zu uns schicken. Sie wollen in erster Linie, dass ihre Kinder nicht in Schwierigkeiten kommen. Und deshalb denken sie, die Jugendlichen sollen lieber in der Gemeinde ein bisschen Spaß haben, statt dass sie sich mit Freunden abgeben, die sie auf Abwege führen könnten. *Das* ist eine wichtige Aufgabe, die wir mit unseren Programmen abdecken. Und einer meiner Herzenswünsche bezüglich unserer Arbeit ist auch, dass die Jugendlichen bei uns so einen Spaß haben, dass sie erkennen, wie unnötig die sündigen Vergnügungen der Welt sind.

Allerdings bleibt die Einladung junger Menschen zu christlichen

Events nur ein Nebenaspekt unserer Arbeit. Wir möchten, dass unsere Jugendlichen Heilige werden, die eine intensive Gottesbeziehung haben und in allen Entscheidungen und allem, was sie tun, nach ihm fragen. Manchmal sind Eltern darüber nicht besonders glücklich, denn das bedeutet im Endeffekt, dass es ihre Kinder in unserer Berufs- und Lebenswelt schwerer haben! Aber wenn Jugendmitarbeiter ihre Jugendlichen in eine intensive Gottesbeziehung führen sollen, dann müssen auch die Mitarbeiter in einer intensiven Gottesbeziehung leben. Sie müssen wissen, wie man Gott in der Stille sucht, und sie müssen ihren Jugendlichen das beibringen können.

Auszeiten helfen uns, Gott inmitten der Herausforderungen des Lebens zu erkennen

Jeder Christ, der von Herzen Gott gefallen und den Menschen dienen möchte, wird regelmäßig in ernsthafte Krisen geraten. Manchmal möchten wir einfach alles hinschmeißen und fliehen. Als ich einmal in meiner Arbeit eine sehr kritische Situation durchzustehen hatte, hatte ich immer wieder denselben Gedanken: *Es wäre eigentlich gar nicht so schlecht, wenn ich jetzt von einem Auto überfahren würde. Dann wäre ich gleich bei Gott.* Flucht ist immer eine verlockende Möglichkeit. Deshalb gab es in meinen sechsundzwanzig Jahren als Direktor von „Jugend für Christus" in Sri Lanka viele, viele Momente, in denen ich am liebsten zurückgetreten wäre. Das eine oder andere Mal habe ich mich sogar hingesetzt und ein Rücktrittsgesuch formuliert. Aber wir alle wissen ja, dass man sich nicht so einfach aus der Verantwortung ziehen kann!

In der Hitze des Gefechts hätte Jeremia oft gern alles stehen und liegen gelassen. Einmal sagte er: „Ach dass ich eine Herberge hätte in der Wüste, so wollte ich mein Volk verlassen und von ihnen ziehen! Denn es sind lauter Ehebrecher und ein treuloser Haufe." (Jeremia 9,1) Aber Gott hat ihm diesen Wunsch nicht erfüllt. Als sich der Prophet ein andermal über sein schweres Schicksal beschwerte, ließ Gott ihn nur wissen, dass es noch schlimmer kommen würde. Wie sollte er das durchstehen, wenn er sich jetzt schon beschwerte (Jeremia 12,5)? Jeremia konnte also vor seiner Berufung nicht davonlaufen, auch wenn er es gern getan hätte, aber er konnte zu Gott fliehen und ihn um Stärke und Geborgenheit bitten. Die Antwort Jeremias bestand also darin, in die Wüste zu gehen, aber nicht um vor dem Volk zu *fliehen*, sondern um sich *zurückzuziehen* und Gott zu begegnen, sodass er neue Kraft schöpfen konnte für die Herausforderungen, die vor ihm lagen, wenn er den Menschen diente.

Der Beter von Psalm 73 lernte seine Lektion, sich Auszeiten mit Gott zu nehmen, als er mit der Tatsache haderte, dass er mit seinem Tun offensichtlich wenig erfolgreich war, während es den Gottlosen gut ging. Die Verse 2 bis 15 enthalten denn auch eine tief greifende Klage darüber, wie nutzlos ein gerechtes Leben ist, wenn man es mit dem Erfolg der Gottlosen vergleicht. Dann aber kommen zwei Verse, die so etwas wie den Wendepunkt bezeichnen: „So sann ich nach, ob ich's begreifen könnte, aber es war mir zu schwer, bis ich ging in das Heiligtum Gottes und merkte auf ihr Ende." (73,16f.) Damit wird die Perspektive so sehr verändert, dass der Rest des Psalms ein fröhliches Loblied Gottes ist (73,17-28). Die Veränderung fand offensichtlich im Tempel statt und damit, das vermuten wir jedenfalls, als der Beter die Gegenwart Gottes gesucht hat.

Unruhe ist der Hintergrund von Psalm 46, ein Psalm, der Gott anruft als „unsre Zuversicht und Stärke, eine Hilfe in den großen Nöten, die uns getroffen haben" (46,1). Der Psalmist ruft seine Mitbeter dazu auf: „Kommt her und schauet die Werke des Herrn" (46,9). Aber wie kann man die erkennen, wenn man von Problemen überwältigt ist? Gott selbst gibt in diesem Psalm die Antwort: „Seid stille und erkennet, dass ich Gott bin!" (46,11) Wenn wir in die Gegenwart Gottes treten – statt fieberhaft zu versuchen, unsere Probleme selbst zu lösen – fangen wir an, die Dinge aus Gottes Perspektive zu betrachten, womit sich unsere Perspektive verändert. Wie der Psalmist können wir dann freudig verkündigen, dass Gott unsere Zuversicht und Stärke ist.

Während der schlimmsten Krise, die ich in den langen Jahren meines Dienstes hatte, zeigte Gott mir, wie wertvoll Gebetsnächte sind. Für mich war das dasselbe wie eine Auszeit zu nehmen. Tagsüber war ich voller Sorgen, weil ich nicht wusste, wie ich meine Probleme angehen sollte. Doch nachts war ich in meinem Zimmer und saß einfach stundenlang still da. Eine gewisse Zeit davon habe ich im Gebet verbracht, oft habe ich auch in der Bibel gelesen. Aber die meiste Zeit habe ich einfach nur nachgedacht. Ich habe nichts Bestimmtes gebetet, aber ich wusste, dass ich in der Gegenwart Gottes war. Gegen Morgen legte ich mich Schlafen. Normalerweise hatte ich nach so einer Auszeit keine konkrete Lösung für meine Schwierigkeiten, aber ich war mir gewiss, dass ich Zeit mit Gott verbracht hatte und dass meine Kraft von ihm kam.

In einer Nacht war ich bis um vier Uhr morgens auf. Ich schlief eine kurze Zeit und ging dann mit einem Ehrenamtlichen zu einer Mitarbeiterschulung. Kurz bevor ich reden sollte, kam ein mir sehr nahestehender Mitarbeiter zu mir und goss seinen ganzen Ärger über mich aus. Es war sehr schmerzhaft, ihm zuzuhören, aber ich tat es und musste sofort nach der Unterhaltung ans Rednerpult. Mein Herz war unglaublich schwer. Aber ich war immer noch voller Zuversicht und gestärkt durch die vergangene Gebetsnacht, sodass ich die Kraft zum Dienen bekam und mich – so hoffe ich jedenfalls – in dieser Situation so verhielt, wie es einem Christen entsprach. Ich glaube, ich bin meine Probleme angegangen mit dem „Friede Gottes, der höher ist als alle Vernunft", den wir bekommen, wenn wir „in allen Dingen ... [unsere] Bitten in Gebet und Flehen mit Danksagung vor Gott kundwerden" lassen, wie Paulus schreibt (Philipper 4,6f.). In dieser Krise lehrte mich Gott ein Prinzip, das ich in einem anderen Kapitel bereits beschrieben habe: Bevor wir in einem Konflikt Menschen gegenübertreten, müssen wir Gott begegnen. Unser Dienst ist keine Reaktion auf die Ablehnung der Menschen, sondern eine Antwort auf Gottes Annahme.

In Krisenzeiten sollten wir es uns also zum Prinzip machen, regelmäßig in einer Auszeit Gottes Gegenwart und Kraft zu suchen. Dann können wir gestärkt als seine Repräsentanten zu unseren Herausforderungen zurückkehren.

Kurze Auszeiten

Manchmal sehen wir in den Evangelien, dass Jesus sich während eines vollen Tages nur eine kurze Auszeit genommen hat. Nach der Speisung der Fünftausend merkte Jesus, „dass sie kommen würden und ihn ergreifen, um ihn zum König zu machen", so „entwich er wieder auf den Berg, er selbst allein." (Johannes 6,15) Am Abend stiegen die Jünger in ein Boot, um nach Kapernaum überzusetzen. Sie gerieten in einen Sturm, und während sie im Boot um ihr Leben kämpften, kam Jesus zu ihnen (6,16-21). Jesus hatte sich also eine kurze Auszeit genommen und vermutlich höchstens ein paar Stunden auf dem Berg verbracht. Wir wissen nicht, wie lange er in Gethsemane gebetet hat, aber es können ebenfalls nicht mehr als ein paar Stunden zwischen dem letzten Abendmahl und seiner Verhaftung gewesen sein. Die Zeit, die Petrus in Joppe auf dem Dach verbrachte, war ebenfalls nur eine kurze Auszeit (Apostelgeschichte 10,9).

Unmittelbar nachdem seine erste Frau, Maria, gestorben war, ging Hudson Taylor nach oben in sein Zimmer, um allein zu sein. Dadurch gestärkt tauchte er wenig später wieder unten auf und kümmerte sich um die verschiedenen Angelegenheiten rund um die Beerdigung. Kurz bevor der Sarg geschlossen wurde, warf er noch einen Blick auf seine Frau und stieg wieder die Treppe zu seinem Zimmer hinauf. Von Gott gestärkt kam er zur Beerdigung wieder zurück.

Vor ungefähr zwanzig Jahren wurde ich in einen internationalen Ausschuss berufen, in dem ich das jüngste Mitglied war. Ich fühlte mich zwischen den erfahrenen christlichen Leitern aus der westlichen Welt ziemlich deplatziert und traute mich nicht, in der Diskussion den Mund aufzumachen. Es ging um die Frage, wie eine Spende von einer Million Dollar in China eingesetzt werden sollte. Nachdem verschiedene eindrucksvolle Pläne präsentiert worden waren, nahm ich all meinen Mut zusammen und fragte, ob die Chinesen, um die es ging, wohl mit unseren Plänen einverstanden wären und ob sie in ihren Gemeinden dieselben Probleme für dringlich hielten wie dieser internationale Ausschuss. Um es vorsichtig auszudrücken: Einige der anwesenden Leiter waren über diese Frage nicht besonders glücklich, denn der Spender saß ebenfalls mit am Tisch. Ich fühlte mich so deplatziert! Während der Kaffeepausen rannte ich oft in mein Hotelzimmer, kniete nieder und schüttete Gott mein Herz aus. *Wenigstens versteht Gott, was ich zu sagen versuche!*, dachte ich. Das war eine Miniauszeit während einer sehr stressigen Zeit.

Heutzutage nehme ich mir solche kurzen Auszeiten vor allem dann, wenn ich unter großem Druck oder vor größeren Schwierigkeiten in meinem Dienst stehe. Manchmal schleiche ich mich dann aus dem Büro und gehe kurz spazieren. Manchmal fahre ich zum Strand, der ungefähr eine Viertelstunde von meinem Büro entfernt ist, und laufe am Meer entlang. Wenn eine Kirche zum Gebet geöffnet ist, gehe ich manchmal auch dorthinein. Wenn ich zu Hause bin, nehme ich mein Gesangbuch, setze mich ans Klavier und singe ein paar Lieder. Diese Auszeiten helfen mir, mich auf Gott zu konzentrieren, damit ich mich geistlich und nicht fleischlich verhalte.

Lasst uns also sowohl kurze Auszeiten wie auch regelmäßige längere konkret einplanen! Das Leben zieht normalerweise in solch einem Tempo an einem christlichen Leiter vorbei, dass wir schlichtweg gelebt werden. Wenn wir also keine regelmäßigen Auszeiten einplanen, wenn wir nicht wissen, wann und wie wir uns Miniauszeiten nehmen sollen, dann werden wir auch keine haben.

Fasten

Dass Jesus während der vierzig Tage in der Wüste fastete (Matthäus 4,2), haben wir bereits angesprochen. Fasten war für einen Israeliten des Alten wie des Neuen Testaments nichts Ungewöhnliches. Doch nachdem Jesus sein öffentliches Wirken begonnen hatte, fasteten er und seine Jünger nicht so oft wie die anderen religiösen Leute. In seiner Antwort auf die Anfrage, warum er und seine Jünger nicht fasten wie die Pharisäer oder die Jünger Johannes' des Täufers, sagt Jesus: „Wie können die Hochzeitsgäste fasten, während der Bräutigam bei ihnen ist? Solange der Bräutigam bei ihnen ist, können sie nicht fasten. Es wird aber die Zeit kommen, dass der Bräutigam von ihnen genommen wird; dann werden sie fasten, an jenem Tage." (Markus 2,19f.) Es ging also nur um eine zeitweise Reduzierung des Fastens, nicht um seine Abschaffung. So wie Jesus diese Welt verlassen hatte, kehrten die Jünger zu den normalen Fastengebräuchen zurück. In der Apostelgeschichte lesen wir deshalb, dass die Gemeinde verschiedene regelmäßige Fastenzeiten abhielt (Apostelgeschichte 13,2f.; 14,23).

Im Alten Testament forderten die Autoritäten oft das Volk zum Fasten auf, indem sie „ein Fasten ausriefen". Normalerweise ging es dabei um erhabene Gründe wie Buße oder besondere Bitten an Gott (2. Chronik 20,3; Esra 8,21; Jona 3,5). Manchmal waren die Begründungen jedoch auch wenig erhaben, zum Beispiel als Isebel ein Fasten ausrufen ließ, weil Nabot sich geweigert hatte, seinen Weinberg an Ahab zu verkaufen (1. Könige 21,9.12). Die Propheten haben oft vor dem Missbrauch des Fastens gewarnt – nämlich dann, wenn es nicht Ausdruck eines gerechten Lebens war (Jesaja 58,3-7; Jeremia 14,10-12; Sacharja 7f.). In der Bergpredigt warnt Jesus davor, aus dem Fasten eine Werbeveranstaltung für die eigene Frömmigkeit werden zu lassen. Aber er beginnt seine Äußerungen mit den Worten „wenn ihr fastet", womit er offensichtlich davon ausging, dass die Gläubigen regelmäßig fasteten (Matthäus 6,16f.). Und er schließt seine Ausführung mit einem Hinweis auf die Belohnung, die die von Gott bekommen, die in der richtigen Haltung fasten: „Dein Vater, der in das Verborgene sieht, wird dir's vergelten." (Matthäus 6,18).

In alttestamentlicher Zeit gab es zwar unter den Juden nationale Fastenzeiten, die mit besonderen Tagen oder Nöten verbunden waren, generell schien das Fasten jedoch vor allem eine private Angelegenheit gewesen zu sein, die vor allem mit drei Dingen in Verbindung stand: Buße, Klage und Bitte. Paulus fastete, nachdem sein Leben vor Damaskus in eine tiefe Krise geraten war und bevor Ananias zu ihm kam (Apostelgeschichte 9,9). Einige Menschen schienen sogar zu einem besonderen Dienst des Fastens berufen worden zu sein, wie etwa Hanna, denn sie „wich nicht vom Tempel und diente Gott mit Fasten und Beten Tag und Nacht." (Lukas 2,37). Viele fromme Juden fasteten zur Zeit Jesu zwei Tage in der Woche. Diese Praxis wird Christen auch in einer der ältesten Gemeindeordnungen, der *Didache* anempfohlen (8,1), in der die Christen aufgefordert werden, mittwochs und freitags zu fasten und nicht montags und donnerstags wie die Heuchler! John Wesley erwähnt ein „halbes Fasten" der ersten Christen, die mittwochs und freitags bis drei Uhr nachmittags nichts zu sich nahmen, also bis zu dem Zeitpunkt, an dem sie von ihren öffentlichen Verpflichtungen zurückkehrten.

Obwohl in der Bibel der Sinn des Fastens nirgendwo explizit erklärt wird, zeigt doch seine enge Verbindung mit Buße, Klage und Gebet eine Form der Selbstverleugnung, die für Gott und die nicht materiellen Aspekte des Lebens offen ist. So wie Essen und Trinken typisch sind für das fleischliche Leben mit all seinen Anforderungen und Befriedigungen, so weist der Verzicht auf beides auf die Wirklichkeit einer höheren Dimension hin, einer, in der die Dinge des Geistes dominieren. Mit dem Fasten setzen die Gläubigen also andere Prioritäten, indem sie sich selbst ungeteilt dem Herrn und den wirklichen Fragen des geistlichen Lebens hingeben.

Müssen Christen also fasten? Es gibt dazu kein Gebot in der Bibel, deshalb glaube ich nicht, dass es eine Form gibt, die für alle und zu allen Zeiten gültig ist. Jeder muss also in diesem Bereich eigene Entscheidungen treffen, ebenso auch jede Gemeinde. John Wesley empfahl den ersten Methodisten, die frühchristliche Praxis wieder aufzunehmen und mittwochs und freitags zu fasten, es sei denn, sie sind krank. Gleichzeitig bedauerte er die Tatsache, dass viele Methodisten trotzdem nicht fasteten. Er empfahl denen, die aus gesundheitlichen Gründen nicht fasteten, sich wenigstens von bestimmten Dingen fernzuhalten, also an einem „Fastentag" zum Beispiel auf Tee, Kaffee oder Kakao am Morgen zu verzichten und an dem Tag kein Fleisch zu essen.

Viele Jahre lang habe ich nicht viel gefastet, weil ich unter Verdauungsproblemen und Sodbrennen litt. Ich dachte, dass Fasten meiner Gesundheit nicht guttäte. Schließlich erkannte ich, dass ich die Sorge um meinen Magen Gott überlassen sollte, und machte von dieser geistlichen Übung vorsichtig Gebrauch. Seitdem wurde Fasten für mich zu einer Möglichkeit, zu entscheidenden Zeiten meine Ernsthaftigkeit im Gebet vor Gott zum Ausdruck zu bringen. Um nur einige Beispiele zu nennen: vor einem wichtigen Event bei „Jugend für Christus" oder für meine Familie, wenn wir eine besondere Not haben oder in einer schwierigen Situation sind. Aber ich muss ehrlich zugeben, dass ich auf diesem Gebiet noch einen weiten Weg vor mir habe.

Gemeinden und Organisationen sollten sich überlegen, ob sie nicht zu bestimmten Gelegenheiten Fastentage für die gesamte Gemeinde oder Organisation einrichten. Unser Mitarbeiterteam verbringt den ersten Arbeitstag eines jeden Jahres mit Fasten und Gebet. Krisenzeiten sind ebenfalls Augenblicke, in denen die Leiter „ein Fasten ausrufen“ könnten. Fastenzeiten sind auch eine großartige Möglichkeit, sich auf besondere Events vorzubereiten wie Bauprojekte, evangelistische Einsätze oder spezielle Gottesdienste. Die Gemeinde in Antiochia fastete, als der Geist ihnen sagte, sie sollten Paulus und Barnabas aussenden, und sie fastete ebenfalls, als die beiden zu ihrer Missionsreise aufbrachen (Apostelgeschichte 13,2f.).

Wenn wir bedenken, wie schnell wir in unserem geistlichen Leben lax werden können, sollte uns jedes Mittel recht sein, um „brennend im Geist“ zu bleiben (Römer 12,11). Und Fasten gehört mit Sicherheit dazu.

5. Den Willen Gottes bestätigen

Im letzten Kapitel haben wir einen Blick auf Jesu Rückzug in die Wüste geworfen (Markus 1,13) und darüber nachgedacht, wie wichtig geistliche Auszeiten für unseren Dienst sind. Insofern ist es überraschend, dass die Evangelisten die Versuchung als Hauptgrund für Jesu Wüstenzeit nennen. Offen ausgesprochen wird dies bei Matthäus, dem wir hier folgen wollen, weil er die Geschehnisse ausführlicher schildert als Markus. Matthäus schreibt: „Da wurde Jesus vom Geist in die Wüste geführt, damit er von dem Teufel versucht würde.“ (Matthäus 4,1). Hinter dieser Versuchung stand mit Sicherheit ein göttlicher Plan. Damit möchte ich natürlich nicht behaupten, dass Gott selbst der Versucher war, schließlich lesen wir im Jakobusbrief: „Gott kann nicht versucht werden zum Bösen, und er selbst versucht niemand.“ (Jakobus 1,13) Es geht hier also vielmehr darum, dass Gott die Anstrengungen böser Menschen und sogar von Satan selbst dazu benutzt, seine Ziele zu erreichen.

Der Wert einer Prüfung

Interessanterweise folgt die Versuchung unmittelbar auf die Taufe, die Bevollmächtigung und die Bestätigung Jesu. Auch wir geraten oft nach einer großartigen Veranstaltung oder einem grandiosen Sieg besonders stark in Versuchung. Aber Gott kann diese Zeiten der Versuchung dazu benutzen, um das Ergebnis dieses Erfolges in unser Herz sinken zu lassen. Vielleicht ist es jedoch noch wichtiger, dass Jesu Versuchung ganz am Anfang seines Dienstes stattfand. Viele alttestamentliche Glaubenshelden wie Abraham, Josef, Mose, David und Hiob mussten sich einer solchen Prüfungszeit unterziehen, bevor sie ihre Hauptaufgabe angingen. Bei seiner Taufe erhielt Jesus eine eindeutige Bestätigung als Messias und Sohn Gottes. In der Versuchung lernt er jetzt einige wichtige Aspekte dieser Berufung.

In diesem Fall half die Versuchung Jesus die Prioritäten in seinem Leben und Dienst richtig zu setzen. In unserem Leben ist es ähnlich: Am Anfang eines Weges erlaubt Gott eine Prüfung, sodass wir die

Prioritäten bestätigen können, die unseren Weg charakterisieren sollen. Sich gleich zu Anfang dieser Herausforderung zu stellen, hilft uns auf dem Rest des Weges.

Einheit des Herzens und des Verstandes ist einer der Schlüssel zu einer gesunden Ehe. Deshalb ist es wichtig, dass wir mit unseren Ehepartnern über das reden, was uns ärgert oder aufregt, bis diese Einheit wiederhergestellt ist. Paulus' Rat, „lasst die Sonne nicht über eurem Zorn untergehen" (Epheser 4,26) ist hierbei eine große Hilfe. Vor allem zu Beginn einer Ehe gibt es immer wieder Situationen, in denen der Ärger offen ausgesprochen wird. Wenn sich nun ein Ehepaar die Mühe macht, so lange über diese Dinge zu reden, bis der Ärger verschwunden ist, legt es ein tragfähiges Fundament für eine glückliche Ehe. Wer jedoch darüber nicht redet, entdeckt später, oft zu spät, dass man sich in gefährlicher Weise auseinanderentwickelt hat. Meine Frau und ich halten den Rat von Epheser 4,26 deshalb für einen unverzichtbaren Bestandteil einer guten Ehe und geben ihn an alle weiter, die sich auf die Ehe vorbereiten. Wir fordern junge Paare eindringlich dazu auf, diese biblische Wahrheit vom ersten Tag ihres Zusammenseins an zu praktizieren, denn eine Vernachlässigung dieses Prinzips könnte sich zu einem Muster entwickeln, dass man die entscheidenden Fragen nicht miteinander bespricht.

Das passiert oft in den Ehen von Gemeindemitarbeitern. In den ersten Ehejahren gibt die Frau vielleicht deutlich ihre Unzufriedenheit darüber zu erkennen, dass ihr Mann so vielen Gemeindeaktivitäten nachgeht. Er entgegnet ihr, sie solle ihn nicht in dem hindern, wozu Gott ihn berufen habe. Weil sie eine hingegebene Christin ist und Angst hat, dass sie Gottes Werk entgegentreten könnte, entscheidet sie sich, die Angelegenheit mitzutragen, mit der sie eigentlich unglücklich ist. Damit entwickelt sich ein Muster, dass sie ihren Ärger fortan für sich behält. Nach zehn oder fünfzehn Jahren wird das zu einem unglücklichen Zuhause und einer tiefen Unzufriedenheit in ihr führen. Irgendwann hält sie es nicht mehr aus und entscheidet sich, das Problem offen anzugehen. Nicht selten ist es dann aber schon zu spät, und das Ergebnis der offenen Aussprache ist ein gewaltiger Konflikt und noch mehr Unzufriedenheit. Obwohl man auch in solchen Situationen die Ehe immer noch retten kann, wäre es doch sicher besser gewesen, wenn die Eheleute gleich von Anfang an gelernt hätten, wie man in wichtigen Fragen „eines Sinnes“ werden kann (Philipper 2,2).

In der ersten Zeit unseres Dienstes werden wir vielleicht mit einem Menschen zu tun haben, der viel Zeit in Anspruch nimmt und uns Energie raubt. Mit so einem Menschen zu arbeiten hilft uns jedoch, Durchhaltevermögen zu entwickeln, was wiederum ein Schlüssel zum effektiven Dienst ist. Später, wenn wir – besonders als Hauptamtliche – mehr und mehr zu tun haben, fällt es uns leicht, personenbezogene Arbeit wie korrigierende Gespräche, Zeugnisgeben oder Hausbesuche zu vernachlässigen. Das wird freilich auf Dauer unsere Arbeit ruinieren. Deshalb gibt uns der Herr oft in der Anfangszeit unseres Dienstes Prüfungen, damit die Priorität der personenbezogenen Arbeit in unsere Herzen gebrannt wird.

Jüdische Rabbis unterrichteten ihre Schüler nicht nur durch Worte, sondern auch durch Beispiele. In dieser Weise ist auch Jesu' Sieg über die Anfechtungen ein Beispiel für alle Gläubigen. Die Jünger waren nicht dabei, als Jesus in die Wüste ging, er muss ihnen also später von seinen Versuchungen erzählt haben. In ähnlicher Weise können auch unsere Kämpfe und wie wir mit ihnen umgegangen sind Beispiele für jüngere Christen werden. Wir sollten davon erzählen, wie Christus es auch getan hat.

Gottes Wille statt unsere Rechte

Die erste Versuchung bestand darin, Steine in Brot zu verwandeln. Matthäus berichtet: „Und der Versucher trat zu ihm und sprach: Bist du Gottes Sohn, so sprich, dass diese Steine Brot werden.“ (Matthäus 4,3) Als Satan fragte, „bist du Gottes Sohn“, hatte er sicher keine Zweifel, wer da vor ihm stand. Der Vers davor informiert uns: „Und da er vierzig Tage und vierzig Nächte gefastet hatte, hungerte ihn.“ Satan schien andeuten zu wollen, dass Gottes Sohn nicht hungrig zu sein brauchte. Er erinnerte Jesus also an seine Privilegien.

Satan wirft uns oft solche Versuchungen vor die Füße. Er versucht alles, damit wir den Weg des Kreuzes vermeiden und uns stattdessen auf unsere Privilegien konzentrieren: „Mit deinen Qualifikationen verdienst du mehr als das hier. Such dir einen Job, der dich zufriedener macht und dir mehr Erfüllung gibt – eben einen, der deinen Qualifikationen eher entspricht." Unglücklicherweise sind viele unserer Vorstellungen über Erfolg und Erfüllung im Dienst eher säkular als biblisch. Wir bedenken nicht, dass das Kreuz zu einem fruchtbaren christlichen Leben unverzichtbar dazugehört. Deshalb kann uns die Versuchung mit voller Kraft treffen.

Jesus wusste, dass er die Kraft hatte, Essen zu schaffen. Später tat er es bei zwei Gelegenheiten und speiste einmal fünftausend und ein andermal viertausend Menschen. Aber er weigerte sich, diese Fähigkeit zur eigenen Befriedigung zu nutzen, womit er auf Satan gehört und Gottes Berufung verlassen hätte. Auch wir sind berufen, ein Kreuz zu tragen. Wie Jesus sollen auch wir unsere Rechte für eine größere Sache hingeben (Philipper 2,5-11). Aber wie viele Hauptamtliche verlieren ihre geistliche Glaubwürdigkeit und Autorität, weil sie ihren Dienst für zeitliche persönliche Vorteile nutzen!

Nehmen wir als Beispiel die Gaben, die wir von Menschen erhalten. Spenden zu empfangen ist offensichtlich nicht verboten. Jesus lebte teilweise von den Gaben einiger Frauen, die ihm dienten (Lukas 8,2f.). Nicht selten sind persönliche Zuwendungen durch Menschen die Antwort auf eine große Not und damit ein Beweis für die Fürsorge und Zuwendung Gottes. Paulus wurde in seinem Dienst ebenfalls unterstützt, zum Beispiel von der Gemeinde in Philippi (Philipper 4,10-19). Doch als er in Korinth war, nahm er keine Unterstützung an. Stattdessen arbeitete er, um seine Ausgaben zu decken, bis ihn eine Spende aus Makedonien erreichte (Apostelgeschichte 18,3-5). Als später in Korinth seine Glaubwürdigkeit angezweifelt wurde, konnte er sich zu seiner Verteidigung auf diese Entscheidung, Geldzuwendungen abzulehnen, berufen (1. Korinther 8,3-15).

Paulus sagt, dass er seine Rechte für das Evangelium aufgibt. Er schreibt: „Wenn andere dieses Recht an euch haben, warum nicht viel mehr wir? Aber wir haben von diesem Recht nicht Gebrauch gemacht, sondern wir ertragen alles, damit wir nicht dem Evangelium von Christus ein Hindernis bereiten." (1. Korinther 9,12). Dann bestätigt er: „Ich aber habe von alledem keinen Gebrauch gemacht. Ich schreibe auch nicht deshalb davon, damit es nun mit mir so gehalten werden sollte." (9,15a). Heute sprechen christliche Leiter gern von ihren Entbehrungen in der Hoffnung, dass ihre Hörer ihnen dann etwas zustecken! Für Paulus dagegen war seine Glaubwürdigkeit als Prediger des Evangeliums so wertvoll, dass er lieber gestorben wäre als sie zu riskieren. So schreibt er: „Lieber würde ich sterben – nein, meinen Ruhm soll niemand zunichte machen!" (9,15b). Sein alles beherrschendes Motiv war die Freiheit zum Dienst, die durch keine Verpflichtungen anderen gegenüber eingeschränkt werden sollte.

Deshalb müssen auch wir vorsichtig sein, dass wir nicht in ungesunde Verpflichtungen gegenüber den Menschen geraten, denen wir dienen. Das gilt vor allem dann, wenn wir von diesen Menschen Darlehen annehmen. Ich kenne viele christliche Leiter in Sri Lanka, die nicht mehr so frei dienen können, wie sie sollten, weil sie solche Darlehen aufgenommen haben. Natürlich will ich damit keine strikte Regel einführen. Entscheidend ist, ob wir frei sind, so zu dienen, wie wir es sollten.

Nehemia liefert uns ein weiteres Argument dafür, dass Gemeindeleiter manchmal auf ihre legitimen Rechte verzichten sollten. Er verzichtete für mehrere Jahre auf seine Einkünfte als Statthalter, weil unter seinen Vorgängern die Armen ausgebeutet worden waren, um die Staatskasse aufzufüllen, aus der der Statthalter bezahlt wurde (Nehemia 5,14-19). Er hat nicht einmal Spesen abgerechnet, weil er den Menschen nicht zur Last fallen wollte. Wer unter den Armen arbeitet, weiß, dass sein eigener Lebensstil nicht wesentlich höher als ihrer sein darf, ansonsten verliert man seine Fähigkeit zur Identifikation mit den Menschen. Dadurch wird jedoch der Effekt des geistlichen Dienstes gewaltig reduziert.

Natürlich schuldet Gott niemandem etwas. Er versorgt uns zu seiner Zeit, und er wird mit Sicherheit auch Christi Hunger irgendwann stillen. Nicht wenige Kommentatoren gehen davon aus, dass die Engel, die ihm unmittelbar nach der Versuchung dienten, Jesus auch etwas zu essen gebracht haben (Matthäus 4,11). Wenn Gott uns versorgen wird, brauchen wir also nicht unsere geistliche Freiheit und unseren geistlichen Erfolg zu riskieren, indem wir uns durch fragwürdige Methoden selbst versorgen. In seiner Weisheit mag Gott uns jedoch durch eine „Fastenzeit" führen, in der die Versorgung scheinbar ausbleibt. Einzelne und Gruppen können etwa vor finanziellen Engpässen stehen. In diesen Zeiten müssen wir der Versuchung zum Kompromiss widerstehen, denn Gott wird uns zu seiner Zeit versorgen. Und wir werden bald entdecken, dass der Wert dieser Lektion die Zeit der Knappheit mehr als aufwiegt.

Jesu Antwort gegenüber dem Teufel macht deutlich, wie er fragwürdige Methoden vermied, seine Bedürfnisse zu befriedigen. Er sagte: „Es steht geschrieben: ‚Der Mensch lebt nicht vom Brot allein, sondern von einem jeden Wort, das aus dem Mund Gottes geht.'" (Matthäus 4,4). Ich habe lange Zeit geglaubt, Jesus wollte damit sagen, dass geistliche Nahrung wichtiger ist als materielle. Das ist sicher richtig, aber es ist nicht das, was Jesus in erster Linie meinte, wie ich später entdeckte. Jesus zitiert hier nämlich etwas, was Mose dem Volk Israel gesagt hat. Im Kontext heißt es: „Er demütigte dich und ließ dich hungern und speiste dich mit Manna, das du und deine Väter nie gekannt hatten, auf dass er dir kundtäte, dass der Mensch nicht lebt vom Brot allein, sondern von allem, was aus dem Mund des Herrn geht." (5. Mose 8,3). Gott hat sein Volk in diesem Zusammenhang ja nicht hungern lassen, sondern versorgt. Was Mose also herausstreichen wollte, ist, dass Gott den besten Weg für unsere Versorgung wählt. Unsere Aufgabe besteht deshalb darin, von dem Wort abhängig zu sein, das aus dem Mund Gottes kommt.

Mit anderen Worten: Wir sollten unser Engagement nicht auf die Frage konzentrieren, wie wir für unsere Bedürfnisse sorgen können. Unsere Leidenschaft sollte vielmehr darin bestehen, Gott besser kennenzulernen und seinen Willen zu tun. Wenn wir uns darauf konzentrieren, wird Gott uns mit allem versorgen, was wir brauchen. Zu einem späteren Zeitpunkt wird Jesus sagen: „Meine Speise ist die, dass ich tue den Willen dessen, der mich gesandt hat, und vollende sein Werk." (Johannes 4,34) Wenn wir es also vermeiden wollen, in unserem geschäftigen Leben Gottes Willen zu missachten, sollten wir es zum größten Ziel unseres Lebens machen, seinem Willen zu folgen. Ungehorsam ist das Einzige, war uns Gottes Versorgung verlieren lässt. Deshalb sollten wir uns auf den Gehorsam konzentrieren und die Versorgung Gott überlassen. Jesus hat dieses Prinzip mit folgenden Worten ausgedrückt: „Trachtet zuerst nach dem Reich Gottes und nach seiner Gerechtigkeit, so wird euch das alles zufallen.“ (Matthäus 6,33)

Daher wollen wir der Lehre der Schrift nicht ungehorsam sein, indem wir in Notzeiten für uns selbst sorgen.

- Ich darf persönliche Verabredungen mit den Menschen, die ich anleite, nicht vernachlässigen, wenn ich sehr viel zu tun habe, erst recht nicht, wenn ich in öffentlichen Gemeindeangelegenheiten viel zu tun habe. Der öffentliche Dienst muss aus dem persönlichen Dienst kommen, und deshalb müssen Gespräche unter vier Augen immer Priorität genießen.
- Wenn unsere Gemeinde finanzielle Einbrüche erleidet, dürfen wir auf keinen Fall sparen, indem wir weniger Geld für die Mission bereitstellen. Solche Verpflichtungen haben Priorität und müssen sogar vor unseren eigenen Bedürfnissen bedient werden.
- Ich darf meinen Zehnten nicht zurückhalten, selbst dann nicht, wenn ich in einer Notlage stecke und das Geld anderswo gut gebrauchen könnte.
- Wir sind vielleicht zu einem frustrierenden Dienst berufen, in dem unsere Gaben scheinbar kaum eingesetzt werden können oder nur wenig Erfolg bringen. Wenn uns dann eine Aufgabe angeboten wird, die anscheinend mehr unseren Begabungen entspricht, dürfen wir nicht vorschnell zusagen, ohne eingehend geprüft zu haben, ob das tatsächlich Gottes Wille für uns ist. Ehrlich gesagt glaube ich, dass die biblische Lehre von der Geistesgabe heute oft missbraucht wird, weil wir sie nicht gemeinsam mit der biblischen Lehre vom Kreuz bedenken.
- In der Apostelgeschichte wie in der Kirchengeschichte sehen wir, dass sich einige der genialsten Denker für den Dienst an den Unerreichten hingegeben haben. Nehmen wir nur Paulus, Henry Martyn oder Stephen Neill. Passiert so etwas heute auch noch?

Einige der klügsten Köpfe der Gemeinde sollten unter AIDS-Patienten arbeiten, den verzweifelt Armen, den extrem Reichen, Muslimen, New Agern und in Nationen, wo der Anteil von Christen gegen null geht. Doch vieles in unseren Dienststrukturen hindert sie daran. Es ist eher ungewöhnlich, dass ein brillanter Prediger, der der Hauptpastor einer großen Gemeinde sein könnte, Sonntag für Sonntag in einer Gemeinde spricht, die nur aus seiner Familie und drei Bekehrten mit muslimischem Hintergrund besteht!

Wenn Christen den Willen Gottes erfahren wollen, dann fragen sie nicht nur nach ihren Qualifikationen und Rechten. Sie wollen wissen, was Gottes Wille ist. Und wenn sie vor einer attraktiven neuen Möglichkeit stehen, aber sich nicht sicher sind, ob das Gottes Plan für sie entspricht, ist Vorsicht besser als Nachsicht. Das bedeutet, dass sie lieber erst einmal bei dem bleiben, von dem sie wissen, dass es Gottes Willen für sie entspricht, als dass sie sich in etwas Neues stürzen, bei dem sie sich unsicher sind.

Nach ungefähr zwanzig Jahren Bürgerkrieg befindet sich Sri Lanka in einem grauenhaften Zustand, was wirtschaftliche Stabilität, Sicherheit und Moral angeht. Fähige und motivierte Leute finden es sehr frustrierend hierzubleiben. Viele sind in andere Länder ausgewandert. Das ist keine Sünde, auch in der Bibel finden wir eine lange Kette von Auswanderern. Trotzdem habe ich einige fähige geistliche Leiter getroffen, die früher eine wunderbare Arbeit in Sri Lanka gemacht haben, aber nun irgendwo im Ausland vor sich hindümpeln. In ökonomischer Hinsicht geht es ihnen zwar jetzt viel besser, aber ihnen ist auch schmerzhaft bewusst, dass sie die Erfüllung verloren haben, die man hat, wenn man seine Gaben unter den Menschen einsetzt, die sie am nötigsten brauchen.

Gottes Wille statt ungekreuzigte Sehnsüchte

In seiner zweiten Versuchung (bei Lukas ist es die dritte) fordert der Satan Jesus dazu heraus, von der Zinne des Tempels in Jerusalem zu springen. Die Idee dahinter ist, dass Gott eingreifen wird, so wie er es in Psalm 91,11f. versprochen hat. Dort hat er verheißen, dass er seinen Engeln befehlen wird, seinen Diener zu schützen, sodass er seinen Fuß nicht an einen Stein stößt (Matthäus 4,5f.). Satan benutzt hier eine falsche Auslegungsmethode, allerdings eine, die wir auch gern benutzen, wenn wir einen biblischen Text gebrauchen, um etwas zu untermauern, das Gottes Willen nicht entspricht. Jesus antwortet mit einer anderen Schriftstelle, wieder aus 5. Mose, die zeigt, dass Satans Auslegung von Psalm 91 falsch ist: „Wiederum steht auch geschrieben: ‚Du sollst den Herrn, deinen Gott, nicht versuchen.'" (Matthäus 4,7). Obwohl Gott seine Kinder beschützt, bedeutet das nach Jesus also nicht, dass sie einen Freibrief haben, ihn auszutesten.

Jesu Antwort zeigt uns, dass die Versuchung nicht in erster Linie darin bestand, durch ein öffentliches Schauwunder seine Messianität unter Beweis zu stellen. Es ging vielmehr darum, Gott einer Prüfung zu unterziehen. Was bedeutet es, Gott zu versuchen? Der Vers, den Jesus hier zitiert, lautet im vollen Wortlaut: „Ihr sollt den Herrn, euren Gott, nicht versuchen, wie ihr ihn versucht habt in Massa" (5. Mose 6,16). In Massa „haderten" die Israeliten „mit Mose und sprachen: Gib uns Wasser, dass wir trinken. Mose sprach zu ihnen: Was hadert ihr mit mir? Warum versucht ihr den Herrn?" (2. Mose 17,2). Das Volk beantwortete diese Frage, indem es Mose beschimpfte, weil er sie aus Ägypten in die Wüste geführt hatte, wo sie verdursten würden (17,3). „Mose schrie zum HERRN und sprach: Was soll ich mit dem Volk tun? Es fehlt nicht viel, so werden sie mich noch steinigen." (17,4). Daraufhin gibt ihnen Gott auf wundersame Weise Wasser zu trinken.

Mose nennt die Stelle „Massa", also „Prüfung", „weil die Israeliten dort gehadert und den Herrn versucht und gesagt hatten: Ist der Herr unter uns oder nicht?" (17,7). Mose missfiel es, auf welche Weise die Israeliten von Gott Wasser verlangt hatten, statt darauf zu vertrauen, dass er es ihnen zu seiner Zeit und in seiner Weise geben würde. Es war ein Fall von ungekreuzigter Sehnsucht. Im Rückblick beschreibt der Psalmist diese Zeit folgendermaßen: „Sie versuchten Gott in ihrem Herzen, als sie Speise forderten für ihr Gelüste" (Psalm 78,18). Bei „Gelüsten" haben wir es mit außer Kontrolle geratenen Sehnsüchten zu tun.

Lässt sich Gott auf diese Weise manipulieren? Das ist tatsächlich ein Geheimnis! Aber unsere Geschichte zeigt uns, dass Gott uns manche Dinge gibt, die wir auf die falsche Weise bei ihm einfordern. Dass Gott solche Forderungen erfüllt, ist jedoch eher eine Nebensache. Die entscheidende Frage ist, ob unsere Forderung Gott entehrt. Manchmal frage ich mich, ob uns Gott oder Satan die Dinge gibt, die wir so lauthals fordern! Wenn ich zum Beispiel sehe, wie viele gute christliche Leiter, die Sri Lanka verlassen, fröhlich verkündigen: „Gott hat mir auf wunderbare Weise ein Visum und einen Job gegeben", dann frage ich mich ernsthaft, ob beides von Gott nicht eher nur zugelassen wurde, so wie Israel schließlich in Massa das Wasser bekam.

Der Schlüssel für unsere Gebetsanliegen sollte die Bitte im Glauben sein. Manche Menschen verwechseln Glauben mit der Überzeugung, dass Gott ihnen alle Wünsche erfüllen wird, wenn sie ihn darum bitten. Ich habe mitbekommen, wie Menschen zurechtgewiesen wurden, weil sie beim Gebet für einen Kranken „wenn es dein Wille ist" gesagt haben. Doch das ist ein falsches Verständnis. Wer glaubt, ist von ganzem Herzen davon überzeugt, dass Gott weiß, was das Beste für uns ist. Wenn wir also etwas von Gott erbitten und uns nicht zugleich fragen, ob unser Anliegen überhaupt seinem Willen entspricht, bitten wir nicht im Glauben. Wer das tut, bekommt vielleicht trotzdem das, was er will, aber er könnte sich damit Schaden zufügen, weil er die Souveränität Gottes missachtet hat. Wer im Glauben bittet, bekommt dagegen vielleicht nicht das, was er sich wünscht, aber das frustriert ihn nicht. Wir sind davon überzeugt, dass der allmächtige Gott am besten weiß, was wir brauchen, und deshalb unser Gebet auf bestmögliche Weise beantworten wird. Selbst wenn wir manchmal nicht verstehen, warum etwas das Beste für uns sein soll, baut der Glaube auf der Gewissheit auf, dass Gott weiß, was das Beste für uns ist.

Manch eine betet vielleicht: „Mach, dass ich diesen Mann heirate, was immer auch geschehe", und bekommt ihren Wunsch erfüllt. Aber ihre Haltung baut eine Barriere zwischen sich und Gott auf. Obwohl sie ihren Wunsch erfüllt bekam, könnte sie das verpasst haben, was das Beste für ihr Leben gewesen wäre. Vielleicht wäre es für sie besser gewesen, ledig zu bleiben. Natürlich ist Gott immer noch barmherzig. Menschen, die eine falsche Entscheidung getroffen haben, erkennen deshalb vielleicht später, dass Gott aus dem Chaos, das sie angerichtet haben, etwas sehr Schönes gemacht hat, nachdem sie sich vor ihm gedemütigt haben.

Trotzdem bleibt es gefährlich, sich einfach im Vertrauen auf Gottes Barmherzigkeit in etwas hineinzustürzen, denn damit machen wir Gottes Güte lächerlich. Ich kann mich noch gut an einen Freund erinnern, der in ein westliches Land auswandern wollte. Um ein entsprechendes Visum zu bekommen, musste er eine Lüge auftischen. Als ich ihn darauf ansprach, sagte er mir, er *müsse* gehen und Gott werde ihm deshalb die Lüge vergeben! Das ist eine sehr gefährliche Haltung, denn im Hebräerbrief lesen wir: „Lasst uns dankbar sein und so Gott dienen mit Scheu und Furcht, wie es ihm gefällt; denn unser Gott ist ein verzehrendes Feuer." (Hebräer 12,28f.).

Oft führt uns Gott so, dass wir etwas, was wir lieben, aufgeben müssen, bevor er uns mit seiner wunderbaren Versorgung segnet. Gott forderte Abraham auf, seinen geliebten Sohn zu opfern. Als ich für mein Studium viereinhalb Jahre im Ausland verbrachte, betete meine zukünftige Frau, Nelun, dass Gott uns zusammenführen möge, wenn es seinem Willen entsprach. Aus kulturellen Gründen konnten wir während dieser Zeit nicht miteinander kommunizieren. Obwohl ich an ihr sehr interessiert war, wusste ich also noch nicht einmal, ob sie diese Gefühle teilte! In der Zwischenzeit wurde sie älter und ihre Familie machte sich Sorgen, weil sie noch nicht verheiratet war. Kurz vor meiner Rückkehr nach Sri Lanka brachte sie der Herr an einen entscheidenden Punkt der Kapitulation. Sie brachte diese Beziehung zum Altar und betete für die Gnade, auch als Single glücklich zu sein. Als der Herr uns schließlich zusammenbrachte, war natürlich auf beiden Seiten die Freude groß!

Ich glaube, dass uns das Prinzip der Kapitulation geholfen hat, in den letzten fünfundzwanzig Jahren glücklich verheiratet zu bleiben. Sie hat mich oft Gott übergeben, besonders nachdem ich begann, längere Reisen zu unternehmen. Meinerseits habe ich meine Pläne

Gott übergeben, indem ich entschieden habe, niemals eine Vortragsreise anzutreten, mit der sie nicht hundertprozentig einverstanden ist. Wenn sie Einwände erhebt, bin ich darüber nicht aufgebracht, weil ich weiß, dass hier nicht eine selbstsüchtige Person fragt, sondern eine, die kapituliert hat. Mit dieser Kapitulation können wir auch zufrieden sein, wenn wir getrennt und einsam sind (wie ich im Augenblick, ich schreibe nicht zu Hause), weil wir wissen, dass Gott sich um uns kümmert. Aus diesem Grund ist so eine Kapitulation im Grunde auch kein großes Opfer. Ob wir nun das bekommen, was wir gern hätten, oder nicht, wir sind zufrieden und glücklich – und das ist es doch, was sich die Menschen am meisten wünschen.

Es gibt eine sehr gefährliche Form der Selbstbehauptung, die religiöse Züge annehmen und im Gebet ihren Ausdruck finden kann. Manche Menschen fordern alles, was sie sich wünschen, und sind durch harte Arbeit und ihre starke Persönlichkeit auch in der Lage, es zu bekommen. Solche Menschen können eine Haltung entwickeln, die alles andere als demütig ist. Sie mögen zwar christliche Leiter sein, haben ihr Selbst aber nicht gekreuzigt. Früher oder später wird es ihnen deshalb schwerfallen, zwischen ihren Sehnsüchten und dem Willen Gottes zu unterscheiden. Unglücklicherweise sind sie aber Leiter, wodurch andere den Eindruck bekommen, ihr Wille sei Gottes Wille. Diese Leiter wirken aufgrund ihres Engagements zwar sehr geistlich, allerdings ist ihr Wille nicht unter Gottes Kontrolle.

Viele von uns Hauptamtlichen sind unsichere Menschen, die hart gearbeitet haben, um ihre Unsicherheit zu überwinden, und durch diese harte Arbeit sind wir auch in unsere Leitungspositionen gekommen. Das ist ein wunderbares Zeugnis von Gottes Gnade. Doch auf dem Weg dahin sollten wir gelernt haben, unsere Identität nicht vom Erfolg unserer Arbeit abhängig zu machen, sondern aus der wunderbaren Wahrheit zu ziehen, dass Gott uns angenommen und uns eine Aufgabe von ewiger Bedeutung gegeben hat. Leider haben manche Leiter das nicht gelernt. Obwohl sie Leiter sind, bleiben sie doch in geistlicher Hinsicht Kinder, die ihre Befriedigung aus Eroberungen ziehen, die ihr Ego aufblähen, oder indem sie bekommen, was sie sich erhoffen.

Viele dieser Eroberer kommen in einem „christlichen" Mäntelchen daher. Sie werden von anderen bewundert, weil sie so diszipliniert und entschlossen sind und weil sie hart arbeiten, um ihre Ziele zu erreichen. Aber hinter der christlichen Maske steckt ein Kind, das Bestätigung sucht, indem es Dinge für sich selbst haben will. Plötzlich haben solche Menschen ein sündiges Verlangen, wie zum Beispiel eine sexuelle Begierde. Aus diesem Verlangen wird der Wunsch nach einer neuen Eroberung, einem Preis, den man unbedingt haben muss, und das Ergebnis ist tragisch. Der eben noch respektierte christliche Leiter, den andere für hochdiszipliniert gehalten haben, hat eine sexuelle Indiskretion begangen, und das Ergebnis ist ein Skandal, der die Sache Christi schwer in Mitleidenschaft zieht. Ich bin fest davon überzeugt, dass der Grund für das Versagen so vieler Leiter in diesem Bereich darin besteht, dass es sich bei ihnen um unsichere Persönlichkeiten handelt, die solche Eroberungen brauchen, um ihre Egos aufzublähen.

Wenn wir also dieser Falle entgehen wollen, müssen wir lernen, unsere unheiligen Begierden zu kreuzigen. Manchmal sorgt Gott dafür, dass wir nicht alles bekommen, was wir gerne hätten. Bei solchen Gelegenheiten sollten wir Gottes Führung freudig akzeptieren, statt mit großem Aufwand weiterhin unsere Sehnsüchte zu verfolgen. So kann es vorkommen, dass wir die Teilnahme an einer prestigeträchtigen Konferenz, auf der wir mit einigen berühmten Menschen in Kontakt gekommen wären, absagen müssen, weil der Ehepartner plötzlich krank wird. Natürlich könnten wir auch auf die Konferenz fahren, aber dann würden wir nicht die Freude haben, einer geliebten Person zu dienen, und eine Gelegenheit verpassen, unsere fleischlichen Sehnsüchte zu kreuzigen.

Georg Müller wurde einmal nach dem Geheimnis seines Dienstes für Gott gefragt und antwortete: „Es gab einen Tag, an dem ich starb, wirklich starb: Ich starb für Georg Müller, seine Vorstellungen, seine Vorlieben, seinen Geschmack und seinen Willen – ich starb für die Welt, ihre Bestätigung oder Ablehnung, ich starb selbst für den Applaus und die Vorwürfe meiner Brüder und Freunde – und seitdem habe ich mich nur noch um die Bestätigung Gottes bemüht."

Ich fürchte, ich muss hier deutlich sagen, dass wir an dieser Stelle nicht von einem Leben ohne Leidenschaften und Ambitionen reden. Es geht um ein Leben mit transformierten Leidenschaften – der Sehnsucht Gott zu gefallen. Und es geht um ein Leben mit einer neuen Ambition – einem heiligen Ehrgeiz. Gott hat uns nicht ohne Grund auf diese Erde geschickt. Wir sehnen uns danach, zu seiner Ehre für seine Ziele zu leben. Und Gott ist großartig, deshalb geben wir in allem, was wir tun, unser Bestes. Unser Ziel ist nicht, dass die Menschen uns für großartig halten, sondern dass sie unseren großartigen Gott kennenlernen.

Jesus hatte eine brennende Leidenschaft für seine Mission, als er nach Jerusalem und ans Kreuz ging. Nichts und niemand konnte ihn aufhalten, obwohl selbst einige seiner engsten Freunde es versuchten. Nach seiner Auferstehung weckte er diese Leidenschaft in seinen Jüngern, indem er sie wieder und wieder mit dem großen Auftrag der Mission herausforderte. Ich habe im Neuen Testament sieben unterschiedliche Formulierungen dieses Missionsbefehls gefunden, die alle Jesus zugeschrieben werden (Matthäus 28,18-20; Markus 16,15; Lukas 24,46-49; Johannes 17,18; 20,21; Apostelgeschichte 1,8; 10,42).

Paulus übernahm diese Leidenschaft von seinem Meister. Wir können seine Leidenschaft für das Evangelium zum Beispiel in folgendem Satz erkennen: „Denn dass ich das Evangelium predige, dessen darf ich mich nicht rühmen, denn ich muss es tun. Und wehe mir, wenn ich das Evangelium nicht predigte!“ (1. Korinther 9,16). Diese Leidenschaft, die Menschen mit dem Evangelium zu erreichen, ließ er sich etwas kosten. So erwähnt er wenig später, dass er dafür legitime Rechte aufgegeben und sogar seinen Lebensstil geändert hat, um unterschiedliche Menschentypen für Christus zu gewinnen (9,19-23). Den Höhepunkt dieser Verse bilden folgende Worte: „Ich bin allen alles geworden, damit ich auf alle Weise einige rette. Alles aber tue ich um des Evangeliums willen, um an ihm teilzuhaben.“ (9,22f.). Doch er beendet seine Ausführungen mit einem Statement, das zeigt, dass er nicht nur eine leidenschaftliche Person war, sondern eine gekreuzigte. So schreibt er: „Ich bezwinge meinen Leib und zähme ihn, damit ich nicht andern predige und selbst verwerflich werde.“ (9,27).

Zusätzlich zu dieser allgemeinen Leidenschaft für das Evangelium hatte Paulus auch einige damit verbundene besondere Ambitionen. Eine davon war, die gute Nachricht bis nach Spanien zu bringen. Das Evangelium hatte sich in Kleinasien, Griechenland und Italien ausgebreitet. Jetzt wollte er es weiter in den Westen tragen. Er träumte davon bereits einige Jahre und schrieb der römischen Gemeinde in der Hoffnung, Rom zum Ausgangspunkt für dieses Unternehmen machen zu können (vgl. Römer 15,24.28).

Paulus macht in Römer 15 deutlich, dass es ihm dabei nicht darum ging, sich eine weitere Feder an den Hut stecken zu können. Er hatte sich dem Reich Gottes verpflichtet, nicht seiner eigenen Missionsstatistik. Deshalb schreibt er: „Dabei habe ich meine Ehre dareingesetzt, das Evangelium zu predigen, wo Christi Name noch nicht bekannt war, damit ich nicht auf einen fremden Grund baute" (Römer 15,20). Mir ist nicht wohl, wenn Menschen mir erklären, „wir müssen in jeder Stadt unseres Landes eine von unseren Gemeinden haben" oder „ich will in jedem Land Asiens das Evangelium predigen". Ein Mensch mit einem heiligen Ehrgeiz würde eher sagen: „Wir brauchen in jeder Stadt eine Gemeinde, die den Menschen so dient *wie unsere.*" Wenn nämlich jemand anders die Aufgabe übernimmt, die wir eigentlich übernehmen wollten, sollten wir zufrieden sein.

Paulus hatte kein Interesse daran, in Gegenden Gemeinden zu gründen, in denen andere bereits evangelisiert hatten. Sein Traum von Spanien war der Hintergrund seiner Sehnsucht, Rom zu besuchen, die sowohl in Römer 1,8-14 und 15,22-32 erwähnt wird wie auch an verschiedenen Stellen der Apostelgeschichte. Er drückte seine Sehnsucht in Worten aus wie: „Mich verlangt danach, euch zu sehen" (1,11), „soviel an mir liegt, bin ich willens, auch euch in Rom das Evangelium zu predigen" (1,15) oder ich „habe aber seit vielen Jahren das Verlangen, zu euch zu kommen" (15,23). In beiden Kapiteln, 1 und 15, besteht Paulus jedoch darauf, dass er nur kommt, wenn es Gottes Willen entspricht (Römer 1,10; 15,32).

Hier sehen wir also eine transformierte Leidenschaft und eine heilige Ambition. Sie beschränkt sich freiwillig darauf, nur das zu tun, was Gottes Wille ist; nicht zu tun, was andere Menschen schon als ihre Aufgabe sehen, und im persönlichen Leben den Leib zu „bezwingen“ und zu „zähmen“. Auch heute sind das gute Standards, anhand derer wir beurteilen können, ob unsere Ambitionen wirklich von Gott sind oder nicht.

Manchmal führt uns unser Ehrgeiz, Gott zu gefallen, auch auf Wege, die unseren eigenen Ambitionen und Vorlieben entgegenstehen. Ein paar Jahre, nachdem Johannes Calvin aus Genf vertrieben worden war, schickte ihm ein Freund, Guillaume Farrel, von dort einen Brief mit der Bitte, wieder zurückzukommen. Calvin wollte eigentlich nicht gehen, hatte aber den Eindruck, dass es Gottes Wille war. Deshalb schrieb er an Farrel: „Wenn ich irgendeine Wahl hätte, würde ich alles Mögliche tun, um dir in dieser Sache nicht nachgeben zu müssen. Aber weil ich weiß, dass ich nicht mehr mir selbst gehöre, opfere ich mein Herz Gott.“ Er blieb in Genf und tat den Dienst, für den er bekannt geworden ist, bis er starb – rund vierundzwanzig Jahre später. Wenn wir heute darüber nachdenken, wo unser Platz ist, entscheiden wir oft nach Kriterien, die frühere Generationen „selbstsüchtig“ genannt hätten. Wie sehr unterscheidet sich diese Haltung von der eines Johannes Calvin. Aber seine ist der Stoff, aus dem wahre Größe erwächst.

Gottes Wille statt falscher Wege zum Erfolg

In seiner dritten Versuchung „führte ihn der Teufel mit sich auf einen sehr hohen Berg und zeigte ihm alle Reiche der Welt und ihre Herrlichkeit und sprach zu ihm: Das alles will ich dir geben, wenn du niederfällst und mich anbetest“ (Matthäus 4,8f.). Satan bot Jesus damit einen schnellen Weg zu Macht und Einfluss an. Indem er ihm die Herrlichkeit aller Reiche offerierte, zeigte er ihm, was alles erreicht werden könnte, wenn die Welt von Christus regiert würde. Wenn wir bedenken, in welchem Chaos die Welt seiner Zeit war und wie viel Gutes und Gerechtes passieren würde, wenn sie unter die Herrschaft Christi käme, erkennen wir, wie groß diese Versuchung für Jesus gewesen sein muss. Nur ein Kompromiss, und die Welt würde ein besserer Ort werden. Es war die Versuchung, die Krone ohne das Kreuz zu empfangen.

Und wie real ist diese Versuchung für uns heute! Wir argumentieren: „Wenn ich erst einmal an der Spitze bin, kann ich für viele Menschen viel Gutes tun. Verglichen damit sind doch ein paar Kompromisse auf dem Weg dahin ein kleiner Preis!" In unserer Welt messen wir Erfolg in Größe, Einfluss und anderen Machtbeweisen wie zum Beispiel der Frage, wie viele Menschen für uns arbeiten. Aus diesem Grund sind die Verlockungen der Macht reale und alltägliche Versuchungen im politischen und wirtschaftlichen Bereich. Manch einer ist bereit, die Regeln ein wenig zugunsten eines Mächtigen zu beugen, um im Gegenzug beruflich weiterzukommen. Wir hören immer wieder von Menschen, die Vorgesetzten auf sexuellem Gebiet Gefallen tun, damit ihre Chancen auf eine Beförderung steigen.

Auch in unserem geistlichen Dienst stehen wir vor der Versuchung, falsche Wege zum Erfolg einzuschlagen. Nehmen wir zum Beispiel einen Prediger oder Musiker, der die Gabe hat, große Menschenmassen in eine Veranstaltung zu ziehen. Aber etwas in seinem persönlichen Leben ist ernsthaft verkehrt, sodass es besser wäre, wenn er sich zurückzöge, bis das Problem bearbeitet ist. Aber das würde den ganzen Veranstaltungskalender infrage stellen, womit der Erfolg der ganzen Arbeit gefährdet wäre, den wir normalerweise in Besucherzahlen messen. Deshalb bauen wir die Person weiterhin in unser Programm ein. Indem wir das tun, verringern wir jedoch die Chancen, dass diese Person ihr Problem tatsächlich bearbeitet. Und obwohl unsere Veranstaltungen mit menschlichen Maßstäben gemessen weiterhin erfolgreich sind, gefährden wir Gottes Segen, weil wir seine Prinzipien in den Wind schlagen. Wenn ein Problem nicht angegangen wird, wird es mit der Zeit größer, und nicht selten gibt es am Ende einen öffentlichen Skandal. Das ist nicht nur für die entsprechende Gruppe peinlich und für die betroffene Person schmerzhaft, es zieht auch den Namen Gottes in den Schmutz.

Als Hauptamtliche sind wir an verschiedenen Stellen herausgefordert, nicht in eine der folgenden Fallen zu tappen:

- In unserer Sehnsucht nach beruflichem Erfolg vernachlässigen wir unsere Familien.

- Weil wir unseren Dienst ausweiten wollen, befördern wir Menschen, die eigentlich noch nicht reif dafür sind.
- Wir arbeiten uns nach oben, indem wir Rivalen schlechtmachen.
- Weil uns unsere Aktivitäten so wichtig sind, lassen wir Menschen fallen, die früher zwar sehr hart gearbeitet haben und nützlich waren, jetzt aber wegen persönlicher Probleme nicht mehr so gut können. Unsere Sehnsucht nach Erfolg lässt uns keine Zeit für die Verwundeten am Wegesrand.
- Menschen, die uns hinterfragen oder kritisieren, machen wir mundtot und sorgen dafür, dass sie keine einflussreichen Positionen bekommen.
- Wir werben wichtige Mitarbeiter aus anderen Gemeinden oder Organisationen ab, indem wir ihnen zum Beispiel ein höheres Gehalt bieten, und vergessen dabei, dass wir damit den Leib Christi verletzen.
- Wir sparen in unserer Verkündigung heikle Themen aus, weil sich die Leute nicht gern mit ihnen beschäftigen und man „keine Gemeinde mit Predigten bauen kann, die keiner hören will".

Viele evangelikale Gruppen und Gemeinden befinden sich heute in großen Schwierigkeiten, weil sie in ihrem Streben nach Wachstum und Erfolg christliche Prinzipien missachtet haben. Die Leidenschaft für Christus und die Verlorenen (die Menschen dazu bringen sollte, Christus in allen Dingen gehorsam zu sein) scheint vielerorts ersetzt worden zu sein durch eine Leidenschaft für das eigene Wachstum, selbst wenn es nur durch fragwürdige Mittel erreicht werden kann.

Wenn diese Problematik nicht bald angegangen wird, wird sie sich zu einer gigantischen Krise der Gemeinde ausweiten. Weil evangelikale Leiter ihr Verhalten nicht nach geistlichen Prinzipien ausrichten, könnten die Menschen das Christentum für eine falsche Religion halten, die nur wenig Auswirkungen auf den Alltag hat. Eine Folge dieser Problematik könnte auch eine gewaltige Ausbreitung des Namenschristentums sein, denn die einfachen Gläubigen sehen an ihren Leitern, dass man durchaus Verantwortung in der Gemeinde übernehmen kann, ohne wirklich den christlichen Glauben zu praktizieren. Vielleicht stehen wir deshalb sogar vor einem neuen „dunklen Zeitalter" der Kirchengeschichte. Daher müssen wir alles unternehmen, um eine solche Katastrophe zu verhindern. Das geht jedoch nur, wenn wir uns konsequent weigern, fragwürdige Methoden zur Erreichung unserer Ziele einzusetzen. Gottes Werk muss auf Gottes Weise getan werden. Hudson Taylor hat einmal gesagt: „Verlass dich darauf: Wenn Gottes Werk in Gottes Weise getan wird, fehlt es auch niemals an Gottes Versorgung."

Wenn wir dagegen die Methoden des Teufels einsetzen, um unsere Lebensziele zu erreichen, dann verneigen wir uns in Wahrheit vor ihm, nicht vor Gott. Jesu Antwort auf diese Versuchung fällt denn auch eindeutig aus: „Weg mit dir, Satan! Denn es steht geschrieben: ‚Du sollst anbeten den Herrn, deinen Gott, und ihm allein dienen.'" (Matthäus 4,10). Wie bei den anderen Versuchungen zitiert Jesus auch bei dieser in seiner Antwort aus 5. Mose (6,13). Er macht damit deutlich, dass man sich darauf konzentrieren muss, Gott anzubeten und ihm zu dienen, wenn man falsche Wege zum Erfolg vermeiden möchte. Das hilft uns, unsere selbstsüchtigen Sehnsüchte zu überwinden und den Verlockungen fragwürdiger Methoden zu widerstehen. Gott ist allmächtig und erhaben, er braucht keine sündigen Wege, um sein Werk zu tun. Aber weil wir wissen, dass die Versuchung groß ist, auf dem Weg zum Erfolg unsaubere Mittel anzuwenden, müssen wir stets Gott im Blick haben, sodass unsere Werte von ihm kommen und nicht aus unserer Umwelt.

Paulus' Rat in Kolosser 3 ist an dieser Stelle sehr eindringlich. Weil wir mit Christus auferstanden sind, so schreibt er, sollten auch unsere Ambitionen von himmlischen Angelegenheiten bestimmt werden: „Seid ihr nun mit Christus auferstanden, so sucht, was droben ist, wo Christus ist, sitzend zur Rechten Gottes." (Kolosser 3,1). Diese Perspektive soll den Rahmen bilden für all unsere Leidenschaften: „Trachtet nach dem, was droben ist, nicht nach dem, was auf Erden ist." (3,2). Und konkret bedeutet das: „Tötet ... die Glieder, die auf Erden sind" (3,5).

Wir haben die Herrlichkeit Gottes gesehen, deshalb sind unsere Herzen nun auf den Himmel ausgerichtet. Gott allein wollen wir anbeten, ihm allein wollen wir dienen. Diese Wahrheit hat unsere Identität geformt. Wir sind Prinzen und Prinzessinnen im herrlichen Reich Gottes. Deshalb sind alle irdischen Methoden unter unserer Würde. Gott überschüttet uns mit Gnade, daher sind wir auch gnädig, wo wir es mit Menschen zu tun haben. Er ist herrlich, deshalb sind wir in allem, was wir tun, auf seine Ehre bedacht. Er ist heilig, daher greifen wir nicht auf Mittel zurück, die unsere Integrität beschädigen könnten. Er ist wahrhaftig, deshalb erzählen wir keine Lügen. Rache, politische Machtspielchen, Unehrlichkeit, Verleumdung und Undankbarkeit sind unter unserer Würde. Sie entehren Gott und vertreiben seine Herrlichkeit aus der Gemeinde.

Ich bin fest davon überzeugt, dass wir dem tiefgehenden Glaubwürdigkeitsproblem und der weitverbreiteten Unheiligkeit in unseren Gemeinden nur dadurch begegnen können, dass wir unsere Identität durch die Herrlichkeit des Gottes bestimmen lassen, den wir anbeten. Die Kultur vieler Länder der Dritten Welt ist nicht durch die Vorstellung eines höchsten Gottes geprägt, der absolut heilig ist und demgegenüber wir eines Tages Rechenschaft zu geben haben. Wenn Menschen mit anderen Glaubenshintergründen Christen werden, bringen sie oft ein Bild von Gott als großem Magier mit, der den Menschen Vorteile verschafft, wenn sie bestimmte Bedingungen erfüllen. Diese Vorstellung übertragen sie auf den Gott der Bibel.

Viele Menschen in der westlichen Welt scheinen ebenfalls die biblische Gottesvorstellung verworfen zu haben und glauben stattdessen an eine pantheistische Kraft, die das ganze Universum durchdringt. Andere lehnen den Gedanken an Gericht und Hölle grundsätzlich ab und verstehen Gott als wohlwollendes Wesen, das bedingungslos alle Menschen annimmt, egal, wie sie leben. Diese Vorstellung eliminiert jedoch die Gottesfurcht, die von jeher Menschen vom Sündigen abgehalten hat. Im Osten wie im Westen müssen die Menschen also erkennen, wie Gott wirklich ist: herrlich, gnädig, heilig und wahrhaftig, ein Gott, der eines Tages die Menschheit richten wird.

Wenn wir von dieser biblischen Gottesvorstellung geprägt sind, werden wir unseren Erfolg nicht mehr anhand von irdischen Maßstäben messen, sondern daran, inwieweit wir mit den Prinzipien und dem Willen Gottes übereinstimmen. Dieser Maßstab wird uns davon abhalten, unsere Ziele auf den falschen Wegen zu verfolgen, aber er wird nicht unseren heiligen Ehrgeiz zügeln. Wenn wir sehen, wie herrlich Gott ist, gehen wir mit brennendem Eifer ans Werk, um große Dinge zu tun, die diese Herrlichkeit widerspiegeln. Auch wir träumen also groß. Aber während wir diese Träume in die Tat umsetzen, tun wir nichts, was Gottes Herrlichkeit schmälern könnte. Die Vision seiner Herrlichkeit gibt uns vielmehr die Kraft, auf dem Weg zum Sieg auch den entsprechenden Preis zu zahlen. Dieser Preis ist das Kreuz, das Jesus willig auf sich nahm, als er die Krone, die Satan ihm anbot, ablehnte. „Darum auch wir: ... lasst uns ablegen alles, was uns beschwert, und die Sünde, die uns ständig umstrickt, und lasst uns laufen mit Geduld in dem Kampf, der uns bestimmt ist, und aufsehen zu Jesus, dem Anfänger und Vollender des Glaubens, der, obwohl er hätte Freude haben können, das Kreuz erduldete und die Schande gering achtete und sich gesetzt hat zur Rechten des Thrones Gottes." (Hebräer 12,1f.).

Es ist bedeutsam, dass alle drei Versuchungen Jesus vor die Alternative stellten, entweder Gottes Willen zu tun oder einen anderen Weg zu gehen. In der ersten Versuchung ging es um die Frage, ob er seine Rechte oder Gottes Willen höher wertete. Die Zweite forderte ihn heraus, Gottes Willen über seine ungekreuzigten Sehnsüchte zu stellen, in der Dritten ging es darum, Gottes Willen zu erfüllen, statt falsche Wege zum Erfolg einzuschlagen. Letzten Endes ist also der Wille Gottes das wichtigste in unserem Leben. Oder um es mit Johannes zu sagen: „Die Welt vergeht mit ihrer Lust; wer aber den Willen Gottes tut, der bleibt in Ewigkeit." (1. Johannes 2,17)

6. Im Wort gegründet

Es ist sehr bedeutsam, dass Jesus bei seiner Antwort auf Satans Versuchungen in allen drei Fällen das Alte Testament zitiert. Hieran sehen wir, welchen hohen Stellenwert die Heilige Schrift im Leben und Dienst Jesu genoss.

Die Bibel als Autorität in Leben und Dienst

Für neutestamentliche Christen war es üblich, in den unterschiedlichsten Situationen spontan die Schrift zu zitieren oder auf eine Passage in ihr anzuspielen. Marias Loblied, das Magnifikat (Lukas 1,26-55), ist ein Lobpreis, der in weiten Teilen aus alttestamentlichen Formulierungen besteht. Die Prophetie des Zacharias, das Benediktus (Lukas 1,68-79), paraphrasiert ebenfalls verschiedene alttestamentliche Aussagen. In den Evangelien bezieht sich Jesus wenigstens neunzig Mal auf das Alte Testament, sei es nur durch Zitate, Anspielungen an alttestamentliche Ereignisse oder eine Sprache, die sich an biblische Ausdrücke anlehnt. Wenn wir Doppelungen und Parallelgeschichten mitrechnen, kommen wir sogar auf 160 solcher Bezüge.

Die Apostelgeschichte zeigt eine Kirche, die ebenfalls eindeutig in der Sphäre und unter der Autorität der Schrift lebt. Es gibt in der Apostelgeschichte fast zweihundert Bezüge zum Alten Testament, entweder als direkte Zitate, als Zusammenfassungen verschiedener Texte oder als Anspielungen auf alttestamentliche Ereignisse. Manche Reden vor jüdischen Zuhörern, wie die Pfingstpredigt des Petrus oder die Selbstverteidigung des Stephanus, bestehen zu mehr als der Hälfte aus alttestamentlichen Bibelstellen. Paulus' philosophische Ansprache an intellektuelle Athener enthält zwar keine direkten Zitate aus dem Alten Testament, aber auch sie ist durch und durch biblisch. Seine Argumentation ruht fest auf der biblischen Offenbarung, was sich nicht nur in der Gedankenführung, sondern teilweise auch in der ans Alte Testament angelehnten Wortwahl zeigen lässt. Nachdem die Evangelisation verboten worden war, betete die Jerusalemer

Gemeinde ein Gebet, das ebenfalls durchdrungen war vom Alten Testament (Apostelgeschichte 4,24-30).

Das Beispiel Jesu und der frühen Gemeinde zeigt uns, wie notwendig es ist, das Wort Gottes in unserem Herzen zu haben (Psalm 119,11), damit wir es parat haben, wenn wir herausgefordert werden. Paulus fasst die Bedeutung der Schrift in folgenden Worten zusammen: „Alle Schrift, von Gott eingegeben, ist nütze zur Lehre, zur Zurechtweisung, zur Besserung, zur Erziehung in der Gerechtigkeit, dass der Mensch Gottes vollkommen sei, zu allem guten Werk geschickt." (2. Timotheus 3,16f.) Normalerweise belegen wir mit diesem Text die Inspiration der Bibel, daran zweifelte Timotheus jedoch nicht. Paulus ging es also nicht in erster Linie darum, die Inspiration der Bibel zu betonen. Weil die Schrift inspiriert ist, ist sie vielmehr *nütze* nicht nur zu Predigt und Lehre, sondern auch dazu, falsche Entwicklungen zu korrigieren. Die Bibel ist daher unsere oberste Autorität in allen Glaubens- und Lebensfragen.

Wenn wir also heilig leben wollen, müssen wir im Wort gegründet sein. Jesus betete: „Heilige sie in der Wahrheit; dein Wort ist die Wahrheit." (Johannes 17,17) Das Wort ist eine unserer Hauptwaffen gegen die Pfeile Satans. Wie Jesus dieses Wort gebrauchte, um Sünde zu vermeiden, wird in Psalm 119,11 illustriert: „Ich behalte dein Wort in meinem Herzen, damit ich nicht wider dich sündige." Und auch in Psalm 119,9: „Wie wird ein junger Mann seinen Weg unsträflich gehen? Wenn er sich hält an deine Worte." In Epheser 6,17 zählt Paulus die ganze geistliche Waffenrüstung auf und sagt: „Nehmt ... das Schwert des Geistes, welches ist das Wort Gottes." Das Wort ist eine Waffe, mit der wir einen Schlag führen können, wenn Satan uns angreift. Von Susanna Wesley wird berichtet, sie habe ihrem Sohn John beigebracht: „Entweder hält dich die Bibel von der Sünde fern oder die Sünde hält dich von der Bibel fern."

Ein Mensch, in dessen Leben ich viel investiert hatte, hat mich einmal zutiefst verletzt. Emotional und geistlich fühlte ich mich daraufhin tagelang wie taub. Zwar habe ich auch nach unserer Begegnung weiterhin an meiner stillen Zeit mit Gott festgehalten, aber ich fand es sehr schwierig, in der Bibel zu lesen oder zu beten. Dennoch hatte ich den starken Eindruck, dass das Wort, das ich in meinem Herzen trug, in dieser Zeit an mir arbeitete. Ich erinnerte mich an verschiedene Bibelverse, die darüber sprachen, dass wir die, die uns verletzt haben, lieben und ihnen vergeben sollen, und meine Rachegedanken waren besiegt. Der Dienst des Wortes in meinem Herzen trug mich durch diese Tage, in denen ich mir geistlich und emotional wie ein Krüppel vorkam. Das Wort hielt mich davon ab, mich Rachegedanken hinzugeben, und half mir nicht nur, wieder ins Lot zu kommen, sondern auch die Person, die mich so verletzt hatte, zu verstehen und zu lieben.

Die meisten der oben zitierten Verse lassen erkennen, dass das Wort auch in unserem Dienst die oberste Autorität haben sollte. Als ich noch ein junger Ehrenamtlicher bei „Jugend für Christus" war, gab mir einer der JfC-Mitarbeiter einen Rat, den ich seitdem zu beherzigen suche. Er empfahl mir, jeden größeren Punkt in meinen Predigten auf die Schrift zu stützen. Sein Anliegen war, dass alles, was wir lehren, seinen Ursprung in der Bibel haben sollte. Denn sie muss die Quelle jeglicher Autorität im geistlichen Dienst sein.

In diesen Anfangsjahren wurde mir auch beigebracht, dass alle großen Leiter der Kirchengeschichte der Bibel einen wichtigen Platz einräumten. Es ist allgemein bekannt, dass die Reformation im sechzehnten Jahrhundert durch Schriftstudium ausgelöst wurde. Martin Luther entdeckte in der Heiligen Schrift Wahrheiten, die die Kirche seiner Zeit so nicht praktizierte, und begann sie zu predigen. Er gewann damit eine Anhängerschaft und erzürnte die kirchlichen Autoritäten. 1521 erschien er auf dem berühmten Wormser Reichstag, um seine Ansichten vor den weltlichen und geistlichen Autoritäten zu verteidigen. Sie ließen sich nicht überzeugen. Dann stellte ihm sein Gegner, der katholische Gelehrte Johann Eck, eine schlichte Frage: Ob er bereit sei, seinen Thesen abzuschwören? Die Antwort Luthers wurde weltbekannt:

> „Weil Eure gnädige Majestät und Eure Herrschaft eine einfache Antwort haben möchten, werde ich eine solche geben, ohne Hörner und Zähne: Es sei denn, dass ich durch das Zeugnis der

> Schrift oder den klaren Verstand überzeugt werde ..., bin ich durch die Schrift gebunden, die ich zitiert habe, und mein Gewissen ist in Gottes Wort gebunden. Ich kann und werde nichts widerrufen, denn es ist weder sicher noch richtig, gegen das Gewissen zu handeln. Gott helfe mir. Amen."

Nachdem Luther den Saal verlassen hatte, kam es dort zu Tumulten. Vor der Tür hob Luther den Arm wie ein Ritter, der einen Gegner aus dem Sattel gehoben hatte, und rief: „Ich bin durchgekommen!" Und das war er – mit dem Schwert des Geistes, welches das Wort Gottes ist.

John Wesley äußerte sich zu verschiedenen Gelegenheiten über seine Abhängigkeit von der Bibel. Er beschrieb die ersten Methodisten gern als „Bibelchristen" und sich selbst als einen Mann des Buches. Im Vorwort zu einem Predigtband schrieb er:

> Ich fürchte mich nicht, ehrenvollen und vernünftigen Menschen gegenüber die innersten Gedanken meines Herzens offenzulegen. Ich habe gedacht, ich bin ein Geschöpf des Tages, das durch das Leben fliegt wie ein Pfeil durch die Luft. Ich bin ein Geist, der von Gott kommt und zu ihm zurückkehrt: im Moment schwebe ich über einer großen Kluft; bis ich in wenigen Augenblicken nicht mehr gesehen werde; ich falle in eine unveränderliche Ewigkeit! Ich möchte eines wissen – den Weg zum Himmel; wie man an dieser glücklichen Küste sicher ankommt. Gott selbst hat sich dazu herabgelassen, uns den Weg zu zeigen; aus diesem Grund verließ er den Himmel. Er hat es in einem Buch aufgeschrieben. Oh, gib mir dieses Buch! Egal, was es kosten mag, gib mir das Buch Gottes! Ich habe es: hierin ist genug Erkenntnis für mich. Lass mich ein *homo unius libri* sein [ein Mann eines Buches].

Natürlich hat Wesley noch viele andere Bücher gelesen und anderen Menschen dasselbe empfohlen, darüber hinaus veröffentlichte er viele wichtige Bücher von ihm selbst und andern. Aber die Bibel war so etwas wie seine konstante Messlatte. Wesley sagte einmal: „Meine

Grundlage ist die Bibel. Ja, ich bin bibelgläubig. Ich folge ihr in allen Dingen, seien sie nun groß oder klein." Die Bibel beeinflusste sogar seine Sprache, wie er an einer Stelle eingestand: „Die Bibel ist mein Maßstab, sowohl für Sprache wie auch für Gefühl. Ich versuche nicht nur so zu denken, sondern auch so zu sprechen wie das ‚Orakel Gottes'." Er sagte, er versuche „weder besser noch schlechter zu sprechen als die Bibel".

Charles Spurgeon hatte eine ähnliche Beziehung zum Wort. Er sagte: „Es ist segensreich, sich in die tiefe Seele der Bibel hineinzufressen, bis man schließlich in biblischer Sprache spricht und der Geist mit den Worten des Herrn gewürzt ist, sodass unser Blut *biblin* ist und das ganze Wesen der Bibel aus uns herausfließt."

Unglücklicherweise halten viele Christen heute die Bibel nicht für genauso relevant wie viele große Christen der Vergangenheit, wie Luther, Wesley und Spurgeon. Was die Bibel über sich selbst sagt, sollte uns eigentlich eines Besseren belehren: „Das Wort Gottes ist lebendig und kräftig und schärfer als jedes zweischneidige Schwert und dringt durch, bis es scheidet Seele und Geist, auch Mark und Bein, und ist ein Richter der Gedanken und Sinne des Herzens." (Hebräer 4,12) Es ist Gottes Wort an die Menschheit, und es spricht besonders in unsere Nöte hinein. Denn während viele Aspekte des menschlichen Verhaltens von Ort zu Ort oder Epoche zu Epoche unterschiedlich sind, bleibt die menschliche Natur über die Jahrtausende im Grund dieselbe.

Stärke und Gewissheit durch das Wort

Nicht nur als Quelle der Autorität ist die Bibel für uns wertvoll, sondern auch als eine Kraftquelle, die uns hilft, die Stürme des Lebens und des Dienstes gut zu überstehen. Wenn man bedenkt, wie viel um uns herum unsicher ist, brauchen wir eine solide und stabile Grundlage für unser Leben. Das Wort ist die wichtigste Quelle dafür. Die Bibel gibt uns Gewissheit, indem sie ihre ewige Wahrheit offenbart. Lassen wir nur die folgenden Verse auf uns wirken:

„Herr, dein Wort bleibt ewiglich, so weit der Himmel reicht" (Psalm 119,89)
„Herr, du bist nahe, und alle deine Gebote sind Wahrheit. Längst weiß ich aus deinen Mahnungen, dass du sie für ewig gegründet hast." (Psalm 119,151f.)

„Dein Wort ist nichts als Wahrheit, alle Ordnungen deiner Gerechtigkeit währen ewiglich." (Psalm 119,160)

„Das Gras verdorrt, die Blume verwelkt, aber das Wort unseres Gottes bleibt ewiglich." (Jesaja 40,8)

„Himmel und Erde werden vergehen; aber meine Worte werden nicht vergehen." (Matthäus 24,35)

„Ihr seid wiedergeboren nicht aus vergänglichem, sondern aus unvergänglichem Samen, nämlich aus dem lebendigen Wort Gottes, das da bleibt." (1. Petrus 1,23)

Das ist das Wort des ewigen Gottes, des Herrn des Universums, und es ist fest und sicher inmitten der Unwägbarkeiten des Lebens. Und dieses „Wort ist meines Fußes Leuchte und ein Licht auf meinem Wege." (Psalm 119,105) Seine Wahrheit bringt eine große Gewissheit in unser Leben. Wie der Psalmist sagt: „Großen Frieden haben, die dein Gesetz lieben; sie werden nicht straucheln." (Psalm 119,165) Wir werden später näher beleuchten, wie wichtig es für uns ist, mit diesem Gefühl der Gewissheit unser Leben und unseren Dienst anzugehen.

Doch bevor wir das tun, wollen wir anschauen, wie uns die Verwurzelung im Wort Gewissheit und Festigkeit im Dienst gibt. Es ist nicht leicht, dem Weg des Gehorsams zu folgen, denn er widerspricht oft unseren natürlichen Neigungen. Wenn wir Gott gehorchen, halten uns andere manchmal für verrückt und auch wir selbst sind uns da oft nicht so sicher. Wir wissen zwar, dass Jesus gesagt hat: „Wie eng ist die Pforte und wie schmal der Weg, der zum Leben führt, und wenige sind's, die ihn finden!" (Matthäus 7,14), aber niemand wird gern für verrückt gehalten! Im Folgenden möchte ich nur ein paar Beispiele nennen, in denen biblische Vorstellungen vom Dienst eine echte Herausforderung für mich waren:

- In der Gemeinde eine Sünde (zum Beispiel Lügen) anzusprechen und entsprechende Maßnahmen ergreifen, wenn die meisten das Problem lieber unter den Teppich kehren würden, weil alles andere unbequem wäre.
- Denen, die uns verletzt haben, zu vergeben und auch dann nicht zurückzuschlagen, wenn sich Gelegenheiten dazu ergeben, sondern sie trotzdem zu lieben.
- Geduldig zu sein und sich um die Schwachen und Verwundeten zu kümmern, obwohl das die gesamte Bewegung verlangsamt. Es ist so viel einfacher, die entsprechenden Personen im Team fallen zu lassen, zu vergessen und weiterzumachen. Doch Christen dürfen die, die in ihrem Team Hilfe nötig haben, nicht einfach vergessen.
- Aktiv für das Wohl derer zu arbeiten, die unseren Dienst verlassen haben, selbst wenn sie hinterher schlecht über unsere Bewegung reden. Das ist besonders hart, weil die, die auch in der Krise treu waren, zu uns gestanden und uns verteidigt haben, nun mitbekommen, dass wir jetzt alles tun, um denen beizustehen, die uns vorher verletzt haben.
- Unseren öffentlichen Dienst wirklich nur denen anzuvertrauen, die „der Lehre Gottes, unseres Heilands, Ehre machen in allen Stücken“ (Titus 2,10), obwohl es in unserer Bewegung auch einige extrem talentierte Menschen gibt, die jedoch dieses Kriterium nicht erfüllen.
- Geld nicht zu einem Faktor werden zu lassen, der unsere Entscheidungen beeinflusst. Vielleicht werden wir für etwas angefragt, was mit großen finanziellen Vorteilen verbunden ist, haben aber schon für den fraglichen Zeitraum eine Verpflichtung ärmeren Menschen gegenüber. Dann müssen wir dieser Verpflichtung treu bleiben, selbst wenn das finanzielle Einbußen mit sich bringt.

Was gibt uns die Kraft, diesen geraden und engen Weg zu gehen? Es ist die Überzeugung, dass dies der in der Bibel geforderte Weg ist. Die Heilige Schrift ist glaubwürdig und ewig und deshalb die sicherste Quelle auf Erden. Sagt sie nicht: „Geht hinein durch die enge Pforte. Denn die Pforte ist weit und der Weg ist breit, der zur Verdammnis führt, und viele sind's, die auf ihm hineingehen." (Matthäus 7,13)? Doch es ist nicht leicht, weiter auf dem engen Pfad zu bleiben, wenn die Dinge aus dem Ruder zu laufen scheinen. Die Versuchung, aufzugeben und einen einfacheren Weg mit schnelleren Erfolgen zu probieren, ist groß. Aber wir widerstehen dieser Versuchung, denn wir wissen, dass das Wort Gottes die ewige Wahrheit ist. Wenn wir auf Gottes Weg bleiben, können wir uns ewig sicher sein, dass er uns ehren wird. Sagt die Bibel nicht: „Die Welt vergeht mit ihrer Lust; wer aber den Willen Gottes tut, der bleibt in Ewigkeit" (1. Johannes 2,17)? Dadurch haben wir Sicherheit inmitten von Unsicherheit, Versagen und Demütigung.

Wenn wir jedoch der Versuchung nachgeben und schnelle Ergebnisse oder einen einfachen Weg aus unseren Problemen wollen, verlieren wir die Gewissheit einer Verankerung im Wort. Der Verlust dieser Gewissheit ist meiner Meinung nach einer der Hauptgründe für einen Burnout im Dienst. Wir werden rastlos – und beginnen, aus dieser Rastlosigkeit heraus zu handeln. Unser Geist kann die damit verbundenen Belastungen nicht lange aushalten. Damit fehlt uns jedoch die Stärke für einen langfristigen Dienst.

Um uns herum sehen wir viel Unsicherheit. Politische Bewegungen versagen nach einer Weile. Die wirtschaftlichen Bedingungen sind schwierig. Naturkatastrophen, Unfälle und physische Probleme treffen uns meist unerwartet und verändern unser Schicksal. Im Dienst haben wir es mit schwierigen Menschen zu tun, deren Handlungen uns tiefes Leid zufügen. Diese Schläge, die mit unserem Dienst verbunden sind, können unseren Gefühlen sehr zusetzen. So etwas zu erleben, nachdem wir uns für andere wirklich aufgeopfert haben, ist furchtbar verletzend. Aus diesem Grund kann unser Dienst selbst niemals die Hauptquelle für unser Sicherheitsgefühl sein. Gerade in den dienenden Berufen kommt Burnout häufig vor. Erst kürzlich habe ich einen Bericht aus einem wohlhabenden Land gelesen, in dem es hieß, unter allen Berufsgruppen würden christliche Hauptamtliche am häufigsten das Handtuch werfen.

In unserer Zeit hat die Kirche die Wahrheit neu entdeckt, dass Gott immer noch durch Prophetie, Worte der Erkenntnis und besondere Sinneseindrücke zu uns redet. Das ist ein weiterer Grund, die Sicherheit, die aus der Bibel kommt, zu unterstreichen. Denn obwohl Gott auf all diese Weisen zu uns redet, haben sie niemals dieselbe Autorität wie die Heilige Schrift. Wir können uns niemals hundertprozentig sicher sein, dass eine bestimmte Botschaft unfehlbar ist. Selbst wenn einer behauptet, eine Prophetie zu haben, können wir uns nicht hundertprozentig sicher sein, dass nicht auch menschliche Elemente darunter sind. Diese Gewissheit haben wir nur in Bezug auf die Heilige Schrift, die, obwohl sie durch Menschen übermittelt wurde, in allem, was sie verkündet, irrtumslos ist. Während also andere Wege des Hörens auf Gott hilfreich und ermutigend sind, dürfen sie niemals den Platz der Bibel einnehmen. Sie müssen vielmehr immer am Maßstab der Schrift gemessen werden, denn Gott wird uns niemals eine Botschaft geben, die nicht in Einklang mit der Bibel ist.

Weil die Bibel ewig wahr ist, gibt sie uns ein Gefühl der Gewissheit, die darin besteht, dass wir einem zuverlässigen Weg folgen, der erwiesenermaßen alle, die ihn gegangen sind, zum Ziel geführt hat. Das gibt uns in harten Zeiten Mut, denn wir wissen, dass Gott sein Wort in Ehren hält. Wie der Psalmist sagt: „Wenn dein Gesetz nicht mein Trost gewesen wäre, so wäre ich vergangen in meinem Elend." (Psalm 119,92)

Wenn die Dinge um uns herum düster aussehen, sendet uns die Bibel die gegenteilige Botschaft: Gott ist souverän und wird seine Ziele auch durch scheinbare Rückschläge erreichen. Diese Wahrheit spiegelt sich in dem Gebet der ersten Christen, das sie beteten, als Petrus und Johannes ihnen erzählten, dass die jüdischen Autoritäten die Evangelisation verboten hatten. Weite Teile dieses Gebetes sind eine Reflexion über Gottes Souveränität, die aus der Bibel abgeleitet wird, und über den Sieg, der aus der scheinbaren Tragödie des Todes

Christi erfolgt (Apostelgeschichte 4,25-28). Der Psalmist sagt: „Das ist mein Trost in meinem Elend, dass dein Wort mich erquickt." (Psalm 119,50)

Das Jahr 1989 war eines der fürchterlichsten in der Geschichte Sri Lankas. Bis zu 60.000 Menschen starben schätzungsweise bei einem Revolutionsversuch (der nichts mit dem Bürgerkrieg zu tun hat, den wir gerade haben) in nur einem einzigen Jahr. Es gab keinen Tag, an dem nicht wenigstens ein Toter den Fluss am Rand unserer Stadt hinuntertrieb. Die Schulen waren teilweise sechs Monate lang geschlossen. Der Busverkehr war über einen langen Zeitraum eingestellt worden, weil die Revolutionäre mit Anschlägen gedroht hatten. Wenn wir also unser Büro offen halten wollten, mussten wir unsere Angestellten morgens von ihren Wohnungen abholen und abends wieder nach Hause fahren. Die drei in unserem Büro, die einen Führerschein besaßen, wechselten sich in diesem Dienst ab, der jedes Mal dreieinhalb Stunden in Anspruch nahm.

Viele verließen das Land, weil sie Angst um ihre Kinder hatten. Meine Frau und ich beschlossen, dass wir in Sri Lanka bleiben wollten, was auch immer passieren möge. Wir waren davon überzeugt, dass ein glückliches Heim die größte Hinterlassenschaft ist, die man seinen Kindern mitgeben kann. Deshalb entschlossen wir uns, egal wie die Umstände auch sein mochten, dass unsere Kinder in einem Haus voller christlicher Freude und Zufriedenheit aufwachsen sollten. Aber unsere Stimmung passte nicht so ganz zu diesem Beschluss, denn ich war sehr oft darüber deprimiert, was mit meiner geliebten Heimat passierte.

Eines Tages sagte meine Frau zu unseren Kindern (laut genug, dass ich es hören konnte!): „Papa ist in schlechter Stimmung. Lasst uns hoffen, dass er sich hinsetzt und in seiner Bibel liest!" Damit drückte sie eine tiefe theologische Wahrheit aus. Trotz der furchtbaren Dinge, die in unserer vergänglichen Welt passieren, können wir unseren Frieden finden, wenn wir in der ewigen Welt verwurzelt sind, von der die Bibel spricht. Gott, der über alles herrscht, bestimmt die Geschicke unserer Welt.

David beschreibt, wie die Heilige Schrift seine Seele belebt: „Das

Gesetz des Herrn ist vollkommen und erquickt die Seele.“ (Psalm 19,8) Diese wiederbelebende Funktion der Schrift bringt der ganzen Seele Heilung. Wenn wir durch die Kämpfe in unserem Dienst erschöpft sind, sollten wir zu dem sicheren Felsen der Heiligen Schrift gehen, wo unsere Energie wiederhergestellt wird und wir in der unerschütterlichen Welt des Wortes Gottes Heilung finden. Im zweiten Kapitel haben wir über Georg Müller gesprochen, der bis ins hohe Alter von siebenundachtzig Jahren die Welt als Evangelist bereiste. Gefragt, was das Geheimnis seines langen Lebens ausmache, gab er als einen von drei Gründen seine Liebe zur Heiligen Schrift und die ununterbrochene erholsame Kraft, die sie über sein ganzes Sein ausübte, an (vgl. Sprüche 3,2; 8; 4,22).

Die geistliche Übung, im Wort Gottes inmitten der Stürme des Lebens Sicherheit zu finden, wird in Psalm 119,23 gut beschrieben: „Fürsten sitzen da und reden wider mich; aber dein Knecht sinnt nach über deine Gebote.“ Das ist eine Entscheidung, die wir treffen müssen. Wir disziplinieren uns dazu, über dem Wort zu meditieren, wenn wir unter dem Druck von Anfeindungen stehen.

Das Wort qualifiziert uns für einen effektiven Dienst

Die Heilige Schrift hilft uns nicht nur in unserem persönlichen Leben, sie bereichert ebenso unseren Dienst. Paulus schrieb an Timotheus: „Wenn du die Brüder dies lehrst, so wirst du ein guter Diener Christi Jesu sein, auferzogen in den Worten des Glaubens und der guten Lehre, bei der du immer geblieben bist.“ (1. Timotheus 4,6) Ein guter Diener ist also nach diesem Vers einer, der „auferzogen [ist] in den Worten des Glaubens und der guten Lehre“ (also nach der Bibel) und der diese Wahrheit den Gläubigen nahebringt. Menschen, die nicht ununterbrochen durch die Bibel gelehrt und versorgt werden, verlieren in ihrem Dienst die Frische. Handelt es sich um Prediger, werden sie trocken und wiederholen sich, wenn sie reden. Selbst wenn es sich bei ihnen um gute Redner handelt, werden sie ihre Zuhörer frustriert und hungrig zurücklassen.

Ich habe begabte Prediger erlebt, die nicht viel Bibelstudium betrieben haben und sich stattdessen in ihrer Verkündigung vor allem auf ihre Begabung verlassen haben. Das funktioniert eine Zeit lang, aber nach ein paar Jahren wirkt es hohl und leer. Wenn wir uns Zeit zum Bibelstudium nehmen, wird unsere Erkenntnis vertieft, selbst dann, wenn wir es nicht bemerken, und diese Tiefe wird man unseren Predigten abspüren. Ein effektiver Redner muss aus dem stillen Heiligtum der Schrift sprechen, wie ein schottischer Theologe einmal gesagt hat.

Heutzutage haben viele Hauptamtliche erkannt, dass sie Forschungsergebnisse über ihre Zielgruppe sowie Materialien zu praktischen Fragen rund um ihren Dienst studieren müssen, um relevant zu bleiben. Aus diesem Grund drehen sich die meisten Bücher und Zeitschriften für christliche Leiter um die praktischen Probleme, die mit Leitung und Dienst verbunden sind. Sehr wenig Platz wird dagegen der Bibel und der Theologie eingeräumt. Die praktischen Fragen sind sehr wichtig, die biblischen und theologischen Untersuchungen aber auch. Denn sie ernähren die hungrigen Seelen der Hauptamtlichen, helfen ihnen Gottes Gedanken zu denken, während sich der Rest der Gesellschaft in die entgegengesetzte Richtung bewegt, und geben Gottes Dienern Richtlinien für ihren Dienst. Seinen Dienst von der Bibel her aufzubauen oder auf Studien zur eigenen Zeit ist kein Gegensatz. Statt uns für eins zu entscheiden, sollten wir beides effektiv einsetzen, wobei die Bibel die oberste Autorität hat und deshalb immer Vorrang genießen sollte.

In unserer heutigen Kultur ist es für Christen schwieriger geworden, von der alltäglichen Realität in die biblische Wirklichkeit überzuwechseln. Weil dieser Schritt nicht natürlich kommt, gehen viele geistliche Leiter ihn gar nicht. Sie verzichten damit auf reiche geistliche Nahrung. Wenn sie sich nicht ändern und Wege in die biblische Wirklichkeit und Theologie finden, werden sie geistlich schwach und in ihrem Dienst ineffektiv werden. Sie müssen sich also selbst disziplinieren, ihre natürliche Tendenz bekämpfen und regelmäßig auf Bibel und Theologie „umschalten".

Zusätzlich zu Bibel und praktischen und zeitgemäßen Arbeitsmaterialien gibt es noch eine weitere wesentliche Quelle für unser Wissen über den Dienst. Das ist der praktische Dienst selbst, der uns vor unzählige Herausforderungen stellt und in dem wir lernen können, diesen Herausforderungen auf biblische Weise zu begegnen. Wenn wir mit Menschen arbeiten, werden wir auf viele Fragen stoßen, auf die das Evangelium eine Antwort ist. Manchmal sind wir verzweifelt und fragen uns, wie das Evangelium in eine so komplexe Situation hineinsprechen kann. Aber wenn wir im Gebet nach biblischen Antworten auf diese Probleme suchen, werden wir sie finden.

Vielleicht hat niemand der gegenwärtigen evangelischen Kirche so sehr geholfen, relevant zu sein und die zeitgenössische Kultur mit der biblischen Wahrheit zu durchdringen, wie John Stott. Während einer Konferenz-Diskussion über Kontextualisierung und kulturelle Relevanz wurde er gefragt, was seiner Meinung nach die Schlüsselqualifikationen eines erfolgreichen Kontextualisierers seien. Er antworte, die erste und wichtigste Qualifikation sei, dass ein Mensch die Bibel kenne und studiere. Nur damit erwerbe man sich die Grundlage, um alle anderen Studien zu betreiben, die für den Dienst wichtig seien.

Nur ein Dienst im Sinne der Bibel wird bleibende Frucht bringen. Sowohl bei „Jugend für Christus" wie auch in unseren Gemeinden sind die meisten Gläubigen Bekehrte aus dem Buddhismus und Hinduismus. Die Mehrheit von ihnen kam in den Einflussbereich unseres Dienstes, weil sie glaubte, dass der Gott der Christen sich um einige spezielle Bedürfnisse kümmern könnte. Aber so wie sie Christen wurden, hat sich ihr Weltbild gewaltig geändert. Unglücklicherweise findet diese Veränderung jedoch nicht bei allen statt. Manche behaupten zwar, Christen zu sein, leben aber weiter wie vor ihrer Bekehrung. Sie lügen, brechen die Ehe und nehmen Rache. Wir haben herausgefunden, dass nahezu alle, die ihr Verhalten wirklich verändert haben, Mitglieder von Kleingruppen sind, in denen die Bibel studiert und auf das eigene Leben angewandt wird. Das demonstriert die Wahrheit hinter Jesu Gebet: „Heilige sie in der Wahrheit; dein Wort ist die Wahrheit." (Johannes 17,17)

Die Herausforderung ist auch im Westen sehr real. Das Weltbild der entkirchlichten westlichen Menschen unterscheidet sich stark von der christlichen Weltanschauung. Viele werden durch New Age und das pluralistische Denken beeinflusst. Wenn solche Menschen Christen werden, müssen sie in vielen Bereichen gewaltig umdenken. Und wenn sie nicht ordentlich im Wort gegründet werden, werden sie auch nicht in der Wahrheit geheiligt werden. Weil sie sich mit allem Eifer darum bemühen, bei den Entkirchlichten Gehör zu finden, vernachlässigen manche Pastoren ihre Aufgabe, ihren Gemeinden die grundlegenden Wahrheiten des christlichen Glaubens zu vermitteln. Das Ergebnis ist, dass viele Menschen in einer Gemeinde zwar behaupten, wiedergeborene Christen zu sein, allerdings ein Leben leben, in dem vom christlichen Charakter nicht viel zu sehen ist. Statistiken zeigen, dass genau das in der Kirche bereits passiert.

Die Schrift als Quelle der Freude

Die Vorstellung einer absoluten Wahrheit wird in der heutigen postmodernen Landschaft, die für die westlichen Gesellschaften typisch ist und auch den Osten nicht unberührt gelassen hat, vielerorts angegriffen. In diesem Umfeld wird der Gedanke, man sollte Zeit mit der Bibel verbringen, von nicht wenigen als freudlose und ziemlich unbedeutende Pflicht empfunden. Diese Haltung empfinden viele Menschen vor allem gegenüber dem Alten Testament. Interessanterweise ist jedoch das Bild, das die Bibel uns vom Alten Testament vermittelt, völlig anders. Ich glaube, es ist dringend notwendig, dass Christen die Wahrheit des Alten Testaments neu entdecken, denn wenn sie es in ihrem Bibellesen vernachlässigen, werden sie stark verarmen. Ganz nebenbei: Wenn wir eine hohe Meinung von der Bibel haben, sollten wir uns darauf freuen, in ihr lesen zu können, und werden deshalb unweigerlich mehr Zeit mit ihr verbringen.

Das Alte Testament beschreibt Gottes Wort an verschiedenen Stellen als Freudenquelle. Die auffälligste ist vielleicht Psalm 119 (vgl. auch Psalm 1,2; 19,8.10; Jeremia 15,16). Auf unterschiedlichste Weise drückt der Psalmist hier seine Begeisterung über das Wort aus, wie die folgende Liste zeigt:

- Freude über das Wort: zehnmal (VV. 4; 16; 24; 35; 47; 70; 77; 92; 143; 174)

- Liebe zu dem Wort: zehnmal (VV. 4; 48; 97; 113; 127; 159; 163; 165; 167)
- Sehnsucht nach dem Wort: dreimal (VV. 20; 40; 131)
- Jubel über das Wort: zweimal (VV. 11; 162)
- Hängen am Wort: einmal (V. 31)
- Das Wort ist besser als Tausende von Gold- und Silberstücken: einmal (V. 72)
- Das Wort hat einen süßen Geschmack, süßer als Honig: einmal (V. 103)
- Das Wort ist wunderbar: einmal (V. 129)
- Preis sei Gott für das Wort: einmal (V. 164)
- Vom Wort singen: einmal (V. 172)

Was für eine eindrucksvolle Liste! Einunddreißig Belege, die Begeisterung über das Wort ausdrücken. In vielen dieser Stellen freut sich der Psalmist über das Gesetz. Man kann ja verstehen, dass Menschen das Gesetz achten. Aber es ist doch ein Geheimnis, wie irgendjemand über das Gesetz jubeln kann. Ein Grund dafür kann sein, dass die Freude über das Gesetz darin besteht, dass man es mit etwas Festem zu tun hat, so wie ein Fußgänger sich freut, wenn er nach einem schlammigen Trampelpfad wieder einen geteerten Weg unter seinen Füßen hat. Das bringt uns zurück zur Sicherheit, die das Wort gibt, wir sprachen bereits darüber. Zu wissen, dass Gottes Wort ein zuverlässiger und unveränderlicher „Fels" ist, ist inmitten all der Unsicherheit unserer Welt ein Grund zur Freude.

Der Gedanke, dass die Wahrheit ein Grund zur Freude ist, ist unserer postmodernen Gesellschaft fremd. Wir leben in einer sinnlichen Welt, die Freude nur mit dem in Verbindung bringt, was wir mit unseren fünf Sinnen erfassen können: sehen, berühren, schmecken, riechen und hören. Ein Christ kennt eine viel tiefere Freude, die Freude an der Wahrheit. Das ist nicht unwichtig, denn hier geht es um die Frage, was wirklich im tiefsten Sinne befriedigt. Die antiken griechischen Mysterienreligionen befriedigten die Gefühle; nackte Gewalt befriedigt den Willen; aber der christliche Glaube befriedigt den Intellekt, weil er wahr ist. Und Wahrheit ist die einzige Befriedigung, die Bestand hat.

Die traurigste Folge des neuerlichen Trends, den Wert der objektiven Wahrheit herunterzuspielen, ist, dass die Kirche ihre Freude an der Wahrheit verloren hat. Und was für eine Spannung fehlt damit! Ich fürchte, viele glauben tatsächlich, dass die Wahrheit langweilig ist. Wir müssen also wieder ein Gefühl dafür entwickeln, welch großer praktischer Nutzen in der Bibel steckt und welches Verlangen sie auslösen kann. Diese Aufgabe ist heute viel wichtiger als der ständige Kampf um die Inspiration der Heiligen Schrift. Viele, die in Diskussionen den Glauben an die Irrtumslosigkeit der Schrift hochhalten und sie als oberste Autorität in allen Glaubens- und Lebensfragen bezeichnen, verraten diese Überzeugung, indem sie die Bibel nicht so behandeln, als sei sie tatsächlich die oberste Autorität. Statt zu diskutieren, sollten wir unseren Gemeinden also lieber demonstrieren, dass die Bibel relevant, aufregend und absolut notwendig für ein glückliches und heiliges Leben ist.

In einer Gesellschaft, in der das Vergnügen regiert, bedeutet dies, dass wir die Freude betonen müssen, die mit dem Bibelstudium verbunden ist. Wenn Menschen meinen, die Bibel sei ein langweiliges Buch und das Lesen in ihr eine lästige Pflicht, werden sie sich wohl kaum auf sie stürzen. Wenn wir ihnen jedoch demonstrieren, wie viel Freude sie uns bereitet, dann werden wir, so glaube ich, sie auch motivieren können.

Zeit mit dem Wort verbringen

Wenn die Bibel wirklich das ist, was sie zu sein vorgibt, dann sollten christliche Hauptamtliche eine Menge Zeit mit ihr verbringen. Der Rat, den Mose bezüglich des Gesetzes einst Josua mit auf den Weg gab, gilt auch heute noch für jeden Christen – und damit ist er für Hauptamtliche doppelt wahr: „Sei nur getrost und ganz unverzagt, dass du hältst und tust in allen Dingen nach dem Gesetz, das dir Mose, mein Knecht, geboten hat. Weiche nicht davon, weder zur Rechten noch zur Linken, damit du es recht ausrichten kannst, wohin du auch gehst.“ (Josua 1,8) Die zwei grundlegenden Lehren dieses Verses sind folgende: Erstens sollte ein Leiter sehr viel Zeit mit der Bibel verbringen und ständig über sie nachdenken. Zweitens ist der

Schlüssel zum Erfolg eines Leiters der Gehorsam, der aus dem ständigen Umgang mit dem Wort folgt. Deshalb werde ich nicht müde, junge Leiter zu warnen: Wenn sie nicht jeden Tag, ohne gehetzt zu sein, Zeit mit der Bibel (und dem Gebet) verbringen, haben sie als effektive Leiter keine Zukunft.

Denn wie schnell beschäftigen wir uns mit Dingen, die uns wichtig erscheinen, anstatt Zeit mit der Bibel zu verbringen. Diese Praxis ist ein Zeichen einer ernstzunehmenden geistlichen Krankheit. Vielleicht haben wir unsere Gewissheit in Christus verloren und suchen sie nun in einem geschäftigen Aktionismus. Obwohl wir so viele Hilfsmittel und Studienbibeln haben wie nie zuvor, verbringt unsere Generation viel weniger Zeit mit der Bibel als jede andere vor uns.

Da heutige Hauptamtliche sehr viel zu tun haben und in einer schnelllebigen Gesellschaft arbeiten, könnten sie anführen, sie hätten zum Bibelstudium einfach keine Zeit. Das ist aber keine akzeptable Entschuldigung, denn für das, was uns wirklich wichtig ist, haben wir immer noch Zeit. Die Menschen heute essen ja auch nicht weniger, nur weil sie in einer schnelllebigen Gesellschaft leben! Vielleicht gehört die Zeit mit der Bibel also einfach nur nicht zu unserer kulturellen und persönlichen Orientierung. Ich glaube, das Thema ist schlichtweg eine Herrschaftsfrage. Wenn Jesus wirklich der unumstrittene Herr unseres Lebens wäre, fänden wir sicher Zeit, das zu tun, um was er uns bittet. Die Tatsache, dass wir nicht gerade viel Zeit mit dem Bibellesen verbringen, zeigt also, dass wir mehr Befriedigung aus unserer eigenen Agenda bekommen als aus der Gottes – und das ist wirklich ein ernstes Problem.

Die meisten Hauptamtlichen haben täglich wechselnde Termine. Dazu kommen irgendwelche Notfälle, um die wir uns plötzlich kümmern müssen. All das macht es schwierig, eine regelmäßige Zeit für Bibelstudium und Gebet einzurichten. Ich mache beides am liebsten zu Hause, kurz bevor ich zur Arbeit gehe. Aber manchmal geht das einfach nicht. Um mit dieser Unsicherheit besser umgehen zu können, habe ich beschlossen, mir jeden Abend zu überlegen, wann ich mir am nächsten Tag Zeit zu Bibelstudium und Gebet nehmen will. Wenn dann plötzlich ein Notfall dazwischenkommt und ich meinen

Plan ändern muss, dann suche ich mir eine andere Zeit für Bibel und Gebet. Ich gehe in die andere Aktivität mit dem festen Entschluss, dass ich irgendwie trotzdem Zeit mit Gott verbringen werde, denn das ist das wichtigste, was ich an irgendeinem beliebigen Tag zu tun habe.

Dietrich Bonhoeffer drückte einmal sehr gut aus, worum es mir hier geht. Im Folgenden lesen Sie den ersten Teil der Antwort auf die Frage „Warum meditiere ich?“:

> Weil ich Christ bin. Jeder Tag, an dem ich nicht tiefer in die Erkenntnis des Wortes Gottes in der Heiligen Schrift eindringe, ist für mich ein verlorener Tag. Ich kann mich nur sicher vorwärtsbewegen, wenn ich auf dem festen Boden des Wortes Gottes stehe. Und als Christ lerne ich das Wort Gottes auf keinem anderen Weg kennen als durch das Hören von Predigten über die Bibel und das sie meditierende Gebet.
>
> Weil ich ein Prediger des Wortes bin. Ich kann anderen die Schrift nicht nahebringen, wenn ich sie nicht täglich zu mir selbst sprechen lasse. Ich werde das Wort in meinem Amt als Prediger missbrauchen, wenn ich nicht kontinuierlich im Gebet darüber meditiere. Wenn das Wort in meinem täglichen Dienst für mich leer geworden ist, oder wenn ich es nicht mehr erfahre, beweist das, dass ich es schon für eine längere Zeit nicht mehr zu mir habe sprechen lassen. Ich verstoße gegen meine Berufung, wenn ich nicht jeden Tag im Gebet das Wort suche, das mir mein Herr für diesen Tag sagen will.

Bis zu dem Tag, an dem wir sterben, lernen wir jeden Tag neue Dinge aus der Bibel, und die damit verbundenen Erkenntnisse bereichern unser Leben und unseren Dienst. Die Zeit mit der Heiligen Schrift wird eine aufregende Entdeckungsreise für uns werden. Jeden Tag sollten wir uns der Bibel mit der Erwartung des Psalmisten nähern, der sagt: „Öffne mir die Augen, dass ich sehe die Wunder an deinem Gesetz.“ (Psalm 119,18) Johannes Chrysostomos, der allgemein als der größte Bibelausleger der Alten Kirche gepriesen wird, sagte einmal: „Das Lesen der Schrift ist eine großartige Sache. Denn es ist umöglich, die Schrift völlig auszuschöpfen. Sie ist eine Quelle ohne Boden.“ Martin Luther erklärte bezüglich des Bibelstudiums: „Wir müssen hier immer Lernende bleiben; wir können noch nicht einmal die Tiefe eines einzigen Bibelverses ergründen; wir beherrschen gerade einmal das ABC und das auch nur unvollkommen.“

Ich möchte noch ein paar Dinge über das induktive Bibelstudium sagen – also ein Studium, in dem so sorgfältig betrachtet wird, was geschrieben steht, dass es aus der Bibel das herausliest, was sie lehrt, nicht was äußere Faktoren uns erzählen. Heutzutage gibt es so viele Studienbibeln und andere Hilfsmittel, dass ich große Angst habe, dass christliche Leiter die Bibel selbst kaum noch studieren. In dem, was manche eine „postliterarische Gesellschaft“ nennen, sind wir den Umgang mit Literatur nicht gewöhnt. Die Verlagshäuser produzieren ein großes Büffet an Ressourcen, die uns helfen sollen, beim Bibelstudium nicht ins Schwitzen zu kommen. Aber genau dieses Schwitzen macht es so spannend! Denn mit ihm ist die Freude verbunden, „die Wunder an deinem Gesetz“ (Psalm 119,18) zu sehen.

Selbst in meiner stillen Zeit lese ich die Bibel immer mit einem Bleistift in der Hand. Ich schreibe mir Zusammenfassungen und Titel von Kapiteln, Absätzen oder Versen auf. Ich unterstreiche Verse und nummeriere Listen durch. Ich markiere Beziehungen zwischen unterschiedlichen Abschnitten mit Symbolen, die anzeigen, ob es sich um eine Ursache, einen Grund, ein Ergebnis usw. handelt. Dieser Prozess hilft mir, wach zu bleiben für das, was der Abschnitt wirklich sagt.

Aber manchmal ertappe ich mich natürlich auch dabei, dass ich mich auf Sekundärliteratur verlasse, ohne vorher selbst nach der Aussage eines Textes zu forschen. Vor einigen Jahren habe ich den Galaterbrief studiert, weil ich auf einer Konferenz eine Reihe von Ansprachen darüber zu halten hatte. Nachdem ich angefangen hatte, habe ich zwei Tage im Haus von Dr. Daniel Fuller verbracht, der während meines Graduiertenstudiums mein Mentor war. Von ihm habe ich sehr viel über induktives Bibelstudium gelernt. Weil ich wusste, dass er schon über den Galaterbrief gearbeitet hatte, stellte ich ihm ein paar Fragen. Er nahm seine Bibel und unterwarf den Text einer rigorosen Untersuchung. Zu meinem Entsetzen erkannte ich, dass ich ziemlich schnell zu einem Kommentar gegriffen hatte, wenn ich die Linie der paulinischen Gedanken nachvollziehen wollte oder auf ein Problem gestoßen war, statt mich zunächst selbst mit dem Text zu beschäftigen. Ich bin ganz im Stil meiner Zeit an die Sache herangegangen, in der man keine Zeit oder Lust zum tiefen Nachdenken mehr hat. Und ich fürchte, dass dieses Problem nicht nur mich, sondern christliche Leiter generell betrifft.

Kommentare, Studienbibel und andere Bücher können uns eine große Hilfe sein. Aber wir müssen sie immer als sekundäre Quellen betrachten. Das bedeutet erstens, dass sie uns ein paar neue Ideen liefern können, nachdem wir selbst den Text sorgfältig studiert haben. Zweitens können sie eine Hilfe sein, wenn wir kontrollieren wollen, ob wir in unserer Arbeit einen wichtigen Punkt übersehen haben oder völlig auf der falschen Spur sind. Und drittens helfen sie uns Probleme zu lösen, die wir nach unserem Textstudium immer noch haben.

Die Furcht vor der Bibel abbauen

Eine weitere Herausforderung, mit der wir heute zu tun haben, ist die weitverbreitete Furcht vor der Bibel. Wenn wir einfach nur bedenken, wie negativ die Haltung vieler Zeitgenossen gegenüber Büchern ist, sollten wir uns nicht wundern, dass so ein dickes Buch wie die Bibel selbst für Christen bedrohlich wirkt. In vielen Gemeinden wurde das Gesangbuch durch den Overheadprojektor oder den Beamer ersetzt. Das ist einerseits zwar sehr hilfreich, wenn man ohne Unterbrechungen verschiedene Lieder nacheinander singen möchte, wie das im modernen Worship üblich ist, allerdings werden damit auch in den Gemeindehäusern und Kirchen die Bücher rar. Viele Christen bringen nicht einmal ihre Bibel mit in den Gottesdienst.

Mir fallen verschiedene Wege ein, wie wir dieses Problem angehen können:

- Normalerweise kündige ich eine Lesung an und warte dann, bis alle den entsprechenden Abschnitt gefunden haben, bevor ich mit der eigentlichen Lesung beginne. Wenn es Neubekehrte unter den Zuhörern gibt, dann helfe ich mit ein paar Hinweisen, wo sich der Text finden lässt. Manchmal fordere ich das Publikum auch dazu auf, selbst den Text wechselweise laut vorzulesen, sodass alle am Bibellesen beteiligt sind. Wenn ich merke, dass meine Bibelausgabe einer anderen Übersetzung folgt als die in den Kirchenbänken, nehme ich eine von den dort ausgelegten. Ich tue alles, damit meine Zuhörer die Gelegenheit bekommen, eine Bibel aufzuschlagen und darin zu lesen. Je öfter sie so etwas tun, desto vertrauter wird ihnen dieses Buch.

- Wenn irgend möglich, lege ich in der Predigt Bibeltexte aus. Auf diese Weise bekommen alle mit, wie man die Bibel studiert und auf das Leben anwendet, und sie erleben auf praktische Weise, was es bedeutet, dass die Bibel die höchste Autorität ist. Solche Predigten lassen sie hoffentlich auch die Freude spüren, die mit dem Bibelstudium verbunden ist. Nicht wenige Menschen haben mir nach so einer auslegenden Predigt überrascht verkündet, sie hätten nie gedacht, dass die Bibel so ein spannendes Buch ist. Wenn ich einen Text Vers für Vers auslege, gebe ich meinen Zuhörern immer wieder Zeit, um selbst in den Text zu schauen.
- Selbst wenn ich statt über einen Text über ein Thema predige, versuche ich jeden größeren Punkt mit Bibelstellen zu untermauern. Die Menschen können dann beobachten, was ich meine, wenn ich von der Bibel als oberster Autorität in Glaubens- und Lebensfragen spreche. Man könnte diese Form der Themenpredigt auch auslegende Themenpredigt nennen, denn im Wesentlichen handelt es sich um eine Bibelauslegung. John Stott hat einmal gesagt, alles wirklich christliche Predigen sei auslegendes Predigen. Leider sind heute viele Themenpredigten anders: Der Prediger benutzt einen Bibelvers nur noch als Sprungbrett, um in seine Lieblingsthemen abzutauchen. Die Gedanken einer solchen Predigt sind nicht in der Bibel verwurzelt.
- Während ich predige, stelle ich den Menschen oft Fragen wie: „Was sagt dieser Vers?“ Mir fällt immer wieder auf, dass dann nur wenige unmittelbar darauf in den Text schauen, um die Ant-

wort zu finden. Die Menschen sind es nicht gewöhnt, einer Predigt so aufmerksam zu folgen, dass sie hier schnell reagieren könnten. Also warte ich, bis irgendjemand antwortet. Wenn meine Zuhörer sehen, dass ich auf eine Reaktion ihrerseits warte, dann fühlen sie sich genötigt, tatsächlich in den Text zu schauen und nach einer Antwort zu suchen. Ich hoffe, dass solche Erfahrungen ihnen helfen, vertrauter mit der Bibel umzugehen.

- Der effektivste Weg, „Bibelchristen" heranzuziehen, ist und bleibt die kleine Bibelstudiengruppe. Viele heutige Hauskreise räumen Austausch, Gebet und kurzen Andachten viel Platz ein, nehmen sich aber nur wenig Zeit, um ihre Mitglieder im Bibelstudium anzuleiten. Manchmal lässt der Leiter die versammelten Gläubigen einen Text nur schnell vorlesen und fragt dann: „Was sagt euch dieser Abschnitt?" Damit verschiebt sich die Autorität jedoch vom Text auf den Leser. Das ist typisch für die leserzentrierte Hermeneutik, die von postmodernen Denkern propagiert wird. In ihr spielt die subjektive Reaktion des Hörers auf den Text eine weitaus größere Rolle als der objektive Inhalt eines Textes, den sein Autor vermitteln wollte. Wenn ein Leiter dagegen immer Fragen zum Text stellt, zwingt er seine Kleingruppenmitglieder, in den Text selbst zu schauen, um herauszufinden, was er zu sagen hat. Wenn das geklärt ist, sollte diskutiert werden, wie wir den Text in unserem Leben anwenden können. Das hilft uns, die Bibel wirklich ins Leben zu übertragen und durch sie verändert zu werden.

Lasst uns also so lange beten und arbeiten, bis evangelikale Christen wieder als „Bibelchristen" bekannt sind. So bezeichnete John Wesley einst die frühen Methodisten.

7. Wilden Tieren begegnen

Unmittelbar nach ihrer Beschreibung von Jesu Versuchung berichten uns Matthäus und Markus davon, dass Engel ihm gedient haben. Markus fügt dem eine Notiz hinzu, in der von wilden Tieren die Rede ist: Jesus „war bei den wilden Tieren, und die Engel dienten ihm." (Markus 1,13)

Was tun die wilden Tiere und Engel?

In der Bibel werden wilde Tiere häufig im Zusammenhang mit den Kräften des Bösen erwähnt. So sagt Hesekiel 34,5 über die Israeliten, die von ihren Anführern im Stich gelassen wurden: „Meine Schafe sind zerstreut, weil sie keinen Hirten haben, und sind allen wilden Tieren zum Fraß geworden und zerstreut." Als er vor falschen Lehrern warnt, die die Gläubigen in die Irre führen, schreibt Paulus: „Nehmt euch in Acht vor den Hunden, nehmt euch in Acht vor den böswilligen Arbeitern, nehmt euch in Acht vor der Zerschneidung!" (Philipper 3,2) In ähnlicher Weise können wir auch hier die wilden Tiere als feindliche Kräfte betrachten. Man beachte auch, dass Jesus in der Wüste war. In den Schriften der zwischentestamentlichen Zeit galt die Wüste als ein Ort, der von Dämonen bevölkert war.

Die Kommentatoren sind sich nicht einig darüber, was die wilden Tiere in unserer Geschichte bedeuten sollen. Manche betrachten sie als positiv und Jesus zugeneigt. Dann würde dieser Vers den Frieden des messianischen Königreiches nach dem Sieg über den Satan symbolisieren. So war es, bevor Adam und Eva gesündigt haben, und so wird es in Zukunft im messianischen Reich wieder sein, in dem wilde Tiere und andere Wesen miteinander und dem Rest der Schöpfung in Harmonie leben (Jesaja 11,6f; 65,25). Wenn diese Sicht recht hat, dann wäre der genannte Vers eine Proklamation des messianischen Reiches, das nun angebrochen ist.

Ich neige aber der anderen Richtung zu, die annimmt, dass die wilden Tiere, von denen hier die Rede ist, feindselig sind. Satan ist noch nicht ein für alle Mal besiegt. Er wird später zurückkommen und Jesus und die Christen angreifen. Wenn die wilden Tiere jedoch für feindliche Mächte stehen, dann bedeutet das, dass die Engel Jesus inmitten der feindlichen Mächte dienten. Wie wir es jedoch auch drehen und wenden, an der eigentlichen Bedeutung des Verses ändert sich nicht viel, denn in beiden Fällen repräsentieren die wilden Tiere feindliche Mächte. Nach der ersten Interpretation sind sie besiegt, nach der zweiten nicht. Wenn wir nun unser Leben und unseren Dienst anschauen, dann müssen wir zugeben, dass wir es immer noch mit feindlichen Mächten zu tun haben.

Engel und wilde Tiere tauchen auch in Psalm 91 zusammen auf. In Vers 13 lesen wir: „Über Löwen und Ottern wirst du gehen und junge Löwen und Drachen niedertreten." Aber in Vers 11 wurde bereits gesagt: „Denn er hat seinen Engeln befohlen, dass sie dich behüten auf allen deinen Wegen". Ich glaube, dass die Kombination von Engeln und wilden Tieren in Markus 1,13 Psalm 91 ähnelt. Markus 1,13 ist im Wesentlichen eine Proklamation, dass die Engel Jesus dienten, obwohl er es mit Kräften zu tun hatte, vor denen Menschen Angst haben.

Das Verb „dienen" (*diakoneo*) wird oft in Verbindung mit *füttern, Essen vorbereiten* oder *am Tisch servieren* gebraucht (Lukas 12,37; 17,8; Apostelgeschichte 6,2). Die Engel brachten Elia in der Wüste zu essen (1. Könige 19,5-8). Deshalb denken manche Kommentatoren, der Dienst der Engel für Jesus habe auch hier darin bestanden, ihn mit Nahrung zu versorgen. Was immer also wilde Tiere und Engel gewesen sein mögen, wir können daraus für unser Leben und unseren Dienst lernen, dass wir es mit feindlichen und manchmal grauenerregenden Kräften zu tun haben, uns Gott jedoch durch seine Boten dient.

Gottes Fürsorge in extremen Situationen

Der Kampf gegen feindliche Mächte zieht sich wie ein roter Faden durch Jesu Dienst, besonders als er mit dem Hass der jüdischen Autoritäten konfrontiert wurde, die ihn schließlich hinrichten ließen. Seine größte Schlacht schlug er unmittelbar vor seinem Tod, diesmal jedoch nicht in der Wüste, sondern in einem Garten. Lukas beschreibt sehr lebhaft, wie aufgewühlt Jesus war: „Und er rang mit dem Tode und betete heftiger. Und sein Schweiß wurde wie Blutstropfen, die auf die Erde fielen" (Lukas 22,44). Paulus' Deutung des Todes Christi gibt uns einen Hinweis darauf, warum Jesus im Garten Gethsemane so sehr litt: „Denn [Gott] hat den, der von keiner Sünde wusste, für uns zur Sünde gemacht, damit wir in ihm die Gerechtigkeit würden, die vor Gott gilt." (2. Korinther 5,21) Der, dessen Augen zu rein sind, als dass sie Böses ansehen könnten, und der dem Jammer nicht zusehen kann (Habakuk 1,13), wurde zur Sünde gemacht! Glücklicherweise muss sich niemand von uns dieser Herausforderung stellen. Wir sind Sünder und können deshalb gar nicht in derselben Weise von Sünde angewidert sein wie Jesus. Und uns wird auch niemals jemand die Sünde der Welt aufbürden.

Nach Lukas diente Jesus in der Zeit der Anfechtung ein Engel im Garten: „Es erschien ihm aber ein Engel vom Himmel und stärkte ihn." (Lukas 22,43) Völlig unerwartet kommt jedoch dieser Hinweis auf den Dienst des Engels *vor* der Beschreibung von Jesu schmerzhaftem Gebetskampf. Der Dienst des Engels hat also sein Leiden nicht beendet, sondern ihm vielmehr die Kraft gegeben, das Leiden zu ertragen – offensichtlich ein Hinweis für die Nachfolger Christi, dass auch ein Dienst der Engel uns nicht von Konflikten im Leben und im Dienst erlösen wird.

In der Apostelgeschichte erscheinen wieder Engel, um in extremen Situationen den Aposteln beizustehen. Petrus und Johannes wurden durch sie aus dem öffentlichen Gefängnis befreit (Apostelgeschichte 5,19), ebenso wurde Petrus wenig später aus dem Verließ des Herodes in Cäsaräa befreit (Apostelgeschichte 12,7-10). Paulus war ebenfalls mit Sicherheit in einer extremen Situation, als er mehrere Tage auf einem Schiff steuerlos über das sturmgepeitschte Meer trieb. Vermutlich hatte er über Tage hinweg nur wenig gegessen und das bisschen, was er hinunterbekam, gleich wieder ins Meer erbrochen. Wenn ich bedenke, wie es mir einmal nach nur drei Stunden in einem weitaus weniger heftigen Sturm auf See erging, kann ich mir vorstellen, dass Paulus in dieser Situation sehr niedergeschlagen war. Doch plötzlich stand bei ihm ein Engel, der sagte: „Fürchte dich nicht, Paulus, du musst vor den Kaiser gestellt werden; und siehe, Gott hat dir geschenkt alle, die mit dir fahren.“ (Apostelgeschichte 27,24)

In jeder dieser Situationen betätigten sich Engel als Diener Gottes in extremen Situationen. Mit Sicherheit ist das nach der Bibel nicht ihre einzige Aufgabe. In den Geburtsgeschichten von Jesus und Johannes dem Täufer oder bei den Bekehrungen des Kämmerers aus Äthiopien (Apostelgeschichte 8,26) und des Hauptmanns Kornelius (Apostelgeschichte 10,3) sind sie Botschafter und Hinweisgeber. Beim Tod des Herodes (Apostelgeschichte 12,23) und an vielen anderen Stellen sind sie dagegen Vollstrecker des Gerichts.

Haben wir es heute noch mit Engeln zu tun? In Hebräer 1,14 lesen wir, dass eine Aufgabe der Engel darin besteht, den Gläubigen zu dienen: „Sind [die Engel] nicht allesamt dienstbare Geister, ausgesandt zum Dienst um derer willen, die das Heil ererben sollen?“ Für „Dienst“, im Griechischen *diakonia*, wird hier das Substantiv verwendet, das in Markus 1,13 als „dienen“, griechisch *diakoneo*, in der Verbform auftaucht. Oder um es mit John Wesley zu sagen: Engel dienen uns „in vielerlei Arten des Schutzes, der Fürsorge und der Freundlichkeit“. Vielleicht haben uns Engel bereits gedient, wir haben es nur nicht gemerkt. Hebräer 1,14 überzeugt mich jedenfalls von der Tatsache, dass uns die Engel in Zeiten der Not dienen, selbst dann, wenn wir sie nicht sehen.

Zwei Themen können wir auf unser Leben übertragen, wenn wir uns den Dienst der Engel bei Jesus und den Aposteln betrachten. Wie sie werden wir erstens mit extrem herausfordernden Situationen in unserem Leben und Dienst konfrontiert werden, und zweitens werden auch wir dann Gottes Fürsorge in einer ganz spezifischen Weise erfahren. Das gibt uns die Kraft, die Herausforderungen zu meistern. In der Tat ist es so, dass uns bereits der Gedanke daran, dass Gott uns beistehen wird, die Kraft und Zuversicht gibt, um in Krisenzeiten der Versuchung zu widerstehen zu sündigen, aufzugeben, zu paniken oder die falschen Mittel anzuwenden.

Ich wünschte, ich könnte jungen Menschen, die in den geistlichen Dienst gehen, sagen, dass ihr Leben voller Spannung und Freude sein werde. Natürlich wird es spannend werden; wer Jesus dient, wird sich sicher nicht langweilen. Doch zusammen mit der Freude wird es auch Konflikte und Angst geben, Herzschmerzen und Tränen.

Viele von Gottes auserwählten Werkzeugen mussten zeitweilig oder ständig mit extrem herausfordernden Situationen umgehen. William Careys Frau wurde mitten auf dem Missionsfeld wahnsinnig, als ihr Sohn im Kindesalter starb. Helen Roseveare wurde während einer Welle von antiwestlichem Ressentiment vergewaltigt und von Rebellen gekidnappt, weshalb sie den Kongo verlassen musste – das Land, dem sie treu und aufopfernd gedient hatte. Georg Müllers Waisenhäusern ging oft das Geld aus, sodass er nicht wusste, wie er weitermachen und für die Kinder Essen auf den Tisch bringen sollte. Aber Gott versorgte ihn immer wieder in völlig unerwarteter Weise. John Wesley war mit einer Frau verheiratet, die seinen Dienst nicht verstand, ihn verdächtigte und sogar auf verschiedene Weise versuchte, seine Arbeit in Misskredit zu bringen. Doch all diese Menschen hörten nicht auf, Gott zu dienen, und erfuhren dabei, dass seine Gnade und Versorgung genug sind. Durch die Jahrhunderte hindurch haben diejenigen, die versuchten die Verlorenen zu evangelisieren, ernste Enttäuschungen, Frustrationen und Verfolgung ertragen müssen. Dennoch sind inmitten dieser Schwierigkeiten Gemeinden gewachsen, manchmal sogar erst dann, als Gottes Diener das Missionsfeld verlassen hatten, auf dem sie so treu die Saat für eine reiche Ernte gesät hatten.

Eine der traurigsten Geschichten, die ich je gehört habe, ist die von einem erfolgreichen Pastor, dessen Sekretärin ihn vor der Gemeindeleitung beschuldigte, eine Affäre mit ihr zu haben. Die Gemeinde glaubte der Sekretärin, der Pastor musste seine Stelle aufgeben und er und seine Familie litten unter großer Schande. Einige Jahre später gab die Sekretärin zu, dass sie damals gern eine Affäre mit ihm gehabt hätte. Als er ihre Avancen zurückwies, hatte sie ihn angezeigt. Das Ganze war also nichts weiter als der Rachefeldzug einer enttäuschten Liebhaberin. Aufgrund ihrer Anschuldigung konnte der Pastor jedoch mehrere Jahre seinen Beruf nicht ausüben und musste mit der Schande leben.

All das sind Dinge, vor denen wir uns tatsächlich fürchten müssen. Wir haben aus der Bibel keine Gewissheit, dass uns so etwas nicht passieren wird. Vielleicht hätte die eine oder andere Problematik vermieden werden können, wenn die Betroffenen etwas weiser gewesen wären. Doch wenn wir in einer gefallenen Welt Gott gehorsam sein wollen, werden wir trotz aller Weisheit in Krisen geraten. Die einzige Gewissheit, die wir haben, ist, dass wir durch Gottes Hilfe all das bei Weitem überwinden werden (Römer 8,37) – dass wir aus der Krise also besser herauskommen, als wir hineingegangen sind.

Gottes Dienst in unserem Leben

Ich liebe das Verb „dienen" (*diakoneo*), mit dem Markus das Werk der Engel beschreibt. Normalerweise bedeutet es Folgendes: (am Tisch) bedienen, sich um jemanden kümmern, nach jemandem schauen, für jemanden sorgen, als Diakon arbeiten. Das damit zusammenhängende Substantiv, *diakoneo*, wird in Hebräer 1,14 für den Dienst der Engel an den Gläubigen verwendet. Das sind die beiden Worte, die auch für unseren Dienst am häufigsten gebraucht werden. Das, was wir als Diener Christi versuchen anderen zu tun, tut also Gott an uns im Überfluss.

Einen ähnlichen Gedanken formuliert Paulus in 2. Korinther 1, wo er darüber spricht, wie er mit einer extremen Situation in der Provinz Asia umging. Die Krise beschreibt er folgendermaßen: „Denn wir wollen euch, liebe Brüder, nicht verschweigen die Bedrängnis, die uns in der Provinz Asien widerfahren ist, wo wir über die Maßen beschwert waren und über unsere Kraft, sodass wir auch am Leben verzagten und es bei uns selbst für beschlossen hielten, wir müssten sterben." Aber Gott half ihm heraus. Paulus schreibt, dass Gott „uns aus solcher Todesnot errettet hat und erretten wird. Auf ihn hoffen wir, er werde uns auch hinfort erretten." (2. Korinther 1,10)

Es ist interessant, dass Paulus, als er diesen Abschnitt über die Krise in Asia beginnt, in einen spontanen Lobpreis Gottes ausbricht. Dieser Lobpreis folgt ziemlich abrupt den üblichen Grüßen zu Anfang des Briefes. Er sagt: „Gelobt sei Gott, der Vater unseres Herrn Jesus Christus, der Vater der Barmherzigkeit und Gott allen Trostes, der uns tröstet in aller unserer Trübsal, damit wir auch trösten können, die in allerlei Trübsal sind, mit dem Trost, mit dem wir selber getröstet werden von Gott." (2. Korinther 1,3f.). Dann führt er den Gedanken weiter aus und erklärt, dass der Trost, den wir erfahren, uns dazu befähigt, anderen in tröstender Weise zu dienen (VV. 5f.). Paulus war offensichtlich ganz verzückt über den Trost, den er von dem Gott erfahren hatte, den er „Gott allen Trostes" nennt. Sein Leid ist nicht vergessen, aber es hat seinen Stachel verloren, und der Ärger und die Angst wurden durch die Freude über Gottes Trost ersetzt.

Nur wenige Verse später geht Paulus in eine ebenso verzückte Beschreibung der Herrlichkeit seines Dienstes über (2,14-6,18). Die Probleme haben ihn also nicht über seinen Dienst verbittert. Der Trost hat ihn für seinen Schmerz entschädigt, und er kam aus der Situation als Überwinder heraus – erfüllt von Freude.

Daraus können wir eine extrem wichtige Lektion für unseren Dienst lernen. Der Trost, den wir von Gott erfahren, nimmt die Bitterkeit weg, die wir darüber empfinden, was Menschen oder Umstände mit uns machen. Zu meinem fünfzigsten Geburtstag habe ich mir eine Liste mit den größten Kämpfen angelegt, die ich in meinem Dienst bis dahin zu bestehen hatte. Ganz oben stand die Schlacht gegen den Ärger darüber, wie Menschen mich behandelt haben. Nachdem wir so viel für unseren Dienst geopfert haben, ist es wirklich hart, mit den Anschuldigungen der Menschen und entsprechenden Krisen umzugehen. Aber der Trost des Herrn nimmt die Bitterkeit weg. Und Gott sei Dank ist sein Trost mehr als genug.

Der Ärger von christlichen Hauptamtlichen – Ärger über die Verletzungen, die andere ihnen zugefügt haben, Ärger über die Umstände und manchmal auch über Gott – ist vielleicht das Traurigste, was man heute in den Gemeinden sehen kann. Und leider trifft das auf nicht wenige Pastoren und geistliche Leiter zu. Vielleicht sind der Schmerz und die Enttäuschung, die sie seit ihrer Kindheit mit sich herumtragen, so groß, dass Krisen alte Wunden neu aufbrechen lassen und ihnen das allgemeine Gefühl geben, vom Leben benachteiligt zu werden. Ich wünschte, sie würden damit zu Gott gehen und geheilt werden. Aber ich habe manchmal mit Hauptamtlichen gesprochen, bei denen ich das Gefühl hatte, sie wollen eigentlich gar nicht geheilt werden, denn damit verlören sie den Grund für ihren Ärger. Und manchmal glauben wir ja, dass wir die Leute, die uns verletzt haben, damit bestrafen können, dass wir verletzt und ärgerlich bleiben! Wir wollen unseren Schmerz nicht besiegen, denn das scheint das Ausmaß dessen, was uns angetan wurde, zu reduzieren.

Solchen Menschen zu helfen stellt eine der größten Herausforderungen meines Lebens dar. Ich weiß noch nicht einmal, ob ich dabei wirklich erfolgreich war. Aber eines weiß ich sicher: Gott tröstet. Deshalb müssen wir in unserer Verzweiflung zu ihm gehen und an ihm bleiben. In seiner Gegenwart können wir wieder zu dem ängstlichen Kind werden, das seinen Kopf auf den Schoß der Mutter legt. Wie eine Mutter streichelt Gott uns dann unseren Kopf, bis unsere Sorgen und unser Ärger klein geworden sind. Es ist, als ob ein Lichtstrahl dunkle Wolken durchbricht. Wir erkennen: „Gott hat etwas für mich getan." Und damit sind wir nicht länger nur von unserem Problem bestimmt.

Wenn wir diesem Licht weiter folgen, werden wir entdecken, dass Gottes Liebe größer ist als die Bosheit der Menschen, die uns verletzt haben. Dann werden wir erkennen, dass Gott aus der Situation etwas Gutes entstehen lassen wird, weil er souverän ist (Römer 8,28), und dass er uns weit überwinden lässt (Römer 8,37). Der Schmerz wird natürlich bleiben, denn ein liebendes Herz wird verletzt, wenn andere Böses tun, aber die Bitterkeit ist verschwunden. Wenn Gottes Liebe größer ist und er aus Bösem Gutes entstehen lassen wird, dann haben wir keinen Grund bitter zu sein. Dann haben wir vielmehr allen Grund, den Menschen zu vergeben, die uns verletzt haben.

Der Trost des Herrn kann auch spürbarere Formen annehmen, manche „haben ... ohne ihr Wissen Engel beherbergt" (Hebräer 13,2). Manchmal sind wir überrascht, auf welch spezifische Weise Gott uns dient. Das kann dadurch geschehen, dass sich uns jemand freundlich zuwendet. Ein Geldschein im Briefkasten, eine Bibelstelle, eine Predigt, ein Buch, das wir gerade lesen, durch all das können wir manchmal erkenne, dass Gott unsere Nöte sieht und sich für uns einsetzt.

Dann können wir nicht nur die Bitterkeit überwinden, sondern haben auch eine Hilfe an der Hand, wie wir anderen Menschen in ähnlichen Nöten beistehen können. Paulus beschreibt in 2. Korinther 1,4-7 den Trost, den er empfangen hat: Gott „der tröstet [uns] in aller unserer Trübsal, damit wir auch trösten können, die in allerlei Trübsal sind, mit dem Trost, mit dem wir selber getröstet werden von Gott." (2. Korinther 1,4) Heute wird von Jesus oft als von einem „verwundeten Heiler" gesprochen, was auch für effektive Pastoren gilt. Denn bevor wir wirklich erfolgreich die Wunden anderer heilen können, müssen wir selbst von Gott geheilt (und getröstet) worden sein.

Deshalb haben wir alle es in unserem Leben und Dienst mit wilden Tieren zu tun. Aber Gott sei Dank wissen wir, dass Gott weiß, was wir brauchen, und uns zur Seite steht. Darf ich daher am Ende dieses Kapitels eine leidenschaftliche Bitte aussprechen? Ich habe zu viele gute Leute getroffen, deren Leben durch die Handlungen schlechter Menschen ruiniert worden ist. Diesen schlechten Menschen sollte nicht erlaubt werden, einen so mächtigen Einfluss auf unser Leben zu haben! Gottes Gnade genügt, um uns aufzurichten. Vielleicht brauchen wir dazu jemand anderen, um diese Gnade in unserem Leben anzuwenden. Wenn das bei uns der Fall ist, dann lasst uns alles tun, um Hilfe zu bekommen. Jeder Tag, an dem wir unseren Kampf gegen die Bitterkeit aufschieben, ist ein verlorener Tag. Gottes Gnade genügt.

8. Gute Nachrichten bringen

Markus begann sein Evangelium mit den Worten: „Dies ist der Anfang des Evangeliums von Jesus Christus, dem Sohn Gottes." (Markus 1,1) Er erwähnt jedoch weder die Geburt noch die Kindheit und Jugend von Jesus. Gemäß seiner lebendigen und schnellen Vorgehensweise kommt er sofort auf den Hauptpunkt zu sprechen – den Dienst von Jesus.

Das lang erwartete Evangelium

Wenn wir die ersten Verse des Markusevangeliums lesen, dann ahnen wir, dass er in einer bestimmten Richtung unterwegs ist. Markus möchte uns zeigen, dass Jesus der lang Erwartete ist. Gleich nach dem ersten Vers beschreibt Markus den Dienst Johannes des Täufers und legt den Schwerpunkt dabei auf die Tatsache, dass er der Vorläufer von Jesus ist. Die Verse 2 und 3 sagen, dass er den „Weg bereiten soll". Johannes wusste das auch. Deshalb spricht er voller Begeisterung über den kommenden Christus. Im Vergleich mit Jesus sei er in jeder Hinsicht unwürdig, erklärt er: „Es kommt einer nach mir, der ist stärker als ich; und ich bin nicht wert, dass ich mich vor ihm bücke und die Riemen seiner Schuhe löse." (Markus 1,7) Und er deutet an, um wie viel größer der Dienst von Jesus sein würde verglichen mit seinem eigenen: „Ich taufe euch mit Wasser; aber er wird euch mit dem Heiligen Geist taufen." (Markus 1,8)

Wenn schon Markus' Beschreibung des Auftretens von Johannes dem Täufer uns ein Gefühl der Erwartung gibt, um wie viel mehr tut dies seine Beschreibung von Jesu Dienst. Markus schreibt: „Nachdem aber Johannes gefangen gesetzt war, kam Jesus nach Galiläa und predigte das Evangelium Gottes" (Markus 1,14). Indem er die Gefangennahme Johannes des Täufers erwähnt, deutet Markus an, dass die Zeit des spektakulären Dienstes des Täufers nun vorüber ist und dass nach Gottes Plan Jesu Dienst ihn ab jetzt ersetzt. Der nächste Vers fasst die Botschaft Jesu zusammen: „Die Zeit ist erfüllt und das Reich Gottes ist herbeigekommen. Tut Buße und glaubt an das Evangelium!“ (Markus 1,15) Man hat hier den starken Eindruck, dass die Menschen sehnsüchtig auf das gewartet haben, was nun kommen soll. Deutlich wird dies zum Beispiel in einem alten jüdischen Gebet: „Möge Gott zu unseren Lebzeiten sein Reich aufrichten!“ Wir müssen Jesu Ankündigung also auf dem Hintergrund der Hoffnung verstehen, die in solchen Gebeten ihren Ausdruck fand.

Die sehnsüchtige Erwartung, die dem Evangelium vorausging, wird im Neuen Testament an verschiedenen Stellen erwähnt. Jesus sagt: „Aber selig sind eure Augen, dass sie sehen, und eure Ohren, dass sie hören. Wahrlich, ich sage euch: Viele Propheten und Gerechte haben begehrt, zu sehen, was ihr seht, und haben's nicht gesehen, und zu hören, was ihr hört, und haben's nicht gehört.“ (Matthäus 13,16f.) Petrus schreibt: „Nach dieser Seligkeit haben gesucht und geforscht die Propheten, die von der Gnade geweissagt haben, die für euch bestimmt ist, und haben geforscht, auf welche und was für eine Zeit der Geist Christi deutete, der in ihnen war und zuvor bezeugt hat die Leiden, die über Christus kommen sollten, und die Herrlichkeit danach. Ihnen ist offenbart worden, dass sie nicht sich selbst, sondern euch dienen sollten mit dem, was euch nun verkündigt ist ... was auch die Engel begehren zu schauen.“ (1. Petrus 1,10-12) Es ist eine Sehnsucht, die auch in nicht wenigen unserer Advents- und Weihnachtslieder besungen wird.

Markus 1,14f. sagt uns eine Menge darüber, was unsere Arbeit ist. Wie Jesus verkündigen auch wir „das Evangelium Gottes“. Auch wir predigen: „Die Zeit ist erfüllt und das Reich Gottes ist herbeigekommen. Tut Buße und glaubt an das Evangelium!“ Das griechische Wort *euangelion* bedeutet „gute Nachricht“. Es ist damit eine perfekte Zusammenfassung all dessen, was wir weiter oben gesagt haben. Unsere Aufgabe ist tatsächlich in so wunderbarer Weise bedeutsam, dass wir eigentlich darüber in Jubel ausbrechen sollten, dass wir mit ihr betraut worden sind. Der Reformator und Bibelübersetzer William Tyndale (ca. 1494–1536) drückte seine Begeisterung über das Evangelium in seiner Vorrede zum Neuen Testament aus. Er schrieb: Das Wort Evangelium „bezeichnet eine gute, fröhliche, glückliche und freudige Nachricht, eine, die das Herz eines Menschen erfreut, die ihn singen, tanzen und vor Freude springen lässt". Im Alter von nur zweiundvierzig Jahren gab Tyndale sein Leben für dieses Evangelium. Die gute Nachricht war ihm so bedeutend, dass er sie für wertvoller erachtete als sein eigenes Leben.

Die Psychologie lehrt uns, dass Menschen glücklicher sind, wenn sie den Eindruck haben, ihr Leben sei in irgendeiner Weise bedeutsam. Freude ist ein Teil des Lohnes, den wir für unseren Dienst empfangen. Trotz mancher Schwierigkeiten können wir uns also glücklich preisen, denn wir verkündigen die wichtigste Botschaft, die Menschen in ihrem Leben zu hören bekommen – egal ob sie sie nun annehmen oder nicht. Jesaja hatte es in seiner Verkündigung mit einer mächtigen Opposition zu tun, so mächtig, dass Gott ihn bereits bei seiner Berufung davor gewarnt hatte (Jesaja 6,9f.). Dennoch sagt Jesaja: „Wie lieblich sind auf den Bergen die Füße der Freudenboten, die da Frieden verkündigen, Gutes predigen, Heil verkündigen, die da sagen zu Zion: Dein Gott ist König!" (Jesaja 52,7)

Der Wahrheit verpflichtet

Wenn Diener des Wortes die Natur des Evangeliums erkennen, stehen sie unter einem gewissen Zwang. Wir erkennen, dass dies Gottes Botschaft an die gefallene Menschheit ist; deshalb haben wir eine sehr ernst zu nehmende Aufgabe. Paulus hat diese Verpflichtung mit den Worten ausgedrückt: „Denn dass ich das Evangelium predige, dessen darf ich mich nicht rühmen; denn ich muss es tun. Und wehe mir, wenn ich das Evangelium nicht predigte!" (1. Korinther 9,16) Der puritanische schottische Prediger Richard Baxter (1615–1691) sagte einmal: „Ich predige so, als ob ich nie mehr die Gelegenheit dazu hätte. Als ein Sterbender predige ich zu Sterbenden."

Diese Verpflichtung wird anhand einer Episode aus dem Leben Jeremias besonders deutlich. Paschhur, der Tempelvorsteher, also eigentlich der oberste Repräsentant Gottes, hatte den Propheten Gottes angegriffen. Jeremia wurde geschlagen und über Nacht auf dem Tempelgelände in den Block geschlossen. Nach seiner Freilassung beschwerte sich Jeremia bei Gott: „Herr, du hast mich überredet und ich habe mich überreden lassen. Du bist mir zu stark gewesen und hast gewonnen; aber ich bin darüber zum Spott geworden täglich, und jedermann verlacht mich. [...] Denn des Herrn Wort ist mir zu Hohn und Spott geworden täglich." (Jeremia 20,7f.) Jeremia überlegt sogar, seinen Dienst an den Nagel zu hängen, erkennt aber, dass ihm dies nicht möglich ist. Er sagt: „Da dachte ich: Ich will nicht mehr an ihn denken und nicht mehr in seinem Namen predigen. Aber es ward in meinem Herzen wie ein brennendes Feuer, in meinen Gebeinen verschlossen, dass ich's nicht ertragen konnte; ich wäre schier vergangen." (Jeremia 20,9) Die Wahrheit ist brennend, wie die Jünger auf dem Weg nach Emmaus herausgefunden haben. Nachdem sie dem auferstandenen Christus begegnet waren, sagten sie zueinander: „Brannte nicht unser Herz in uns, als er mit uns redete auf dem Wege und uns die Schrift öffnete?" (Lukas 24,32)

Das Neue Testament gibt uns verschiedene miteinander verbundene Gründe, warum wir ein solches Brennen empfinden, und sie haben alle mit der Tatsache zu tun, dass das Evangelium wahr ist. *Erstens ist das Evangelium Gottes Offenbarung.* Wie Amos sagt: „Gott der Herr redet, wer sollte nicht Prophet werden?" (Amos 3,8) Die ersten Apostel drückten die damit verbundene Haltung vor den jüdischen Autoritäten aus, als diese ihnen geboten, „keinesfalls zu reden oder zu lehren in dem Namen Jesu." (Apostelgeschichte 4,18) Ihre Antwort war: „Urteilt selbst, ob es vor Gott recht ist, dass wir euch mehr gehorchen als Gott. Wir können's ja nicht lassen, von dem zu reden, was wir gesehen und gehört haben." (Apostelgeschichte 4,19f.) Und wir, die wir wissen, dass diese Tatsachen wahr sind, sind in ähnlicher Weise verpflichtet, das Evangelium zu predigen.

Zum Zweiten sind wir durch das Wissen verpflichtet, dass *das Evangelium beschreibt, was Gott getan hat, um die Menschheit zu retten*. Die Form der innerlichen Gebundenheit können wir in 2. Korinther 5 erkennen, wo Paulus die Motive für seine Mission offenlegt. Seinen stärksten Ausdruck der Gebundenheit finden wir in Vers 14: „Die Liebe Christi drängt uns". Das Wort *syncheo*, das hier mit „drängen" übersetzt wird, beschreibt einen sehr machtvollen Druck, der in diesem Fall auf Paulus ausgeübt wird. Wenn wir diesen Vers meditieren, übersehen wir oft die Tatsache, dass Paulus für diese starke

Verpflichtung einen Grund angibt. Unmittelbar danach führt er aus: „...zumal wir überzeugt sind, dass, wenn einer für alle gestorben ist, so sind sie alle gestorben. Und er ist darum für alle gestorben, damit, die da leben, hinfort nicht sich selbst leben, sondern dem, der für sie gestorben und auferstanden ist." (2. Korinther 5,14f.) Die Wahrheit des Evangeliums – die Tatsache, dass Christus für alle gestorben ist und deshalb alle für ihn leben sollen – ist der Grund für das Drängen der Liebe.

Drittens sind wir durch eine weitere Tatsache gebunden: *Das Evangelium, das wir predigen, hat die Kraft, allen Menschen Erlösung zu bringen.* Paulus drückt diese Verpflichtung auf dreifache Weise in Römer 1,14-16 aus. Zuerst sagt er: „Ich *bin ein Schuldner* der Griechen und der Nichtgriechen, der Weisen und der Nichtweisen" (Römer 1,14; Hervorhebung von mir). Dann schreibt er: „Darum, soviel an mir liegt, *bin ich willens*, auch euch in Rom das Evangelium zu predigen." (Römer 1,15; Hervorhebung von mir) Als Drittes führt er aus: „Denn *ich schäme mich des Evangeliums nicht*". Dieser Vers gibt uns gleichzeitig auch eine Begründung: „... denn es ist eine Kraft Gottes, die selig macht alle, die daran glauben, die Juden zuerst und ebenso die Griechen." (Römer 1,16; Hervorhebung von mir).

Als Viertes bindet uns unsere *Erkenntnis, dass die Menschen ohne Christus verloren und ohne Hoffnung sind.* Paulus schreibt darüber in Römer 9,1-3: „Ich sage die Wahrheit in Christus und lüge nicht, wie mir mein Gewissen bezeugt im Heiligen Geist, dass ich große Traurigkeit und Schmerzen ohne Unterlass in meinem Herzen habe. Ich selber wünschte, verflucht und von Christus getrennt zu sein für meine Brüder, die meine Stammverwandten sind nach dem Fleisch". Im weiteren Abschnitt führt er aus, dass der Grund für seine Verpflichtung dem Evangelium gegenüber in der Tatsache bestand, dass die Juden es abgelehnt hatten und damit verloren gingen. Judas beschreibt ebenfalls, wie die Erkenntnis dieser Verlorenheit seinen Dienst beeinflusst: „... andere reißt aus dem Feuer und rettet sie" (Judas 23).

Die Tatsache der Verlorenheit ermahnte nicht wenige große Geistliche der Vergangenheit zu äußerster Eindringlichkeit und half ihnen, selbst in größten Schwierigkeiten durchzuhalten. Hudson Taylor sagte einmal: „Ich wäre niemals auf den Gedanken gekommen, nach China zu gehen, wenn ich nicht davon überzeugt gewesen wäre, dass die Chinesen verloren waren und Christus brauchten." Der amerikanische Evangelist D. L. Moody hat einem Londoner Publikum einmal erzählt: „Wenn ich glauben würde, dass es keine Hölle gibt, wäre ich morgen schon wieder unterwegs nach Amerika." Er sagte, in diesem Fall würde er es aufgeben, von Ort zu Ort zu ziehen und „die Menschen zu drängen, der Verdammnis der Hölle zu entfliehen".

Wir haben also eine Verpflichtung, die auf vier wahren Aspekten des Evangeliums aufbaut. Ein Bericht der *London Daily Mail*, der während einer von Billy Grahams frühen Evangelisationen verfasst wurde, erläutert die Eindringlichkeit, die aus der Gebundenheit an die Wahrheit des Evangeliums entspringt. Dort hieß es: „Er verfügt über keinen Magnetismus; er appelliert nicht an die Emotionen. Seine Kraft – und er hat Kraft – besteht in der unsichtbaren Überzeugung, dass er den richtigen Weg zum Leben kennt."

Diese Überzeugung hat einen tief greifenden Einfluss auf unser Verständnis von Mission. Wir leben in einem Zeitalter des religiösen Relativismus und Pluralismus, das bei dem Gedanken an eine religiöse Bekehrung mit den Schultern zuckt. Die Idee einer absoluten Wahrheit weist es zurück – also den Gedanken an eine Wahrheit, die so wahr, so vollkommen, so vollständig und so wichtig ist, dass sie jeder überall akzeptieren muss. Weil wir jedoch glauben, dass Gott das entscheidende Wort an die Menschheit gesprochen hat, haben wir die Kühnheit, Menschen anderen Glaubens in einer pluralistischen Umgebung zur Bekehrung zu Christus aufzufordern.

Ich war einmal mit dem Zug in einer vorwiegend buddhistischen Gegend unterwegs, wo ich einen geistlichen Dienst zu tun hatte. Neben mir saß ein buddhistischer Regierungsbeamter, mit dem ich ins Gespräch kam. Als er merkte, dass ich, ein christlicher Hauptamtlicher, in eine buddhistische Gegend wollte, stellte er mir eine Frage, die viele in unserer multireligiösen Gesellschaft beschäftigt. Er fragte mich, warum Christen in buddhistische Gegenden gehen, um Buddhisten zu bekehren. Und er erläuterte die Probleme, die in den Dörfern durch solche Aktivitäten entstehen.

Ich sagte ihm, dass ich an einen Gott glaube, der diese Welt geschaffen hat und der eine Antwort auf die tiefen Schwierigkeiten hat, die die Welt plagen. Ich sagte, dass ich diese Antwort entdeckt habe. Und jetzt, wo wir sie kennen, müssen wir sie auch weitersagen. Sie anderen vorzuenthalten, wäre selbstsüchtig und lieblos. Ich weiß nicht mehr, was er mir darauf geantwortet hat. Aber ich denke, dass er zumindest verstanden hat, warum Christen so erpicht darauf sind, ihren Glauben mit anderen zu teilen.

Solch eine aus der Wahrheit herrührende Verpflichtung kann die Form der Eindringlichkeit hervorbringen, die wir brauchen, um unter Schwierigkeiten durchzuhalten; ja, sie kann sogar der Grund dafür sein, warum wir diese Schwierigkeiten überhaupt erst auf uns nehmen. Jesus sprach oft von einem Preis, den wir wegen des Evangeliums zahlen müssten. Er spricht von denen, die „Haus oder Brüder oder Schwestern oder Mutter oder Vater oder Kinder oder Äcker ... um meinetwillen und um des Evangeliums willen" verlassen haben (Markus 10,29). In seiner grundlegenden Jüngerberufung sagt er: „Denn wer sein Leben erhalten will, der wird's verlieren; und wer sein Leben verliert um meinetwillen und um des Evangeliums willen, der wird's erhalten." (Markus 8,35)

Wenn wir Größe als Fähigkeit definieren, auch unter vielen Schwierigkeiten und Verlusten eine wichtige Arbeit durchzuhalten, dann könnten wir sagen, dass die Erkenntnis der Natur des Evangeliums Christen dazu anhalten sollte, nach wahrer Größe zu streben. Das sollte denen helfen, die dazu berufen sind, unter widerständigen Menschen ohne sichtbare Erfolge auszuhalten. Es sollte Menschen dazu herausfordern, der Versuchung zu widerstehen, das Evangelium nicht mehr zu predigen, auch wenn das mit Verfolgung und anderen Anfechtungen verbunden ist. Wir haben in der Vergangenheit viele Beispiele solcher Größe erlebt. Können wir sie auch für unsere Zeit erwarten?

Diese Überzeugung von der Wahrheit des Evangeliums macht aus dem Evangelium auch etwas sehr Schönes, in derselben Weise, wie die Wahrheit der Bibel uns die Bibel zu einem schönen Buch macht, wie wir in Kapitel 6 gesehen haben. Diese Realität gibt unserem Dienst auch eine Bedeutung. Ich kann mich an Zeiten erinnern, wo ich so ausgebrannt oder entmutigt war, dass Predigen das Letzte war, was ich tun wollte. Aber das ist nun einmal mein Job, und ich kann schlecht einen Termin mit der Begründung absagen, ich hätte gerade keine Lust zu predigen. Also habe ich mich in solchen Situationen zu irgendeinem Stuhl geschleppt und bin vor der Predigt meine Notizen noch einmal durchgegangen. Doch als ich die Aufzeichnungen las, wurde ich oft von dem Gefühl erfasst, dass das, was ich predigen werde, die Wahrheit ist – eine wunderbare Wahrheit! Dann kehrt die Eindringlichkeit zurück und die Müdigkeit und Entmutigung sind vergessen angesichts der Begeisterung, eine so wundervolle Botschaft predigen zu dürfen.

Wir sehen also, wie uns dieser Zugang zu Wahrheit helfen kann, über einen langen Zeitraum zu dienen, ohne unsere Begeisterung zu verlieren. Gypsy Smith (1860–1947), ein gewaltiger britischer Evangelist, wurde in einem Zigeunerzelt geboren und hatte nur eine sehr geringe Ausbildung. Er predigte das Evangelium, seit er siebzehn war bis ins hohe Alter von siebenundachtzig Jahren, als er auf See starb, unterwegs zu einer Evangelisation in Amerika. Jemand fragte ihn nach dem Geheimnis für seine Frische und Kraft bis ins hohe Alter hinein. Smith antwortete: „Ich habe das Wundern nicht verlernt."

Verpflichtung und die postmoderne Stimmung

Ich denke, es gibt heute ein großes Hindernis, warum es so schwer ist, die oben aufgeführte Form der Verpflichtung zu erkennen. Alle vier genannten Gründe für die Verpflichtung waren objektive Wahrheiten über das Evangelium. Aber wir leben in einem postmodernen Zeitalter, in dem die Menschen von objektiven Wahrheiten nicht mehr so selbstverständlich motiviert werden wie das zu früheren Zeiten der Fall gewesen ist. Die postmoderne Revolte gegen das Objektive ist eine Reaktion auf den starken Nachdruck, den die moderne Zeit auf das Rationale gelegt hat. Postmoderne Menschen glauben, dass äußerliche Faktoren (objektive Faktoren) wie autoritative Wahrheiten und Lehrsätze und Produktivitätskriterien und Profitrechnungen eine Tyrannei sind, die die Menschen daran hindert, die wesentlichen Aspekte ihrer Persönlichkeit zu entfalten, und sie deshalb unvollständig und unerfüllt zurücklassen. Deshalb liegt die größere Betonung auf der subjektiven oder persönlichen Wahrheit, die das Subjekt (mich) ins Blickfeld nimmt, nicht die objektive Wahrheit, die von einem Objekt außerhalb von mir selbst abhängt (wie dem Gott der Bibel).

Obwohl die meisten christlichen Ehren- und Hauptamtlichen die oberste Autorität der Bibel nicht anzweifeln, sind sie und wir alle doch von der postmodernen Stimmung nicht unberührt geblieben. Wir sind von unserem Umfeld dahingehend beeinflusst, dass wir unser Verständnis der Kraft und Bedeutung einer objektiven Wahrheit relativiert haben. Deshalb halten wir vielleicht das Predigen und das Wort Gottes für nicht mehr so relevant und kraftvoll, wenn es darum geht, das Leben von Menschen zu verändern, wie das Generationen von Pastoren vor uns taten.

Es gibt einen Unterschied im Stil. In einer isolierten Gesellschaft, die der körperlichen Arbeit großen Wert zumisst, hält man relativ korpulente, aber muskulöse Frauen, vermutlich für besonders attraktiv. Je mehr man sich jedoch der weiten Welt mit ihren technischen Errungenschaften öffnet, desto mehr wird man auch sein Wertesystem dramatisch verändern. Dünne Frauen, die bis eben noch als unattraktiv galten, werden nun auf einmal das Schönheitsideal. In ähnlicher Weise verlieren diejenigen, die in einer Gesellschaft leben, in der den subjektiven Faktoren große Bedeutung beigemessen wird, nach und nach ihr Gespür für den Wert der objektiven Wahrheit. Ich glaube, dass genau das mit vielen Christen passiert ist.

Als Konsequenz wurde ein Hauptfaktor, der in früheren Generationen die Menschen für das Evangelium geöffnet hat – nämlich die Eindringlichkeit, die daher rührt, dass es sich um eine objektive Wahrheit handelt – in unseren Kirchen immer unbedeutender. Statt durch Eindringlichkeit, so scheint es zumindest, ziehen viele wachsende Gemeinden die Menschen durch Unterhaltung an. Wachsende Gemeinden haben generell ein qualitativ hochwertiges Programm, das Menschen attraktiv und unterhaltsam finden. Als jemand, der in der Jugendarbeit engagiert ist, kann ich bezeugen, wie effektiv Unterhaltung sein kann, um junge Menschen von außerhalb in unsere Gemeinden zu locken.

Aber Unterhaltung muss immer der Wahrheit dienen. Unglücklicherweise leben wir in einer pragmatischen Zeit, deshalb vernachlässigen wir manchmal einige objektive Wahrheiten wie die der Versöhnungslehre, des Letzten Gerichtes, der Heiligung, weil sie nicht wirklich unterhaltsam sind. Diese Wahrheiten erzeugen kein subjektives gutes Gefühl, und diese Tatsache mag in der Praxis für die Auswahl unseres Programms entscheidender sein als die Tatsache, dass die Bibel solche Dinge als objektive Wahrheiten lehrt. So könnte es sein, dass wir eine Generation von Christen produzieren, in deren Weltbild kein Platz für unangenehme Lehren ist. Das Ergebnis wird eine ungesunde Kirche sein.

Heutzutage stehen wir vor der Herausforderung, gleichzeitig relevant zu sein und der Bibel treu zu bleiben. Wir müssen unser Vertrauen in den Wert der Wahrheit wiederherstellen und es „nicht unterlassen, ... den *ganzen* Ratschluss Gottes zu verkündigen" (Apostelgeschichte 20,27; Hervorhebung von mir), also auch die unangenehmen Lehren. Das Vertrauen in den Wert der Wahrheit wird uns auch die Eindringlichkeit zurückbringen, die – davon bin ich fest überzeugt – auch heute noch Menschen in der gleichen Weise wie in früheren Generationen zu Christus zieht. Die Eindringlichkeit wird uns helfen, die besten Kommunikationsmittel zu finden, um die ewige, unveränderliche Wahrheit des Evangeliums zu den Menschen zu bringen. Wenn Unterhaltung dazu gehört, sollten wir sie einsetzen, allerdings nur im Rahmen der in der Bibel aufgezeigten Maßstäbe.

Zu allen Zeiten sollte die Kirche in den Bereichen, die mit den biblischen Schwerpunkten kollidieren, eine Gegenkultur darstellen. Die biblische Betonung der obersten, absoluten Wahrheit des Evangeliums gerät mit Sicherheit mit der postmodernen Abneigung gegenüber Objektivität und ihrer Ablehnung von absoluten Wahrheiten in Konflikt. Dass in der Bibel eine authentische Spiritualität und die subjektive Erfahrung betont und als wichtig herausgestellt werden, kommt dagegen den empfundenen Nöten und Interessen postmoderner Menschen sehr entgegen. Unsere Aufgabe besteht darin, das Evangelium in einer Weise zu verkündigen, die unseren Hörern verdeutlicht, dass es auf objektiven Wahrheiten aufbaut und ihnen gleichzeitig tief befriedigende subjektive Erfahrungen ermöglicht.

Das Evangelium vom Reich

Markus' Zusammenfassung von Jesu Botschaft in 1,15 enthält vier Elemente. Zuerst sagt Jesus: „Die Zeit ist erfüllt." Wir haben dies unter der Überschrift „Das lang erwartete Evangelium" betrachtet. Als Nächstes sagt Jesus: „Das Reich Gottes ist nahe herbeigekommen." Das dritte und vierte Element hat die menschliche Reaktion auf die Botschaft zum Zentrum. Wir sollen „umkehren" und „an das Evangelium glauben".

Das Reich Gottes

Das Kommen des Reiches Gottes zeigt an, dass Gott begonnen hat, seine Herrschaft über dieser Welt aufzurichten, die nach Ansicht nicht weniger frommer Zeitgenossen Jesu unter der Tyrannei Satans und des Bösen stand. Natürlich war das Reich Gottes immer schon da, auch in alttestamentlicher Zeit. Aber das Kommen Christi brachte Gottes Herrschaft in einer Weise, dass man von dem Anfang des neuen „kommenden Zeitalters" reden konnte, auf das die Juden sehnsüchtig warteten. Deshalb sagte Jesus: „Wenn ich aber durch Gottes Finger die bösen Geister austreibe, so ist ja das Reich Gottes zu euch gekommen." (Lukas 11,20)

In verschiedenen Gleichnissen hat Jesus deutlich gemacht, wie das Reich Gottes klein beginnt und dann immer größer wird, bis es schließlich die ganze Welt erobert (vgl. Matthäus 13). Dieser letzte Schritt, wenn das Reich in ganzer Kraft und Herrlichkeit erscheinen wird, findet erst nach der Wiederkunft Jesu statt, wenn er seine Feinde zerstört hat (1. Korinther 15,23-28). Zu dieser Zeit werden die Gerechten das Reich erben (Matthäus 25,31-34).

In der Zwischenzeit leben wir im gegenwärtigen Zeitalter, in dem Elemente des kommenden Zeitalters und des vergehenden miteinan-

... vermengt sind. Wir warten auf die Durchsetzung des Reiches, aber erfahren nur einen „Vorgeschmack der göttlichen Herrlichkeit". Auf der einen Seite sind wir erfüllt von Friede und Freude, wie Paulus sagt: „Denn das Reich Gottes ist nicht Essen und Trinken, sondern Gerechtigkeit und Friede und Freude in dem Heiligen Geist." (Römer 14,17) Auf der anderen Seite sagt Paulus auch: „Wir selbst, die wir den Geist als Erstlingsgabe haben, seufzen in uns selbst und sehnen uns nach der Kindschaft, der Erlösung unseres Leibes." (Römer 8,23) In den vergangenen Jahren hat wohl kaum ein Theologe der Kirche so sehr geholfen, die Bedeutung des Reiches Gottes zu verstehen, wie der amerikanische Neutestamentler George E. Ladd. Der Titel eines seiner vielen Bücher über das Reich drückt die Vermengung des gegenwärtigen und des kommenden Zeitalters besonders gut aus. Das Buch heißt: *The Presence of the Future* („Die Gegenwart der Zukunft").

Während des gegenwärtigen Zeitalters müssen wir immer auf der Hut sein, denn wir wissen nicht, wann der Meister zurückkommen wird. Deshalb werden wir im Neuen Testament an verschiedenen Stellen aufgefordert, wachsam und bereit zu sein (z. B. in Matthäus 24f; Lukas 12,35-48). Eine Weise der Wachsamkeit besteht in einem heiligen Leben (Titus 2,12-14; 2. Petrus 3,11f.). Eine andere darin, die Arbeit auszuführen, die uns aufgetragen ist (Matthäus 24,46). Jesus hat diesen Aspekt durch verschiedene Gleichnisse wieder und wieder unterstrichen (z.B. in Matthäus 24,45-51; 25,14-46).

Wir spielen sogar eine Rolle, wenn es darum geht, das Reich Gottes zu vollenden. Petrus schreibt tatsächlich, dass wir den Tag des Herrn beschleunigen können (2. Petrus 3,12). Jesus hat uns einen Hinweis gegeben, wie das gehen könnte: „Und es wird gepredigt werden dies Evangelium vom Reich in der ganzen Welt zum Zeugnis für alle Völker, und dann wird das Ende kommen." (Matthäus 24,14) Vielleicht ist das der bedeutsamste Vers der Bibel für unsere Zeit, denn dabei geht es um das, was der Kirche heute am wichtigsten sein sollte: die Predigt des Evangeliums in der ganzen Welt.

Interessanterweise erwähnt Paulus das Reich Gottes in seinen Briefen kaum, ebenso wenig tut dies Lukas in der Apostelgeschichte.

Es könnte sein, dass die frühe Kirche diesen Begriff nicht gern gebrauchte (obwohl er einige wenige Male in den Paulusbriefen und der Apostelgeschichte auftaucht), weil sie Angst hatte, er könne im Sinne eines irdischen Königreiches missverstanden werden. In diesem Fall hätten die Christen vor den römischen Behörden wegen Hochverrats angeklagt werden können. Aber sowohl die Briefe wie auch die Apostelgeschichte sprechen oft von Jesus als dem „Herrn". Das Wort taucht ebenfalls in den Evangelien auf (wenn auch sehr viel weniger häufig). Anscheinend wurde das, was in den Evangelien „Reich Gottes" genannt wird, in den Briefen mithilfe des Wortes „Herr" kommuniziert.

Buße

Das dritte und das vierte Element in der Ankündigung Jesu nach Markus 1,15 erklärt, wie Menschen in das Reich Gottes hineinkommen können: „Tut Buße und glaubt an das Evangelium!" Jesus erläutert dies an einer anderen Stelle: „Wer nun sich selbst erniedrigt und wird wie dies Kind, der ist der Größte im Himmelreich." (Matthäus 18,4) Dieser Eingang ins Reich ist so radikal neu, dass Jesus ihn als eine Wiedergeburt beschreibt (Johannes 3,3).

Jesu Botschaft besteht aus einem Bußruf, der dem von Johannes dem Täufer gleicht (Markus 1,4). Wir stehen allerdings in der Gefahr, Buße zu eng zu verstehen, wie das viele evangelikale Prediger getan haben. Grundlegend ist damit eine „Veränderung der Richtung" gemeint, eine „Umkehr", ein „Sinneswandel". Wenn wir auf das Evangelium antworten, ändern wir die Richtung unseres Lebens. Wir vertrauen nicht mehr länger uns selbst oder anderen Götzen, sondern Gott.

Sowohl Johannes als auch Jesus sind allerdings sehr eindeutig, wenn es um die Frage geht, was bußfertige Menschen zu tun haben. Johannes trug verschiedenen Gruppen von Menschen unterschiedliche Wege auf, in denen ihre Buße Ausdruck finden sollte. Er sagte zu dem Volk: „Wer zwei Hemden hat, der gebe dem, der keines hat; und wer zu essen hat, tue ebenso." Den Zöllnern trug er auf, nicht mehr als die vorgeschriebenen Zölle zu fordern. Und den Soldaten sagte er:

„Tut niemandem Gewalt oder Unrecht und lasst euch genügen an eurem Sold!" (Lukas 3,7-14) Jesus forderte den reichen Jüngling auf, sein Hab und Gut zu verkaufen, das Geld den Armen zu geben und ihm nachzufolgen (Lukas 18,22-25). Solche Konkretionen helfen den Menschen zu verstehen, was mit Buße gemeint ist.

Sowohl Johannes als auch Jesus sind zudem sehr eindrücklich in ihren Warnungen, was mit ihren Hörern geschieht, wenn sie nicht umkehren. Wir wissen, dass die meisten biblischen Aussagen über die Hölle von Christus selbst gemacht wurden. Paulus schreibt: „Wisst ihr nicht, dass die Ungerechten das Reich Gottes nicht ererben werden? Lasst euch nicht irreführen! Weder Unzüchtige noch Götzendiener, Ehebrecher, Lustknaben, Knabenschänder, Diebe, Geizige, Trunkenbolde, Lästerer oder Räuber werden das Reich Gottes ererben." (1. Korinther 6,9f.)

Heutzutage würden viele unserer Zuhörer negativ reagieren, wenn wir so redeten wie Jesus und Paulus es taten. Unsere Vorstellungen von einer Privatsphäre ist so stark, dass wir uns jede Ermahnung bezüglich Sünde und jeden Aufruf zur Umkehr als Einmischung in unser Privatleben verbitten, so als sei das etwas Unanständiges.

Damit können wir jedoch oft nicht zu konkreten Schritten in der Umkehr auffordern, was zur Folge hat, dass die Menschen gar nicht mitbekommen, dass sich Christsein und ein Leben in schwerer Sünde nicht vertragen. Ich vermute, dass dies der Grund ist, warum die Mitglieder so vieler evangelikaler Gemeinden eine ziemlich lange Latte sozialer Sünden mit sich herumschleppen. Wenn ihre Pastoren die Menschen zur Umkehr aufforderten, erwähnten sie persönliche Sünden wie Trunksucht, Unzucht und Unehrlichkeit, aber sie sprachen nicht über soziale Sünden wie die folgenden: andere als minderwertig behandeln, vorverurteilen oder ungerechte Löhne zahlen. Als Ergebnis haben wir Menschen, die auf der einen Seite den rechten Glauben vehement verteidigen, aber auf der anderen solcher sozialer Sünden schuldig sind. Niemand hat ihnen gesagt, dass Christen diese Dingen nicht tun und solche Haltungen nicht einnehmen.

Zu jeder Zeit stehen die Pastoren vor der Aufgabe, ihre Kultur mit den Augen der Bibel zu betrachten und die Sünden zu entdecken, auf die sie besonders reagieren müssen. Ich kann einige dieser Bereiche aufzählen, die heute besonders wichtig sind. Paulus' Liste aus 1. Korinther 6 erwähnt, dass sexuelle Unmoral, Ehebruch und homosexuelles Verhalten vom Reich Gottes ausschließen. Wenn man einmal bedenkt, wie viele unserer regelmäßigen Gottesdienstbesucher sexuelle Affären haben, wäre sicher eine Warnung angebracht, dass solche Leute nicht in den Himmel kommen!

Besonders das Alte Testament spricht sehr viel darüber, dass es Sünde ist, die Armen auszubeuten. Aber es passiert immer noch, besonders in den ärmeren Ländern, wo selbst christliche Geschäftsleute ihren Angestellten nur Hungerlöhne zahlen. Es ist schockierend zu sehen, wie oft sich Christen in der Geschichte durch Rassismus und Vorurteile versündigt haben. Geschah dies, weil ihre Pastoren sie nicht gewarnt haben, dass diese Sünden ernst zu nehmen sind? In Sri Lanka, wo wir täglich unter den Konsequenzen eines ethnischen Konfliktes leiden, hören wir nur wenige Predigten über ethnische Vorurteile! Und manchmal hat man bei den Pastoren eher den Eindruck, sie haben selbst ihre Vorurteile noch nicht überwunden.

In Sri Lanka haben wir es oft mit Christen zu tun, die die kulturellen Praktiken ihrer Umgebung einfach widerspiegeln. Ehemänner beuten manchmal ihre Frauen aus. Um anderswo Arbeit zu suchen, lassen Mütter ihre Kinder manchmal lange Zeit allein, sodass die Kinder Vernachlässigung und Missbrauch schutzlos ausgeliefert sind. Wir müssen in unseren Predigten solche Dinge ansprechen und unsere Zuhörer warnen, dass sie sich nicht einfach im breiten Strom der Gesellschaft dahintreiben lassen.

Glaube

Das vierte Element, das Jesus nach der Zusammenfassung in Markus 1,15 erwähnt, ist der Glaube an das Evangelium. Hiervon spricht Jesus oft, aber es ist der Apostel Paulus, der uns die beste Erklärung dieses Begriffes gibt. Glaube ist die andere Seite der Medaille der Buße. Wenn wir von unserer Sünde umkehren, sehen wir Gott, der uns auf der Basis dessen, was Jesus getan hat, aufnehmen möchte. Wir rennen in seine Arme und bitten ihn, sich um uns zu kümmern.

Das ist Glaube. Nachdem wir darüber Buße getan haben, dass wir unser Leben selbst in die Hand genommen haben, vertrauen wir es Gott an, indem wir glauben, dass das, was Christus für uns getan hat, tatsächlich ausreicht, uns zu erlösen.

Die Autorität eines Geistlichen

Das erste Kapitel des Markusevangeliums offenbart uns eindeutig die Autorität Jesu. Er hatte die Vollmacht, Menschen zur Buße und zum Glauben zu rufen, damit sie in das Reich Gottes kommen konnten (Markus 1,15). Dann sehen wir seine Vollmacht, als er einige Fischer dazu aufrief, ihre Netze zurückzulassen und ihm zu folgen (Markus 1,16-20). Danach geht er nach Kapernaum und lehrt in der Synagoge, und – so schreibt es Markus – „sie entsetzten sich über seine Lehre; denn er lehrte mit Vollmacht und nicht wie die Schriftgelehrten." (Markus 1,21f.)

Auch wir haben etwas von dieser Autorität. Mit Sicherheit ist das keine Autorität, die wir aus uns selbst heraus haben, denn in dieser Hinsicht war Jesus eine Klasse für sich. Paulus nennt uns „irdene Gefäße". Aber er sagt auch, dass diese irdenen Gefäße den Schatz des Evangeliums enthalten (2. Korinther 4,7). Jesus hat uns beauftragt, das Evangelium bis an die Enden der Erde zu verkündigen. Er sagte seinen Jüngern: „Wie mich der Vater gesandt hat, so sende ich euch." (Johannes 20,21) Interessant ist, dass er im Matthäusevangelium, kurz vor dem großen Missionsbefehl, Folgendes sagt: „Mir ist gegeben alle Gewalt im Himmel und auf Erden" (Matthäus 28,18). Darauf folgt der Missionsbefehl: „Darum gehet hin und machet zu Jüngern alle Völker: Taufet sie ..." (Matthäus 28,19). Der die Autorität hat, hat uns mit einer Aufgabe betraut, und wir sollen diese Botschaft verkündigen im Vertrauen auf seine Autorität. Wir sollen versuchen, das Evangelium überall in der Welt zu predigen. Selbst wenn die Menschen nicht wollen, dass in bestimmten Gegenden das Evangelium gepredigt wird, werden wir es trotzdem versuchen, denn der Herr des Universums hat es uns aufgetragen, und seine Autorität ist höher als alle menschliche Autorität.

Prediger, besonders die aus dem evangelikalen Bereich, wurden oft der Arroganz bezichtigt, weil sie bei der Verkündigung ihrer Botschaft eine besondere Autorität beanspruchen. Deshalb ist es unerlässlich, dass wir uns Gedanken über die Natur dieser Autorität machen. Paulus verkündet in 2. Korinther 4,5: „Denn wir predigen nicht uns selbst, sondern Jesus Christus, dass er der Herr ist, wir aber eure Knechte um Jesu willen." Das Wort, das Paulus hier gebraucht, *doulos*, sollte besser mit Sklave oder Leibeigener übersetzt werden. Wir sind die Sklaven unserer Zuhörer. Zur Zeit des Neuen Testaments hatten Sklaven eine Menge Verantwortung. Manchmal waren sie sogar besser ausgebildet als ihre Herren. Aber ihr Status erlaubte ihnen keinerlei Arroganz. Deshalb dürfen wir auch nicht arrogant sein.

Wir predigen über den, der der Herr des Universums ist, und wir wissen, dass diese Botschaft wahr ist. Deshalb können wir mit Autorität predigen. Aber in Bezug auf unseren Lebensstil müssen wir als demütige Diener bekannt sein. Ich glaube, darin besteht eine der größten Herausforderungen, mit denen es die Kirche in unserem pluralistischen Zeitalter zu tun hat: dass wir als Christen einerseits das einzigartige und autoritative Evangelium verkündigen, andererseits aber radikales Dienersein demonstrieren.

Wir müssen uns auch immer wieder daran erinnern, dass wir uns nicht der Autorität verpflichtet haben, sondern der Wahrheit in Jesus. Manche Pastoren haben Angst, dass sie auf einige Fragen die Antwort schuldig bleiben müssen oder nur unvollständig antworten können. Manche haben Angst zuzugeben, dass sie in einigen Bereichen falschliegen könnten, weil sie fürchten, so etwas könne ihre Autorität untergraben. Doch wenn sie nicht zu ihren Fehlern und Unsicherheiten stehen, werden sie auf lange Sicht ihre Autorität sowieso verlieren. Wenn sich irgendetwas, was sie mit großer Autorität verkündigen, im Nachhinein als falsch erweisen sollte, dann säen sie einen Zweifel in ihren Hörern, die sich fragen, ob man überhaupt noch etwas glauben könne.

Ein wesentlich sichererer Weg ist es, den Menschen Respekt gegenüber der Autorität der Bibel und den in ihr deutlich offenbarten Lehren beizubringen. Wenn wir uns unsicher darüber sind, was die

Bibel zu einem bestimmten Thema sagt – oder ob die Bibel zu diesem Thema überhaupt irgendetwas sagt – dann sollten wir das einfach zugeben. Denn dann respektieren die Menschen die Bibel weiterhin als Autorität, sind sich aber bewusst, dass sie auf ihrer geistlichen Pilgerreise noch einiges zu lernen und zu durchdenken haben.

Wenn wir erkennen, dass wir irgendwo einen Fehler gemacht haben, korrigieren wir uns selbst, denn wir wollen nicht, dass unsere Botschaft durch Unwahrheiten beeinträchtigt wird. Die Wahrheit ist wichtiger als unsere Reputation. Ich bin recht sorglos im Umgang mit Zahlen, und manchmal schlägt sich das auch in meinen Predigten nieder. Kurz nachdem ich eine Zahl genannt habe, erkenne ich manchmal, dass sie nicht korrekt war. Zum Beispiel sage ich: „Auf der Konferenz war ein Riesenpublikum." Dann fällt mir ein, dass man das so nicht sagen kann, schließlich waren höchstens hundert Menschen dort. Also muss ich mich augenblicklich korrigieren, indem ich etwas sage wie: „Na gut, Riesenpublikum wäre übertrieben. Es waren ungefähr hundert Zuhörer." Das ist natürlich ein bisschen demütigend, und nicht selten reagiert mein Publikum auf solche Korrekturen mit Gelächter. Doch es ist so wichtig, dass wir als Prediger die Wahrheit verkündigen, dass solche Demütigungen nicht ins Gewicht fallen, wenn dadurch die Integrität unserer Botschaft erhalten bleibt. Wir sind Diener der Wahrheit. Dort ist die Autorität!

Wir können dankbar darüber sein, dass die Bibel zu den Lebensthemen, die von ewiger Bedeutung sind, einige sehr kompetente Aussagen macht. Über sie können wir mit Leidenschaft, Überzeugung und Autorität reden, ohne unsere Integrität infrage zu stellen.

Prediger haben also Autorität, aber es handelt sich um eine abgeleitete Autorität. Zuerst ist sie *aus der Bibel abgeleitet, die die Grundlage für unsere Botschaft bildet.* Wenn Pastoren ihr Vertrauen in die Bibel verlieren, verlieren sie deshalb oft auch ihre Leidenschaft. Ich kenne einige gläubige Pastoren, die früher einmal leidenschaftliche Prediger waren. Dann absolvierten sie ein theologisches Studium, und während dieser Zeit verloren sie ihren Glauben an die Irrtumslosigkeit der Bibel. Sie blieben weiterhin gläubige Menschen, die ich bewundere und respektiere und von denen ich viel lernen kann. Aber sie haben ihre Leidenschaft verloren, und damit hat auch ihre Predigt einiges an Kraft eingebüßt.

Deshalb müssen Pastoren lernen, mit ihren Zweifeln an der Autorität der Bibel umzugehen. Viele großartige Prediger hatten solche Zweifel. Aber sie haben sich so lange mit ihnen auseinandergesetzt, bis ihr Vertrauen in die Bibel wiederhergestellt war. Ältere Christen sollten deshalb nachsichtig mit denen umgehen, die gerade solche Kämpfe zu bestehen haben, und sollten versuchen, ihnen zu helfen, statt sie dafür zu verurteilen, dass sie schwierige Fragen stellen. Oft genug ist eine unsensible Antwort auf einen Zweifel frustrierend und macht es noch schwieriger, das Problem von allen Seiten anzugehen. Dabei steht allerdings sehr viel auf dem Spiel. Deshalb muss jeder, der zweifelt, diesen Kampf bis zum Ende durchfechten.

Billy Graham hatte solch einen Kampf, als er dreißig Jahre alt war. Sein Freund und Mitarbeiter bei Jugend für Christus, der Evangelist Charles Templeton (der später vom Glauben abfiel), und andere stellten ihm Fragen, die er nicht beantworten konnte. Billy war tief von Zweifeln zerfressen. Sie fanden ihren Höhepunkt auf einer Konferenz in Forest Home, einem Freizeitheim in Kalifornien, die von der großen Bibellehrerin Henrietta Mears geleitet wurde. Eines Abends traf Billy Graham eine Entscheidung: Er wollte das, was die Bibel sagt, im Glauben annehmen, egal ob nun die Fragen seiner Freunde beantwortet würden oder nicht.

Graham sagt, dass ihm dieser Schritt große Kraft und Autorität im Predigen gegeben habe, eine Kraft, die ihn nie verließ. Das Evangelium wurde in seiner Hand zu einem Hammer und einer Flamme. Er fühlte sich, als ob er einen Degen in seine Hand bekam, und durch die Kraft der Bibel gelang es ihm, tief in das Gewissen der Menschen einzudringen, um sie zur Kapitulation gegenüber Gott zu führen.

Der große britische Bibelausleger G. Campbell Morgan hatte einen ähnlichen Kampf zu kämpfen. Als junger Mensch las er Autoren wie Darwin, Huxley und andere fortschrittliche Denker. Er begann, einige seiner Überzeugungen zu hinterfragen. Das Ergebnis war das, was er drei ambivalente Jahre nannte. Er las viele Bücher für und gegen den Glauben an die Bibel und was sie lehrt.

Schwiegertochter und Biographin Jill Morgan erklärt, was passierte: „Die Krise führte schließlich dazu, dass er nach eigenem Bekunden den Glauben, dass die Bibel das autoritative Wort Gottes an die Menschheit ist, total verloren hatte. Er sagte unmittelbar darauf alle Predigtanfragen ab. Dann nahm er alle seine Bücher, sowohl die, die die Bibel angriffen, wie auch die, die sie verteidigten, und legte sie in einen Eckschrank." Dann schloss er den Schrank ab, ging in einen Buchladen und kaufte sich eine neue Bibel.

Nachdem er nach Hause zurückgekehrt war, ging Morgan in sein Zimmer. Dort sagte er zu sich selbst: „Ich bin mir nicht mehr sicher, ob dieses Buch wirklich das ist, was mein Vater behauptet, dass es sei – das Wort Gottes. Aber über eine Sache *bin* ich mir sicher: Wenn das das Wort Gottes *ist* und ich ihm mit einem vorurteilsfreien und offenen Herzen begegne, dann wird es meiner Seele Gewissheit geben." So begann er in der Bibel zu lesen. „Diese Bibel hat mich gefunden!", sagte er im Jahr 1938. „Ich habe 1883 angefangen, sie zu lesen und zu studieren, und bin seitdem bis heute ihr Schüler geblieben."

Nicht jeder muss sich mit solchen Problemen um die Bibel auseinandersetzen, wie Graham und Morgan sie hatten. Ich hatte niemals in irgendeiner Weise ernsthafte Zweifel an der Autorität der Schrift (allerdings habe ich oft daran gezweifelt, ob manches von dem, was sie lehrt, wirklich funktioniert). Aber als Teenager wurde ich mit einer starken Skepsis der Bibel gegenüber in meiner Gemeinde konfrontiert, und ich habe als Theologiestudent einige Diskussionen erlebt, in denen Christen darüber stritten, inwiefern die Bibel als irrtumslos zu gelten habe.

Eine besonders entscheidende Zeit war für mich meine erste Weihnachtspause als Student. Ich besuchte in dieser Zeit meinen älteren Bruder, und dort beschäftigte ich mich mit J. I. Packers Buch *„Fundamentalism" and the Word of God* („Fundamentalismus" und das Wort Gottes). Es überzeugte mich, dass es eine gut durchdachte Basis für die Lehre von der Irrtumslosigkeit der Schrift gibt, sodass ich seitdem auch daran glaube. Mittlerweile sehe ich, dass dies ein sehr entscheidender Schritt auf meiner Pilgerreise als Prediger war.

Heute erleben wir es manchmal, dass Christen sehr stolz auf ihre

Zweifel sind und keine Anstrengungen unternehmen, sie zu beseitigen. Vielleicht ist das eine Reaktion auf den flachen Dogmatismus und die Leichtgläubigkeit, die man in evangelikalen Kreisen oft erlebt. Trotzdem glaube ich, dass nicht wenige diese Probleme als Entschuldigung für ihre intellektuelle und geistliche Faulheit ins Feld führen. Wenn sie von anderen auf ihre Unsicherheit hingewiesen werden, behaupten sie, sie „arbeiteten daran". Aber in Wirklichkeit kämpfen sie nicht besonders intensiv, um ihre Zweifel zu überwinden. Diese Unsicherheit wird sie jedoch ineffektiv machen, denn sie haben keine wirkliche Botschaft, die sie an die Welt weitergeben könnten.

Unsere Autorität kommt zweitens von der *Berufung Gottes, sein Wort zu predigen.* Die Bibel sagt, dass alle Gläubigen Gaben haben, die sie in den Dienst Gottes stellen können. Wenn diese Gaben innerhalb des Leibes eingesetzt werden, dann wird jedes Glied des Körpers gleich wichtig (1. Korinther 12). Aber dort steht auch, dass jeder von Gott sorgfältig ausgewählte Gaben bekommen hat (Römer 12,3; 1. Korinther 12,11; Epheser 4,7). Deshalb sind nicht alle zum Predigen berufen.

Diejenigen, die von Beruf Prediger oder Pastoren sind, sollten deshalb davon überzeugt sein, dass sie auch eine Berufung zum Predigen haben. Wie oft erwähnt Paulus die Tatsache, dass er berufen oder ausgesondert ist, seine Arbeit zu tun (Römer 1,1; 1. Korinther 1,1; Galater 1,15f; 1. Timotheus 1,12-16). Diese Überzeugung erlangen wir auf verschiedene Weise. Natürlich wird es auch entmutigende Zeiten geben, in denen wir uns unserer Berufung nicht mehr sicher sind. Aber jemand, der für einen bestimmten Dienst berufen ist, hat den anhaltenden Eindruck, dass dies die Arbeit ist, die Gott ihm zu tun gegeben hat.

John R. Church, einer der großen Prediger einer früheren Generation, beschreibt seinen Dienst folgendermaßen: „Die erste Predigt, die ich in meinem Leben gehalten habe, hatte sechsunddreißig Punkte, und als ich zur Kanzel ging, ist mir nicht ein einziger von ihnen eingefallen. Vollkommen gedemütigt bin ich zurück auf meinen Platz geschlichen, mein Hirn war völlig leer. Ich war damals in einer kleinen Landgemeinde in den Bergen von North Carolina, und als der Gottesdienst vorüber war, rannte ich zur Tür hinaus. Mein Vater rannte hinterher und holte mich schließlich ein. Er lief neben mir mit einer Laterne in der Hand einen Feldweg entlang und wir schwiegen für ein paar Minuten. Schließlich sagte er: ‚Gott weiß, dass du nicht predigen kannst. Ich weiß, dass du nicht predigen kannst. Jetzt weiß auch die ganze Gemeinde, dass du nicht predigen kannst. Blamier also die Familie in Gottes Namen nie wieder so.'"

Churchs Antwort war: „Papa, ich bin sicher, dass du weißt, dass ich nicht predigen kann. Ich weiß selbst, dass ich nicht predigen kann. Aber wenn Gott weiß, dass ich nicht predigen kann, warum nimmt er mir dann nicht diese Last von den Schultern? Papa, ich muss predigen." Dieser junge Mann hatte eine Berufung zu predigen!

Unsere Autorität kommt drittens vom *Heiligen Geist, der uns gesalbt hat zu predigen*. Wir haben diesen Aspekt bereits in Kapitel 2 betrachtet.

Wenn wir also unseren Lebensstil betrachten, wollen wir versuchen, demütige Diener der Menschen zu sein, denen wir dienen. Unsere Botschaft verkündigen wir mit Leidenschaft und Überzeugung, denn wir wissen, dass das Evangelium wahr ist.

9. Ein Team aufbauen

Kurz nach seinem Bericht über den Anfang von Jesu öffentlichem Auftreten in Markus 1,15 finden wir eine Beschreibung der Berufung der ersten Jünger (1,16-20). Die Fischers Simon und Andreas warfen gerade ihre Netze aus, als Jesus zu ihnen sagte: „Folgt mir nach; ich will euch zu Menschenfischern machen!“ (1,17) Danach lesen wir von der Berufung eines weiteren Fischer, Jakobus, und seines Bruders Johannes, der ebenfalls Fischer war (1,19f.). Ab diesem Zeitpunkt bis zur Himmelfahrt räumt das Evangelium den Jüngern Jesu einen prominenten Platz ein. Zu den letzten Dingen, die Jesus vor seinem Tod tat, gehörte, dass er sich viel Zeit für diese Jünger nahm. Und nach seiner Auferstehung verbrachte er seine letzten Tage auf der Erde praktisch ausschließlich mit ihnen.

In den folgenden beiden Kapiteln wollen wir uns ansehen, wie Jesus diese Jünger ausbildete. Hier schauen wir zunächst darauf, wie Jesus sie zu einem Team machte, um daraus etwas für unser Leben und unser Verständnis von Teamarbeit zu lernen.

Teamarbeit im Neuen Testament

Ohne Zweifel war die Teamarbeit das Standardmodell für den Dienst im Neuen Testament. Die zwölf Jünger waren das Basisteam, mit dem Jesus arbeitete. Manchmal teilte sich die Gruppe in kleinere Teams. Als Jesus seine zwölf Apostel und die siebzig Jünger aussandte, wurden sie in Zweiergruppen eingeteilt (Markus 6,7; Lukas 10,1). Jesu Modell für die Ausbildung seiner Jünger war also das Team. Entsprechend ist ein großer Teil der in den Evangelien überlieferten Lehre Christi an die Zwölf gerichtet.

Diese Gruppe entwickelte sich als Freundeskreis. Gegen Ende seines Lebens sagte Jesus ihnen: „Ich sage hinfort nicht, dass ihr Knechte seid; denn ein Knecht weiß nicht, was sein Herr tut. Euch aber habe ich gesagt, dass ihr Freunde seid; denn alles, was ich von meinem Vater gehört habe, habe ich euch kundgetan.“ (Johannes 15,15) Hier sehen wir ein besonders schönes Beispiel dafür, wie Freundschaft den Hintergrund der Jüngerschaft bildet. Und der Kern dieser Freundschaft, so lesen wir es in diesem Vers, bestand darin, dass Jesus den Jüngern alles mitteilte, was er wusste.

In der Apostelgeschichte sehen wir ebenfalls das Muster der Teamarbeit. Als Petrus an Pfingsten aufstand, um seine Predigt zu halten, trat er auf „mit den Elf" (Apostelgeschichte 2,14). Und immer wenn er sein Zeugnis gab, redete er im Plural: „Dessen sind wir Zeugen" (Apostelgeschichte 3,15; vgl. 2,32; 5,32). Er war kein einsamer Rufer, sondern hatte ein Team von geistlichen Menschen, die hinter ihm standen. Petrus und Johannes begegnen uns als Team in der Anfangszeit der ersten Gemeinde (Apostelgeschichte 3 und 4) und auch später noch (8,14). Selbst als Petrus das Haus des Hauptmanns Kornelius für seinen historischen Besuch betrat, hatte er noch sechs Brüder bei sich (Apostelgeschichte 10,23; 11,12).

Als das erste Team für die Heidenmission beauftragt wurde, wollte der Heilige Geist zwei Menschen ausgesondert haben, Barnabas und Saulus (Apostelgeschichte 13,2). Nachdem dieses Team auseinandergebrochen war, nahmen sowohl Paulus wie auch Barnabas jeweils noch andere mit, um eigene Teams zu bilden (Apostelgeschichte 15,39f.). Wir wissen, dass Paulus praktisch niemals allein unterwegs war. Er hatte so etwas wie eine reisende Bibelschule, in der er „Praktikanten" wie Timotheus und Titus ausbildete. Als Paulus in Rom im Gefängnis saß, war Lukas bei ihm (27,2). Auch als er aus dem Gefängnis heraus seine letzten in der Bibel überlieferten Briefe an Timotheus und Titus schrieb, war Lukas immer noch bei ihm, und er forderte Timotheus auf, schnell zu ihm zu kommen und auch Markus mitzubringen (2. Timotheus 4,9.11).

Wir erfahren nicht immer, wie diese Teams funktioniert haben und welches Mitglied für was verantwortlich gewesen ist. Die Berichte über Petrus' und Johannes' sowie Paulus' und Barnabas' Dienst zeigen jedoch, dass Petrus bzw. Paulus in der Regel das öffentliche Wort führten. Paulus präsentiert Mitglieder seines Teams als Mitautoren in acht seiner dreizehn Briefe. Erwähnt werden „alle Brüder, die bei mir sind" (Galater 1,2), Sosthenes (1. Korinther 1,1) und Silvanus (1. und 2. Thessalonicher 1,1). Paulus bittet, dass Markus zu ihm gebracht wird, „denn er ist mir nützlich zum Dienst“ (2. Timotheus 4,11). Wir können erwarten, dass diese Teams gabenorientiert arbeiteten, so wie es in 1. Korinther 12 beschrieben wird.

Wenn wir uns unsere Teammitglieder nicht aussuchen

Im Gegensatz zu Jesus haben wir nicht immer den Luxus, uns unsere Teammitglieder aussuchen zu können. Was sollen wir tun, wenn wir mit einigen der Teammitglieder nicht klarkommen, die wir von jemand anderem „geerbt“ haben? Zum Beispiel stellt die Gemeinde einen Pastor von außerhalb an. Er wird es mit einem Mitarbeiterteam zu tun haben, das schon vor ihm da war. In diesem Team gibt es eine Person, mit der er seine Schwierigkeiten hat. Vielleicht ahnt er, dass er mit dieser Person in Konflikt geraten wird oder dass diese Person seinen Leitungsstil nicht mögen wird. Vielleicht hat er aber auch Zweifel an den Fähigkeiten dieser Person.

Was sollte also unser neuer Pastor tun? Manche würden sagen, er sollte die entsprechende Person zum Gehen auffordern. Solch ein Vorschlag ist Ausdruck der hochindividualistischen Theologie, die besonders unter evangelikalen Christen verbreitet ist und die, davon bin ich fest überzeugt, die biblische Lehre von der solidarischen Gemeinschaft innerhalb des Volkes Gottes missachtet. Diese Theologie gibt bestimmten Menschen die Freiheit, einfach die Gemeinde zu wechseln, wenn ihnen der neue Pastor nicht passt. Ihnen fehlt der Sinn für eine Verpflichtung dem Leib Christi gegenüber „in guten wie in schlechten Tagen“. Nicht von ungefähr denken Menschen mit einer solchen Theologie auch bei ernsthaften Eheproblemen relativ schnell an Scheidung.

Wenn wir die Lehre von 1. Korinther 1 betrachten, können wir davon ausgehen, dass Paulus von einer so mangelhaften Hingabe zu unseren Mitchristen abgestoßen wäre. Im Leib Christi lehnen wir niemanden ab, nur weil wir ihn nicht leiden können. Unsere Theologie des Leibes richtet sich vielmehr in solchen Situationen an unsere persönlichen Gefühle. In den wichtigsten Bereichen des Lebens ist der Leiter eins mit der Person, die er nicht mag, weil alle Glieder eines Leibes sind. Und weil das so ist, haben wir eine ausreichende Grundlage, um mit den Menschen, die wir nicht leiden können, eine Beziehung aufzubauen. Hier ist eine kleine paulinische Liste solcher vereinigender Faktoren: „Ein Leib und ein Geist, wie ihr auch berufen seid zu einer Hoffnung eurer Berufung; ein Herr, ein Glaube, eine Taufe; ein Gott und Vater aller, der da ist über allen und durch alle und in allen." (Epheser 4,4-6) Im Licht dieser machtvollen, vereinigenden Faktoren erscheinen die Differenzen zwischen Christen unerheblich. Mit dieser Theologie im Hinterkopf streben wir nach Beziehungen mit Leuten, die wir persönlich nicht mögen.

Die Tragödie besteht vielleicht darin, dass in der evangelikalen Gemeinde die Gefühle oft über die Theologie herrschen und damit bestimmen, wie wir entscheiden und handeln. Der biblische Christ sagt: „Egal welche Gefühle ich gegenüber diesem Menschen habe, ich werde ihn akzeptieren und harmonisch mit ihm zusammenarbeiten. Und ich werde Gott um seine Gnade bitten, damit die Zusammenarbeit tatsächlich harmonisch wird." Unsere Theologie sagt, dass dieser Versuch, mit einer solchen Person zusammenzuarbeiten, erfolgreich sein wird, selbst wenn unsere Gefühle das Gegenteil behaupten. Unsere Theologie bringt uns dazu, hart an der Beziehung zu arbeiten. Wir beten für diese Person und für unsere Beziehung mit ihr. Wir treffen sie regelmäßig. Wir versuchen, ihr in christlicher Liebe zu begegnen, und tun alles, damit es ihr gut geht. Wir entwickeln Visionen für das, was diese Person durch das Team erreichen kann.

Ich kann mich an ein paar Gelegenheiten bei „Jugend für Christus" und in der Gemeinde erinnern, wo ich mit Menschen eng zusammenarbeiten musste, die ich mir nicht ausgesucht hätte. Ein- oder zweimal hat eine Person sogar mehr oder weniger offen zu erkennen gegeben, dass sie nicht unter meiner Leitung arbeiten möchte. Meistens war es jedoch so, dass ich nach einer Weile die entsprechende Person schätzen und lieben gelernt habe. Ich bete fast jeden Tag für die Menschen, mit denen ich eng zusammenarbeite, und wenn man für einen Menschen so regelmäßig betet, entwickelt man automatisch eine besondere Zuneigung zu ihm. Ich denke daher nicht, dass das eine außergewöhnliche Leistung ist. Ich sehe es vielmehr als Teil meines Jobs an! Wir dürfen die, die wir nicht leiden können, nicht fallenlassen. Wir haben vielmehr die Verantwortung, für alle zu sorgen, die uns anvertraut sind. Deshalb ist es ein Teil unserer Aufgabe, mit Menschen, die wir auf den ersten Blick nicht leiden können, eine Arbeitsbeziehungen zu entwickeln, die Gott die Ehre gibt, selbst wenn das für uns harte Arbeit bedeutet.

Der Wert der Teamarbeit

Vor einigen Jahren, als ich ein Sabbatjahr in den USA verbrachte, um ein Buch über die Hölle zu schreiben, war ich so besorgt über den Mangel an biblischer Gemeinschaft, den ich dort innerhalb der Kirchen erlebte, dass ich ein weiteres, völlig ungeplantes Buch schrieb: *Reclaiming Friendship* („Freundschaft zurückfordern"). Darin habe ich im Detail verschiedene Gründe aufgezählt, warum wir für unseren Dienst andere als Freunde oder Teammitglieder brauchen. Hier möchte ich drei Bereiche beleuchten, die für christliche Arbeiter besonders bedeutsam sind.

Hilfe in unserer Schwachheit

Wir alle haben Schwächen, die zum Kern unserer Persönlichkeit gehören. Weil das so ist, können wir nicht erwarten, dass wir bei damit verbundenen Problemen schlichtweg unsere Sünden bekennen und um Vergebung zu bitten brauchen, um sie zu überwinden. Weil diese Schwächen zu unserer Persönlichkeit gehören, müssen wir vielmehr damit rechnen, dass wir wieder und wieder in dieselben Muster verfallen. Hier sind einige Beispiele für solche Schwächen:

- Sorglosigkeit im Umgang mit Zeit (z.B. gewohnheitsmäßiges Zuspätkommen);
- Sorglosigkeit im Umgang mit Geld (z. B. „Ausleihen" von Beträgen aus der Gemeindekasse mit der Absicht, sie später wieder hineinzutun);
- Nachlässigkeiten im Aufschreiben von offiziellen Ausgaben;
- ungesunde Ernährung und mangelnde körperliche Ertüchtigung;

- fehlende Geduld gegenüber Familienmitgliedern oder Mitarbeitern;
- ein lässiger Umgang mit der „Stillen Zeit", besonders dann, wenn unser Terminkalender voll ist;
- hart arbeiten, aber nur wenig Zeit für die Familie haben;
- sexuelle Sünden wie z.B. entsprechende Internetseiten oder Filme anschauen;
- ernsthafte Schwächen vor unserer Bekehrung wie ein Suchtproblem, Homosexualität oder sexueller Missbrauch – damit sind oft im christlichen Leben besondere Versuchungen verbunden.

Ich möchte ein häufig vorkommendes Szenario beschreiben: Ein Mitarbeiter begeht eine Sünde, die mit seiner Schwäche zu tun hat. Er bedauert sie zutiefst, bekennt sie unter Tränen Gott und empfängt mit Dankbarkeit Gottes Vergebung. Nachdem er sich frei fühlt, steigt er wieder in die übliche Routine seiner Arbeit ein. Dort scheint alles gut zu laufen, bis er wieder in eine Situation kommt, in der mit seiner Verwundbarkeit eine besondere Versuchung verbunden ist. Er fällt erneut, und der ganze Prozess von Bekennen und Vergebung beginnt von vorn. Das Problem ist, dass er kaum je in einer Umgebung leben wird, in der es keine Versuchungen gibt. Deshalb wird er wieder und wieder fallen, bis sein Verhalten eines Tages zu einem Riesenskandal führt.

Die Bibel empfiehlt uns, in den Bereichen unserer Schwächen Hilfe zu suchen. Paulus beschreibt in 2. Timotheus 2, wie wir Gefäße zum Gebrauch durch den Meister werden können. Er sagt, zuerst müssten wir uns von allem Unehrenhaften reinigen (2,21). Dann schreibt er: „Fliehe die Begierden der Jugend! Jage aber nach der Gerechtigkeit, dem Glauben, der Liebe, dem Frieden mit allen, die den Herrn anrufen aus reinem Herzen." (2,22) Ich habe über diesen Text in meinem Predigtkurs im Seminar gepredigt und dabei meine Zuhörer aufgefordert, die Begierden der Jugend hinter sich zu lassen und nach den Tugenden zu streben, die Paulus hier aufzählt. Nach der Predigt nahm mich mein Professor, Dr. Jerry Mercer, zur Seite und sagte mir, ich hätte mich kaum mit dem wichtigsten Punkt in diesem

Vers beschäftigt – nämlich, dass wir das Fliehen und Nachjagen „mit allen, die den Herrn anrufen aus reinem Herzen", zusammen tun sollen. Ich war also der Repräsentant einer typisch evangelikalen Verirrung gewesen: Ich hatte die christliche Heiligung für eine individualistische, nicht für eine gemeinschaftliche Angelegenheit gehalten. Gott möchte aber, dass wir zusammen mit unseren Mitchristen für Heiligkeit kämpfen.

Hebräer 10,24 zeigt einen Weg auf, wie uns andere Christen auf dem Pfad der Heiligung weiterhelfen können: „Lasst uns aufeinander Acht haben und uns anreizen zur Liebe und zu guten Werken". Das Wort, das hier mit „anreizen" übersetzt wird, *paroxysmos*, das hier im Sinne einer Ermutigung wiedergegeben wird, kann auch als „scharfer Streit" oder „Meinungsverschiedenheit" übersetzt werden. Dieser Text beschreibt also ein manchmal auch unangenehmes Anstacheln in Richtung eines heiligen Lebens. Dieses Anstacheln hat idealerweise seinen Platz im Zusammenhang mit einer Gruppe, in der sich jeder den anderen gegenüber verantworten muss, womit wir bei dem wären, was ein geistliches Team sein sollte.

Viele Haupt- und Ehrenamtliche tragen Wunden aus der Zeit vor ihrer Bekehrung mit sich herum, die nicht automatisch geheilt wurden, als sie Christen wurden. Diese Wunden bleiben als Schwächen in ihrem Leben zurück. Nachdem sie sich bekehrt hatten, sind solche Menschen geistlich gewachsen, erledigten ihre Aufgaben gut und kamen schließlich in Leitungspositionen. Aber ihre Schwächen beeinträchtigen immer noch ihr Leben, deshalb brauchen sie Hilfe, um sie zu überwinden.

Nehmen wir den Fall einer Frau, die als Kind zu Hause sehr unfair behandelt worden ist. Sie konnte nichts dagegen tun, dass sie ausgenutzt wurde, erst recht nicht, wenn es durch ihre Eltern geschah. Der Gedanke daran erfüllt sie immer noch mit Ärger. In ihrem geistlichen Dienst wird sie dann mit einer Situation konfrontiert, in der es so aussieht, als würde ihre Gruppe unfair behandelt. Der Raum, in dem sie bisher ihren Kindergottesdienst abgehalten hat, wird anderweitig belegt, und sie muss mit ihrer Gruppe in einen weniger ansprechenden Raum. Sie explodiert geradezu vor Ärger, und eine Situation, die eigentlich durch ein vernünftiges Gespräch hätte geklärt werden können, wird zu einem Riesenproblem. Das Ergebnis macht weder Gott noch dem Mitarbeiterteam der Gemeinde Ehre.

Wenn verschiedene solcher Ereignisse passieren, wird ihr Vorgesetzter erkennen, dass er es mit einer Schwäche zu tun hat, die irgendwann ihr christliches Zeugnis ruinieren wird. Der Vorgesetzte spricht also mit ihr und findet heraus, was der Hintergrund für ihr problematisches Verhalten ist. Die Frau erkennt auch die Gründe für ihr Verhalten. Sie kommt schließlich zu dem Schluss, dass Gott souverän ist und ihr deshalb keine Ungerechtigkeit etwas anhaben kann. Daher hat sie die Kraft, ihren Eltern die Ungerechtigkeit zu vergeben, die sie ihr angetan haben. Sie kann jetzt ihre leidvolle Vergangenheit mit Dankbarkeit Gott gegenüber betrachten, denn er hat sein Versprechen gehalten, selbst aus Bösem Gutes hervorzubringen. Indem sie in die Verantwortung genommen und zu vorbeugenden Maßnahmen aufgefordert wird, wird ihr also geholfen, ihre Schwäche zu überwinden.

Da ist ein anderer christlicher Arbeiter, der, nachdem er ein paarmal zufälligerweise auf dubiose Internetseiten gestoßen ist, nun den starken Wunsch hat, sich pornografische Seiten anzusehen. Tausende von christlichen Haupt- und Ehrenamtlichen kämpfen heute mit diesem Verlangen. Aber unser Mann hat eine Gruppe, der gegenüber er sich verantworten muss. Er erzählt also sein Problem den anderen in der Gruppe, und sie setzen ihm einige Leitlinien, wozu auch die Bedingung gehört, dass er regelmäßig in der Gruppe über seine Internetaktivitäten Auskunft gibt. Wenn er jetzt in der Versuchung steht, entsprechende Seiten anzusurfen, denkt er daran, dass er alles seiner Gruppe erzählen muss. Und er weiß, dass er unter Umständen unangenehme Konsequenzen vonseiten der Gruppe auferlegt bekommt. Damit ist in seinem Geist ein Gegengewicht zu dem Verlangen geschaffen, der Versuchung nachzugeben. Mit der Zeit wird ihn dieser Prozess von der Macht der Pornografie befreien.

Solche Vorgehensweisen helfen auch in Bezug auf verschiedene andere Schwächen wie Unregelmäßigkeiten in der „Stillen Zeit“ oder den unverantwortlichen Umgang mit Geld. Manchmal ist es notwendig, einer Person Sanktionen aufzuerlegen, sodass der damit verbundene Schmerz als Abschreckung wirkt, wenn sie wieder mit derselben Versuchung konfrontiert wird. Ich habe mit einigen Christen gesprochen, die sexuelle Sünden begangen haben, sie dann beichteten und wieder zurück in ihren Dienst gegangen sind, nur um in einer ähnlichen Situation derselben Versuchung wieder zu erliegen. Die Erinnerung an einen sehr schmerzhaften Prozess nach ihrer letzten Sünde könnte in ihnen einen größeren Widerstand wachsen lassen, wenn die Versuchung sie wieder anfällt. Falls ein Teammitglied ein ernstes Problem hat, für das man besonders geschulte Hilfe benötigt, dann sollte das Team sicherstellen, dass es diese Hilfe auch bekommt.

Auch unter die Kategorie der Schwäche fällt es, wenn Haupt- oder Ehrenamtliche während ihrer Kindheit und Jugend sexuell missbraucht worden sind. Ein Mann findet zum Beispiel heraus, dass seine Verlobte kalt und abweisend reagiert, wenn er sie zärtlich berührt, oder dass seine Ehefrau Sex nur passiv über sich ergehen lässt. In manchen Fällen liegt die Ursache in einem traumatischen sexuellen Missbrauch oder in einer falschen Lehre über Sexualität, besonders wenn die entsprechende Person in einer sehr engen religiösen Umgebung aufgewachsen ist. Das Problem taucht vielleicht auf, wenn der Gruppenleiter den jungen Mann fragt, wie es ihm in seinem persönlichen Leben geht. Dann kann er Schritte unternehmen, um das Problem anzugehen und zu lösen. Einer davon ist sicher, das Paar an eine Stelle weiterzuverweisen, die sich mit dieser Problematik besser auskennt.

Was ich sagen will, ist, dass unsere persönlichen Schwächen und Probleme am besten durch das aktive Einbeziehen des Leibes Christi gelöst werden. Ich fürchte, dass viele Haupt- und Ehrenamtliche einen verlorenen Kampf mit solchen Problemen kämpfen, weil sie keine Hilfe von anderen Christen bekommen. Das ist auf tragische Weise falsch. Die Bibel lehrt uns, dass wir im Leib Christi Hilfe bekommen und sie auch in Anspruch nehmen müssen, um zu wachsen und heil zu werden.

Hilfe wenn wir verwundbar sind

Abgesehen von unseren Schwächen gibt es auch Situationen, in denen wir verwundbar sind, wo uns der Beistand unserer Freunde eine echte Hilfe sein kann. Wenn unsere Freunde sehen, dass wir in der falschen Richtung unterwegs sind, können sie uns warnen und uns auf diese Weise davon abhalten, einen großen Fehler zu begehen. Manchmal sind wir durch unsere emotionale Verbindung zu unseren Plänen, Wünschen und Handlungen so sehr geblendet, dass wir nicht sehen, wenn etwas nicht gut läuft. Die Bibel sagt: „Den Toren dünkt sein Weg recht; aber wer auf Rat hört, der ist weise." (Sprüche 12,15) Dieses Sprichwort kann man auf die unterschiedlichsten Bereiche unseres Lebens anwenden.

Obwohl die Bibel so eindeutig über die Notwendigkeit spricht, sich vor wichtigen Entscheidungen Rat zu holen, ist es komisch, dass viele Christen nicht ernsthaft daran denken, vertrauenswürdige Brüder und Schwestern in die Entscheidung miteinzubeziehen, wen sie beispielsweise heiraten sollten. Das ist besonders befremdlich, wenn man bedenkt, dass jeder weiß, dass Verliebte sehr schnell verblendet sind, wie der Ausspruch „Liebe macht blind!" beweist. Aus diesem Grund sollten wir uns gerade in diesem Bereich Hilfe in der Gruppe holen, der wir verantwortlich sind. John Wesley hat seine Mitarbeiter ermahnt: „Unternehmt keine Schritte in Richtung einer Ehe, ohne uns vorher in eure Pläne einzuweihen." Ich fürchte, dass uns der Individualismus so sehr im Griff hat, dass wir meinen, wir müssten in diesem Bereich allein entscheiden, sonst geht jede Romantik verloren! Aber es gibt so viele traurige Geschichten über christliche Mitarbeiter, die den falschen Partner geheiratet haben. Deshalb sollten wir unser Verhalten in diesem Bereich überdenken.

Dasselbe Prinzip gilt, wenn jemandem ein attraktiver Job oder eine interessante Hauptamtlichenstelle angeboten wird. Er oder sie weiß vielleicht gar nicht, was alles mit der Stelle verbunden ist, und lässt sich von der Attraktivität des Angebots blenden. Freunde können ihm oder ihr helfen, einen besseren Durchblick zu bekommen, und die Person auf diese Weise vielleicht vor einem großen Fehler bewahren. Ich habe schon viele Pastoren erlebt, die ihre Effektivität verloren haben, weil sie ihre vorrangige Arbeit, die nicht besonders im Rampenlicht der Öffentlichkeit gestanden hat, vernachlässigt haben, um glamourösere Aufträge zu übernehmen. Recht bald haben sie in ihrer eigentlichen Aufgabe versagt und damit oft auch ihre Glaubwürdigkeit als Prediger des Evangeliums verloren. Als Ergebnis bekamen sie schließlich auch weniger Anfragen für glamourösere Auftritte.

In der letzten Zeit wurden wir des Öfteren Zeugen davon, dass Hauptamtliche in eine unangemessene Beziehung zum anderen Geschlecht gerieten, ohne dass sie es jemals so geplant hatten. Vielleicht handelte es sich zunächst um eine seelsorgerliche Beziehung oder um die Arbeit an einem gemeinsamen Projekt, bei dem der oder die andere Hilfe benötigte. Vielleicht war es auch eine Kollegin oder ein Kollege, mit der oder dem man sich einfach nur gern zum Reden traf. Nach und nach entwickelte sich eine emotionale Bindung, ohne dass die beiden es bemerkten. Aber weil die Beziehung in ehrenhafter Weise begonnen hatte, verleugneten die beiden über lange Zeit die Existenz einer solchen emotionalen Verbundenheit – bis es zu spät war und auf allen Seiten Menschen verletzt worden waren.

Wir haben oft erlebt, was passiert ist. Obwohl die beiden alle Gefahrenzeichen ignorierten, haben andere sehr wohl gesehen, welche Blicke sie ausgetauscht haben, wie sie miteinander gesprochen haben oder wie sie in großen Runden eng zusammenrückten. Wer so etwas beobachtet, erkennt, dass sich da etwas Tieferes entwickelt, das nicht gesund ist. Unglücklicherweise haben solche Beobachter aber in der Regel nicht den Eindruck, dass sie mit den beiden darüber reden könnten. Deshalb schweigen sie, bis schließlich andere verletzt werden und Gottes Name in den Schmutz gezogen wird.

Manche Menschen sind nicht glücklich darüber, wenn andere sich auf diese Weise in ihr Leben einmischen. Besonders Zurechtweisungen und Ermahnungen mag kaum einer gerne hören. Beides sollte jedoch in einer gesunden christlichen Organisation seinen Platz haben. Ich habe vor kurzem eine Biografie über Johannes Calvin gelesen, und ich habe mich in den letzten Monaten durch John Wesleys Tagebücher gearbeitet. Und ich war erstaunt darüber, wie oft Christen von diesen beiden geistlichen Leitern ermahnt worden sind.

Es ist daher dringend geboten, dass wir in unseren Kreisen und Gruppen eine Organisationskultur entwickeln, in der eine liebevolle und einfühlsame Konfrontation willkommen geheißen und wertgeschätzt wird. Kennzeichen einer solchen Kultur ist es, wenn Teammitglieder eine echte persönliche Sorge für das Wohl der anderen zeigen, was man daran sehen kann, ob der Leiter oder das Mitglied bereit sind, „einen Preis zu zahlen", wenn einzelne Hilfe benötigen. Für mich ist es absolut unerlässlich, meinen Kollegen bei besonderen Anlässen in ihrem Leben beizustehen – zum Beispiel wenn sie umziehen, wenn ihre Kinder sehr krank sind oder ähnlichen Gelegenheiten. Als einer meiner Kollegen als Terrorverdächtiger verhaftet wurde, habe ich ihm jeden Tag sein Mittagessen auf die Polizeistation gebracht, in der er fünfundvierzig Tage lang eingesperrt war. Wir denken vielleicht, dass uns so etwas von unserer eigentlichen Arbeit abhält. Doch das *ist* ein Teil unserer Arbeit als geistliche Leiter. Im Laufe der Zeit werden sich durch diese zeitfressenden Nebentätigkeiten starke Bande zwischen den Teammitgliedern entwickeln, die uns unglaublich weiterhelfen, weil sie die tiefe Hingabe füreinander offensichtlich machen.

Wem das Evangelium und ein heiliges Leben besonders am Herzen liegen, der sieht in Zurechtweisung und Ermahnung zwei notwendige, wenn auch schmerzhafte Mittel, um die Leidenschaft zu wecken, die Gott gefällt. Hauptsächlich in Bezug auf die Zurechtweisung schreibt Hebräer 12,11: „Jede Züchtigung aber, wenn sie da ist, scheint uns nicht Freude, sondern Leid zu sein; danach aber bringt sie als Frucht denen, die dadurch geübt sind, Frieden und Gerechtigkeit." Die Bibel ist sehr streng mit denen, die sich einer solchen Zurechtweisung verweigern: „Wer Zucht liebt, der wird klug; aber wer Zurechtweisung hasst, der bleibt dumm." (Sprüche 12,1)

Hilfe, wenn wir entmutigt sind

Jeder von uns wird im Dienst Enttäuschungen und Frustration erleben. Projekte gelingen nicht; Programme enden als Flops; Menschen, in die wir unter hohem persönlichem Einsatz viel investiert haben, lassen uns im Stich; wir machen blödsinnige Fehler; die, denen wir dienen, weisen uns zurück – die Liste könnte noch fortgesetzt werden. In solchen Situationen besteht die große Gefahr darin, dass wir uns entmutigen lassen. Weil ein Projekt gescheitert ist, denken wir, dass *wir* gescheitert sind. Doch an einem Projekt hängt nicht das ganze Leben. Das sind die Zeiten, in denen wir enge Freunde besonders schätzen, weil sie uns helfen, unsere Probleme realistischer zu betrachten. Der Prediger sagt: „So ist's ja besser zu zweien als allein; denn sie haben guten Lohn für ihre Mühe. Fällt einer von ihnen, so hilft ihm sein Gesell auf. Weh dem, der allein ist, wenn er fällt! Dann ist kein anderer da, der ihm aufhilft." (Prediger 4,9f.)

Nachdem Hudson Taylor knapp zwei Jahre in China gewesen war, war er weitgehend entmutigt. Die Missionsgesellschaft, die ihn ausgesandt hatte, hielt ihr Versprechen nicht, ihn zu unterstützen. Die in China etablierten Missionare kritisierten seine unorthodoxen Methoden. Seine Verlobte in England hatte ihm mitgeteilt, sie liebe ihn nicht mehr. Der britische Konsul hatte ihn aufgefordert, die Arbeit in einem zentralen Ort einzustellen. Taylor schrieb an seine Mutter: „Mein Herz ist traurig, traurig, traurig ... Ich weiß nicht, was ich tun soll."

In dieser Situation befreundete sich der zwanzig Jahre ältere schottische Missionar William Burns, ein heiliger Mann, mit Hudson Taylor. Sieben Monate lang reisten, predigten und beteten sie zusammen. Burns war Gottes Antwort auf Taylors Entmutigung. Er rettete Taylor vor sich selbst. Taylor gründete schließlich die China Inland Mission (heute: Überseeische Missionsgemeinschaft) und startete damit eine der aufregendsten Episoden in der jüngeren Missionsgeschichte.

Wenn wir entmutigt sind, können uns unsere Freunde auf sechsfache Weise helfen:

- Schon der schlichte Gedankenaustausch mit Freunden nimmt uns eine große Last von den Schultern und ist eine echte Erleichterung.
- Unsere Probleme auszusprechen ist schon ein erster Schritt, um vernünftiger mit ihnen umzugehen.
- Unsere Freunde helfen uns normalerweise, die positiven Dinge

in unserem Leben und der augenblicklichen Situation zu erkennen und reduzieren auf diese Weise unsere Niedergeschlagenheit.

- Die Zuneigung der Freunde heilt unsere Wunden, die durch die Zurückweisung anderer geschlagen wurden.
- Ihre Zuneigung hilft auch im Kampf gegen die Bitterkeit. Es ist nicht leicht, die Welt zu hassen, wenn einige ihrer Bewohner so nett zu uns sind.
- Freunde halten uns auch von schnellen und idiotischen Entscheidungen ab, die wir in einer Krise treffen würden – wie zum Beispiel unseren Job zu kündigen oder unüberlegte öffentliche Verlautbarungen abzugeben. Sie helfen uns, angemessen zu reagieren. In solchen Situationen brauchen wir Menschen, die emotional nicht zu sehr in unsere Probleme involviert sind, denn sie können uns zu einem realistischeren Blick verhelfen.

Das sind nur ein paar der Vorteile, die die Arbeit in einem Team von Freunden mit sich bringt. Es gibt noch viel mehr, wie zum Beispiel die größere Frucht, die sich daraus ergibt, dass man die unterschiedlichen Gaben mehrerer miteinander kombiniert.

Keine Theologie des Seufzens

Ein paar Wochen, bevor ich dieses Kapitel schrieb, hatte ich auf einer Konferenz in Sri Lanka einen Vortrag gehalten, in dem es um die Notwendigkeit ging, dass Hauptamtliche Freunde haben, denen gegenüber sie verantwortlich sind und mit denen sie ihre Nöte und Freuden teilen könnten. Der größte Teil der Zuhörer antwortete, dass das in der Theorie zwar gut klinge, in der Praxis jedoch unmöglich umzusetzen sei. Viele berichteten, dass sie gerade durch ihre Offenheit anderen gegenüber verletzt worden seien und deshalb beschlossen hätten, so etwas nie wieder zu tun. Tagelang schlug ich mich daher mit folgender Frage herum: Warum haben so viele geistliche Leiter, die nach eigener Aussage fest von der totalen Autorität der Bibel überzeugt sind, keine engen Freunde, obwohl doch die Bibel eindeutig hervorhebt, dass solche Beziehungen für das Leben eines Christen unerlässlich sind?

Während ich ein paar Tage nach der Konferenz ein Buch über die Arbeit mit Drogenabhängigen studierte (wir kommen später noch dazu), kam mir plötzlich der Gedanke, dass die Kirche in Sri Lanka ein theologisches Problem haben könnte. Vielleicht präsentieren wir das Christentum in einer Weise, die schlichtweg keinen Platz für das biblische Konzept des Seufzens lässt.

Die typische, wachsende evangelikale Gemeinde heute hat eine starke Theologie, was die Notwendigkeit des *Wachstums* angeht. Das ist mit Sicherheit ein biblisches Konzept, denn es werden immer Verlorene zur Gemeinde hinzugefügt werden, bis Christus wiederkommt. Die Apostelgeschichte freut sich nicht nur über die, die gerettet wurden, sie spricht auch oft über die Zahl derer, die zur Gemeinde hinzugekommen sind, was zeigt, dass Gott auch an zahlenmäßigem Wachstum interessiert ist (2,42.47; 4,4; 6,7; 11,1; 14,1).

Die Kirche hat ebenso eine starke Theologie des *Lobpreises*. So werden eindrucksvolle Zeugnisse darüber erzählt, was unser mächtiger Gott im Leben von Menschen getan hat, und immer wieder das unterstrichen, was die Bibel über den Segen Gottes sagt. Das Ergebnis ist ein überschäumender Lobpreis, der ebenfalls biblisch ist. Gibt es in der Bibel nicht ein ganzes, umfangreiches Buch, die Psalmen, dessen hebräischer Titel *tehillim* ist, was „Lobpreislieder" bedeutet?

Dann hat unsere Kirche eine starke Theologie der *Kraft* – von Gottes Fähigkeit, den Menschen in ihren Bedürfnissen zu begegnen und ihre Feinde abzuwehren. Das ist ebenfalls ein biblisches Konzept. Wir sehen in den Evangelien, der Apostelgeschichte und an einigen Stellen in den Briefen, dass Gott die Aufmerksamkeit der Menschen auf sich lenkte und sie für das Evangelium offen machte, indem er, manchmal auf wunderbare Weise, ihre individuellen Bedürfnisse ansprach. Wir werden das in Kapitel 12 ausführlich beleuchten.

Aber die Theologie des Gemeindewachstums, des Lobpreises und der Kraft kann jeweils zu einer ernsthaften Verirrung führen, wenn sie nicht durch eine Theologie des Seufzens ausbalanciert wird. Den Ausdruck „Seufzen" habe ich übrigens Römer 8,23 entnommen, wo es heißt: „... auch wir selbst, die wir den Geist als Erstlingsgabe haben, seufzen in uns selbst und sehnen uns nach der Kindschaft, der

Erlösung unseres Leibes." Davor schreibt Paulus, „die Schöpfung ist ja unterworfen der Vergänglichkeit" als Folge des Sündenfalls (8,20). Deshalb bekommen wir nicht alles, was wir uns wünschen; deshalb erleben wir nicht die vollkommene Erlösung, die Gott uns erst im Himmel geben will. Aber wir erleben einen Vorgeschmack darauf, denn wir haben „den Geist als Erstlingsgabe" (8,23). Daher passieren in unserem Leben schlimme Dinge – wir werden bei Unfällen verletzt, wir werden krank, wir haben es mit Menschen zu tun, die uns nicht leiden können und uns schaden wollen. Trotz unseres Wunsches so zu sein wie Christus, der vollkommen und sündlos war, machen wir Fehler und sündigen. Unser Verlangen, das Teil des Vorgeschmacks des Himmels ist, stößt also mit der Realität des Lebens in einer gefallenen Welt zusammen, und als Folge davon seufzen wir ab und zu.

In der Bibel existiert das Seufzen neben dem Lobpreis. Die Bibel kennt tatsächlich sogar ein ganzes Genre (eine Kategorie oder ein literarischer Stil), die sogenannten Klagen, um dieses Seufzen auszudrücken. Klagen sind raue, leidvolle Ausdrucksweisen von Leid und Sorgen. Ungefähr fünfzig der 150 Lieder in den Psalmen gehören in den Bereich der Klagen. Dieses Genre findet sich auch in anderen biblischen Büchern wie den Klageliedern oder auch in Jeremia. Man könnte den Inhalt einer biblischen Klage ungefähr folgendermaßen zusammenfassen: „Gott, ich leide; Gott, alle anderen lachen. Gott, du hilfst mir auch nicht gerade; wie lange soll das noch so weitergehen?"

In der alttestamentlichen Wissenschaft gibt es mancherorts eine hilfreiche Unterscheidung zwischen Klagen und Beschwerden. Klagen, so heißt es, repräsentieren den hoffnungslosen Schrei eines verzweifelten Volkes. Aber Beschwerden sind die Rufe derer, die glauben, dass Gott gut ist und deshalb in seiner Güte nicht übersehen kann, was sie gerade erleben. Sie schreien zu Gott, aber ihr Schrei ist nicht ohne Hoffnung. Wenn wir also diese Unterscheidung übernehmen wollen, dann müssten wir die biblischen Passagen, die wir eben Klagen genannt haben, eigentlich genauer als Beschwerden bezeichnen.

Die Menschen der Bibel hatten demnach keine Angst vor dem Seufzen. Wenn nun der Heilige Geist so viele Klagen (oder Beschwerden) inspirierte, dass sie in der Bibel festgehalten wurden, dann gehört das Seufzen mit Sicherheit auch zum christlichen Leben.

Wer eine Theologie des Seufzens hat, hat die Möglichkeit, seine Kämpfe ehrlich in Worte zu fassen. Und das widerspricht nicht der Betonung des Wachstums, der Kraft und des Lobpreises, sondern ergänzt sie. Ich denke, dass wir manchmal so sehr auf Wachstum aus sind, dass wir so etwas wie Werbeleute geworden sind, die nur die positiven Aspekte ihres Produktes erwähnen und die Nachteile unter den Tisch fallen lassen. Heutzutage müssen in der Werbung ja manchmal auch die ungünstigen Nebenwirkungen eines Produktes genannt werden. Normalerweise geschieht das leise und schnell. Aber ich fürchte, viele Gemeinden tun noch nicht einmal das! Sie wissen ganz genau, dass die Leute in ihre Gemeindehäuser kommen, wenn sie dort die Botschaft hören, dass Gott wundervolle Dinge tun kann. Aus Marketinggründen werden die Probleme, die Christen haben, dabei vernachlässigt. Leider passiert das schon so lange, dass viele Menschen für das Seufzen keinen Platz mehr in ihrem Verständnis des christlichen Lebens haben.

Wenn einige über ihre Probleme mit ihrer Umwelt reden, wissen andere Christen nicht, was sie tun sollen. Manchmal werden die, die ehrlich von sich erzählen, zurückgewiesen und beschuldigt, keine guten Christen zu sein. Deshalb lernen sie ihren Glauben zu leben, ohne über ihre Probleme zu reden, es sei denn, sie haben eins von der Art, das man zu einem Gebetsanliegen machen kann und das im Gebet Gottes wunderbarer Kraft ausgesetzt werden kann. Daher bitten sie andere, für ihre Heilung zu beten oder um Führung oder für einen Job oder Geld, aber nicht dafür, dass sie einen launischen Charakter überwinden oder eine schlechte Angewohnheit oder eine Entmutigung.

In gewisser Weise zeigt sich in dieser Situation ein mangelndes Verständnis von Gnade. Nach dem biblischen Verständnis ist die Gnade so groß, dass Christen vor ihren Sünden keine Angst zu haben brauchen. Natürlich wird Sünde in der Bibel niemals gerechtfertigt und muss deshalb immer verurteilt werden. Aber die Gnade ist größer als die Sünde, und zur Gnade dringen wir nicht durch, wenn wir nicht zugeben, dass wir gesündigt haben. Wenn wir uns also nach der Fülle von Gottes Gnade für unser Leben sehnen, werden wir freudig unsere Sünden bekennen, um damit die Tür für eine reiche Gnadenerfahrung zu öffnen. So ein Bekenntnis geschieht nicht leichtfertig und flatterhaft, denn wir sind betrübt über unsere Sünde. Aber wir wünschen uns so sehr die Reinigung herbei, dass wir uns danach sehnen, unser Problem auf den Tisch zu legen und Vergebung zu empfangen.

In 1. Johannes 1,5-2,3 wird dieses Paradox auf eindrückliche Weise geschildert. Johannes schreibt: „Meine Kinder, dies schreibe ich euch, damit ihr nicht sündigt." (1. Johannes 2,1a) Sünde ist also niemals gutzuheißen. Aber dann fährt Johannes fort: „Und wenn jemand sündigt, so haben wir einen Fürsprecher bei dem Vater, Jesus Christus, der gerecht ist. Und er ist die Versöhnung für unsre Sünden, nicht allein aber für die unseren, sondern auch für die der ganzen Welt." (1. Johannes 2,1bf.) Gottes Gnade ist so groß, dass wir keine Angst davor haben müssen, einen Blick in den Abgrund unserer Sünde zu werfen. Tatsächlich fürchten wir uns nicht, zu unserer Sünde zu stehen, denn wir wissen, „wenn wir ... im Licht wandeln, wie er im Licht ist, so haben wir Gemeinschaft untereinander, und das Blut Jesu, seines Sohnes, macht uns rein von aller Sünde." (1. Johannes 1,7) Wir fürchten also gerade das Gegenteil, nämlich dass wir die Gemeinschaft und die Reinheit verlieren, wenn wir nicht im Licht wandeln. Deshalb wollen wir „unsre Sünden bekennen" (1. Johannes 1,9).

Wenn unsere Theologien des Seufzens und der Gnade nicht voll entwickelt sind, werden Menschen in eine Gemeinde kommen, deren Mitglieder Angst davor haben, ihre tiefen Verletzungen und inneren Kämpfe anderen Christen zu bekennen. So mag es zum Beispiel Probleme zwischen einzelnen Mitgliedern geben, aber über sie wird nicht gesprochen. Offensichtlich hat man dort nicht die Gewissheit, dass Gottes Gnade genügt, um mit dieser Herausforderung umzugehen, und ihre Theologie des Seufzens reicht nicht aus, um sie durch die

Unannehmlichkeiten hindurchzutragen, die dadurch entstehen, dass man seine Probleme auf den Tisch bringt. Deshalb entscheiden sie sich dafür, die Sache einfach zu ignorieren. Sie machen weiter in ihrem Lobpreis, konzentrieren sich auf Gottes Güte und darauf, aus dem Lobpreis eine befriedigende Erfahrung zu machen. Weil damit der Schwerpunkt der Gemeindearbeit auf dem Thema „Kraft" liegt, wird die Gemeinde viele bedürftige Menschen anziehen und weiterwachsen. Nach außen hin werden sich ihre Leiter umarmen und einander freudig zulächeln, aber in ihrem Inneren werden sie von den verborgenen Frustrationen und ihrem angestauten Ärger über die ungelösten Probleme zerfressen werden. Sie werden trotzdem weiterhin zusammenarbeiten, bis die Probleme so groß werden, dass sie es einfach nicht mehr länger aushalten. Dann entlädt sich alles in einer sehr heftigen Konfrontation. Nicht selten spaltet sich darüber die Gemeinde oder ein Teil von ihr wandert ab.

Das raue Leben neutestamentlicher Teams

Was für einen Kontrast zu dem eben beschriebenen Szenario stellt dagegen das in den Evangelien geschilderte Leben Jesu mit seinem zwölfköpfigen Team von Jüngern dar. Dort findet man eher das, was ich das „raue Leben" nennen möchte. Die Jünger verstecken ihre Probleme nicht voreinander. Ja, sie haben sich nicht nur ihrem Versagen gestellt, der Heilige Geist hat sogar noch dafür gesorgt, dass es in der Bibel aufgeschrieben wurde, sodass spätere Generationen daraus lernen können.

Wir sehen zum Beispiel, wie die Jünger selbstsüchtige und unsinnige Fragen stellen. Auf dem Berg der Verklärung wollte Petrus für Jesus, Mose und Elia Hütten bauen, wobei Lukas erläutert, dass er nicht wusste, was er sagte (Lukas 9,33). Angestachelt von ihrer Mutter fragten Jakobus und Johannes, ob sie rechts und links neben Jesus sitzen dürften, wenn er in seiner Herrlichkeit erscheinen würde (Markus 10,37). Die anderen Jünger bekamen das mit und „wurden ... unwillig über Jakobus und Johannes" (Markus 10,35-41). Doch dieser Streit führte zu der sehr tief gehenden Rede Jesu, in der er die Grundlagen der dienenden Leiterschaft erläuterte und sich selbst als der Gottesknecht offenbarte, der gekommen ist, um sein Leben als Lösegeld für die vielen zu geben (10,42-45).

Woanders lesen wir, dass die Jünger untereinander stritten, wer der Größte unter ihnen sei. Diese Diskussion entlockte Jesus das Wort: „Wer unter euch der Größte sein will, der soll der Diener aller sein" (Lukas 9,48b). Selbst beim letzten Abendmahl haben sich die Jünger über dieses Thema gestritten, nachdem Jesus sich eine Schürze umgebunden und ihnen wie ein Diener die Füße gewaschen hatte. Aber dieser Disput war der Anlass für eine wundervolle Rede über wahre Größe und den Lohn des Dienens (Lukas 22,24-30).

Als einige ihre Kinder zu Jesus bringen wollten, wurden sie von den Jüngern zurückgewiesen, obwohl Jesus wollte, dass sie zu ihm kommen, um ihnen die Hände aufzulegen. Aus dieser Geschichte sind folgende bemerkenswerte Worte überliefert: „Lasset die Kinder und wehret ihnen nicht, zu mir zu kommen; denn solchen gehört das Himmelreich." (Matthäus 19,14) Die Jünger „wurden ... unwillig", als eine Frau kostbares Salböl Jesus über den Kopf goss, und ihre Proteste forderten Jesus dazu heraus, über das „gute Werk" zu sprechen, das die Frau an ihm getan habe (Matthäus 26,10-13).

Wir haben es mit einer Gemeinschaft zu tun, deren Mitglieder keine Angst davor hatten, einander ihr Unwissen und ihre Zweifel zu gestehen. Nachdem Jesus ihnen mitgeteilt hatte, dass wer ihn sieht, auch den Vater gesehen hat, „spricht zu ihm Philippus: Herr, zeige uns den Vater und es genügt uns." (Johannes 14,8) Damit zog er sich einen freundlichen Verweis von Jesus zu, der dann mit einer meisterhaften und kaum zu widerlegenden Verteidigung über seine Einzigartigkeit fortfuhr (Johannes 14,9-11). Als die Jünger Thomas mitteilten, Jesus sei von den Toten auferstanden, weigerte er sich zu glauben und forderte greifbare Beweise. Aber auch diese Begebenheit führte nicht nur zu einem freundlichen Verweis, sondern auch zu einem wichtigen Kommentar über rettenden Glauben (Johannes 20,24-29).

Im Garten Gethsemane schliefen die Jünger, als sie beten sollten. Das wäre eigentlich nötig gewesen, um sie auf die drohende Verhaftung ihres Meisters vorzubereiten, auf die die furchtbaren Ereignisse seines Todes folgen sollten. Aber in dieser peinlichen Situation hören wir den kritische Satz: „Der Geist ist willig, aber das Fleisch ist schwach.“ (Matthäus 26,41) Und als Jesus verhaftet wurde, „verließen ihn alle Jünger und flohen“ (Matthäus 26,56).

Petrus, der erste Leiter der Urgemeinde, wird in den Evangelien nicht gerade als Vorbild hingestellt. Jesus nannte ihn „Satan“, als er von ihm wegen des Redens über seinen Tod zurechtgewiesen wurde (Matthäus 16,23). Diese Situation war der Anlass für ein großartiges Statement über die Kosten und den Lohn der Nachfolge (Matthäus 16,24-28). Nachdem er mutig aus dem Boot ausgestiegen und einige Schritte auf dem Wasser getan hatte, verließ Petrus plötzlich die Courage und er schrie: „Herr, hilf mir!“ Doch dieses Ereignis führte zum ersten Bekenntnis zur Gottheit Jesu, das in den Evangelien überliefert ist. Die Jünger beteten ihn an und sagten: „Du bist wahrhaftig Gottes Sohn!“ (Matthäus 14,33)

In den Evangelien werden nur eine Handvoll solcher Begebenheiten erzählt, und eine von ihnen ist, wie Petrus Christus verleugnet. Aber die Verleugnung und Petrus' nachfolgende Reue führten dazu, dass er in wunderschöner Weise wieder hergestellt und wieder beauftragt wurde. Als der Engel die Frauen aufforderte, den Jüngern Jesu Auferstehung von den Toten mitzuteilen, erwähnte er nur Petrus mit Namen (Markus 16,7). Johannes lässt sein Evangelium mit einer Darstellung des anrührenden Gesprächs zwischen Petrus und Jesus enden, in dem Jesus über Petrus' Liebe, seine Berufung zum Hirten, sein Martyrium und seinen Ruf in die Nachfolge Christi redet (Johannes 21,15-23).

Was für eine lange Liste! Wir könnten auch für die Leiter der ersten Gemeinde eine solche Liste zusammenstellen. Markus trennte sich von Paulus und Barnabas (Apostelgeschichte 13,13), was Paulus als Desertation interpretierte (Apostelgeschichte 15,38). Paulus und Barnabas kamen später über die Frage „scharf aneinander“, ob Markus sie auf ihrer nächsten Reise begleiten dürfe, und sie trennten sich (Apostelgeschichte 15,36-40). Jahre danach schienen sie wieder zusammengekommen zu sein (1. Korinther 9,6), womit sie demonstrierten, dass Menschen auch nach sehr ernsten Meinungsverschiedenheiten zusammenarbeiten können. Gegen Ende seines Lebens schrieb Paulus aus dem Gefängnis an Timotheus: „Markus nimm zu dir und bringe ihn mit dir; denn er ist mir nützlich zum Dienst." (2. Timotheus 4,11) Wie wir wissen, wurde Markus der Autor des zweiten Evangeliums und ging vermutlich als einer der ersten Missionare nach Ägypten. Dieses Land wurde wurde bald darauf das intellektuelle Zentrum der Kirche. All diese Ereignisse zeigen auf eindrucksvolle Weise, dass Menschen, die versagt haben, ein Comeback haben und kraftvoll von Gott gebraucht werden können.

Dann war da noch die traurige Geschichte in Antiochia, als sowohl Barnabas als auch Petrus dem Druck der Beschneidungspartei nachgaben und sich von der Tischgemeinschaft mit den Heiden zurückzogen. Diese Aktion führte zu einer öffentlichen Zurechtweisung des Petrus durch Paulus (Galater 2,11-14). Aber dieses Ereignis und die mit ihm verbundenen Geschehnisse brachten Paulus schließlich dazu, seinen eindrucksvollen Galaterbrief zu schreiben. Der zweite Korintherbrief enthält (wie der an die Galater) raue, leidvolle Passagen, in denen Paulus sein Leid und seine Sorgen in einer an die Klagen/Beschwerden erinnernden Form ausdrückt. Doch aus diesem Schmerz und seiner Heilung schöpft er eine beispiellose und lange Reflexion über die Herrlichkeit des Dienstes (2. Korinther 2,14-6,13). Paulus stellte sich seinen Problemen und kämpfte um ihre Lösung, ohne Menschen aufzugeben oder Gemeindespaltungen zuzulassen.

Das Schöne ist, dass aus jedem Stolpern wundervolle Einsichten über das Wesen Gottes erwuchsen. Die ersten christlichen Gemeinden waren Gemeinschaften, die oft strauchelten. Aber indem sie sich mit ihrem Versagen auseinandersetzten, statt es unter den Teppich zu kehren, gaben sie Gott die Gelegenheit, sie tief greifend zu verändern. Die Folge waren nicht nur theologische Einsichten, sondern eine neue Tiefe im geistlichen und gemeinschaftlichen Leben. Wenn sich eine Gemeinschaft nicht mit den Fehlern ihrer Mitglieder auseinandersetzen will, bleibt sie immer eine oberflächliche Gemeinschaft.

Das Neue Testament hat dagegen einige sehr raue Beschreibungen der ersten Jüngerteams. Sie und die Autoren des Neuen Testaments hatte keine Angst, ihre Schwächen einzugestehen. Denn diese

Praxis, Schwächen einzugestehen, passt zu der Lehre Jesu. Er zeigte, dass diejenigen, die ihre Sünden und Schwächen zugeben, groß im Reich Gottes sind. Sein Manifest über das Reich beginnt mit vier Aussagen, in denen dem Zugeben der eigenen Bedürftigkeit ein großer Wert beigemessen wird. Dort werden die Armen im Geist selig gepriesen, die, die Leid tragen, die Sanftmütigen und die, die nach Gerechtigkeit hungern und dürsten (Matthäus 5,3-6). Jesus erzählt auch eine Geschichte über einen selbstgerechten Pharisäer und einen sündigen Zöllner, die beide zum Beten in den Tempel gehen. Nachdem sich der Pharisäer wortgewaltig über seinen Gesetzesgehorsam ausgelassen hatte, stand „der Zöllner ... ferne, wollte auch die Augen nicht aufheben zum Himmel, sondern schlug an seine Brust und sprach: Gott, sei mir Sünder gnädig!" (Lukas 18,13) Doch Jesus sagte, dass dieser Mann und nicht der Pharisäer gerechtfertigt nach Hause ging (Lukas 18,14). Er sagte auch, dass diejenigen die Größten im Reich Gottes sind, die umkehren, sich demütigen und wie Kinder werden (Matthäus 18,3f.).

Jesus ist zwar der einzige Mensch ohne Sünde, aber die Bibel zeigt uns, dass selbst er manchmal zu kämpfen hatte. Wir erleben, wie er am Grab des Lazarus weint (Johannes 11,35). Später, als er über seinen eigenen Tod nachdachte, bekannte er: „Jetzt ist meine Seele betrübt. Und was soll ich sagen? Vater, hilf mir aus dieser Stunde? Doch darum bin ich in diese Stunde gekommen." (Johannes 12,27)

Die Evangelien verbergen ebenso nicht die Tatsache, dass Jesus im Garten Gethsemane wirklich kämpfen musste, bis er den Willen Gottes akzeptieren konnte. Matthäus schreibt, er „fing an zu trauern und zu zagen" (Matthäus 26,37); Markus sagt, er „fing an zu zittern und zu zagen" (Markus 14,33). Lukas drückt die Situation am eindrucksvollsten aus, wenn er schreibt: „Und er rang mit dem Tode und betete heftiger. Und sein Schweiß wurde wie Blutstropfen, die auf die Erde fielen." (Lukas 22,44) Der Grund für dieses tiefe Leid lag darin, dass Jesus den Ratschluss Gottes (dass er am Kreuz für die Sünde der Menschheit sterben sollte) nicht leicht zu akzeptieren fand. Er betete: „Vater, willst du, so nimm diesen Kelch von mir; doch nicht mein, sondern dein Wille geschehe!" (Lukas 22,42) Gestärkt durch Engel marschierte Jesus jedoch schließlich so triumphierend zum Kreuz, dass die, die ihn verhaften wollten, zurückwichen und zu Boden fielen, nachdem er sich vorgestellt hatte (Johannes 18,6)!

Wollen wir nicht auch oft dem aus dem Weg gehen, was wir gerade tun sollten? Nun, dass Jesus sich so offen zu seinen Gefühlen bekennt, sollte auch uns den Mut geben, unsere Vorbehalte auszusprechen. Und wenn wir das tun, sollten die anderen in der Gemeinde uns dafür nicht verurteilen, sondern mit uns leiden und uns dazu ermutigen, Gott gehorsam zu sein. Indem wir zu unserer Bedürftigkeit stehen, stoßen wir Gottes Werk an, der uns für die vor uns stehenden Herausforderungen stärken will. Das wichtigste ist jedoch der Gehorsam. Wer niemals seine Angst bekennt, wird manchmal Gott ungehorsam, weil er sich nicht wirklich mit seinem Problem auseinandergesetzt hat und weil er auch keinen hat, der ihn ermutigt, bis zum Ende durchzuhalten.

Ein gesundes Team ermutigt deshalb seine Mitglieder, offen über ihre Fehler und Ängste zu reden. Ihre Sehnsucht nach Gott und ihr Glaube in die Allgenügsamkeit seiner Gnade wird sie dazu nötigen, ihre Sünden und Probleme furchtlos anzugehen und zu Gott aufzuschauen, der die Gemeinschaft reinigt, lehrt und vertieft. Eine Gemeinschaft, die mit ihren Problemen offen in einer biblischen Weise umgeht, wird eine Gemeinschaft mit einer tiefen Spiritualität werden, denn Gott bringt uns oft gerade im Kampf mit unseren Problemen seine tiefen Wahrheiten bei.

Jetzt aber möchte ich endlich davon erzählen, warum mir solche Zusammenhänge gerade dann eingefallen sind, als ich über die Arbeit unter Drogenabhängigen nachdachte. Seinerzeit habe ich in einem Buch gelesen, dass Drogenabhängige vor allem dann zu Drogen greifen, wenn sie mit dem nicht umgehen können, was der Autor „schwere Gefühle“ nannte. Dazu gehören Ärger, Entmutigung, Schmerz, Sorge, Reue und Neid. Alle diese Gefühle sind Ausdruck einer Situation, die man auch mit angemessenen Antworten und gesunden Beziehungen angehen könnte. Aber manche Menschen halten diese Schritte für zu schmerzhaft, und weil sie deshalb Angst haben, diesen Weg zu gehen, greifen sie lieber zum schnellen Ausweg, den ihnen scheinbar die Drogen bieten.

Die meisten Drogenrehabilitationseinrichtungen arbeiten mit Gruppenaktivitäten und -therapien, um den Drogenabhängigen zu helfen, nicht wieder zu Drogen zu greifen. Die Teilnehmer werden also Teil einer Gruppe, in der sie ihre Seele völlig offenlegen und ihre Ängste und Verletzungen aussprechen können, ohne zurückgewiesen zu werden. Dahinter steht die Hoffnung, dass sie auf diese Weise lernen, wie man positive und hilfreiche Beziehungen und Wege gebraucht, um mit Niedergeschlagenheit umzugehen, statt zu Drogen zu greifen. Die meisten Einrichtungen für Drogenabhängige arbeiten mit Ex-Junkies als Gruppenmitgliedern. Diese Menschen leiden mit; sie verstehen diejenigen und verurteilen sie nicht, die die furchtbaren Dinge bekennen, die ihnen durch den Kopf gehen.

Viele Einrichtungen für Drogenabhängige sind verzweifelt, wenn es darum geht, ihre Schützlinge in Gruppen außerhalb der Einrichtung zu integrieren. Sie haben den Eindruck, dass sich die Christen in diesen Gruppen überhaupt keine Mühe geben, die Gefühle der Ex-Junkies zu verstehen, und auch keine Geduld haben, sich auf den Prozess, den sie durchmachen, wirklich einzulassen. Wenn dann ein Ex-Abhängiger anderen seine Probleme mitteilt, fühlt er sich oft von den anderen verurteilt, wird verletzt und zieht sich aus der Gruppe zurück. Aus diesem Grund haben einige Einrichtungen eigene Gemeinden aufgebaut, die nahezu ausschließlich aus Menschen bestehen, die entweder abhängig waren oder es noch sind. Ich glaube, dass wir wirklich hart arbeiten müssen, um solche Menschen in unsere normalen Gemeinden einzugliedern. Und wir sollten keine Mühe scheuen, damit sie eine Kleingruppe oder einen Hauskreis finden, wo sie verstanden und nicht verurteilt oder zurückgewiesen werden.

Ich fürchte, christlichen Hauptamtlichen geht es ähnlich. Sie haben es mit einer besonderen Sorte von Problemen zu tun, die nicht von jedem verstanden werden. Von ihnen erwartet man, dass sie sich um die leidenden Menschen kümmern, aber sie haben gleichzeitig keinen, zu dem sie gehen können, wenn sie leiden. Wenn sie anderen Christen ihre Probleme erzählen, könnte das einiges an Überraschung und Aufregung auslösen, vielleicht sogar der Arbeit insgesamt schaden.

Die Mitarbeiter aus der Drogenrehabilitation schicken ihre Schützlinge nicht gern in normale Gemeinden, weil sie fürchten, dass sie dort zurückgewiesen werden. In derselben Weise haben christliche Hauptamtliche oft Angst, in ihren Gruppen von ihren Problemen zu erzählen, weil sie immer wieder schmerzhafte Erfahrungen gemacht haben, wenn sie es doch taten. Wir brauchen also dringend Kleingruppen, in denen hauptamtliche Christen ohne Furcht ihre Probleme auf den Tisch legen können – Gruppen, gegenüber denen sie verantwortlich sind. Ich glaube, dass solche Gruppen eine starke Theologie der Gnade und des Seufzens brauchen, sodass sie in der Lage sind, sich mit dem auseinanderzusetzen, was ich das „raue Leben" nenne.

Verantwortlichkeit bei Mitarbeitern

Ein „ernster Mann" fragte den frischbekehrten John Wesley einmal: „Sir, wollen Sie Gott dienen und in den Himmel kommen? Denken Sie immer daran, dass Sie ihm nicht allein dienen können. Suchen Sie sich also eine Gemeinschaft oder rufen Sie eine ins Leben." Diesen Rat möchte ich auch heutigen christlichen Mitarbeitern dringend ans Herz legen. *Finde* eine Gemeinschaft oder, wenn du keine finden kannst, dann *gründe* eine. Wesley ist diesem Rat gefolgt und daraus entstand die methodistische Bewegung.

Wesley entwickelte in ihr ein Gemeinschaftsmodell mit vier verschiedenen Gruppentypen. Der erste war die „Gesellschaft", die in etwa der heutigen Gemeindeversammlung entsprach. Hier geschahen die biblische Lehre und der Lobpreis. Der nächste Typ war die „Klassenversammlung", eine Nachbarschaftsgruppe, die aus ungefähr zwölf Leuten aus der gleichen Gegend bestand. Es war eine heterogene Gruppe, in der Männer und Frauen sowie Verheiratete und Unverheiratete verschiedenen Alters zusammenkamen. Diese Gruppen sollten sich überlegen, wie sie das, was sie in der „Gesellschaftsversammlung" gehört hatten, in ihrem Alltag umsetzen könnten. Die vierte Gruppenform war die „Bande", ein Treffen von Menschen mit demselben Ziel, die sich gegenseitig unterstützen sollten. So gab es zum Beispiel „Banden“, in denen sich Menschen trafen, die einen neuen Anfang mit Christus machen wollten, oder auch welche, in denen die zusammenkamen, die eine vollkommene Heiligung erreichen wollten.

Der dritte Gruppentyp ist für unsere Diskussion der interessanteste: Wesley nannte auch diese Gruppe eine „Bande“, benutzte also denselben Begriff wie für das Treffen von Menschen, die sich voreinander verantworten wollten. In diesem Fall waren es jedoch homogene Gruppen, die streng nach Geschlecht, Alter und Familienstand getrennt waren. Indem er die Gruppen so strikt einteilte, wollte Wesley die Mitglieder ermutigen, selbst privateste Dinge aus ihrem persönlichen Leben mitzuteilen. In Wesleys „Bandenregel“ heißt es denn auch: „Der Grundgedanke unserer Treffen ist der Gehorsam gegenüber Gottes Gebot, ‚Bekennt also einander eure Sünden und betet füreinander, dass ihr gesund werdet.‘ (Jakobus 5,16)“ Dann listet Wesley sechs Dinge auf, die bei solch einem Treffen passieren sollten. Zwei davon sind für unseren Zusammenhang besonders interessant:

> 4. Einander in geordneter Weise, frei und offen, den wahren Stand unserer Seelen mitzuteilen, mit all den Fehlern, die wir in Gedanken, Worten und Werken begangen haben, und mit all den Versuchungen, die uns seit dem letzten Treffen angegangen sind ...
> 6. Zu verlangen, dass eine bestimmte Person unter uns zuerst über ihren eigenen Zustand spricht, und dann in geordneter Weise so viele und so tief gehende Fragen zu stellen, als da sein mögen bezüglich des Zustandes, der Sünden und der Versuchungen.

Ich glaube, dass alle Hauptamtlichen Teil einer „Bande“ im Wesleyschen Sinne sein sollten – einer Gruppe von Menschen, denen gegenüber sie sich verantworten müssen. Heutzutage gibt es eine Tendenz unter christlichen Leitern, sich in Hauskreisen mit den Menschen zu treffen, mit denen sie nicht zusammenarbeiten. Das kann sehr effektiv sein, denn die unterschiedlichen Gruppenmitglieder können einander offen mit ihren Sünden, Schwächen und anderen Herausforderungen konfrontieren. Der Nachteil ist allerdings, dass die Gruppenmitglieder sich nicht im täglichen Umgang erleben.

Wer jedoch täglich mit einem anderen zusammenarbeitet, weiß, was wirklich in dessen Leben passiert. Das kann ein großer Vorteil sein, vor allem, wenn wir an unsere natürliche Veranlagung denken, unsere Fehler zu rechtfertigen, oder anderen nur die halbe Wahrheit zu erzählen, wenn es um unsere Schwächen geht. Auf diese Weise können wir den anderen schnell ein unrealistisches Bild von uns geben, und sie haben keine Möglichkeit, es zu überprüfen. So etwas passiert zum Beispiel oft in einem Gemeindevorstand, in dem die meisten nicht aktiv in die Gemeindearbeit eingebunden sind. Der einzig Aktive ist oft auch gleichzeitig der Leiter des Vorstandes, sodass dessen Mitglieder vor ihren Entscheidungen in der Regel nur seine Perspektive zu hören bekommen.

Hinzu kommt, dass andere in uns Schwächen entdecken, die wir selbst nicht wahrnehmen. Deshalb haben Menschen, die zusammen arbeiten, viel bessere Möglichkeiten, sich gegenseitig zu beobachten und dabei sowohl die Stärken als auch die Schwächen zu entdecken.

Aus diesen Gründen denke ich, dass die optimale Verantwortlichkeitsgruppe aus einem Arbeitsteam besteht. Das ist die Gruppenform, die Jesus mit seinen Jüngern entwickelte. Ich weiß, dass es viele Pastoren und Mitarbeiter gibt, die in ihren Gemeinden oder Organisationen keinen haben, mit dem sie ihre tiefsten Empfindungen teilen können. Sie sollten deshalb dafür beten und arbeiten, ein entsprechendes Team aufzubauen, sie müssen es *gründen.* Und das tut man, indem man in Menschen investiert, so wie Jesus in seine Jünger investierte. Wir werden uns das in den nächsten beiden Kapiteln genauer anschauen.

Ich glaube, dass auch Freunde, die eine lange gemeinsame Geschichte hinter sich haben, gut eine Gruppe gegenseitiger Verantwortlichkeit bilden können. Obwohl sie nicht zusammen arbeiten, haben sie doch im Laufe der Jahre eine Offenheit füreinander entwickelt, durch die die Verantwortlichkeit möglich wird. Es ist ziemlich schwierig Menschen zu täuschen, die einen so gut kennen. Sie kennen unsere Schwächen und beziehen sie mit ein, wenn sie uns helfen wollen. Ich kenne einige sehr effektive Gruppen dieser Art, die aus Menschen bestehen, die früher einmal gemeinsam Jugendarbeit gemacht haben. Jetzt sind sie schon lange keine Jugendlichen mehr, aber die Bande, die sie in ihrer Jugend geknüpft haben, ermöglichen es ihnen auch im Erwachsenenalter noch zueinanderzustehen.

Idealerweise haben Pastoren die anderen Pastoren ihrer Konfession oder Organisation, die in derselben Gegend wohnen, als Verantwortungsgruppe. So hat es John Wesley jedenfalls für seine Prediger organisiert. Leider fürchten sich heute jedoch die meisten Christen, ihre Probleme anderen Hauptamtlichen mitzuteilen, weil sie nicht wissen können, ob die Zuhörer diese Informationen nicht zu ihrem Schaden missbrauchen. Ich kann dazu nur sagen, dass ich das für eine furchtbare Tragödie halte. Jesus hat sicher nicht gewollt, dass wir innerhalb seines Leibes so miteinander umgehen. Wir sollten also arbeiten und beten, damit diese Situation überwunden wird.

Heute erleben wir es oft, dass gleichgesinnte Pastoren und Hauptamtliche verschiedener Konfessionen und Organisationen, die in derselben Gegend leben, sich zu Gebet und Austausch treffen. Das ist eine wunderbare Entwicklung, die es überall geben sollte. Manche dieser Gruppen sind zu Orten geworden, in denen man einander verantwortlich ist. Das ist ebenfalls sehr gut, besonders dann, wenn die Teilnehmer einer solchen Gruppe zu Hause keine Freunde haben. Aber aus den oben genannten Gründen es ist dennoch nicht die ideale Verantwortungsstruktur. Wir sollten deshalb nicht aufhören, uns in solchen Gruppen zu treffen, allerdings sollte uns das nicht davon abhalten, im Umkreis unseres Dienstes einen Kreis vertrauenswürdiger Freunde aufzubauen.

Ich habe zwei Gruppen, denen gegenüber ich ernsthaft verantwortlich bin. Ich schreibe bewusst „ernsthaft“, weil ich natürlich auch anderen Gruppen verantwortlich bin, wie zum Beispiel meiner Gemeindeleitung. Da ich viel unterwegs bin, halte ich auch die Leitungskreise der Gemeinden oder Organisation, die mich eingeladen haben, für Gruppen, denen gegenüber ich, zumindest für eine bestimmte Zeit, verantwortlich bin.

Aber wenn es um persönliche Entscheidungen oder Aktivitäten in meinem Leben geht, wende ich mich an zwei bestimmte Gruppen. Die erste besteht aus fünf Freunden, die zusammen für Jugend für Christus (JfC) gearbeitet haben. Wir sind seit mehr als fünfunddreißig Jahren enge Freunde. Zwei von ihnen sind ehemalige Kollegen aus dem Mitarbeiterstab von JfC, die nun für andere Organisationen arbeiten. Einer ist immer noch ein Kollege aus JfC, und wieder ein anderer war in den sechsundzwanzig Jahren, in denen ich nun schon für JfC arbeite, der Vorsitzende des Vorstandes. Alle fünf gehören zum Vorstand von JfC. Wir treffen uns etwa einmal im Monat.

Die andere Gruppe besteht aus meinen Mitleitern bei JfC, und wir treffen uns in der Regel alle vierzehn Tage. Die anderen Gruppenmitglieder sind um einiges jünger als ich, aber das sind die Menschen, mit denen ich am engsten zusammenarbeite, und damit ist diese Gruppe in gewisser Weise wichtiger als die andere.

Wenn wir uns treffen, stellen wir uns die folgenden Fragen (die einer meiner Kollegen einmal im Internet gefunden und überarbeitet hat). Die Fragen sind vermutlich eher auf Männer zugeschnitten, aber ich denke, auch Frauen, die eine ähnliche Gruppe ins Leben rufen wollen, können damit etwas anfangen:

1. Hast du regelmäßig Zeit mit Gott verbracht?
2. Hast du in irgendeiner Weise deine Integrität kompromittiert?
3. Waren deine Gedanken rein?
4. Hast du eine sexuelle Sünde begangen?
5. Hast du dich im Umgang mit Frauen in eine ungeschickte Situation gebracht?
6. Was hast du an besonderen Dingen für deine Frau und/oder deine Familie getan?
7. Hast du in der letzten Woche von deinem Glauben erzählt? Wie?
8. Warst du in allem, was wir diskutiert haben, ehrlich?

Ich kann nicht beschreiben, wie sehr mir diese Gruppen bisher geholfen haben. Wir beten für unsere Schwächen. Wir diskutieren unsere Kämpfe und Herausforderungen, unsere Freuden und Nöte. Wir reden über und beten für unsere Kinder. Manchmal reden wir auch über Theologie und Politik. Ich berichte nach jeder Auslandsreise ausführlich über mein Verhalten. Sie wissen, in welchen Bereichen meines Lebens ich verwundbar bin, und ich berichte ihnen über diese Bereiche. Und nicht selten hat mich die Weisheit dieser Freunde davor bewahrt, irgendetwas unglaublich Dummes zu machen!

Vielleicht sollte ich noch ein paar Dinge über Teams sagen, die aus Männern und Frauen bestehen. In ihnen kann man sicher ebenfalls tiefe Freundschaften und die meisten Segnungen der Teamarbeit erleben. Allerdings müssen wir sehr vorsichtig sein, wenn es darum geht, intime Details aus unserem Leben mitzuteilen, denn daraus können ungesunde emotionale Bindungen zwischen den Geschlechtern entstehen. Wenn Frauen in so einem Team in der Minderheit sind, habe ich oft erlebt, dass sie nicht so offen über ihre privaten Kämpfe geredet haben wie ihre männlichen Kollegen, weil sie vor Männern nicht alles erzählen wollen. In so einem Fall muss der Teamleiter dafür Sorge tragen, dass auch die Frauen einen Ort haben, wo sie sich öffnen können. Wenn eine Frau ein persönliches Problem hat, tue ich nach einem ersten Treffen immer eins von drei Dingen: Ich treffe mich zusammen mit meiner Frau mit ihr; ich frage meine Frau, ob sie sich allein mit ihr treffen möchte; ich vermittle sie an eine andere vertrauenswürdige Frau weiter. In diesen Situationen müssen wir unsere Messiaskomplexe überwinden und uns offen eingestehen, dass andere solchen Menschen tatsächlich besser helfen können als wir.

Wie auch immer die Gruppe aufgebaut sein mag, sie braucht eine Person, die dafür sorgt, dass sie sich regelmäßig trifft. Die meisten Hauptamtlichen haben so volle Terminkalender, dass sie so ein Treffen schnell einmal übersehen. In dem epischen Kampf zwischen dem Dringenden und dem Wichtigen erringen wir einen Sieg, wenn es einfach jemand in die Hand nimmt, dass wir uns wirklich treffen.

Bevor ich mit diesem Kapitel zum Schluss komme, muss ich noch sagen, dass für die Verheirateten unter uns der Ehepartner die wichtigste Person ist, der gegenüber wir verantwortlich sein sollten. Auch diese Beziehung gestaltet sich jedoch nicht von allein, und wie alle tiefen Beziehungen braucht auch sie Zeit, um sich zu entwickeln. Im

Leben eines verheirateten christlichen Mitarbeiters gibt es nur wenige Dinge, die so wichtig sind wie eine ungestörte Zeit, um mit seinem Ehepartner zu sprechen. Christliche Hauptamtliche, die zu beschäftigt sind, um lange Gespräche mit ihren Partnern zu führen, sind genau das: *zu beschäftigt*!

In Sprüche 18,24 heißt es: „Es gibt Allernächste, die bringen ins Verderben, und es gibt Freunde, die hangen fester an als ein Bruder." Wir arbeiten in einem „Menschen-Beruf". Deshalb gehört es zu unserer Arbeit, sehr viele „Allernächste" zu haben. Doch trotzdem sind wir oft einsam. Und wie das Sprichwort sagt, kann es uns ins Verderben stürzen. Hoffentlich finden wir alle deshalb Freunde, die uns fester anhangen als ein Bruder.

10. Jüngere Leiter zu Jüngern machen

Im letzten Kapitel haben wir gesehen, wie Jesus mit seinen Jüngern als Team zusammenarbeitete. Während dieser Zeit versorgte und trainierte er sie und sah, wie sie zur Reife gelangten und zu effektiven Dienern des Evangeliums wurden. Wenn ein christlicher Leiter einem anderen Christen hilft, ein Jünger Christi zu werden, passiert das, was ich „zu einem Jünger machen" nenne. Ich nenne den Leiter, der den anderen ausbildet, *Mentor*, und den, der ausgebildet wird, *Jünger*. Die Begriffe *Mentor* und *Jünger* (anstelle von *Meister* und *Jünger*) verweisen auf die Tatsache, dass wir den anderen ja nicht zu einem Jünger von uns selbst, sondern zu einem Nachfolger Christi machen sollen.

Die Leiter der neutestamentlichen Gemeinde entwickelten ebenfalls eine Strategie des Wachstums durch Jüngerschaft, wie wir im letzten Kapitel gesehen haben. Paulus war immer mit treuen Mitarbeitern unterwegs, Menschen wie Timotheus und Titus, die er beide „Kind" nennt. Sechsmal gebraucht er den Ausdruck *teknon*, der die Kindschaftsbeziehung im Sinne einer emotionalen Verbundenheit beschreibt, für Timotheus, jeweils einmal für Titus und Philemon. Alle diese Menschen liebte Paulus also aus tiefstem Herzen, wie wir auch an folgendem Statement sehen: „Ich danke Gott, dem ich diene von meinen Vorfahren her mit reinem Gewissen, wenn ich ohne Unterlass deiner gedenke in meinem Gebet, Tag und Nacht. Und wenn ich an deine Tränen denke, verlangt mich, dich zu sehen, damit ich mit Freude erfüllt werde." (2. Timotheus 1,3f.) Paulus hatte so eine intensive und enge Beziehung zu Timotheus und vertraute ihm so sehr, dass er sagen konnte: „Aus demselben Grund habe ich Timotheus zu euch gesandt, der mein lieber und getreuer Sohn ist in dem Herrn, damit er euch erinnere an meine Weisungen in Christus Jesus, wie ich sie überall in allen Gemeinden lehre." (1. Korinther 4,17). Paulus hatte einen weit reichenden öffentlichen Dienst, aber trotzdem vernachlässigte er nicht die persönliche Aufgabe, seine jungen Mitarbeiter zu Jüngern zu machen. Petrus nannte Markus seinen

„Sohn“ (1. Petrus 5,13; griechisch: *hyios*), womit er deutlich machte, dass er ebenfalls eine Mentor-Jünger-Beziehung zu diesem jungen Mann hatte.

Das Themengebiet ist so groß, dass man ohne Probleme ganze Bücher damit füllen könnte. Als ich darüber nachdachte, wie ich die Problematik innerhalb dieses Buches überhaupt ansprechen könnte, entschied ich mich, dies anhand des hohepriesterlichen Gebetes Jesu in Johannes 17,1-26 zu tun, denn dieser Abschnitt erläutert sehr gut, wie sehr sie ihm am Herzen lagen und wie er sie zu Jüngern machte. In diesem Text haben wir es mit dem längsten überlieferten Gebet Jesu zu tun. Es kann in vier Teile untergliedert werden. Zuerst betet Jesus für seine eigene Verherrlichung (17,1-5); dann betet er für seine Jünger (17,6-19); dann für andere, die an ihn glauben werden (17,20-23); und schließlich betet er wieder für seine Jünger.

In unserem Zusammenhang werden uns vor allem die Verse 6 bis 19 beschäftigen. Dieser Abschnitt offenbart, auf welche Weise sich Jesus um seine Jünger kümmerte, und zeigt damit ein Modell für geistliche Elternschaft. Aber er erläutert auch einige wichtige Prinzipien, die leibliche Eltern bei der Erziehung ihrer Kinder beachten sollten. Ich bin sogar überzeugt davon, dass diese Prinzipien auch bei säkularen Einrichtungen angewandt werden sollten. Betrachten wir uns also in diesem und dem folgenden Kapitel die neun Aspekte biblischer Elternschaft.

Jesus offenbart Gott

Jesus beginnt diesen Abschnitt, indem er sagt: „Ich habe deinen Namen den Menschen offenbart, die du mir aus der Welt gegeben hast.“ (Johannes 17,6a) Mit dem „Namen“ ist hier das Wesen Gottes gemeint. Durch Jesus haben die Jünger herausgefunden, wie Gott ist. Er wiederholt diesen Gedanken in Vers 26: „Und ich habe ihnen deinen Namen kundgetan und werde ihn kundtun, damit die Liebe, mit der du mich liebst, in ihnen sei und ich in ihnen.“ Jesus hat dieses Wissen über Gott auf zwei Weisen weitergegeben – durch sein Leben und durch seine Lehre.

Die Offenbarung Gottes durch sein Leben

Wir finden im Johannesevangelium mehrere Hinweise darauf, dass Jesus seinen Jüngern Gott durch sein Leben offenbarte. Johannes schreibt: „Niemand hat Gott je gesehen; der Eingeborene, der Gott ist und in des Vaters Schoß ist, der hat ihn uns verkündigt." (Johannes 1,18) Jesus sagt: „Wer mich sieht, der sieht den, der mich gesandt hat." (Johannes 12,45; vgl. 14,9) Er sagt, wenn er redet, redet tatsächlich Gott selbst: „Die Worte, die ich zu euch rede, die rede ich nicht von mir selbst aus. Und der Vater, der in mir wohnt, der tut seine Werke." (Johannes 14,10)

Natürlich sind wir nicht in der Lage, in gleicher Weise wie Jesus das Ebenbild Gottes zu sein. Aber auch wir sind dazu berufen, Gott in unserem Leben widerzuspiegeln. Jesus sagt: „So lasst euer Licht leuchten vor den Leuten, damit sie eure guten Werke sehen und euren Vater im Himmel preisen." (Matthäus 5,16) Und Paulus fordert uns auf, uns in das Ebenbild Christi verwandeln zu lassen (Römer 8,29; 2. Korinther 3,18).

John Selwyn, Missionsbischof von Melanesien, war einmal mit einem Jungen unterwegs, der von einer der wildesten Inseln der Südsee kam und von ihm ausgebildet wurde. Eines Tages musste der Bischof ihn wegen seines sturen und trotzigen Verhaltens zurechtweisen. Der Junge wurde wütend und schlug den Bischof ins Gesicht. Der Bischof sagte nichts, sondern drehte sich um und ging schweigend weg. Das Verhalten des Jungen wurde immer schlimmer, bis man ihn schließlich auf seine Insel zurückschickte, weil man an keine Besserung mehr glaubte.

Viele Jahre später wurde ein Missionar auf dieser Insel zu einem kranken Mann gerufen. Es war Bischof Selwyns ehemaliger Schüler. Er lag im Sterben und wollte getauft werden. Der Missionar fragte ihn, welchen neuen Namen er im Zusammenhang mit der Taufe annehmen wolle. Der Sterbende antwortete: „Nennt mich John Selwyn, denn an dem Tag, als ich ihn schlug, lehrte er mich, wie Christus ist."

Jesus schließt sein Gebet mit den Worten: „Und ich habe ihnen deinen Namen kundgetan ..., damit die Liebe, mit der du mich liebst, in ihnen sei und ich in ihnen." (Johannes 17,26) Er scheint damit anzudeuten, dass die Jünger die Liebe Gottes nicht nur verstanden, sondern auch erfahren haben, indem Jesus sie liebte. Auf dieselbe Weise können wir auch durch unsere väterliche oder mütterliche Liebe Menschen helfen, die Liebe Gottes des Vaters besser zu verstehen. Viele Menschen finden den Gedanken an die Vaterschaft Gottes schwierig, weil sie niemals einen guten und liebenden irdischen Vater hatten. Ihre inneren Verletzungen haben sie taub gemacht, sodass sie nicht empfänglich sind für die hingebungsvolle Liebe, die die Beziehung zwischen Vater und Kind charakterisiert. Um sich vor neuen Verletzungen zu schützen, entscheiden sie sich vielleicht dazu, niemals einem Menschen so zu vertrauen, dass er sie wie ein Vater lieben könnte.

Vielleicht ist die Erfahrung mütterlicher und väterlicher Liebe durch einen geistlichen Vater oder eine geistliche Mutter für solche Menschen ein Weg, die väterliche Liebe Gottes zu verstehen. Dadurch können sie erleben und glauben, dass sie tatsächlich liebenswert sind. Das öffnet ihr Denken für die Vorstellung, dass Gott sie in hingebungsvoller Weise liebt. Wenn sie das einmal begriffen haben, dann werden sie sich Gottes Liebe öffnen und sie nicht nur akzeptieren, sondern erleben.

Sowohl in der Gesellschaft als auch in der Kirche ist das Leiten in eine tiefe Krise geraten, was ich besonders in der Jugendarbeit gemerkt habe. Junge Leute bemerken, dass ihre Leiter so unzuverlässig sind, wenn es darum geht, das zu leben, was sie predigen, dass sie überhaupt keinem mehr trauen. Als Folge wurde Heiligung für sie zu einem überflüssigen Unternehmen! Sie haben miterlebt, wie unheilige Anführer Nationen zu ökonomischem Wohlstand geführt haben; und sie haben deshalb den Eindruck, dass einer, der einen solchen Wohlstand bringt, ein guter Leiter sein muss, obwohl er sich vielleicht unmoralisch verhält.

Ich war immer von der Tatsache überrascht, dass Millionen von Menschen aus allen Teilen der Welt indischen Gurus hinterherlaufen, deren persönliches Verhalten als skandalös bezeichnet werden muss. Schließlich erkannte ich jedoch, dass viele Menschen Moral nicht besonders wichtig nehmen. Diese Gurus haben wundersame Kräfte, und mehr wollen die Menschen von ihnen gar nicht. Spiritualität wird oft nahezu ausschließlich in Kraft- und Machtkategorien gemessen – Macht über Ängste, über die Zukunft, über Krankheiten, über Armut usw. Die Menschen folgen Leitern, die ihnen diese Macht geben, egal ob sie sich moralisch verhalten oder nicht. Deshalb wächst die Popularität von allen möglichen Spiritualisten, Hexen, Geistheilern, Gurus und Ähnlichen. Und erst vor Kurzem haben wir einige Fälle von sehr ernsten moralischen Fehlern bei prominenten christlichen Evangelisten erlebt, die ihren geistlichen Dienst ebenfalls auf das Zurschaustellen von wundersamen Gaben aufgebaut hatten.

Im biblischen Christentum ist Kraft ohne Heiligkeit nutzlos und nicht akzeptabel (1. Korinther 13,1-3). Der Gott der Bibel ist nicht wie andere Götter, dass er von seinen Anhängern durch bestimmte magische Rituale besänftigt und zu Gefälligkeiten überredet werden könnte. Der Gott der Bibel ist ein heiliger Gott, der in jedem Bereich des Lebens totale Hingabe fordert. Deshalb ist nach der Bibel Heiligung so wichtig, dass alle Erfolge ohne sie wertlos sind. Heiligkeit ist deshalb eine der grundlegendsten Qualifikationen für Leitungspositionen. Aus diesem Grund findet sich unter den fünfzehn Qualifikationen für ein Leitungsamt, die Paulus Timotheus übermittelt (1. Timotheus 3,2-7), nur eine Fähigkeit („geschickt im Lehren"). Der Rest hat mit Charakter zu tun, mit Ruf, mit Reife und Familienleben. Alle diese Qualifikationen haben jedoch mit Heiligung zu tun.

Später warnt Paulus Timotheus davor, zu schnell Leiter einzusetzen (1. Timotheus 5,22). Unmittelbar darauf fügt er hinzu: „Habe nicht teil an fremden Sünden!" Diese Warnung scheint darauf hinzuweisen, dass Timotheus selbst mit Sünde belastet wird, wenn ein von ihm eingesetzter Leiter sündigt. Die durch einen sündigen Leiter heraufbeschworene Situation ist also so ernst, dass die Person, die ihn in die entsprechende Position gebracht hat, ebenfalls einen Teil der Verantwortung für den nachfolgenden Skandal trägt. Jakobus sagt: „Liebe Brüder, nicht jeder von euch soll ein Lehrer werden; und wisst, dass wir ein desto strengeres Urteil empfangen werden." (Jakobus 3,1)

Paulus fordert Timotheus auf, „den Gläubigen ein Vorbild im

Wort, im Wandel, in der Liebe, im Glauben, in der Reinheit" (1. Timotheus 4,12) zu sein, um damit die Ablehnung zu überwinden, die ihm aufgrund seines jungen Alters entgegengebracht wurde. Titus erklärte der Apostel: „Dich selbst aber mache zum Vorbild guter Werke mit unverfälschter Lehre, mit Ehrbarkeit, mit heilsamem und untadeligem Wort, damit der Widersacher beschämt werde und nichts Böses habe, das er uns nachsagen kann." (Titus 2,7f.) Im Epheserbrief fordert Paulus seine Leser dreimal dazu auf, seinem Vorbild zu folgen. Und an die Korinther schreibt er: „Folgt meinem Beispiel wie ich dem Beispiel Christi!" (1. Korinther 11,1; vgl. Philipper 3,17; 2. Thessalonicher 3,7)

Eine Antwort auf das Problem unheiliger Leiter in Gesellschaft und Kirche besteht also in Beispielen für heilige Leiter. Wenn Christen vor der Versuchung stehen zu lügen, zu bestechen, Rache zu nehmen, Vorteile zu pflegen oder in irgendeiner Weise unehrenhaft zu handeln, dann sollte das Leben ihrer Leiter als Abschreckung funktionieren. Zu sehen, wie sich ihre Leiter verhalten, sollte in diesen Menschen einen solchen Hunger nach Gott wecken, dass sie sich für ihre Sünden schämen und sich ernsthaft nach Heiligkeit sehnen. Wenn jedoch die Leiter selbst nicht heilig sind, dann haben die Menschen eine Entschuldigung für ihre Unheiligkeit. Sie argumentieren: „Warum sollte ich die Wahrheit sagen, wenn sogar mein Pastor lügt?" Oder: „Wenn mein Pastor über andere lästert, warum sollte ich es nicht tun?" Die große Herausforderung unserer Zeit besteht darin, eine Atmosphäre zu schaffen, in der so ein Verhalten nicht nur nicht toleriert wird, sondern in der auch die positiven Beispiele heiliger Leiter für alle offensichtlich sind. Denn solche Standards würden viele vor unheiligem Verhalten abschrecken.

Wie ich bereits sagte, leben wir in einer pragmatischen Gesellschaft, die die Unmoral eines Menschen übersieht, solange er mächtig genug ist, seine Ziele unmittelbar zu erreichen. In diesem Umfeld verwundert es nicht, dass fähige, aber nicht besonders heilige Menschen in Leitungspositionen berufen werden, weil sie dafür sorgen, dass das Gemeindeprogramm weiterfunktioniert. Aus diesem Grund forderte Paulus Timotheus auf, nicht allzu hastig Leiter zu berufen

(1. Timotheus 5,22). In diesem Bereich können wir uns Kompromisse einfach nicht leisten.

Natürlich können wir versagen und sündigen. Wenn das passiert, müssen wir die Konsequenzen tragen. Wenn die Menschen sehen, wie ernsthaft wir mit unserer Sünde umgehen, kann etwas von der Ehre Gottes wiederhergestellt werden, die durch unsere Sünde beschädigt worden ist. Paulus schreibt: „[Die Leiter,] die da sündigen, die weise zurecht vor allen, damit sich auch die andern fürchten." (1. Timotheus 5,20) Wenn eine Gemeinde sieht, wie ein Leiter die Konsequenzen seiner persönlichen Sünden tragen muss, erkennt sie, dass Heiligkeit für Christen absolut lebensnotwendig ist. Obwohl ein solches Vorgehen für einen Leiter natürlich demütigend ist, hat er doch die Gewissheit, dass dadurch etwas von der beschädigten Ehre Gottes wiederhergestellt wird. Wenn die Ehre Gottes sein Hauptanliegen im Leben ist, dann wird ihn das inmitten seines Schmerzes beruhigen.

D. L. Moody war gerade dabei, die Besucher eines Gottesdienstes am Ausgang zu verabschieden, als ein Mann auf ihn zukam, um ihn absichtlich zu beleidigen. Moody stieß ihn zurück, worauf der Mann strauchelte und eine kleine Treppe hinunterstolperte. Kurz darauf bestieg Moody in einem zweiten Gottesdienst die Kanzel, um zu predigen. Er begann mit den Worten: „Freunde, bevor ich heute Abend mit meiner Predigt beginne, möchte ich etwas bekennen. Ich habe gerade eben dort am Ausgang meinem Ärger nachgegeben und etwas Falsches getan ... Wenn dieser Mann jetzt hier ist, dann möchte ich ihn und Gott um Vergebung bitten. Lasst uns beten."

Unglücklicherweise antworten wir manchmal nicht in angemessener Weise auf die Sünde von Leitern, weil wir fürchten, daraus könnte eine große Aufregung entstehen. Deshalb haben wir oft Situationen, in denen die meisten Menschen wissen, dass ihr Leiter etwas falsch gemacht hat. Sie reden vielleicht sogar im Privaten darüber, aber keiner spricht das Problem offen an. Der Leiter verliert dadurch nicht sein Gesicht, und äußerlich betrachtet bleibt alles friedlich. Aber das geistliche Wachstum wird behindert, Gottes Herrlichkeit zieht sich von der Gemeinde zurück und gleichzeitig wird der Gemeinde ein starkes Gegenmittel gegen Heiligung verabreicht.

Robert Murray McCheyne (1813–1843), der von Gott in mächtiger Weise gebraucht wurde, um Erweckung nach Schottland zu bringen, bis er schließlich im Alter von neunundzwanzig Jahren starb, sagte einmal: „Das größte Bedürfnis meines Volkes ist meine persönliche Heiligung." Die härtesten Kämpfe in unserem geistlichen Dienst haben wir immer mit uns selbst auszufechten. Nur unser Ungehorsam vermindert Gottes Verlangen, uns zu segnen und fruchtbar zu machen. Es gibt vieles, was den Segen Gottes aus unserem Leben wegzunehmen droht, aber das wird nur dann erfolgreich sein, wenn wir diese Attacken auf unheilige Weise angehen. Gott ist souverän und kann deshalb alle Angriffe in etwas Gutes verwandeln. Oder um es mit D. L. Moody zu sagen: „Der Mensch, mit dem Moody die größten Probleme hat, ist Moody selbst."

Gott durch Lehre offenbaren

Lehre war die zweite Weise, wie Jesus Gott seinen Jüngern offenbarte. Er erwähnt oder impliziert dies an verschiedenen Stellen in seinem Gebet in Johannes 17. In Vers 6b sagt er: „Sie waren dein und du hast sie mir gegeben, und sie haben dein Wort bewahrt." Um Gottes Wort zu bewahren, mussten sie es zuvor von Christus gehört haben. Andere Verse sind noch deutlicher: „Denn die Worte, die du mir gegeben hast, habe ich ihnen gegeben" (17,8a); „Ich habe ihnen dein Wort gegeben" (17,14a).

Die ausführlichen Reden, die in Johannes 13 bis 16 aufgezeichnet sind, sind ein gutes Beispiel für die Lehre, die Jesus seinen Jüngern weitergegeben hat. Vermutlich hat Jesus zu verschiedenen Gelegenheiten seine Jünger ähnlich ausführlich gelehrt. An mehreren Stellen erfahren wir jedenfalls, dass sich Jesus mit seinen Jüngern vor der Menschenmenge bewusst an einen einsamen Ort zurückzog, um sie dort zu lehren (Markus 6,30-32). Markus 9,30f. bietet dafür ein gutes Beispiel: „Und sie gingen von dort weg und zogen durch Galiläa; und er wollte nicht, dass es jemand wissen sollte. Denn er lehrte seine Jünger". Die Evangelien zeigen uns, dass der spätere Teil von Jesu Leben vor allem der Unterweisung seiner Jünger gewidmet war.

Wer die Menschen auf den Pfad der Heiligung bringen will, muss sie in erster Linie zum Wort bringen. Weiter hinten in seinem Gebet sagt Jesus: „Heilige sie in der Wahrheit; dein Wort ist die Wahrheit." (Johannes 17,17) Eine der großen Fallen beim Mentoring ist es, die Menschen zu abhängig von uns zu machen. Und einer der besten Wege, dieses Problem zu vermeiden, besteht darin, die Menschen zum Wort zu bringen, damit sie ihre Stärke direkt von dort bekommen können. Egal, ob wir da sind oder nicht, egal, ob wir ihre Erwartungen erfüllen oder nicht, auf diese Weise werden sie es mit einer sicheren Autoritätsquelle für ihr Leben zu tun bekommen, denn auf das Wort kann man sich immer verlassen. Deshalb lehren wir sie nicht nur das Wort, sondern lehren sie, Menschen des Wortes zu sein, Menschen, die wissen, wie sie mit dem Wort richtig umgehen. Nach Paulus ist solch eine Person ein guter Arbeiter Gottes. Er sagt Timotheus: „Bemühe dich darum, dich vor Gott zu erweisen als einen rechtschaffenen und untadeligen Arbeiter, der das Wort der Wahrheit recht austeilt." (2. Timotheus 2,15)

Daher müssen die Leiter, denen, die sie anleiten, das Wort lehren. Die erste Gemeinde wollte, dass die Apostel sich ausschließlich auf das Gebet und den Dienst am Wort konzentrierten (Apostelgeschichte 6,2.4). Deshalb sollten wir uns nicht wundern, dass unter den fünfzehn bischöflichen Qualifikationen nur das Lehren eine Fähigkeit darstellt (1. Timotheus 3,2).

Einiges dieser Lehre findet im formalen Rahmen statt. Hierbei geht es um eine strukturierte und systematische Unterweisung, was uns helfen soll, die Menschen, die wir lehren, nahe an das heranzubringen, was die Bibel „den ganzen Ratschluss Gottes" (Apostelgeschichte 20,27) nennt. Jesus hat oft auf diese Weise gelehrt. So ging er regelmäßig am Sabbat in die Synagoge, wo die Menschen Lehre erwarteten. Oder er ging an besondere Orte wie Strände oder einen Berg, wohin Menschen kamen, um ihn zu hören. Die Bergpredigt (Matthäus 5 bis 7) und die Gleichnisrede von einem Boot aus (Matthäus 13,1-9) sind Beispiele für eine solche Lehrweise.

Ein weiterer Weg, Menschen zum Wort zu bringen, besteht in informellen theologischen Gesprächen. Vieles von der Lehre Jesu, die wir in den Evangelien lesen, ist bei informellen Diskussionen entstanden. Jesu Rede über Wohlstand und Nachfolge (Lukas 18,24-30) wurde durch die Begegnung mit einem reichen jungen Mann angestoßen. Das Gleichnis vom barmherzigen Samariter erzählte er, weil ihm die Frage: „Wer ist mein Nächster?" inmitten eines Gesprächs von einem Schriftgelehrten gestellt wurde (Lukas 10,25-37). Jesu großartiger Vortrag über die letzten Dinge (Lukas 21,6-36) wurde dadurch ausgelöst, dass „einige von dem Tempel sagten, dass er mit schönen Steinen und Kleinoden geschmückt sei" (Lukas 21,5).

In ähnlicher Weise reden wir, wenn wir unterwegs sind oder auf Teammeetings oder wenn wir mit Krisen zu tun haben, einfach über die Dinge des Herrn. Das ist ein Grund, warum wir Teamsitzungen nicht in Eile veranstalten sollten (ein anderer ist, dass informelle Gespräche die Gemeinschaft fördern). Wenn wir uns über die uns bevorstehenden Herausforderungen theologisch unterhalten, bringen wir die Menschen dazu, die Bibel auf alles anzuwenden, was sie tun. Das ist der Schlüssel, um aus ihnen biblische Christen zu machen.

Ein wichtiges Thema des Gebets Jesu in Johannes 17 besteht darin, dass Jesus die Jünger verließ und sie gleichzeitig in die Welt sandte (Johannes 17,11-18). Seine Lehre war also eine Vorbereitung für ihre Mission. Vers 18 sagt: „Wie du mich gesandt hast in die Welt, so sende ich sie auch in die Welt." Auf dieselbe Weise ist auch unsere Lehre nötig, um den Menschen zu helfen, in ihre spezielle Welt zu gehen.

Wann immer ich die Möglichkeit habe, einen Freiwilligen bei Jugend für Christus zum Jünger zu machen, treffe ich ihn regelmäßig. Während unserer Treffen verbringen wir viel Zeit damit, um über die Herausforderungen zu reden, mit denen wir es zu Hause, an der Arbeit oder in der Schule zu tun haben. An diesen Orten müssen wir unser christliches Leben leben, deshalb müssen wir darüber reden, wie wir christlich auf die verschiedenen Situationen unseres Lebens antworten können. Wenn ich mit Hauptamtlichen zusammen bin, dann wird sich unser Gespräch um Dinge drehen wie ihren Dienst, ihr Familienleben, ihre Beziehungen zu ihren Schwiegereltern und Nachbarn. Natürlich werden wir mit beiden Gruppen auch über ihr persönliches geistliches Leben, ihre Frömmigkeit und ihre Kämpfe mit Versuchungen reden.

Jesus war ein Verwalter

Uns gehört niemand

Was Jesus über die Beziehung zu seinen Jüngern sagte, macht deutlich, dass sie ihm nicht gehörten. Sie gehörten allein Gott. Er beschreibt sie als „Menschen ..., die du mir aus der Welt gegeben hast", und sagt: „Sie waren dein und du hast sie mir gegeben" (Johannes 17,6). Später betet er sogar: „Ich bitte ... für die, die du mir gegeben hast; denn sie sind dein." (Johannes 17,9) Wenn Jesus, der Herr der Schöpfung, so offen sagt, dass die Kinder dem Vater gehören, um wie viel mehr gilt das erst recht für uns? Uns gehört niemand, noch nicht einmal unsere eigenen Kinder. Sie gehören Gott und sind nur für eine kurze Zeit unserer Fürsorge anvertraut. Unsere Beziehung zu ihnen sollte also eher in Begriffen der Verwalterschaft als der Eigentümerschaft beschrieben werden.

Obwohl Jesus in seinem Gebet kein Wort gebrauchte, das man direkt mit „Verwalter" übersetzen könnte, hat er dennoch diese Idee kommuniziert. Ein Verwalter ist jemand, der sich mit ganzer Kraft der Verwaltung eines Haushalts widmet (1. Mose 43,19; Lukas 16,1). Diese Definition kann noch in der Hinsicht erweitert werden, dass bei der Verwaltung ein Meister eine Verantwortung übergibt, die treu ausgefüllt werden muss. Diejenigen, die wir anleiten, wurden uns zur Fürsorge überantwortet. Wir versuchen ihnen so weit wie möglich zu helfen, aber sie gehören uns nicht.

Die Bibel gebraucht oft Vergleiche aus der Eltern-Kind-Beziehung, wenn sie von der Beziehung zwischen einem Leiter und denen spricht, die er anleitet, wie wir bereits zu Anfang dieses Kapitels gesehen haben. Ich denke, das ist ein sehr treffender Vergleich, denn in ihm wird deutlich, dass wir für die uns Anvertrauten wie für unsere leiblichen Kinder sorgen sollten. Wenn ich den Prozess des Jüngerausbildens mit nur einem Wort beschreiben sollte, dann wäre dies *Fürsorge*. Trotzdem ist es interessant, dass Jesus sagt: „Ihr sollt niemanden unter euch Vater nennen auf Erden; denn einer ist euer Vater, der im Himmel ist." (Matthäus 23,9) Der Kontext dieser Aussage macht deutlich, dass Jesus dabei nicht über leibliche oder geistliche Eltern sprach, sondern über den Status und die Ehre, die die Pharisäer für sich selbst in Anspruch nahmen, indem sie sich von den Leuten „Vater" nennen ließen. Wenn es um Status und Ehre geht, sind wir Diener. Wenn es um Funktion und Verantwortung geht, sind wir Väter. Leiterschaft hat nichts mit Status zu tun; es geht um Verantwortung.

Das Konzept der Verwaltung lässt Raum für einen Rollentausch. In dem Bericht der Apostelgeschichte über die Zusammenarbeit von Paulus und Barnabas wird Barnabas zunächst immer als Erster genannt, woraus man schließen kann, dass er als der Ältere auch die Leitung übernommen hatte (Apostelgeschichte 11,30; 12,25; 13,1.2.7). Doch mitten im Bericht über die erste Missionsreise wechselt die Reihenfolge und wir lesen von Paulus und Barnabas (13,43.46.50; 15,2.22.35f.). Dieser Wechsel zeigt vermutlich an, dass Paulus nun der führende Kopf des Teams geworden war und das öffentliche Reden übernommen hatte.

Interessanterweise wird die Reihenfolge bei zwei Gelegenheiten erneut umgekehrt. In Lystra wird Barnabas zuerst genannt. Die Menschen dort identifizierten Barnabas mit Zeus, dem Patronatsgott der Stadt, und Paulus mit Hermes, der als Sprecher der Götter angesehen wurde (Apostelgeschichte 14,12). Es sieht so aus, als ob die Menschen in Lystra Barnabas, der älter war und vermutlich auch ehrwürdiger aussah, als Leiter angesehen haben, obwohl Paulus als Prediger die prominentere Rolle übernommen hatte. Die andere Gelegenheit, wo die Rollen getauscht wurden, ist da, wo Barnabas zuerst als Sprecher bei dem Jerusalemer Apostelkonzil auftritt (Apostelgeschichte 15,12.25). In Jerusalem war Barnabas der respektierte Leiter und deshalb war es angemessener, dass er die Führung übernahm.

Vor einigen Jahren hatte ich das Privileg, in Indien mit James Hudson Taylor III. zusammenzuarbeiten. Er war viele Jahre lang der Kopf der Überseeischen Missionsgemeinschaft (ÜMG), der Organisation, die sein Urgroßvater Hudson Taylor einst gegründet hatte. Vor Kurzem traf ich ihn in Hong Kong, wo er arbeitet und lebt. Als ich ihn nach seinem Sohn Jamie fragte, antwortete er stolz: „Er ist mein Chef." Nachdem er den Posten des Generaldirektors der ÜMG niedergelegt hatte, hatte der Vater einen besonderen Dienst der ÜMG in der Volksrepublik China aufgebaut. Dann hatte er dort ebenfalls die Führungsrolle aufgegeben und die Arbeit seinem Sohn überantwortet.

Wenn wir tiefer in das Konzept der Jüngerschaft einsteigen, erkennen wir, dass wir in verschiedenen Abschnitten unseres Lebens unterschiedliche geistliche Eltern haben können. Das schien bei Johannes Markus der Fall gewesen zu sein, der sicher zunächst von Barnabas gementort worden ist. Später nennt ihn Petrus „mein Sohn" (1. Petrus 5,13). Ich kenne einige Menschen, die ich in unterschiedlichen Phasen meines Lebens als geistliche Väter und Mütter betrachtet habe. Meine Mutter war wahrscheinlich die Wichtigste unter ihnen, denn sie hat für alles, was meinen Weg mit dem Herrn betrifft, die Grundlage gelegt. Den Pastor meiner Teenagerzeit, einen irischen Missionar namens George Good sehe ich als geistlichen Vater an. Dann kam ich unter den Einfluss von Sam Sherrard, unserem Jugend-für-Christus-Direktor. Im Asbury Seminar wurde Robert Coleman für mich so etwas wie ein Vater. Und später übernahm am Fullerseminar mein Mentor Dan Fuller diese Rolle.

Heute fällt es mir nicht schwer zu erkennen, welch großen Einfluss diese Menschen auf mein Leben und meinen Dienst ausgeübt haben. Aber es gibt noch mehr, die ich als meine Mentoren ansehen würde, zum Beispiel meinen Professor für Mission, J. T. Seamands, oder meinen Predigtlehrer Donald Demaray, der sich nicht nur persönlich für meinen Werdegang interessierte, sondern mir auch sehr, sehr viele wertvolle Dinge beibrachte.

Die Jünger hatten vermutlich nur einen echten Mentor: Jesus. Doch Jesus war vollkommen, und deshalb konnte er ihnen eine vollkommene Ausbildung bieten. Weil wir jedoch nicht vollkommen sind, ist es meiner Meinung nach ratsam, sich von mehr als einem Mentor ausbilden zu lassen, denn dann kann eine Person die Schwächen der anderen ausgleichen. Ich habe zum Beispiel einige Schwächen im Bereich von Verwaltung und Finanzen. Die Menschen, die ich anleite und überwache, brauchen auch in diesen Bereichen Anleitung und Kontrolle. Deshalb habe ich dafür gesorgt, dass andere, die in diesen Bereichen kompetenter sind als ich, ihnen darin Hilfe geben können. Das mag in Bezug auf unser Organigramm zu einigen Verwirrungen führen, hilft allerdings enorm, wenn es darum geht, dass die Arbeit ordentlich erledigt wird und die Arbeiter dafür kompetente Ansprechpartner haben sollen.

Wir müssen immer bereit sein, die Menschen, die wir zu Jüngern machen wollen, aus unserem Verantwortungsbereich zu entlassen. Wir müssen daher sorgsam darauf achten, dass wir sie nicht an uns binden, weil wir daraus unsere Befriedigung ziehen. Natürlich sollten wir uns freuen, wenn sie Erfolg haben, und mit ihnen leiden, wenn sie leiden. Unsere tiefste Gewissheit ziehen wir jedoch immer aus Gott. Wenn es deshalb das Beste für unsere Mentees wäre, unter der Führung eines anderen zu arbeiten, werden wir sie freudig ziehen lassen, weil wir schließlich das Beste für sie wollen. Wenn wir uns an Menschen hängen und sie zu kontrollieren versuchen, wird unsere Beziehung bald darunter leiden, denn sie werden reifen und dann mehr Unabhängigkeit wollen. Und nicht selten gibt es dann Streit, und die Beziehung geht in einer Weise in die Brüche, dass beide Seiten verletzt werden. Nicht zuletzt könnte dadurch ihr Potenzial ausgebremst werden. Unsere oberste Erfüllung sollten wir daher immer bei Gott suchen und niemals von irgendeinem Bereich unseres Dienstes. Das ist einer der Gründe, warum wir niemals unsere Zeit mit Gott für unseren Dienst opfern sollten.

Schrittweises Wachstum im Verständnis

Jesus betete: „Nun wissen sie, dass alles, was du mir gegeben hast, von dir kommt.“ (Johannes 17,7) Indem er das Wort „nun“ (*nyn*, gemeint ist „jetzt“ oder „gegenwärtig“) gebraucht, deutet Jesus an, dass die Jünger früher nicht verstanden haben, wer er wirklich ist. Es ist ungefähr so als würde er sagen: „Jetzt haben sie endlich verstanden.“ Bereits zuvor hat er an diesem Abend etwas Ähnliches gesagt: „Wenn ihr mich erkannt habt, so werdet ihr auch meinen Vater erkennen. Und von nun an kennt ihr ihn und habt ihn gesehen.“ (Johannes 14,7) In diesem Gespräch wies er Philippus leicht zurecht: „So lange bin ich bei euch und du kennst mich nicht, Philippus?“ (Johannes 14,9) Nach drei Jahren intensivem Jüngerschaftstraining hatten sie zwar nicht wenige Fortschritte gemacht, aber sie hatten immer noch einiges zu lernen. So sagt Jesus nach seiner Auferstehung zu den beiden Jüngern auf dem Weg nach Emmaus: „O ihr Toren, zu trägen Herzens, all dem zu glauben, was die Propheten geredet haben!" (Lukas 24,25)

Wenn selbst Jesus, nachdem er seine Jünger volle drei Jahre lang begleitet und ausgebildet hatte, meinte, dass sie seine Lehre immer noch nicht auf Anhieb verstanden, dann sollten wir auch nicht überrascht sein, wenn wir in unseren Versuchen, aus Menschen Jünger zu machen, ebenfalls nur langsame Fortschritte machen. Besonders die, die Neubekehrte begleiten, werden das bestätigen können, denn viele der neuen Christen kommen aus einem völlig unchristlichen weltanschaulichen Hintergrund. Ich vermute, dass auch die Kirche im Westen vermehrt mit dieser Problematik zu tun bekommt. Wir sollten uns also nicht davon entmutigen lassen, wenn sich einige unserer Mentees auf eine Weise verhalten, die alles, was wir ihnen beigebracht haben, zu verleugnen scheint. Wir müssen sie kontinuierlich im Wort Gottes unterweisen, denn wir wissen, dass das schließlich ihr Denken und ihre Haltung verändern wird.

Natürlich profitieren wir in diesem Bereich von dem persönlichen Werk des Heiligen Geistes. Aus diesem Grund sagte Jesus am selben Abend: „Es ist gut für euch, dass ich weggehe. Denn wenn ich nicht weggehe, kommt der Tröster nicht zu euch. Wenn ich aber gehe, will ich ihn zu euch senden." (Johannes 16,7) Dann fährt er fort und erklärt, welcher besondere Vorteil mit der Erfüllung durch den Geist verbunden ist: „Und wenn er kommt, wird er der Welt die Augen auftun über die Sünde und über die Gerechtigkeit und über das Gericht" (Johannes 16,8). Deshalb unterrichten wir im Wort Gottes und schauen auf den Heiligen Geist, dass er sein Werk der Überzeugung und Überführung tut. Und in dem Maße, in dem unsere Mentees offen sind für diesen doppelten Dienst, werden sie in der Erkenntnis Gottes wachsen.

Besondere Verantwortung für einige wenige

Mit dem Fortgang des Gebetes erkennen wir, dass Jesus mit seinen Jüngern auf Erden eine besondere Beziehung hatte: „Ich bitte für sie und bitte nicht für die Welt, sondern für die, die du mir gegeben hast; denn sie sind dein." (Johannes 17,9) Als Retter der Welt kümmert er sich um jeden Einzelnen in der Welt in gleicher Weise. Aus diesem Grund kam er, um die Welt zu retten (Johannes 3,17). Doch als er die Begrenzungen der Menschlichkeit auf sich nahm, übernahm er eine besondere Verantwortung für einige wenige, die er ausbildete, damit sie nach seiner Himmelfahrt sein Werk weiterführen konnten.

Wir können unser Leben ebenfalls nach diesem Prinzip gestalten. Wir kümmern uns um die Welt und arbeiten dafür, dass sie ein besserer Ort wird. Wir haben eine größere Verantwortung gegenüber unserer Nachbarschaft und der Gemeinde dort. Unsere größte Verantwortung besteht jedoch gegenüber denen, die unserer besonderen Fürsorge anvertraut sind – Familienmitglieder und andere, mit denen wir eng zusammenarbeiten. Für Leiter sind das die Menschen, denen sie direkt vorstehen, und – noch wichtiger – diejenigen, die sie zu Jüngern machen. Wenn wir versuchen, für die ganze Welt zu sorgen, werden wir vorher an Erschöpfung zugrunde gehen. Wir können uns auch nicht um alle und jeden in unserer Gemeinde oder Organisation kümmern. Als Leiter müssen wir zwar dafür sorgen, dass für jeden gesorgt wird, aber wir sollten das vielleicht nicht selbst tun. Stattdessen besteht unsere Hauptaufgabe in der Arbeit mit einem Team, das sich um jedes Teammitglied sorgt.

Frische im Dienst

Es gibt kaum etwas, was unseren Dienst so frisch hält wie das Mentoring von Menschen mit dem Ziel, sie zu Jüngern zu machen. Es würzt unser Gebetsleben mit einer Prise Verzweiflung, weil wir uns danach sehnen, dass unsere Mentees es im Leben zu etwas bringen. Es führt uns in die Bestürzung über ihr Versagen, und das wiederum lässt uns erneut auf die Knie sinken. Es fordert uns dazu heraus, Antworten zu finden auf die Fragen und Probleme, vor denen sie stehen, und das wiederum hilft uns, selbst in unserem Verständnis von Theologie und Dienst zu wachsen. Mentoring fordert uns auch dazu heraus, geistlich wachsam zu bleiben, denn wir wissen, dass wir niemandem zur Heiligung verhelfen können, wenn wir uns selbst nicht mit ganzer Kraft darum bemühen. Nicht selten erlebe ich, dass ein junger Mitarbeiter mit denselben Problemen kämpft wie ich. Für mich ist das ein großer Anreiz, mein Leben in Ordnung zu bringen, damit ich ihm helfen kann!

Menschen zu Jüngern zu machen bringt Frische in unser Leben. Wenn ich gerade gestresst bin und eine Menge zu tun habe, denke ich normalerweise nicht an einen Termin, den ich mit einem jungen Mitarbeiter ausgemacht habe. Vielleicht gibt es im Augenblick auch gerade Dringenderes zu tun. Allerdings steht da in meinem Terminkalender ein einstündiges Treffen. Wenn ich also daran denke, dass ich mich eine Stunde mit einem jungen Menschen treffen will, dann wird diese Stunde oft so etwas wie eine Oase der Ruhe inmitten eines wahnsinnig vollgestopften Terminkalenders. Gott kann diese Zeit benutzen, um uns Heilung und Erfrischung zu schenken.

Dienst ist Verpflichtung gegenüber den Menschen

Heute wird viel über einen „dienenden Leitungsstil" gesprochen. Wir sind nicht nur Diener Gottes, sondern auch Diener der Menschen, mit denen wir es zu tun haben (2. Korinther 4,5). Ich definiere Dienst als Verpflichtung, alles für das Wohlbefinden der Menschen zu tun, deren Diener wir sind. Ich würde das in der Tat für eine der drei wichtigsten Rollen eines Leiters halten.

Manche Leiter denken, dass sie so etwas wie der Generaldirektor ihrer Gemeinde oder Organisation sind, und deshalb wollen sie lieber auf den groben Rahmen achten statt auf einzelne Menschen. Sich darum zu kümmern, dass Individuen die Fülle Gottes in ihrem Leben erfahren, sehen sie daher nicht als ihre Aufgabe an. Sie überlassen das daher der Personalabteilung ihrer Organisation. Das ist jedoch kein biblisches Modell. Danach leiden Gemeinden oder Organisationen nicht darunter, wenn sich ihre Leiter hingegeben um Einzelne kümmern. Gott brachte diese Menschen in die Organisation oder

Gemeinde. Gottes Plan für den Einzelnen sollte also Teil des großen Planes für die entsprechende Organisation oder Gemeinde sein. Denn wenn Einzelne das erreichen, was Gott für sie vorgesehen hat, dann wird auch die Gruppe, zu der sie gehören, dieses Ziel erreichen.

Wenn Gottes Plan für einen Einzelnen nicht mit den Zielen der Gruppe harmoniert, dann sollte ihm der Leiter helfen, eine besser passende Position zu finden, denn das entspricht sowohl dem Besten des Einzelnen wie der Gruppe. Natürlich verlieren wir dabei einen wertvollen Mitarbeiter, aber auf lange Sicht werden wir nicht darunter leiden, dass wir uns um die persönlichen Bedürfnisse eines Menschen kümmern. Wir vertrauen darauf, dass Gott für uns sorgt, und konzentrieren uns darauf, innerhalb der biblischen Prinzipien zu arbeiten. Wenn wir also einen wertvollen Mitarbeiter opfern müssen, weil er woanders besser aufgehoben ist, dann sollten wir darauf vertrauen, dass Gott ihn uns ersetzt.

Einigen wenigen genügend Zeit einzuräumen wird zu einer großen Herausforderung, wenn wir in unserer Leitungsverantwortung wachsen. Der öffentliche Dienst kann so sehr überhand nehmen, dass uns für die persönliche Anleitung kaum noch Zeit bleibt. Wir müssen deshalb einige schwierige Entscheidungen treffen, wenn das Jüngermachen eine Priorität bleiben soll. Mit jedem neuen Wachstumsschritt müssen wir uns daher immer wieder daran erinnern, was eigentlich unsere Berufung ist. Und um dieser Berufung wirklich folgen zu können, müssen wir in anderen Bereichen zurückschrauben. Ganz oben auf unserer Prioritätenliste sollte die persönliche Anleitung von Menschen stehen.

Wenn wir Leiter sind, können wir nicht erwarten, dass sich die Zeit dazu von selbst ergibt, wir müssen sie vielmehr in unseren Terminkalendern einplanen. Deshalb sollten wir uns mit diesen Leuten regelmäßig treffen und sorgsam darauf achten, die vereinbarten Termine einzuhalten. Die meisten Leiter sind so beschäftigt, dass sie nicht erwarten können, dass ihre Mitarbeiter automatisch mit ihnen in ein tiefes Gespräch kommen. Daher müssen sie einige klare Entscheidungen treffen, um sicherzustellen, dass sie sich mit ihren Mitarbeitern zu solchen Gesprächen treffen. Ich vermute, dass nicht wenige vor derselben Herausforderung stehen, wenn es um Zeit mit der Familie geht. Wenn wir an dieser Stelle keine klaren Entscheidungen treffen, werden wir unbewusst die Familie vernachlässigen.

Wenn ich mit einer großen Veranstaltung besonders beschäftigt bin, dann versuche ich trotzdem alles, um meine Termine mit jungen Mitarbeitern einzuhalten. Vielleicht müssen wir manchmal ein Treffen verschieben, weil irgendein Notfall dazwischengekommen ist. Aber es ist wie bei meiner Zeit mit Gott: Wenn ich sie aus Gründen, die ich nicht zu verantworten habe, nicht einhalten kann, dann verschiebe ich sie lieber auf eine andere Zeit am selben Tag, statt sie abzusagen. Für die ungehetzte Zeit mit denen, die wir anleiten, gibt es keinen Ersatz. Deshalb sollte es eins unserer Hauptziele als Leiter sein, solche Zeiten zu haben. Als Jesus die Zwölf erwählte, verfolgte er nach dem Markusevangelium damit zwei Ziele – er wollte, dass sie bei ihm sind und dass sie für den Dienst ausgebildet werden. In Markus 3,14 lesen wir: „Und er setzte zwölf ein, die er auch Apostel nannte, dass sie bei ihm sein sollten und dass er sie aussendete zu predigen".

Jesus betete für seine Jünger

Eine biblische Priorität

Wie wir bereits festgestellt haben, besteht der längste Teil (siebzehn Verse) des längsten überlieferten Gebetes Jesu (sechsundzwanzig Verse) aus der Fürbitte für seine Jünger. Nur ein einziges Mal erwähnt Jesus sein Gebetsleben jenseits der im Neuen Testament aufgeschriebenen Gebete, und das geschieht, als er Petrus versichert, er habe für ihn gebetet, dass sein Glaube nicht aufhöre (Lukas 22,32). Innerhalb des von uns hier untersuchten hohepriesterlichen Gebetes sagt Jesus deutlich, dass er besonders für die Jünger betet: „Ich bitte für sie und bitte nicht für die Welt, sondern für die, die du mir gegeben hast; denn sie sind dein." (Johannes 17,9)

In zehn der dreizehn Briefe des Apostels Paulus erwähnt er, dass er für die Empfänger betet. In zweien schreibt er sogar, er bete Tag und Nacht. So sagt er, er bete Tag und Nacht über seinem Wunsch, nach Thessalonich zu gehen (1. Thessalonicher 3,10). Und wiederum schreibt er seinem geistlichen Sohn Timotheus: „Ich danke Gott, dem ich diene von meinen Vorfahren her mit reinem Gewissen, wenn ich ohne Unterlass deiner gedenke in meinem Gebet, Tag und Nacht." (1. Timotheus 1,3) Hier sehen wir ein weiteres Beispiel für das konzentrierte Gebet für eine Person, der gegenüber Paulus eine besondere Verantwortung hatte.

Wir Prediger werden oft von Menschen angesprochen, die uns auffordern: „Bitte bete für mich." Oft hören wir solche Bitten, wenn wir nach einem Gottesdienst die Besucher am Ausgang verabschieden. Wenn nun drei von hundert Menschen, denen wir die Hand schütteln, uns bitten, für sie zu beten, wie sollen wir uns später daran erinnern? Ich bete deshalb normalerweise sofort für die entsprechende Person, gleich nachdem sie ihr Anliegen vorgetragen hat, und erfülle damit mein Versprechen. Manchmal erinnere ich mich auch später noch einmal daran und bete erneut. Manchmal schreibe ich das Gebetsanliegen auch auf meine Fürbittenliste.

Doch wir können nicht auf so eine spontane Weise für die beten, für die wir in besonderer Weise verantwortlich sind – Familienmitglieder und die, die wir anleiten und beaufsichtigen. Ich versuche, für diese Menschen täglich zu beten, für Kollegen ungefähr fünfmal die Woche und jeden Tag für meine Familie. Um sicherzustellen, dass ich mich daran erinnere, habe ich sie auf meiner Gebetsliste. Und dort habe ich auch einige spezifische Gebetsanliegen aus ihrem Leben und Dienst aufgeschrieben. Ich habe auch Bilder von ihnen in dem Raum, in dem ich bete.

Die Scudderfamilie ist für die südasiatische Kirche besonders herausragend. Dr. Ida Scudder gründete das berühmte Vellore Medical College und Krankenhaus. Idas Großvater, John Scudder, kam einst als Missionar nach Sri Lanka (das damals von den Kolonialherren noch Ceylon genannt wurde) und zog dann weiter nach Südindien. Er hatte neun Kinder, und alle wurden Missionare. Von ihm wird berichtet, er habe einmal gesagt, seine Frau habe buchstäblich alle neun ins Reich Gottes gebetet. Sie hat es sich tatsächlich zur Gewohnheit gemacht, die Geburtstage ihrer Kinder in Fasten und Gebet zu verbringen, um dabei auf die Anliegen des jeweiligen Kindes besonders einzugehen.

Um Paulus' Aufforderung „betet ohne Unterlass" (1. Thessalonicher 5,17) nachzukommen, können wir für verschiedene Menschen zu verschiedenen Tageszeiten das zum Himmel senden, was man „Stoßgebete" oder „Blitzgebete" nennt. Ein Vater, dessen Sohn auf einer Party ist, ist vielleicht besorgt, er könne den Versuchungen erliegen, die mit so einer Party häufig verbunden sind. Der Vater kann deshalb kontinuierlich Stoßgebete beten, in denen er um Schutz für seinen Sohn bittet. Er kämpft dann geistlich für seinen Sohn, während dieser auf der Party ist. Eine Mutter betet vielleicht während der Zeit, in der ihre leibliche oder geistliche Tochter eine Prüfung abzulegen hat. Ein Pastor betet zu Hause, während sein neuer Jugendleiter sich zum ersten Mal mit den bisherigen Jugendmitarbeitern trifft. All das erinnert uns an die Schlacht, die Josua gegen die Amalekiter geführt hat, in der der Sieg durch die Gebete des Mose gewonnen wurde, wobei er durch Aaron und Hur unterstützt wurde, die seine Arme hochhielten (2. Mose 17,10-13). Natürlich sollten solche Stoßgebete nur auf dem Hintergrund mit Gott verbrachter stiller Zeiten geschehen, die sie niemals ersetzen können, wie wir in Kapitel 14 sehen werden.

Ich habe gelernt, dass das Gebet für die, die ich anleite, das Wichtigste ist, was ich als Leiter tun kann. Diese Erkenntnis gründet auf den Aussagen der Bibel über die Macht des Gebetes. Die erste Gemeinde in Jerusalem schuf dafür einen Präzedenzfall, indem sie den Aposteln die Gelegenheit gab, „ganz beim Gebet und beim Dienst des Wortes [zu] bleiben" (Apostelgeschichte 6,4). Um diesem Prinzip treu zu bleiben, nennt meine offizielle Stellenbeschreibung als Direktor für Jugend für Christus das Gebet für JfC und seine Mitarbeiter. Moses Fürbitte für Israel ist allgemein bekannt (z.B. in 2. Mose 17,10-12; 4. Mose 12,13-15; 21,7; 5. Mose 33,6-17; Psalm 106,23). Samuel erklärte dem Volk Israel: „Es sei aber auch ferne von mir, mich an dem Herrn dadurch zu versündigen, dass ich davon abließe, für euch zu beten und euch zu lehren den guten und richtigen Weg!" (1. Samuel 12,23) Oder um es mit einem geflügelten Wort zu sagen: Wenn wir im Himmel erkennen werden, wie wichtig auf Erden das Gebet ist, dann wird es uns peinlich sein, wie wenig wir davon Gebrauch gemacht haben.

Wenn Gebet aber tatsächlich das Wichtigste ist, was wir tun können, dann sollten wir hart arbeiten, um ein entsprechendes Gebetsleben zu entwickeln. Das beinhaltet eine immer wieder erneuerte Frische, indem wir von Zeit zu Zeit neue Gebetsformen ausprobieren. Jeder, der Fürbitte ernst nimmt, braucht zum Beispiel irgendwann eine Liste mit Gebetsanliegen. Solch eine Liste hilft uns, uns an die Dinge zu erinnern, für die wir beten wollten. Dabei macht es Sinn, die Liste ständig zu überarbeiten, sodass sie immer auf dem neuesten Stand ist. In meinem Arbeitszimmer zu Hause habe ich die Wände mit Fotografien gepflastert, die ich nach bestimmten Kategorien sortiert habe. Ich halte das für eine unverzichtbare Hilfe in der Fürbitte. So wie die Mitglieder anderer Berufsgruppen alles daransetzen, in ihrem Bereich immer besser zu werden, sollten auch christliche Leiter ständig daran arbeiten, ihr Gebetsleben noch besser zu gestalten. Und ich denke, dass eine Gebetsliste ein sehr gutes Werkzeug ist, an dem man während des Jahresurlaubs oder einer geistlichen Rüstzeit arbeiten kann.

Sage ihnen, dass du für sie betest

Sowohl Jesus als auch Paulus teilten ihren Leuten mit, dass sie für sie beteten. Ich denke, wir sollten das auch tun. Denn das könnte eine echte Ermutigung sein. Wenn zum Beispiel ein Kind etwas Schwieriges zu bewerkstelligen hat wie etwa ein Examen und weiß, dass sein Vater für es betet, dann wird es ermutigt sein. Ein Schüler oder Student wird dadurch ebenfalls ermutigt sein, weiter durchzuhalten und bei Frustrationen nicht aufzugeben. Ich glaube, dass Menschen eine große Gewissheit und Hoffnung bekommen, wenn sie erfahren, dass für sie gebetet wird. Durch den Hinweis, dass dies ihr Leiter für sie tut, wird das sicher noch verstärkt werden.

Gebet ist eine Hoffnungsübung

Das Gebet Jesu für seine Jünger war in Wirklichkeit eine Hoffnungsübung. Nur kurze Zeit später würden sie alle voller Angst fliehen. Petrus würde ihn unter Flüchen und Beschwörungen verleugnen. Doch Jesus sah voller Hoffnung durch diese Rückschläge hindurch.

Das galt in besonderer Weise für sein Gebet für Petrus. Jesus sagt: „Simon, Simon, siehe, der Satan hat begehrt, euch zu sieben wie den Weizen. Ich aber habe für dich gebeten, dass dein Glaube nicht aufhöre. Und wenn du dereinst dich bekehrst, so stärke deine Brüder." (Lukas 22,31f.) Er sah durch sein Versagen hindurch auf die Zeit, in der Petrus andere Christen stärken würde.

Klemens von Alexandrien war zwischen 190 und 202 der Leiter einer christlichen Ausbildungsstätte in der ägyptischen Stadt Alexandria. Er erzählte vom Gebet des Apostels Johannes für einen jungen Bekehrten, der die Gemeinde verlassen hatte und der Anführer einer Räuberbande geworden war:

> „Warum rennst du weg, mein Kind?", rief Johannes. „In deinem Leben gibt es immer noch Hoffnung. Ich werde für dich vor Christus eintreten." Als der junge Mann ihn umarmte und weinte, bat Johannes für ihn mit endlosen Gebeten und kämpfte mit einem kontinuierlichen Fasten. ... Er hörte damit nicht auf, so erzählt man sich, bevor er ihn nicht über die Gemeinde gesetzt hatte, womit er zu einem herausragenden Beispiel für wahre Reue und einem großen Zeichen für Erneuerung wurde.

Manchmal sind es vielleicht unsere Gebete, die Menschen durch schwere Zeiten hindurchtragen. Vor einigen Jahren fuhr ich für achtzehn Tage nach Singapur. Ich hatte vor, an den Wochenenden zu predigen und in den Tagen dazwischen zu schreiben. Zu dieser Zeit leitete ich eine Bibelstudiengruppe mit zwei frischbekehrten Mitzwanzigern. Bevor sie Christen geworden waren, war der eine von ihnen ein ziemlicher Trinker und der andere drogenabhängig gewesen. Sie wurden beide in unserer Gemeinde Christen. Während ich mich in Singapur aufhielt, spürte ich einen starken Drang, für die beiden zu beten. Und ich tat dies, noch mehr, als ich es sowieso schon gemacht hätte.

Als ich zurückkam, fand ich heraus, dass der ehemalige Drogenabhängige wieder zu den Drogen zurückgekehrt war. Ich hatte in dieser Zeit sowieso schon einige sehr ernste Probleme in meinem

Dienst, und deshalb kam mir das wie der Tropfen vor, der das Fass zum Überlaufen bringt. Wie konnte es passieren, dass jemand so übel fiel, obwohl ich doch für ihn gebetet hatte und das, so kam es mir jedenfalls vor, auch noch auf Anweisung des Herrn? Das passierte vor acht Jahren. Heute sind die beiden wunderbare christliche Leiter. Ich bin heute daher davon überzeugt, dass mein Gebet so ähnlich war wie das Gebet von Jesus für Petrus. Es hielt ihn nicht davon ab zu fallen, aber es hat ihm sicher geholfen, nicht so tief zu fallen, dass er nie wieder aufstehen konnte.

Das durchtragende Gebet hat einen großen Wert, allerdings wurde es in der letzten Zeit oft vernachlässigt, stattdessen wurde das strategische Gebet als Teil des geistlichen Kampfes stark betont. Deshalb finden wir überall Menschen, die den Sieg Christi über bestimmte Orte und Situationen ausrufen. Hinter dieser Betonung steckt sicher einiges an Wahrheit, aber das sollte uns nicht von unserer Berufung abhalten, geduldig über einen langen Zeitraum für Menschen und Dinge zu beten. Jesus erzählte das Gleichnis von der bittenden Witwe und dem sich wenig kümmernden Richter, weil er seine Zuhörer ermutigen wollte, „dass sie allezeit beten und nicht nachlassen sollten" (Lukas 18,1).

Paulus beschreibt in Epheser 6 nicht nur die geistliche Waffenrüstung, sondern teilt als Höhepunkt auch mit, wozu sie gebraucht werden soll: „Betet allezeit mit Bitten und Flehen im Geist und wacht dazu mit aller Beharrlichkeit im Gebet für alle Heiligen" (Epheser 6,18). Beachten wir, wie sehr hier die Beharrlichkeit im Gebet betont wird.

Manchmal ist Beten das Einzige, was wir für Menschen tun können. Sie haben sich vielleicht gegen unsere Lehre aufgelehnt und sind in einer Position, in der sie nicht auf uns hören müssen. Aber auch, wenn sie uns nicht erlauben, mit ihnen über Gott zu reden, können wir doch mit Gott über sie reden! Gott hat mit Sicherheit die herzerweichenden Gebete der Mutter des verlorenen Sohnes erhört. Auch wir müssen deshalb durchhaltende Beter sein.

Zu Anfang seines Dienstes hat Georg Müller sich selbst verpflichtet, jeden Tag für die Bekehrung von fünf Menschen zu beten. Der

Erste dieser fünf Menschen kam achtzehn Monate, nachdem Müller sein tägliches Gebet begonnen hatte, zum Glauben. Der Zweite wurde Jahre nach dem Ersten Christ, der Dritte wiederum sechs Jahre später. Später schrieb Müller einmal, dass er für die übrigen beiden Menschen seit sechsunddreißig Jahren bete, und sie seien immer noch keine Christen. Der Vierte bekehrte sich schließlich kurz vor Müllers Tod, der Fünfte ein paar Jahre danach.

Jesus verherrlichte sich durch sie

Der nächste Gedanke, den Jesus in seinem Gebet erwähnt, hat etwas mit dem Lohn des zu Jüngern Machens zu tun. Jesus sagt: „Und alles, was mein ist, das ist dein, und was dein ist, das ist mein; und ich bin in ihnen verherrlicht." (Johannes 17,10) Ich denke, wir sollten vorsichtig sein, damit wir nicht denken, dass uns die Menschen, die wir zu Jüngern gemacht haben, ebenso verherrlichen, wie Jesus in seinen Jüngern verherrlicht wurde. Das ist mit Sicherheit nichts, wonach wir uns ausstrecken sollten. Denn alle Herrlichkeit gebührt Christus allein. Doch indem wir in Christus sind, teilen wir einiges davon mit ihm.

Wir sollten nicht versuchen, die Ehre, die uns unsere Mentees erweisen, zu unserem eigenen Aufstieg zu benutzen. Wir sollten niemals mit ihnen in einer Weise angeben, die alle Blicke auf unser erfolgreiches Mentoring lenkt. Charles Spurgeon wurde Christ durch den Dienst eines einfachen Laien, der an diesem Sonntag zufällig predigte, weil der eigentliche Pastor einen anderen Termin hatte. Spurgeon hat den Namen dieses Laienpredigers niemals verraten, aber nicht wenige haben behauptet, es gewesen zu sein!

Mir wird unwohl, wenn ich Menschen Dinge sagen höre wie: „Das ist mein geistliches Kind!" oder „Guck mal, da kommt mein Timotheus." Äußerungen wie diese nehmen Christus die Ehre und lenken sie in unsere Richtung um. Wir haben bereits gesehen, dass Paulus und Petrus zwar ähnliche Dinge gesagt haben, aber in diesen Fällen war es nicht ihr Ziel, sich selbst in den Mittelpunkt zu rücken, sondern Menschen wie Timotheus, Titus, Philemon und Markus aufzurichten und zu ermutigen. Deshalb bin ich strikt gegen die Angewohnheit, Mentees dazu zu benutzen, das eigene Image aufzupolieren.

Trotzdem bleibt es ein Fakt, dass die Menschen, in die wir sehr viel investiert haben, eine Quelle immenser Freude für uns sein können. Die Ehre eines Lehrers besteht darin, wenn er zu Füßen seines Studenten sitzen und von ihm lernen kann. Das ist der Lohn des Jüngermachens. Viele werden das nicht erreichen, und weil wir sie von Herzen lieben, wird ihr Versagen unser Herz brechen. Aber einige werden es schaffen, und ihr Erfolg lohnt jede Anstrengung.

Natürlich werden wir manche Frucht unserer Mühen erst im Himmel wirklich erkennen können. Wir sind vielleicht dazu berufen, einen steinigen Boden umzugraben, um ihn auf diese Weise zu einem Acker zu machen, auf dem ein anderer säen und ernten wird. Gerade deshalb sollten wir den Wert unseres Dienstes niemals ausschließlich an sichtbaren Erfolgen festmachen.

Doch wenn diejenigen, in die wir investieren, es wirklich schaffen, dann freuen wir uns von Herzen. Paulus schreibt an die Philipper: „Also, meine lieben Brüder, nach denen ich mich sehne, meine Freude und meine Krone ..." (Philipper 4,1)

11. Jünger in den Dienst aussenden

In diesem Kapitel wollen wir unsere Diskussion über Jüngerschaft fortsetzen, wobei wir die Prinzipien bedenken, die Jesus seinem hohepriesterlichen Gebet für seine Jünger zugrundegelegt hat (Johannes 17,6-19). Im vorherigen Kapitel haben wir gesehen, wie Mentoren den Jüngern Gott offenbaren, als Verwalter handeln, für die Jünger beten und durch den Erfolg der Jünger erfüllt und erfreut werden.

Jesus bewahrte die Jünger und bereitete sie auf die Zeit ohne ihn vor

In den Versen 11 und 12 beschreibt Jesus in Form eines Gebetes, wie er die Jünger auf seinen Weggang vorbereitete. Er sagt: „Ich bin nicht mehr in der Welt; sie aber sind in der Welt, und ich komme zu dir. Heiliger Vater, erhalte sie in deinem Namen, den du mir gegeben hast, dass sie eins seien wie wir. Solange ich bei ihnen war, erhielt ich sie in deinem Namen, den du mir gegeben hast, und ich habe sie bewahrt ..." (Johannes 17,11.12b).

In Vers 11 bittet Jesus Gott: „Erhalte sie in deinem Namen." Das Wort, das hier mit „erhalten" übersetzt wird (*tereo*), taucht insgesamt viermal in diesem Gebet auf. Das erste Mal wird es im Zusammenhang mit dem „Bewahren deines Wortes" gebraucht (17,6), wo es die Bedeutung von „beachten" und „gehorchen" hat. Bei den drei anderen Gelegenheiten scheint es sich um ein Bewahren im Sinne von „beschützen" oder „beaufsichtigen" zu handeln. In Vers 12 sagt Jesus: „[Ich] erhielt sie in deinem Namen." In Vers 15 betet er: „Ich bitte dich nicht, dass du sie aus der Welt nimmst, sondern dass du sie bewahrst vor dem Bösen." In Vers 12 benutzt Jesus zudem ein anderes Wort (*phylasso*), das „behüten" bedeutet, indem er sagt: „Ich habe sie bewahrt."

Wir beschützen sie zuerst

Lasst uns versuchen, den Hintergrund dieser Aussagen zu erhellen. Jesus steht kurz davor, diese Welt mit ihrer Fülle von bösen Einflüssen zu verlassen. Während er bei seinen Jüngern war, konnte er sie behüten. Jetzt aber wird er sie nicht nur verlassen, sondern in diese Welt hinaussenden. Deshalb bittet er Gott, nach ihnen zu schauen. Wie sehr entspricht dies dem Verhalten von Eltern und Leitern! In den ersten Tagen des Mentorings und der Kindheit müssen wir unseren geistlichen und leiblichen Kindern einen besonderen Schutz gewähren. Später dann setzen wir sie nach und nach frei, damit sie mehr und mehr ein unabhängiges Leben leben können.

Kinder müssen vor Dingen bewahrt werden, mit denen sie nicht umgehen können, zum Beispiel vor pornografischen Bildern im Internet oder Fernsehen. Vielleicht sehen die Kinder regelmäßig Prostituierte auf den Straßen. Die Eltern versuchen dann vermutlich, nicht allzu deutlich zu erklären, wer diese Frauen sind und womit sie ihren Lebensunterhalt bestreiten. Wenn allerdings die Kinder zu Jugendlichen heranwachsen, dann müssen die Eltern offener mit ihnen reden, damit sie Prostitution richtig einschätzen können.

In ähnlicher Weise finden Frischbekehrte oft die enthusiastische und autoritative Lehre der Sekten gerade wegen ihrer häufigen Schriftverweise sehr attraktiv, besonders dann, wenn sie in ihrer eigenen Gemeinde Dinge erleben müssen, die sie nicht mögen. Auch sie müssen deshalb gewarnt werden.

Ein Pastor wird seinen kleinen Kindern vermutlich nicht erzählen, wie sehr er durch einen respektierten Leiter in der Kirche verletzt worden ist. Sie würden nicht verstehen, warum solche Dinge in der Gemeinde passieren, und hätten besonders große Schwierigkeiten mit dem Gedanken, dass ein angesehener Leiter die Ursache der Verletzung ist.

Leiter müssen ihre Kinder darauf vorbereiten, sich mit den Gefahren der Welt auseinanderzusetzen. Junge Menschen sollten mit offenen Augen durchs Leben gehen und verstehen, welche Herausforderungen es für sie bereithält. Sie brauchen daher ein paar Leitlinien, die ihnen zeigen, wie Christen mit solchen Herausforderungen umgehen.

Eine solche Vorbereitung besteht aus zwei grundlegenden Bestandteilen. Der eine ist die Warnung vor Gefahr. Ich habe zwei griechische Worte, die mit „Warnung“ zu tun haben, in den Evangelien verfolgt, und ich habe herausgefunden, dass sie zwanzigmal diese Bedeutung einnehmen. Der erste Begriff, *prosecho*, taucht zehnmal auf und bedeutet so etwas wie „beobachte genau, sei auf der Hut, pass auf, sei vorsichtig". Das andere Wort, *blepo*, finden wir sechsundsechzigmal in den Evangelien. Normalerweise bedeutet es schlichtweg „sehen", aber es kann auch „in Acht nehmen" heißen, und in diesem Sinne taucht es zehnmal auf. Diese zwanzig Belege zeigen uns, dass Jesus die Menschen oft vor den Gefahren warnte, mit denen sie es in dieser sündigen Welt zu tun haben.

Offensichtlich muss also der Mentor einiges über die Welt des Jüngers wissen. In den letzten Jahren habe ich die unterschiedlichsten Abteilungen bei „Jugend für Christus" in Sri Lanka geleitet. Wenn Teenager auf eine bestimmte Musik stehen, dann ist es meine Aufgabe, diese Musik ebenfalls anzuhören, damit ich mit ihnen Dinge wie die Songtexte, die Körperbewegungen oder das ganze Outfit und Gebaren der Musiker diskutieren kann. In unseren Jugendgruppen sprechen wir über Fernsehsendungen, die Jugendliche gerne anschauen, und betrachten sie aus einer christlichen Perspektive, wobei wir sowohl die positiven wie die negativen Inhalte würdigen. Meiner Meinung nach sollten das Eltern ebenfalls mit den Sendungen tun, die sich ihre Kinder anschauen. Wir diskutieren auch über Sport und Politik, also Angelegenheiten, die eine ganze Nation in Aufregung versetzen, damit die Jugendlichen nicht einfach nur die überall zu hörenden Ansichten vertreten, sondern diese Themen aus einer christlichen Perspektive betrachten.

Ebenso wichtig ist es, darüber zu diskutieren, wie Christen mit den besonderen Herausforderungen unseres Volkes umgehen können. Zum Beispiel müssen wir aufzeigen, warum es Christen nicht nötig haben, Pornografie zu lesen oder zu sehen. Dabei geht es nicht nur darum, dass Pornografie Sünde ist. Wenn das unsere einzige Begründung wäre, dann hätte die Pornografie kaum etwas an Reiz verloren. Man könnte dann einwenden, Pornos seien zwar sündig, aber sie machten dennoch Spaß. Der christliche Standpunkt ist jedoch, dass Pornografie auf lange Sicht alles andere als ein Vergnügen ist. Tatsächlich nimmt sie uns jede sexuelle Freude. Junge Leute sollten sich also von der Pornografie fernhalten, damit sie ihren eigenen Sex genießen können! In dieser Welt, in der wir es überall mit sexualisierten Bildern zu tun haben, brauchen wir unter Christen eine gesunde biblische Haltung, die Sexualität als eine wunderbare Schöpfung Gottes sieht. Wir müssen uns also intensiv mit der Frage beschäftigen, warum Sex außerhalb der Ehe sündig und furchtbar gefährlich ist, besonders deshalb, weil ein großer Teil unserer Gesellschaft ein solches Verhalten für ziemlich normal hält.

Ich habe mit diesen Herausforderungen der Jugend nur ein Beispiel genannt. Wir müssen selbst herausfinden, welche Herausforderungen in der Gruppe, die wir leiten, die größten sind. Wir sollten die Menschen, die uns anvertraut sind, vor ihnen warnen und ihnen zeigen, wie ein christlicher Umgang mit diesen Herausforderungen aussieht.

Der Schutzraum wird größer

Genau wie Jesus seine Jünger freigesetzt, in die Welt gesandt und Gottes Fürsorge überlassen hat, entlassen auch wir unsere geistlichen und leiblichen Kinder. Zuerst werden wir erleben, wie sich mit der Zeit die Intensität unserer Anleitung verändert. Am Anfang beaufsichtigen wir sie sehr genau, dann aber überlassen wir sie sich selbst und beten für sie, wenn sie draußen sind. Jesus praktizierte das ebenfalls mit seinen Jüngern, die er an wenigstens zwei Gelegenheiten in Zweierteams aussandte.

Zu Anfang kümmern wir uns um unsere Mentees wie um kleine Kinder, später sehen wir sie gleichrangig an. Während des Gesprächs beim letzten Abendmahl sagte Jesus zu seinen Jüngern: „Ich sage hinfort nicht, dass ihr Knechte seid; denn ein Knecht weiß nicht, was sein Herr tut. Euch aber habe ich gesagt, dass ihr Freunde seid; denn alles, was ich von meinem Vater gehört habe, habe ich euch kundgetan." (Johannes 15,15) Jetzt, wo ihnen Jesus alles vermittelt hat, was sie wissen müssen, betrachtet er sie als seine Freunde.

Das ist eine der Freuden, die sowohl Leiter als auch Eltern haben. Diejenigen, die wir einst als Kinder behandelt haben, sind nun Freunde geworden. Als Jugendmitarbeiter entdecke ich immer wieder, wie aus meinen leiblichen Kindern nun meine „Ratgeber" geworden sind. Ich frage sie oft um Rat, etwa wenn es darum geht, gegenüber Teenagern eine bestimmte Wahrheit zu vertreten. Wie wir bereits im vorherigen Kapitel festgestellt haben, ist es eine große Freude für Lehrer, wenn sie zu Füßen ihrer Schüler sitzen können, um von ihnen zu lernen!

Als Freunde halten wir einander natürlich dazu an, ein gottgefälliges Leben zu führen (Hebräer 10,24f.). Wir werden immer ein Segen füreinander sein, allerdings kommt dieser Segen manchmal auf unterschiedlichste Weise.

Nachdem ich bei einer Veranstaltung darüber gesprochen habe, dass Leiter sich mit denen befreunden sollten, die sie anleiten, kam hinterher ein Pastor aus dem Publikum zu mir und erklärte, er habe gelernt, diese Vorstellung sei falsch. Solche eine Freundschaft sei nämlich ein Hindernis, wenn es darum gehe, den anderen anzuleiten und Autorität über ihn auszuüben. Ich habe ihm dann Johannes 15,15 gezeigt, wo Jesus, unser Vorbild als Leiter, sagt, dass seine Jünger seine Freunde sind.

Ich habe trotzdem oft über das nachgedacht, was dieser Pastor gesagt hat. Mir wurde dabei klar, dass er keine Einzelmeinung vertritt, sondern eine unter heutigen christlichen Leitern weitverbreitete Haltung. Ihre Beziehungen zu denen, die sie anleiten, drehen sich vor allem um die Arbeit, die getan werden muss, und nicht um die Bedürfnisse und Gefühle derer, die sie anleiten. Man arbeitet Stellenbeschreibungen aus und erwartet, dass sie umgesetzt werden. Eine Gesprächsatmosphäre zu schaffen, in der die Mitarbeiter sich öffnen und ihre Gefühle äußern können, wird dagegen in unserer an Effizienz orientierten Zeit oft als Zeitverschwendung verstanden.

Doch Paulus hatte tiefe Freundschaften mit denen, die er anleitete. Wie eng er mit Timotheus verbunden war, macht zum Beispiel die folgende Aussage deutlich: „Wenn ich an deine Tränen denke, verlangt mich, dich zu sehen, damit ich mit Freude erfüllt werde." (2. Timotheus 1,4) Das zeigt doch, dass zwischen Paulus und Timotheus eine emotionale Verbundenheit existierte. Paulus hat Timotheus tiefe Einblicke in sein Leben gegeben. Er schreibt: „Du aber bist mir gefolgt in der Lehre, im Leben, im Streben, im Glauben, in der Langmut, in der Liebe, in der Geduld, in den Verfolgungen, in den Leiden, die mir widerfahren sind" (2. Timotheus 3,10.11a). Solch eine Beziehung entsteht nur, wenn man viel Zeit zusammen verbringt.

Ich bin fest davon überzeugt, dass eine machtvolle Kameradschaft im Evangelium innerhalb unserer Arbeitsteams entstehen würde, wenn heutige Leiter die Zeit investieren würden, die nötig ist, um mit denen, die sie anleiten, solch enge Bande zu knüpfen wie das Paulus mit Timotheus tat. Die gemeinsame Zeit hilft, um eine Atmosphäre zu schaffen, in der die einzelnen Teammitglieder sich öffnen und ehrlich erzählen können, was ihnen durch den Kopf geht. Die Folge wird ein Motivationsschub und eine neue Leidenschaft für die gemeinsame Aufgabe sein, die das Team zu erfüllen hat. Mit dieser Motivation werden die Teammitglieder sehr hart arbeiten und für das gemeinsame Ziel echte Opfer bringen. Diese harte Arbeit wird zu mehr Effizienz führen, denn motivierte Arbeiter können mehr erledigen und durch ihre Einheit wird eine geistliche Kraft freigesetzt. Die Zeit, die wir investieren müssen, um aus Teammitgliedern Freunde zu machen, wird also mehr als kompensiert, wenn wir auf die Ergebnisse schauen.

Schutz fördert die Einheit

Es ist äußerst interessant, dass Jesus Einheit als eine Folge des Schutzes erwähnt, um den er Gott für seine Jünger gebeten hat. Jesus bittet: „Heiliger Vater, erhalte sie in deinem Namen, den du mir gegeben hast, dass sie eins seien wie wir." (Johannes 17,11) Das Wort, das hier mit „dass" wiedergegeben wird, *hina*, bedeutet „damit" oder „auf dass". Einheit wird also eindeutig als eine Folge des Schutzes dargestellt, über den Jesus in den Versen davor gesprochen hat. Verschiedene Dinge führen zur Uneinigkeit innerhalb der christlichen Gemeinschaft. Uneinigkeit ist eine der erfolgreichsten Strategien Satans gegen die Gemeinde, und manchmal haben wir es bei dem Problem mit einer direkten Attacke zu tun. Leiter müssen deshalb auf der Hut sein und alles in ihrer Macht Stehende tun, um solche Attacken abzuwehren, sei es durch Gebet, durch Gespräch mit den betreffenden Parteien oder durch was auch immer.

Johannes führt aus, dass das Wandeln im Licht eine Voraussetzung für die christliche Gemeinschaft ist: „Wenn wir aber im Licht wandeln, wie er im Licht ist, so haben wir Gemeinschaft untereinander, und das Blut Jesu, seines Sohnes, macht uns rein von aller Sünde." (1. Johannes 1,7) Dieser Vers zeigt deutlich, dass die Einheit manchmal deswegen gefährdet ist, weil ein Mitglied einer Gemeinde oder mehrere in Sünde leben und nicht offen über ihre Probleme reden.

Die Gründe für die Uneinigkeit sind vielfältig, und Leiter, die die christliche Gemeinschaft ernst nehmen, sind in diesem Bereich besonders wachsam. Paulus' Aufforderung, „seid darauf bedacht, zu wahren die Einigkeit im Geist durch das Band des Friedens" (Epheser 4,3), in die Praxis umzusetzen, wird bald einer ihrer Hauptverantwortungen sein. Das hier gebrauchte Verb, ein Partizip, das mit „seid bedacht" übersetzt wird (*spoudazo*), lässt Hast, Dringlichkeit und sogar eine Krisenreaktion anklingen. Wie Paulus ist auch Jesus sehr eindeutig, wenn es um die Dringlichkeit geht, in der Fragen der Einheit behandelt werden sollten. „Darum: Wenn du deine Gabe auf dem Altar opferst und dort kommt dir in den Sinn, dass dein Bruder etwas gegen dich hat, so lass dort vor dem Altar deine Gabe und geh zuerst hin und versöhne dich mit deinem Bruder, und dann komm und opfere deine Gabe." (Matthäus 5,23f.)

Ich bin erstaunt darüber, wie oft heutige Christen diese Vorgehensweise missachten, wenn es um Probleme mit der Einheit geht. Sie schreiben Briefe, sprechen mit anderen darüber, boykottieren Sitzungen, aber sie gehen nicht zu der Person, mit der sie ein Problem haben, um mit ihr darüber zu reden. Manchmal sind sie sogar erst zu einem Anwalt gegangen, bevor sie das Gespräch mit dem Bruder oder der Schwester suchen, mit denen sie sich versöhnen sollten.

Natürlich ist das keine leichte Aufgabe. Bevor die Einheit wiederhergestellt ist, können sich Gespräche über mehrere Stunden hinziehen. Leiter sind normalerweise sehr beschäftigt. Können sie es sich also leisten, so viel Zeit in ein Gespräch zu investieren? Hierbei handelt es sich zudem um ein recht unangenehmes Gespräch. Diejenigen, die sich über uns ärgern, sind vielleicht um einiges jünger und unerfahrener als wir. Sie mögen ihr Anliegen in wenig respektvoller Weise äußern. Wenn dem so ist, sollten wir sie zu gegebener Zeit, am besten nachdem alles hinter uns liegt, auf diese Sache ansprechen. Aber ist es nicht demütigend für einen Leiter, sich so einer Prozedur zu unterwerfen? Leiter sind Diener der Menschen und der Gruppen, die sie leiten. Ob es nun zeitaufreibend und demütigend ist oder nicht, die Wiederherstellung der Einheit darf nicht aufgeschoben werden, denn auch Jesus und Paulus sahen sie als besonders dringlich an.

Das Besondere an der christlichen Liebe ist doch, dass sie bereitwillig gegen unsere natürliche Neigung handelt und die zweite Meile geht, um die Liebe Christi in eine Situation zu bringen, die ansonsten unlösbar erscheint. Wenn Leiter dies immer wieder beherzigen, werden sie erleben, wie wahre christliche Gemeinschaft funktioniert. Ich kann nur sagen, dass in meinen fünfundzwanzig Jahren als Leiter von „Jugend für Christus" in Sri Lanka meine größte Herausforderung war, „zu wahren die Einigkeit im Geist durch das Band des Friedens". Im letzten Jahr, als unser Pastor ein Sabbatjahr im Ausland verbrachte, hatte ich eine Menge zusätzlicher Verantwortung in unserer Gemeinde. Auch dort bestand die größte Herausforderung in der Wahrung der Einheit.

Wenn wir diese Herausforderung ernst nehmen und uns für die Einheit stark machen, wird unser Gemeinschaftsleben auf wundervolle Weise vertieft. Wenn wir jedoch die Zwistigkeiten ignorieren oder sie unter den Teppich kehren, werden wir niemals das reiche Gemeindeleben erfahren, das Gott sich für uns wünscht. Indem Jesus die Einheit als Hauptfolge des Schutzes darstellt, zeigt er, wie wichtig sie für ihn war. Auf dieselbe Weise sollten auch christliche Leiter der Einheit einen vorderen Platz auf ihrer Prioritätenliste einräumen.

Jesus teilte ihnen seine Freude mit

Das Nächste, was nach Jesus seine Jünger unbedingt haben sollten, bevor er sie verließ, war seine Freude. Deshalb geht sein Gebet folgendermaßen weiter: „Nun aber komme ich zu dir und rede dies in der Welt, damit meine Freude in ihnen vollkommen sei." (Johannes 17,13) Beachten wir, dass er über eine „vollkommene" Freude redet. Das entsprechende Wort, *pleroo*, bedeutet „erfüllen, anfüllen". Schon früher am selben Abend hat Jesus über die vollkommene Freude gesprochen, als er seinen Jüngern sagte: „Das sage ich euch, damit meine Freude in euch bleibe und eure Freude vollkommen werde." (Johannes 15,11) Beachten wir wieder, wie Jesus in diesem Vers die Freude mit sich selbst verbindet und sie als vollkommene Freude darstellt. Zweimal am selben Abend sprach er zudem darüber, dass er seinen Jüngern seinen Frieden geben werde (Johannes 14,27; 16,33). Für Jesus schien es also wichtig gewesen zu sein, in dieser entscheidenden Stunde seinen Jüngern seine Freude und seinen Frieden weiterzugeben.

Weil wir nicht die Retter der Welt sind, können wir den Menschen unsere Freude nicht in derselben Weise weitergeben wie Jesus seinen Jüngern seine Freude gab. Aber wir können über die Freude Jesu nachdenken, sie uns zum Vorbild nehmen und unseren Mentees auf dem Weg der Freude weiterhelfen. Freude wird selbstverständlich in der Bibel viele, viele Male als ein Grundzug des Christentums dargestellt. Sie ist die zweite Frucht des Geistes (Galater 5,22). Sie wird uns in Philipper 4,4 befohlen: „Freuet euch in dem Herrn allewege, und abermals sage ich: Freuet euch!" Die Wiederholung unterstreicht die Wichtigkeit der Freude als Grundzug des christlichen Lebens. Christen sollen also freudige Menschen sein und ihre Leiter Beispiele der Freude.

Wenn wir also Leiter sind, sollten wir das Streben nach Freude zu einem wichtigen Aspekt unseres Lebens werden lassen. Das ist ein Teil unserer Hausaufgaben. Sicher, wir leiden für das Evangelium. Wir zahlen einen hohen Preis dafür, Gott und seinen Prinzipien treu zu bleiben. Aber diese Dinge tun wir aus einem Lebensstil der Freude heraus. Kurz nachdem er gesagt hat: „Das sage ich euch, damit meine Freude in euch bleibe und eure Freude vollkommen werde" (Johannes 15,11), fährt Jesus tatsächlich damit fort, dass er sagt: „Das ist mein Gebot, dass ihr euch untereinander liebt, wie ich euch liebe.

Niemand hat größere Liebe als die, dass er sein Leben lässt für seine Freunde." (Johannes 15,12f.) Die Freude kommt zuerst und aus ihr kommt die Kraft für einen aufopferungsvollen Dienst.

In Kapitel 3, wo wir uns damit beschäftigt haben, wie wir Gottes Bestätigung bekommen können, haben wir auch danach gefragt, wie wir die Freude in unserem Leben kultivieren können. In einer seiner Neujahrsansprachen sagte Georg Müller: „Die Fürsorge für unsere Familien, das Gedeihen unserer Unternehmungen und des Dienstes für den Herrn mögen uns von herausragender Bedeutung erscheinen; meinem Urteil nach ist jedoch der wichtigste Punkt dieser: dass wir uns vor allen Dingen darum kümmern, dass unsere Seelen im Herrn glücklich sind." Er fährt fort: „Andere Dinge belasten euch mehr; das Werk des Herrn mag in manchen Bereichen sehr viel dringlicher erscheinen", aber das Streben nach Freude ist „von oberster und höchster Wichtigkeit ... Macht dies Tag für Tag zu der wichtigsten Angelegenheit eures Lebens." Die Freude am Herrn ist ein wunderbarer Schatz. Wir sollten ohne sie keinen Schritt tun!

John Stam und seine Frau Betty waren Missionare in China. 1934 wurden sie im Alter von siebenundzwanzig und achtundzwanzig Jahren zu Märtyrern. Ihr tragischer Tod motivierte viele junge Menschen, in die Mission zu gehen. John sagte einmal: „Nimm mir alles, was ich habe, aber nicht die Süße, mit dem König der Herrlichkeit unterwegs zu sein und zu reden."

Natürlich reden wir hier über die Freude *im Herrn*. Es gibt andere Freuden, die wir aufgeben müssen, weil wir Gott und die Menschen lieben. Einige Absätze, bevor Paulus die Philipper dazu auffordert, sich „allezeit im Herrn zu freuen", schreibt er ihnen: „Macht meine Freude dadurch vollkommen, dass ihr eines Sinnes seid, gleiche Liebe habt, einmütig und einträchtig seid." (Philipper 2,2) Durch die Uneinigkeit in der Gemeinde hatte er einiges an Freude eingebüßt. Später wurde er noch eindeutiger, als er schrieb: „Evodia ermahne ich und Syntyche ermahne ich, dass sie eines Sinnes seien in dem Herrn." (Philipper 4,2) Wer diese Welt tatsächlich liebt, wird verletzt und sogar ärgerlich werden, wenn er all ihre Probleme und Leiden sieht.

Doch es wird der Welt nicht helfen, wenn wir bittere Menschen ohne Freude am Herrn sind. Damit werden wir eher Teil des Problems. Wie ich in Kapitel 7 bereits gesagt habe, ist für mich die große Zahl ärgerlicher christlicher Hauptamtlicher in der Gemeinde heute eine der traurigsten Tatsachen. Vielleicht hat die Gemeinde sie verletzt. Sie schlagen sich den ganzen Tag mit schwierigen Menschen herum. Aber wir sollten schlechten Menschen nicht die Macht geben, unser Leben zu ruinieren. Und aus zwei sehr guten Gründen brauchen wir das auch nicht.

Zunächst einmal ist die Bibel sehr eindeutig: Was immer schlechte Menschen uns angetan haben mögen, *Gottes Liebe ist größer als ihre Bosheit.* Paulus schreibt: „Die Liebe Gottes ist ausgegossen in unsre Herzen durch den Heiligen Geist, der uns gegeben ist." (Römer 5,5) Das Wort, das mit „ausgegossen" übersetzt wird *(ekcheo),* wird in der Regel für Flüssigkeiten gebraucht und kann sogar die Bedeutung „überfluten" annehmen. Der Begriff hat also sowohl mit Überfluss als auch mit Überflutung zu tun. Der große Kommentator Albrecht Bengel (1687–1752) benutzte das lateinische Wort *abundantissime,* um es zu beschreiben. Gottes Liebe ist unerschöpflich, und aus ihr zu schöpfen heißt aus der Fülle zu schöpfen. Nachdem diese Liebe den erwünschten Effekt auf uns hatte, bleiben der Schmerz, die Sorge, das Herzeleid und sogar der gerechte Ärger, denn diese Gefühle können neben der Liebe existieren. Aber die Bitterkeit kann das nicht. Indem wir uns von Gott lieben lassen, müssen wir der Bitterkeit den Krieg erklären. Wir dürfen von Gott nicht lassen, bis er uns getröstet hat. Jakob kämpfte die ganze Nacht mit Gott und sprach: „Ich lasse dich nicht, du segnest mich denn." (1. Mose 32,27)

Der zweite Grund, warum wir nicht bitter werden sollten, besteht darin, *dass Gott größer ist als unsere Probleme.* Wenn wir ihn lassen, kann und wird er die furchtbaren Dinge, die uns passieren, in etwas Gutes verwandeln, wie er es in seinem Wort verheißen hat (Römer 8,28). Schließlich sind wir damit nicht nur Sieger, sondern „überwinden ... weit durch den, der uns geliebt hat" (Römer 8,37). Das hier gebrauchte griechische Wort *hypernikao* bedeutet wörtlich „übersiegen" und wurde für eine Schlacht gebraucht, durch die der Feind total vernichtet wurde. Jemand wollte uns verletzen, aber wir gehen aus seinen Taten gestärkt hervor, denn Gott verwandelt das Böse, das gegen uns gerichtet war, in etwas Gutes. Wir können deshalb mit Josef sagen: „Ihr gedachtet es böse mit mir zu machen, aber Gott gedachte es gut zu machen, um zu tun, was jetzt am Tage ist, nämlich am Leben zu erhalten ein großes Volk." (1. Mose 50,20) Diese Verse geben uns die Kraft, um solchen Menschen zu vergeben, und durch diesen bewussten Schritt der Vergebung verlässt die Belastung unser Leben. Wir können dann in der Freiheit des Geistes dienen, ohne dass Gottes Liebe und Freude, die unsere Seelen erfüllt, gehindert wird.

Ich habe einmal eine sehr vernichtende Rezension über eines meiner Bücher gelesen, die von einem respektierten christlichen Leiter stammte, den ich bis dahin als Gelehrten sehr geschätzt hatte. Seine Kritik traf einen sensiblen Punkt in meinem Leben, weshalb ich lange Zeit mit Ärger zu kämpfen hatte. Ich habe die Rezension immer wieder vergessen, aber dann kamen die Gedanken zurück und quälten mich. Als ich eines Tages auf meinem Fahrrad saß (mit dem ich Sport mache), darüber nachdachte und betete, gelang es mir durch eine bewusste und endgültige Entscheidung, meinem Bruder zu vergeben. Obwohl das bereits vor einigen Jahren passiert ist, kann ich mich immer noch daran erinnern, als sei es gestern gewesen. Ich weiß noch genau, auf welcher Straße ich unterwegs war, als es passierte. Ich hatte das Gefühl, dass mir eine große Last von den Schultern genommen wurde. Manchmal verletzt mich der Gedanke an die Rezension immer noch, aber der Stachel ist verschwunden. In der Rückschau muss ich sogar zugeben, dass mir der Rezensent immens geholfen hat, ein besserer Schreiber zu werden, obwohl ich immer noch meine, dass seine Rezension unfair war. Doch es ist wahr, dass unsere Kritiker manchmal hilfreicher sind als unsere Freunde.

Ein christlicher Haupt- oder Ehrenamtlicher hat solche Schlachten oft zu bestehen. Wie ich bereits sagte, ist die Freude am Herrn ein so großer Schatz, dass wir es uns nicht leisten können, ohne ihn zu leben.

Jesus setzte seine Jünger dem Hass der Welt aus

Unseren nächsten Gedanken hätte ich von mir aus nicht in eine Darstellung der Jüngerschaft eingeordnet. Doch wir legen einen Text aus und in ihm findet er einen prominenten Platz. Und es handelt sich um einen wichtigen Punkt. Jesus sagt in Vers 14: „Ich habe ihnen dein Wort gegeben und die Welt hat sie gehasst; denn sie sind nicht von der Welt, wie auch ich nicht von der Welt bin." (Johannes 17,14) In gewisser Weise sind wir Fremde in dieser Welt. Wer Gottes Agenda folgt, wird selten von den Menschen wertgeschätzt. Manchmal haben wir es mit ihrem Hass zu tun. Das Evangelium ist zu radikal, um geliebt zu werden, es sei denn, man verdünnt es, indem man einige der „harten Fakten" herausnimmt.

Es ist schwer genug, wenn man uns hasst, aber es ist noch schwerer, wenn die gehasst werden, die wir zu Jüngern machen. Das ist eine der emotionalen Belastungen, die den evangelistischen Dienst vor allem in buddhistischen Ländern begleiten. Wir bringen den Menschen die gute Nachricht der Erlösung – und das ist sie auch für die, die sie annehmen: eine gute Nachricht. Aber das Evangelium ist eine schreckliche Nachricht für die Familien derer, die sie akzeptieren. Weil meine evangelistische Arbeit vor allem unter nichtchristlichen Jugendlichen geschieht, lastet diese Realität schwer auf mir. Es ist manchmal herzzerreißend, wenn man miterleben muss, wie die Bekehrung eines Einzelnen eine ganze Familie auseinanderbringt. Natürlich hat Jesus so etwas vorausgesagt: „Ihr sollt nicht meinen, dass ich gekommen bin, Frieden zu bringen auf die Erde. Ich bin nicht gekommen, Frieden zu bringen, sondern das Schwert. Denn ich bin gekommen, den Menschen zu entzweien mit seinem Vater und die Tochter mit ihrer Mutter und die Schwiegertochter mit ihrer Schwiegermutter. Und des Menschen Feinde werden seine eigenen Hausgenossen sein." (Matthäus 10,34-36)

Wir müssen also diesen Aspekt der Evangelisation mit der Lehre abwägen, dass Christen ihre Eltern und Verwandten ehren und versorgen sollen. Paulus warnt Christen ganz offen davor, nicht für ihre Familien zu sorgen. Er schreibt: „Wenn aber jemand die Seinen, besonders seine Hausgenossen, nicht versorgt, hat er den Glauben verleugnet und ist schlimmer als ein Heide." (1. Timotheus 5,8) Wir nötigen junge Menschen, nach ihrer Bekehrung zum Christentum ihren Eltern gegenüber das bestmögliche Verhalten an den Tag zu legen. Wir helfen ihnen, weise zu sein, sodass sie einerseits ihre Eltern ehren und andererseits gleichzeitig Gott gehorchen können.

Trotzdem wissen wir, dass Verfolgungen kommen werden, egal wie respektvoll, liebevoll und rücksichtsvoll wir uns anderen gegenüber verhalten. Wir müssen unsere Leute deshalb darauf vorbereiten, so wie Jesus seine Jünger darauf vorbereitet hat (vgl. z.B. Matthäus 10,17-42; Johannes 15,18-25).

Jesus sandte seine Jünger in die Welt

Wir haben die Tatsache betrachtet, dass Jesus seine Jünger in die Welt sandte, und wir haben gesehen, wie er sie darauf vorbereitete, Bösem zu begegnen. Jetzt, gegen Ende des Gebetes, scheint sich Jesus darauf zu konzentrieren, dass sie in die Welt gehen werden, so wie er in die Welt gekommen ist – das heißt für den Dienst. Die Verse 15 und 16 beschreiben die Berufung, in die Welt zu gehen, aber nicht „von der Welt" zu sein: „Ich bitte dich nicht, dass du sie aus der Welt nimmst, sondern dass du sie bewahrst vor dem Bösen. Sie sind nicht von der Welt, wie auch ich nicht von der Welt bin." Vers 18 verbindet ihr Gehen in die Welt mit Jesu Kommen in die Welt: „Wie du mich gesandt hast in die Welt, so sende ich sie auch in die Welt." Er kam, um die Welt zu retten, und wir tragen die Botschaft von dieser Rettung in die Welt hinaus. Er sagte etwas Ähnliches nach seiner Auferstehung: „Wie mich der Vater gesandt hat, so sende ich euch." (Johannes 21,20)

Letztlich hat nur Jesus das Recht, Menschen in die Welt zu senden, aber er gebraucht uns, um diese Sendung zu aktualisieren. Wir geben das, was wir wissen, an andere weiter und senden sie aus, um Gott zu dienen. Und sie wiederum investieren in andere. Wir nennen dies den Dienst der Multiplikation, der sehr gut in 2. Timotheus 2,2 dargestellt wird: „Und was du von mir gehört hast vor vielen Zeugen, das befiehl treuen Menschen an, die tüchtig sind, auch andere zu lehren." Vier Generationen von Christen werden in diesem Vers als

Teil des Multiplikationsprozesses erwähnt. Paulus repräsentiert die erste Generation, er gibt die Wahrheit an Timotheus weiter, der die zweite Generation repräsentiert. Timotheus wiederum gibt die Wahrheit an treue Menschen weiter, die dritte Generation, und sie sollen die vierte Generation lehren.

Jesu Methode, die Jünger auf ihre Mission vorzubereiten, ist sehr wegweisend. Lasst uns ein paar Punkte hier betrachten.

Jesus hatte zuerst ihr Potenzial vor Augen. Als er Simon und Andreas berief, sagte er: „Folgt mir nach; ich will euch zu Menschenfischern machen!“ (Markus 1,17) Als er die Zwölf einsetzte, gab es zwei Gründe für ihre Auswahl, und einer davon war, dass sie für den Dienst ausgesandt werden sollten. Markus schreibt: „Und er setzte zwölf ein, die er auch Apostel nannte, dass sie bei ihm sein sollten und dass er sie aussendete zu predigen und dass sie Vollmacht hätten, die bösen Geister auszutreiben.“ (Markus 3,14f.)

Zweitens lehrte Jesus sie, wie wir im letzten Kapitel gesehen haben. Ein Großteil der in den Evangelien überlieferten Lehre Jesu ist eine Unterweisung an die Zwölf.

Drittens sandte er sie zum Dienst aus, bevor sie offiziell dazu beauftragt waren. Am bekanntesten sind hier vermutlich die beiden Gelegenheiten, in denen er seine Jünger zu zweit aussandte, einmal nur die Zwölf, ein andermal zweiundsiebzig, um einen Reisedienst zu tun (Matthäus 10; Lukas 10).

Viertens beauftragte er sie. Das Neue Testament schildert uns diesen großen Auftrag an verschiedenen Stellen. Da sind zum einen die bekannten Texte in den vier Evangelien und der Apostelgeschichte (Matthäus 28,18-20; Markus 16; Lukas 24,46-49; Johannes 20,21; Apostelgeschichte 1,8). Aber darüber hinaus gibt es noch andere Texte, die von dem großen Auftrag sprechen, wie etwa der hier betrachtete Vers: „Wie du mich gesandt hast in die Welt, so sende ich sie auch in die Welt.“ (Johannes 17,18; vgl. Apostelgeschichte 10,42) Bei jeder dieser Gelegenheiten geht es um einen unterschiedlichen Aspekt des großen Auftrags. Matthäus' Version konzentriert sich auf verschiedene Punkte – von der benötigten Autorität über das Wesen des Dienstes bis hin zur Gegenwart Christi bei denen, die den Auftrag erfüllen.

Markus beschäftigt sich mit dem Umfang der Herausforderung: „der ganzen Schöpfung". Lukas legt seinen Schwerpunkt auf die Botschaft und die Kraft, die für das Werk benötigt werden. Johannes präsentiert Jesu Kommen als Modell für dieses Werk. Die Apostelgeschichte stellt die Kraft, die zur Erfüllung des Auftrags benötigt wird, in den Mittelpunkt und ebenso ihre geografische Ausdehnung. Apostelgeschichte 10,42 beschreibt den Auftrag zu predigen und bezeugt, dass Jesus der Richter der Lebenden und der Toten ist.

Jesus demonstriert hier eine visionäre Leitung. Er hält den Leuten immer das großartige und herrliche Werk vor Augen, das getan werden muss. Das ist eine der Schlüsselqualifikationen für einen Leiter, dass er Menschen das große Bild vor Augen malen kann. Die Probleme und Herausforderungen, die sie in ihrer eigenen kleinen Welt erleben, können sie niederdrücken, sodass sie das große Bild vergessen und die Vision verlieren. Deshalb muss ein Leiter immer auf die Vision hinweisen.

Manche haben heutzutage Schwierigkeiten, von einem „Missionsbefehl" zu reden, weil das die Tatsache verdeckt, dass Jesus seinen Aposteln noch verschiedene andere Aufträge gegeben hat. Trotzdem glaube ich, dass die häufige Wiederholung des Auftrags, das Evangelium zu predigen, sowie die verschiedenen Weisen, in denen dies in den vier Evangelien und der Apostelgeschichte ausgesagt wird, darauf schließen lassen, dass diese Aufgabe so wichtig ist, dass sie immer Priorität im Programm der Gemeinde haben sollte. Aus diesem Grund bin ich immer noch davon überzeugt, dass die Weltmission die wichtigste Aufgabe der Kirche ist. Wenn wir erkennen, dass Menschen ohne Christus auf ewig verloren sind, wird uns sicher die enorme Dringlichkeit dieser Aufgabe deutlich.

Wer sich mit der Evangelisation bisher Unerreichter beschäftigt, weiß, wie viel harte Arbeit damit verbunden ist. Normalerweise provoziert dies Verfolgung und Unbeliebtheit. Nicht selten sind die statistisch messbaren Ergebnisse weitaus weniger beeindruckend als die Erfolge anderer Programme. Es gibt so viele drängende Probleme in der Gemeinde, dass man die Evangelisation leicht übersehen und ihr einen zweiten Rang einräumen kann. Die Folge davon ist, dass die entsprechende Gemeinde, obwohl sie evangelikal ist und in ihrem Programm evangelistisch, wenig oder gar nicht unter Nichtchristen evangelisiert. Weil es also so leicht ist, die Evangelisation Unerreichter zu vernachlässigen und weil der Auftrag so oft wiederholt wird, was verdeutlicht, dass es sich dabei um eine Dringlichkeit handelt, die höchste Priorität verdient, glaube ich, dass es sich beim Missionsbefehl wirklich um den einen großen Auftrag handelt.

Wir betrachten die Menschen mit Hoffnung, genauso wie Jesus es tat. Jeder Gläubige ist ein wertvolles Gefäß, das Gott gebrauchen möchte. Jesus sah den impulsiven und in gewisser Weise wankelmütigen Petrus und sagte, dass dieser Mann ein Fels sein werde (Matthäus 16,18f.). Er verhieß dem völlig entmutigten Petrus, dass er Christi Schafe hüten und zum Märtyrer für das Evangelium werden würde (Johannes 21,15-23).

Paulus ermutigte Timotheus immer wieder, seiner Berufung treu zu sein, und Paulus instruierte den jungen Mann, wobei er nie seine Ziele für ihn aus den Augen verlor. Paulus schrieb ihm: „Lass nicht außer Acht die Gabe in dir, die dir gegeben ist durch Weissagung mit Handauflegung der Ältesten." (1. Timotheus 4,14) Paulus sah Timotheus mit Augen der Hoffnung, die die Erfüllung dieser Prophezeiungen bereits sahen. Als er seinen Jünger unterrichtete, dachte er deshalb immer an die Weissagungen. Er schrieb einmal: „Diese Botschaft vertraue ich dir an, mein Sohn Timotheus, nach den Weissagungen, die früher über dich ergangen sind, damit du in ihrer Kraft einen guten Kampf kämpfst" (1. Timotheus 1,18). Er lehrte Timotheus, die große Persönlichkeit zu werden, von der Paulus (durch Prophetie) wusste, dass er sie werden würde.

Deshalb schauen wir Menschen immer mit Augen der Hoffnung an. Selbst wenn sie etwas Falsches tun, behalten wir die wunderbaren Dinge im Hinterkopf, die Gott durch sie tun will, und tun alles, damit sie sie tun können. Wenn sie schüchtern sind wie Timotheus (2. Timotheus 1,7), ist es vielleicht nötig, dass wir sie an die Dinge erinnern, die Gott für sie vorgesehen hat. In unserer Wettbewerbsgesellschaft sind Menschen vielen Entmutigungen und Zurückweisungen von anderen ausgesetzt. Mögen wir die Menschen sein, die andere an ihr Potenzial unter Gott erinnern und ihnen helfen, „die Gabe Gottes“ in ihnen zu erwecken (2. Timotheus 1,6).

Es gibt zwei Weisen, wie wir die Christen, mit denen wir zu tun haben, betrachten können. Jeder Christ hat seine Stärken und Schwächen. Einige Leiter konzentrieren sich auf die Stärken und betrachten die Schwächen als etwas, an dem sie arbeiten müssen. Andere Leiter legen den Schwerpunkt so sehr auf die Schwächen, dass sie die Menschen praktisch vom ersten Augenblick an auf sie hinweisen. Darf ich dir die erste Vorgehensweise ans Herz legen? Indem wir uns auf die Stärken der Menschen konzentrieren, geben wir ihnen Hoffnung, was ihnen wiederum den Mut gibt, ihre Schwächen zu kompensieren oder zu überwinden. Ich glaube, dass dies der Weg ist, wie wir Paulus’ Aussage umsetzen: Die Liebe „glaubt alles, sie hofft alles“ (1. Korinther 13,7).

Ich würde mich jemandem in Bezug auf meine Schwächen anvertrauen und ihn um Hilfe bitten, wenn ich den Eindruck hätte, dass er mich wertschätzt und mein Potenzial sieht. Wenn mich eine Person jedoch vom ersten Augenblick an ablehnt, dann wäre ich sehr zurückhaltend, ihr die Bereiche meines Lebens anzuvertrauen, in denen ich zu kämpfen habe.

Die Ziele, die wir für Menschen haben, können auch ein regelmäßiger Bestandteil unseres Gebets für sie werden. Wir können sie auf unsere Liste mit Gebetsanliegen schreiben, sodass wir uns daran erinnern, besonders für sie zu beten. Gute Leiter betrachten die Menschen mit den Augen der Hoffnung.

Jesus starb, um die Jünger heilig zu machen

Der letzte von den Sätzen des Gebetes Jesu, die wir hier betrachten wollen, macht auf den ersten Blick einen verwirrenden Eindruck: „Ich heilige mich selbst für sie, damit auch sie geheiligt seien in der Wahrheit.“ (Johannes 17,19) Normalerweise denken wir bei dem Verb „heiligen“ an heilig werden im Sinne von Christus ähnlicher werden, doch wie wir wissen, ist Jesus schon in jeder Hinsicht vollkommen heilig. *Heiligen* kann jedoch auch bedeuten, dass man sich dem Willen Gottes hingibt. Jesus sagt, er tue dies „für sie“, was bedeutet, dass er über seinen Tod für sie redet. Die Worte „für sie", *hyper auton*, erinnern an verschiedene Texte, in denen es um die Erlösung geht (z.B. Markus 14,24; Lukas 22,19; Johannes 6,51; 1. Korinther 11,24). Klar ist, dass der Tod und die Auferstehung Christi den Höhepunkt des Johannesevangeliums darstellen, auf den es sich zubewegt (z.B. in Johannes 1,29; 10,17f; 11,49-52; 12,23-26; 18,11; 19,30). In Vers 19 spricht Jesus also über den großen Akt der Hingabe, durch den er für seine Jünger und für alle Menschen sterben wird.

Jesus sagt, infolge seines Todes würden die Jünger ebenfalls geheiligt (Johannes 17,19). Weil die Heiligung Christi hier als Parallele zur Heiligung der Jünger erwähnt wird, sollten wir vermutlich auch von Letzterem dasselbe wie von Ersterem annehmen – nämlich dass mit der Heiligung die Hingabe an den Dienst Gottes gemeint ist.

Können wir dem Weg Christi in dieser Weise folgen, dass wir für die Heiligung derer sterben, die wir zu Jüngern machen? Mit Sicherheit können wir für ihre Sünden kein stellvertretendes Opfer bringen. Aber das entbindet uns nicht von der Aufgabe, unser Leben für die Menschen zu geben, denen zu dienen wir berufen sind. Im Vers davor sagt Jesus: „Wie du mich gesandt hast in die Welt, so sende ich sie auch in die Welt." (Johannes 17,18; vgl. auch Johannes 21,20) Wenn wir in die Welt gesandt sind, so wie er in die Welt gesandt war, dann sollten wir damit rechnen, dass auch wir für andere sterben, so wie er für Menschen starb. Dies wird auch in Johannes 10,11-18 angedeutet, wo Jesus sagt, als der Gute Hirte werde er sein Leben für die Schafe lassen. In derselben Weise sollten auch wir für die, die uns anvertraut sind, unser Leben lassen, wenn wir gute Hirten sind.

Am selben Abend, jedoch lange vor seinem hohepriesterlichen Gebet, erklärte Jesus es zum Prinzip, dass Christen für andere sterben sollten. Er sagte: „Das ist mein Gebot, dass ihr euch untereinander liebt, wie ich euch liebe." (Johannes 15,12) Für den Fall, dass wir nicht erkennen, um was es dabei geht, erklärt er gleich danach, wie wir einander lieben sollten: „Niemand hat größere Liebe als die, dass er sein Leben lässt für seine Freunde." (15,13) Und um zu zeigen, dass es sich dabei um einen grundlegenden Aspekt der Jüngerschaft handelt, fügt Jesus hinzu: „Ihr seid meine Freunde, wenn ihr tut, was ich euch gebiete." (15,14) Gemäß dieser Logik gibt es einen Weg um herauszufinden, ob jemand ein Freund von Jesus ist, nämlich indem man sieht, ob er oder sie für andere stirbt.

Natürlich können wir nicht für die ganze Welt sterben, wie Jesus das getan hat. In der Tat hat Jesus, als er seinen Tod für uns in Johannes 15,13 als Vorbild hinstellte, gesagt, „dass er sein Leben lässt *für seine Freunde*". Davor sagt er, wir sollten uns „*untereinander*" lieben, womit er andeutet, dass wir für die Menschen sterben sollten, die uns nahestehen. Christen sterben füreinander, für ihre Freunde, gegenüber denen sie eine besondere Verantwortung haben. Wenn wir dem Vorbild Jesu folgen, der der ewige Gott ist, dann tun wir dies innerhalb unserer menschlichen Begrenzungen. Was Jesus als Gott für die ganze Welt tat, tun wir für die, gegenüber denen wir verantwortlich sind. Natürlich kann es auch Situationen geben, in denen wir unser Leben für andere geben. Hierbei handelt es sich schließlich nicht um ein absolutes Gebot; unsere Freunde sind also nicht die einzigen Menschen, für die wir sterben. Zum Beispiel könnte es passieren, dass wir ins Meer springen, um einen Fremden zu retten, und dabei ums Leben kommen. Oder wir werfen uns in die Schussbahn, um ein Kind zu retten. Aber dies sind Ausnahmen von der Regel.

Wie wir bereits im vorherigen Kapitel festgestellt haben, haben wir eine besondere Verantwortung gegenüber verschiedenen Menschengruppen. Am wichtigsten sind die Angehörigen unserer Familie. Dann kommen unsere Kollegen in Arbeit und Dienst, die, die wir leiten und anleiten. Dann kommen die Mitglieder unserer Gemeinde, unsere Nachbarn und unsere Freunde. Wir haben ihnen und anderen Menschengruppen gegenüber in unterschiedlichem Maße Verantwortung. Pastoren können sich zum Beispiel nicht umfassend um jedes einzelne Gemeindeglied kümmern. Wenn sie gute Leiter sind, werden sie die Verantwortung deshalb an eine Gruppe von Leitern delegieren. Während die Leiter also dafür verantwortlich sind, dass jede und jeder in ihrer Gruppe die nötige Fürsorge erfährt, müssen sie nicht selbst die Person sein, die sich um jeden Einzelnen kümmert.

Es ist interessant, dass Paulus sagt, Männer sollten für ihre Frauen sterben: „Ihr Männer, liebt eure Frauen, wie auch Christus die Gemeinde geliebt hat und hat sich selbst für sie dahingegeben" (Epheser 5,25). Wenn wir diesen Vers umsetzen, verstehen wir besser, was es bedeutet, für andere zu sterben. Die meisten Ehefrauen würden sagen: „Ich möchte eigentlich nicht, dass mein Mann für mich stirbt. Mir würde es reichen, wenn er mit mir spricht! Er kommt von der Arbeit nach Hause, ist müde und in so schlechter Stimmung, dass er einfach nicht den Mund aufbekommt. Und wenn ich ihn dann anspreche, wird er ärgerlich." Nach einem anstrengenden Arbeitstag ist der Ehemann physisch erschöpft und emotional ausgelaugt, und Reden ist das letzte, was er nun tun möchte. Aber weil er seine Frau liebt, stirbt er für seinen Wunsch, still zu bleiben, und spricht stattdessen mit seiner Frau. Zu diesem Zeitpunkt ist das für ihn wirklich so etwas wie Sterben.

Es gibt ähnliche Gelegenheiten, wo ein Mann seinen natürlichen Neigungen gegenüber stirbt, weil er seine Familienangehörigen liebt. Er ist vielleicht sehr beschäftigt und gestresst, weil beruflich gerade eine besondere Herausforderung ansteht. Seine Familie hat ein Bedürfnis, das nicht gerade dringlich ist, sondern nur eine von seinen Routineverantwortungen als Ehemann oder Vater. Doch weil er Christ ist, lässt er alles stehen und liegen, um dieses Bedürfnis zu befriedigen, denn Routine ist ein grundlegender Bestandteil stabiler Familien. Wenn die Familie merkt, dass der Ehepartner oder ein Elternteil, die im christlichen Dienst stehen, regelmäßig seine oder ihre Bequemlichkeit überwinden, um der Familie zu dienen, dann werden sie die gelegentliche Situation entschuldigen, in der er oder sie seinen/ihren Pflichten einmal nicht nachkommen kann.

Ich habe von manchen Familien christlicher Leiter gehört, dass sich diese Leiter oft so sehr um andere kümmern, dass sie ihre eigenen Familien vernachlässigen. Wenn sie nach Hause kommen, haben sie keine Energie oder Zeit mehr, um zu helfen, wo ihre Familie sie braucht. Aus diesem Grund sind Familienmitglieder von einigen hochmotivierten, hart arbeitenden und sehr erfolgreichen christlichen Leitern unglücklich über deren Dienst. Die entsprechenden Leiter müssen lernen, täglich ihrer Bequemlichkeit und ihren Neigungen zu sterben, um für ihre Familien zu sorgen.

Sich mit denen, die man leitet oder anleitet, persönlich zu treffen, ist ein sehr wichtiger Aspekt der Verantwortung eines Leiters. Je weiter wir in der Leitung aufsteigen, desto schwieriger wird es, dafür entsprechend Zeit zu finden. Oft gibt es keine dringende Angelegenheit, die besprochen werden müsste, und deshalb fällt das Treffen aus. Die Folge davon ist, dass wir uns weniger und weniger mit den Menschen treffen, mit denen wir am engsten zusammenarbeiten. Obwohl sie uns jeden Tag bei der Arbeit sehen, fühlen sie sich dann oft vernachlässigt und zurückgesetzt. Wir müssen uns deshalb selbst dazu zwingen, uns wirklich regelmäßig mit denen zu treffen, die wir leiten oder anleiten, egal wie beschäftigt wir gerade sind. Und das zu tun, ist ebenfalls ein kleiner Tod.

Manchmal geschieht es, dass ein Familienangehöriger, ein Mitarbeiter oder Mentee plötzlich ein dringendes Problem hat, während wir eigentlich gerade furchtbar viel zu tun haben. Vielleicht ist diese Person krank oder wegen irgendetwas sehr entmutigt oder ärgerlich. Das sind die Augenblicke, in denen wir den Dienst an dieser Person nicht auf die lange Bank schieben können. Wir müssen uns irgendwie für diesen Menschen Zeit freischaufeln und darum beten, dass der Herr uns trotzdem genügend Zeit für die anderen Dinge gibt, die ebenfalls anstehen. Vielleicht müssen wir das mit einer schlaflosen Nacht oder ausgelassenen Ruhezeiten bezahlen, vielleicht erschöpft es uns einfach. Die damit verbundene Übermüdung ist ein Tod, den wir für diese Menschen sterben.

Manchmal ist das Opfer, das wir für diese Menschen bringen, natürlich auch direkter und zeigt eindeutig unsere Hingabe. Barnabas weigerte sich, Markus abzuschreiben, obwohl der junge Mann das Missionsteam bei einer früheren Gelegenheit im Stich gelassen hatte. Und Barnabas musste für diese Verpflichtung Markus gegenüber einen Preis zahlen (Apostelgeschichte 15,36-41). Auch heutzutage werden manche Leiter einen Preis dafür zahlen müssen, wenn sie an einer Person festhalten, deren Fehler den Leiter in der Vergangenheit in Schande gebracht haben.

Nachdem ein Mitarbeiter gesündigt hat und dafür zur Rechenschaft gezogen wurde, wird der hingegebene Leiter diesen Mitarbeiter nicht vergessen, sondern gerade mit ihm ein paar Stunden verbringen, um mit ihm sein Leben neu zu ordnen – Stunden, die er sich irgendwie aus seinem gefüllten Terminkalender herausschneiden muss. Wenn eine der Folgen der Sünde ein Predigtverbot für den Mitarbeiter ist, dann muss die Gemeinde oder Organisation eine neue vorläufige Stellenbeschreibung für diese Person ausarbeiten. Und auch das ist vermutlich keine leichte Aufgabe.

Eine Mitarbeiterin aus dem Kernbereich verlässt eine Organisation und ist sehr ärgerlich über die Umstände, die schließlich dazu geführt haben, dass sie geht. Vielleicht ist es das Beste für sie und ihre Organisation, wenn sie nun woanders weiterarbeitet. Aber wenn sie auf ungute Weise mit ihrem Ärger umgeht, wird sie sich im Dienst dauerhaft im Wege stehen. Der Leiter muss deshalb mit ihr ein ausführliches Gespräch suchen, in dem sie die Gelegenheit bekommt, die Dinge aus ihrer Perspektive darzustellen. Normalerweise ist das für den Leiter eine recht schmerzhafte Angelegenheit. Doch diese Mitarbeiterin ist sehr verletzlich, und so ein Gespräch ist vielleicht das Einzige, was wir noch für sie tun können. Obwohl sie ärgerlich ist, sollten wir alles daransetzen, dass sie eine sichere Zukunft bekommt. Das kann auch beinhalten, dass wir unseren Einfluss als Leiter benutzen, um ihr einen anderen Job zu geben.

Manchmal müssen wir sehr viel Zeit aufwenden, weil wir jungen Menschen helfen wollen, mit besonderen Herausforderungen in ihrem Leben fertig zu werden. Um nur einige Beispiele für solche zeitaufreibenden Projekte zu nennen: Geld für ihr Studium auftreiben, ihnen bei der Predigtvorbereitung helfen, mit ihnen zusammen ihre weit entfernt wohnenden Eltern besuchen, die nicht glücklich über ihre Berufswahl sind, oder einfach nur die stundenlange Recherche, die nötig ist, damit wir ihnen eine Frage beantworten können, die ihnen auf dem Herzen liegt.

Das Sterben ist also ein integraler Bestandteil unseres Dienstes. Wenn wir das erkannt haben, bringen wir ohne zu zögern solche Opfer. Wir werden kein großes Aufhebens darum machen, sondern sehen es als etwas, was schlichtweg zur Berufung eines christlichen Leiters dazugehört. Wenn wir die biblische Theologie des Kreuzes verinnerlicht haben, werden wir uns nicht darüber beschweren, dass die Nöte derer, die wir leiten, einen großen Teil unserer Zeit und Energie verschlingen.

Auf lange Sicht werden wir jedoch erkennen, dass solche Anstrengungen alles andere als Opfer sind. Wenn wir uns nicht aufopfernd in Menschen investieren, werden wir keine guten Leiter heranbilden. Wir haben dann vielleicht beeindruckende Programme und können vielleicht auch mit unseren Talenten die Leute beeindrucken, aber früher oder später wird unsere Glaubwürdigkeit darunter leiden, wie Menschen unsere Arbeit verlassen und dass es uns nicht gelingt, echte Leiter hervorzubringen. Wir werden dann so enden wie viele Experten heutzutage, die überall in der Weltgeschichte herumreisen, um über irgendein Thema Seminare zu geben, die aber keinen Dienst ausüben, den sie als Beleg für die Wahrheit ihrer Lehre anführen könnten.

Es gibt noch einen Lohn für unsere teure Hingabe an die Menschen, einen, den wir bereits angedeutet haben. Wenn Leiter für ihre Leute sterben, dann werden auch diese Menschen – angestachelt durch die Hingabe ihrer Leiter – für ihre Gemeinde oder Organisation sterben. Heutige Leiter beschweren sich oft darüber, dass sie wichtige Programme nicht durchführen können, weil die Christen zu unverbindlich sind. Um gegen dieses Problem anzugehen, werden in Gemeinden Mitarbeiterschulungen veranstaltet und unzählige Predigten gehalten. Vielleicht liegt jedoch eine Antwort auf die Problematik in der Frage, ob die Leiter bereit sind, einen Preis für die Hingabe an ihre Mitglieder zu zahlen. Das würde die Christen dazu bringen, ebenfalls einen Preis für ihre Hingabe an das Gemeindeprogramm zu zahlen. Es gibt also keinen Ersatz für eine hingegebene Leitung. Denn Hingabe führt zu Hingabe.

Heute spielen Regeln und Handbücher eine wichtige Rolle, wenn es um die Aufsicht und Anleitung von christlichen Mitarbeitern geht. Die sind sicher hilfreich, aber sie dürfen niemals die viel zeitaufwendigere Arbeit der seelsorgerlichen Begleitung des Mitarbeiterkreises ersetzen. Seelsorgerliche Begleitung ist jedoch oft zu fordernd und ergebnisoffen für einen getriebenen und erfolgsorientierten Leiter. Einfacher ist es, bei Widerspruch auf irgendwelche Paragrafen zu verweisen, oder bei Problemen irgendjemanden einzuladen, der eine Umfrage macht. Das erscheint viel effizienter und ist mental wesentlich weniger anstrengend als stundenlange Gespräche mit den betroffenen Menschen. Aber wenn sich Leiter auf solche Methoden verlassen und das offene Gespräch mit ihren Mitarbeitern vernachlässigen, verlieren sie nicht selten die leidenschaftliche Hingabe, aus der heraus sie selbst Opfer bringen, damit ihre Arbeit erfolgreich ist. Sie engagieren sich dann nur noch, um zu herrschen!

Wir sind alle einer Meinung, wenn es darum geht, dass seelsorgerliche Begleitung ein wichtiger Aspekt des pastoralen Dienstes ist. Eine Gemeinde muss jedoch auch dafür sorgen, dass die Mitarbeiter seelsorgerlich begleitet werden. Und es gibt keine bessere Person dafür als diejenige, die die Mitarbeiter leitet und anleitet. Seit Kurzem erleben wir das Phänomen von herumreisenden „Pastoren für Pastoren", was sicher hilft, um die entsprechenden Bedürfnisse zu befriedigen. Es ist ein sehr positiver Trend. Es gibt nur wenig, was ein reifer und erfahrener Christ tun kann, das strategischer wäre als anderen christlichen Mitarbeitern zu helfen. Aber diese Entwicklung entbindet Leiter vor Ort nicht von ihrer Verantwortung, sich um diejenigen zu kümmern, die sie leiten.

Ich möchte diesen Abschnitt mit der Aussage beschließen, dass die in den letzten beiden Kapiteln vorgestellte Weise der Hingabe an Menschen kein altmodisches und unpraktikables Relikt der Vergangenheit ist, dass sich in unserer heutigen schnelllebigen Gesellschaft nicht mehr umsetzen lässt. Die ideale Organisationskultur einer gesellschaftlichen Institution wird durch die Notwendigkeit bestimmt, eine Mission umzusetzen. Und der Erfolg einer Mission wird daran gemessen, ob bestimmte, messbare Ziele erreicht worden sind. So ein Denken kann einer Gemeinde oder Organisation helfen, aus den Kinderschuhen herauszuwachsen. Aber wir dürfen niemals vergessen, dass die christliche Organisationskultur in ihrem Kern beziehungsorientiert und nicht projektgesteuert ist. Einander lieben und füreinander sterben ist deshalb grundlegend für das Leben einer christlichen Organisation. Viele in unserer Generation haben dieses Konzept vergessen, und die Kirche hat dafür einen hohen Preis gezahlt.

12. Den Kranken und Besessenen dienen

Das dritte Viertel von Markus 1 (1,21-34) beschreibt einige besondere Ereignisse, die sich an einem Sabbattag zugetragen haben. Jesus geht zunächst in eine Synagoge, lehrt dort und heilt einen Menschen mit einem unreinen Geist (1,21-28). Dann geht er in das Haus von Simon und Andreas und heilt dort Simons Schwiegermutter (1,29-31). Am Abend kümmert er sich um viele Menschen, die zu ihm gebracht werden: Er heilt sie und treibt Dämonen aus (1,32-34). Dieser Abschnitt ist für christliche Haupt- und Ehrenamtliche sehr hilfreich, denn wir erkennen in ihm die Beschreibung der typischen „Graswurzelarbeit", die er tat – besonders an einem Sabbattag.

Dämonen austreiben und Wunder tun

Die besondere Predigtgelegenheit, die Markus beschreibt, ist die Synagoge in Kapernaum an einem Sabbat. Markus benutzt das Wort *lehren* (*didasko*), um die Predigt zu beschreiben (Markus 1,21). Die Antwort der Menschen wird ebenfalls erwähnt: „Und sie entsetzten sich über seine Lehre; denn er lehrte mit Vollmacht und nicht wie die Schriftgelehrten." (1,22) Den größten Raum nimmt in dieser Erzählung jedoch die Beschreibung dessen ein, wie Jesus von einem der Anwesenden einen bösen Geist austrieb (1,23-27).

Biblische und weltliche Zugänge zum Dämonischen

Wenn es mir überlassen wäre, die Themen dieses Buches auszuwählen, hätte ich mich vermutlich gegen die Dämonenaustreibung entschieden! Aber einer der positiven Nebeneffekte von auslegendem Predigen, Lehren und Schreiben ist es, dass wir uns mit bestimmten Themen einfach befassen müssen, schlichtweg deshalb, weil sie in der Bibel auftauchen.

Im Neuen Testament ist die Austreibung von Dämonen ein sehr wichtiges Thema. Ich habe allein bei Matthäus sieben Stellen gefunden, die Jesu Dienst in dieser Beziehung schildern. Hinzu kommen acht bei Markus und neun bei Lukas. Nach Markus' Erzählung von der Berufung der zwölf Apostel gab Jesus ihnen drei grundlegende Aufgaben. Eine davon war, „die bösen Geister auszutreiben“ (Markus 3,15; vgl. Matthäus 10,1; Markus 6,7; 16,17; Lukas 9,1). Auch die Jünger trieben deshalb nach den Evangelien Dämonen aus (Markus 6,13; Lukas 10,17), ebenso ein nicht näher bezeichneter Mann, mit dem die Jünger eine Meinungsverschiedenheit hatten (Markus 9,38; Lukas 9,49). Ich habe zudem vier Stellen in der Apostelgeschichte gefunden, in denen dieser Dienst besonders beschrieben wird (Apostelgeschichte 6,16; 8,7; 16,16; 19,12).

Es gibt nichts, was darauf hindeutet, dass die Dämonen plötzlich aufhörten zu existieren, nachdem das Neue Testament abgeschlossen war. Trotzdem haben viele Gemeinden in ihren Programmen nichts, was diesem Fakt Rechnung tragen würde. In der heutigen Gemeinde reden viele Christen über die Gefahr der beiden Extreme der Dämonen-Manie bzw. der Dämonen-Phobie. Ich vermute, dass die meisten Gemeinden heute in eine der beiden Kategorien eingeordnet werden können.

Manche Christen scheinen hinter jedem Busch einen Dämon zu vermuten. Alles Mögliche, von Krankheiten über menschliche Schwächen bis hin zu Unkraut im Garten wird Dämonen zugeschrieben! Das kann sehr gefährlich werden. Es ist vielleicht auch ein Ausdruck der Ungeduld unserer Generation, die überall nach der schnellen Lösung sucht. Viele schwierige Situationen, die mit Dingen wie schlechten Angewohnheiten, gestörten Beziehungen oder feindseligen Menschen zu tun haben, verlangen von uns große Anstrengungen, wenn eine Lösung gefunden werden soll. Manche sind dazu berufen, trotz wenig sichtbarer Frucht im Gebet und im Dienst treu durchzuhalten, bis sich endlich einige widerspenstige Menschen für das Evangelium öffnen. Manche sind dazu berufen, geduldig zu beten und hart zu arbeiten, um eine Ehe, die auf der Kippe steht, schließlich zu heilen. Manche aus unserer ungeduldigen Generation ziehen stattdessen aber lieber los und proklamieren den Sieg Christi über die dämonischen Kräfte an diesen Orten und in diesen Situationen, weil ihnen zum Durchhalten in der Arbeit die Geduld fehlt, die nötig wäre, um die Dinge zu ändern.

Wenn Krankheiten, Schwächen und psychische oder geistige Probleme mit Dämonen in Verbindung gebracht werden, kann das einen großen Schaden hervorrufen und die entsprechende Person davon abhalten, sich wirklich Hilfe für ihre Probleme zu suchen. Trotzdem gibt es viele Fälle, in denen die Probleme dämonische Ursachen haben, auch wenn die Umstände dagegensprechen. Deshalb brauchen wir unbedingt die Gabe der Geisterunterscheidung.

Ich habe Menschen mit dieser Gabe erlebt, die in 1. Korinther 12,10 erwähnt wird. Wir hatten einmal eine ältere Dame in unserer Gemeinde, die die geistige Kontrolle verlor und sich auf eine Weise verhielt, dass man den Eindruck hatte, irgendetwas läuft hier furchtbar schief. Sie vermutete, dass sie unter den Einfluss eines Dämons geraten war und verlangte eine Person zu sprechen, die in diesem Bereich eine Begabung hatte. Wir brachten sie zu einem Mitarbeiter im Heilungsdienst. Nachdem er sich ihre Geschichte angehört und für sie gebetet hatte, sagte er uns, dass er ihr Problem für geistig, nicht für dämonisch hielt.

Diese Dame war eine freundliche und rücksichtsvolle Person, die im Stillen sehr darunter litt, dass niemand ihr Leid kannte, das sie die meiste Zeit ihres Lebens beschäftigt hatte. Nun, da sie alt geworden war, schien sie die Kraft zu verlieren, die nötig war, um ihren Schmerz vor anderen zu verbergen. Die Ärzte bestätigten, dass sie unter schweren Depressionen litt. Sie hat sich von ihnen niemals erholt, und als sie starb, übergaben wir sie im Frieden ihrem Herrn, den sie auf ihre alten Tage noch kennengelernt hatte. Wir hatten den Eindruck, dass die kurze Zeit der geistigen Erkrankung nichts war im Vergleich zu der Ewigkeit geistiger und körperlicher Gesundheit, die sie im Himmel erwartete.

Ich weiß auch, dass einige Menschen heute einfühlsame Seelsorge mit der Offenheit verbinden, dass in bestimmten Situationen auch dämonische Kräfte am Wirken sein können. Und tatsächlich brauchen die meisten Menschen, die mit Dämonischem herumgespielt haben oder unter den deutlichen Einfluss dämonischer Kräfte gekommen sind, auch nach ihrer Befreiung noch einiges an seelsorgerlicher Beratung.

Das andere Extrem besteht darin, dass man die Problematik dämonischer Belastungen überhaupt niemals zur Sprache bringt. Die Menschen haben vielleicht in diesem Bereich keinerlei Erfahrung und fühlen sich deshalb unwohl, wenn es um das Thema geht. Ein anderer Grund, warum manche die Wirklichkeit dämonischer Kräfte in ihrem Dienst leugnen, hat mit dem modernen wissenschaftlichen Zugang zum Leben zu tun. Vielleicht gibt es in Kulturen, die von einer Furcht vor Geistern geprägt sind, auch eine stärkere Offenheit für die typischen Symptome dämonischer Besessenheit. Satan benutzt häufiger andere Methoden, um die Menschen in Kulturen zu kontrollieren, die von einer rationaleren, materialistischen und wissenschaftlichen Lebensausrichtung geprägt sind. Wir haben jedenfalls herausgefunden, dass es in dem Singhala sprechenden Zweig von „Jugend für Christus" (der sehr viel weniger verwestlicht ist) sehr viel häufiger zu dämonischen Zwischenfällen kommt als in der englischsprachigen Arbeit.

Wie wir wissen, „erfüllt" Satan Menschen das „Herz", die die typischen Anzeichen dämonischer Besessenheit nicht erkennen lassen, wie das bei Ananias und Sapphira der Fall war (Apostelgeschichte 5,3). Dieser Prozess wird von manchen „Besessenheit" genannt. Dieser Begriff wird für Situationen gebraucht, in denen Satan Menschen so besessen von einer Idee oder einem Handlungskonzept macht, dass sie ihre Vorstellungen ohne Rücksicht auf die Konsequenzen durchziehen. Diese Form von Besessenheit gibt es sowohl in der westlichen als auch in der östlichen Kultur.

Es ist also durchaus möglich, dass wir auf einen Menschen treffen, den wir für rational und verantwortlich halten, der aber so sehr von Liebe oder Verlangen nach einem bestimmten Menschen beherrscht wird, dass er seine Verantwortung gegenüber Familie und Beruf vollkommen vernachlässigt. Dieser Prozess wird sehr lebhaft in Sprüche 7 beschrieben. Leiter reagieren manchmal sehr harsch und auf unvernünftige Weise, um an der Macht zu bleiben, wenn ihre Autorität angezweifelt wird. Am deutlichsten erkennbar ist der dämonische Einfluss vielleicht in Abhängigkeiten, zum Beispiel von Drogen, Alkohol, Spiel oder Sex. Die Schwächen einer Person, also Faulheit, mangelnde Ehrlichkeit, die Neigung zu sexuell stimulierenden Bildern usw., sind jedoch nicht gleich Besessenheit. Aber Satan kann diese Schwächen nutzen, wenn wir ihm erlauben, von uns Besitz zu ergreifen.

Wo es um Besessenheit geht, ist ein ganzheitlicher Zugang zur Heilung notwendig. Der beinhaltet eine konkrete Beichte, Gebet, die Unterwerfung unter Gott und die entsprechenden Schritte, um das Falsche richtig zu machen. Andere in der christlichen Gemeinde können dabei helfen, indem sie zuhören, seelsorgerlich beraten, beten, einen verantwortlichen Umgang deutlich machen und zur Rechenschaft ziehen.

In der sogenannten postmodernen westlichen Gesellschaft gibt es ein wachsendes Interesse an spirituellen Dingen. Damit verbunden ist auch eine Faszination für dämonische Aktivitäten. Nehmen wir nur die Filme, die in Europa und Nordamerika kürzlich auf den Markt gebracht wurden. Viele von ihnen haben dämonische Themen. *Der Exorzist* war einer der ersten Indikatoren für diesen neuen Trend. Diese Offenheit für dämonische Themen könnte auch zu einer größeren Offenheit für dämonische Besessenheit in der westlichen Welt führen.

Christliche Haupt- und Ehrenamtliche sollten deshalb weltweit mit der Möglichkeit dämonischen Einflusses rechnen und entsprechend wachsam sein, sodass sie den Menschen, die es betrifft, helfen können.

Klassische Aspekte dieses Dienstes

Markus' Darstellung in 1,23-27 präsentiert uns einige klassische Aspekte sowohl der dämonischen Besessenheit als auch der christlichen Antwort darauf.

1. Der Dämon, der hier „unreiner Geist" genannt wird, sprach durch die besessene Person: „Was willst du von uns, Jesus von Nazareth? Du bist gekommen, uns zu vernichten. Ich weiß, wer du bist: der Heilige Gottes!" (Markus 1,24)
2. Obwohl die Menschen die wahre Natur Jesu vermutlich nicht erkannt haben, wusste der Dämon davon, was zeigt, dass hier eine übernatürliche geistliche Kraft beteiligt war.

3. Was der Dämon zu Jesus sagte (1,24), zeigt, dass Dämonen sich weigern, die Person zu verlassen, die sie besessen haben. Sie können sogar für ihr Wohl betteln.
4. Jesus sprach direkt zu dem bösen Geist: „Und Jesus bedrohte ihn und sprach: Verstumme und fahre aus von ihm!" (Markus 1,25) Wir können für die Kranken beten und Gott darum bitten, dass er uns von dem Bösen erlöst, aber manchmal ist es notwendig, den Geist direkt anzusprechen, wie Jesus es tat. Paulus sprach auch auf diese Weise mit einem Geist, als er dem Wahrsagegeist der Magd in Philippi befahl: „Ich gebiete dir im Namen Jesu Christi, dass du von ihr ausfährst." (Apostelgeschichte 16,18)
5. Wie es oft passiert, verließ der Dämon den Mann in der Synagoge von Kapernaum mit einigem Getöse: „Und der unreine Geist riss ihn und schrie laut und fuhr aus von ihm." (1,26)
6. Normalerweise gibt es wie hier eindeutige Hinweise darauf, dass der Dämon die Person verlassen hat.

   Andere Texte helfen uns in dieser Hinsicht weiter. So betont der Bericht von der Heilung des besessenen Geraseners (Markus 5,1-19) viele der hier genannten Aspekte.
7. Dämonen können Namen haben. Als Jesus fragte, wie der Dämon hieß, der den Mann bewohnte, sprach dieser: „Legion heiße ich; denn wir sind viele." (Markus 5,9)
8. Wir erfahren aus diesem Beispiel, dass eine Person von mehreren Dämonen besessen sein kann. Eine römische Legion bestand in der Regel aus 6000 Soldaten. Aus Maria Magdalena trieb Christus sieben Dämonen aus (Markus 16,9; Lukas 8,2).
9. Andere Texte zeigen uns, dass Dämonen zur Selbstverletzung und Bedrohung anderer führen können, wie die Beschreibung des besessenen Geraseners deutlich macht: Er „hatte seine Wohnung in den Grabhöhlen. Und niemand konnte ihn mehr binden, auch nicht mit Ketten; denn er war oft mit Fesseln und Ketten gebunden gewesen und hatte die Ketten zerrissen und die Fesseln zerrieben; und niemand konnte ihn bändigen. Und er war allezeit, Tag und Nacht, in den Grabhöhlen und auf den Bergen, schrie und schlug sich mit Steinen." (Markus 5,3-5)

10. Aus dem eben zitierten Abschnitt lernen wir auch, dass Dämonen denen, die sie besessen haben, große physische Kräfte verleihen können. Ich war einmal auf einer JfC-Freizeit, wo es mehreren gut gebauten Männern kaum gelang, eine Teenagerin zu bändigen, die unter dämonischem Einfluss stand!

In allen Fällen, mit denen Jesus zu tun hatte, verließ der Dämon die entsprechende Person sofort. Ich weiß aber auch von Fällen, in denen man über einen langen Zeitraum hinweg für einen Menschen beten musste, bevor er befreit wurde. Jesus spricht natürlich auch von einem Menschen, der von einem Dämon befreit worden war, und nun, nachdem er „leer" war, von sieben Dämonen besessen wurde (Matthäus 12,43-45). Manchmal scheint ein Dämon tatsächlich eine Person mehrmals zu besitzen, bevor sie schließlich befreit werden kann.

Meine Frau leitet eine Bibelstudiengruppe für Suchende mit buddhistischem Hintergrund. Eines Tages erschien dort eine Frau, die sich von dem Augenblick an unwohl fühlte, in dem das Studium begann. Anstatt andere anzusehen oder in die Bibel zu schauen, starrte sie immer nur auf den Boden. In der Regel hielten ihr die anderen Gruppenmitglieder die Hand und beteten für sie. Im Lobpreisgottesdienst ging es ihr genauso. Da erkannten die Leiter, dass sie unter dämonischem Einfluss stand. Manchmal fing sie während des Gottesdienstes an zu schreien. Sie redete, als ob sie den Geist ihres verstorbenen Vaters hätte. Die Leiter und unser Pastor führten sie oft in die Sakristei und beteten mit ihr, manchmal während des gesamten Gottesdienstes. Sie fühlte sich dann befreit, aber nach ein paar Wochen kehrten die Symptome zurück. Dann begann die Prozedur von Neuem.

Als sie die ersten Male solche Attacken bekam, konnte sie für einen Monat nicht zur Arbeit gehen. Die Familie gab viel Geld für Exorzisten aus, aber es brachte nichts. Nun aber erlebte sie im Gebet eine sofortige Befreiung und konnte wieder arbeiten gehen. Aber sowie sie in die Kirche ging, kamen die Attacken wieder!

Nach ungefähr zwei oder drei Monaten erlebte sie eine vollkommene Befreiung. Das war vor fast vier Jahren. Sie ist nun der Hauptverdiener in ihrer Familie, denn ihr Mann ist ein ehemaliger Drogenabhängiger auf Entzug. Ihre zwei Kinder sind Christen. Aber der beeindruckendste Unterschied ist ihr Aussehen. Statt des furchtsamen Gesichtsausdrucks, mit dem sie immer herumgelaufen war, strahlt sie nun eine große Freude aus, die ich nur als ein Werk der Gnade Gottes betrachten kann.

Warum brauchte es so lange, bis endlich die Befreiung kam? Vielleicht hatten sie die Dämonen psychologisch so fest im Griff, dass sie anfällig war für weitere Attacken. Vielleicht war sie zu diesem Zeitpunkt noch nicht wirklich Christ, sodass ihr das passierte, was Jesus über die Person sagte, die nach einer anfänglichen Befreiung von sieben Dämonen neu besessen wurde (Matthäus 12,43-45). Vielleicht waren unsere Leiter auch Amateure in diesem Dienst und sind das Problem nicht auf die richtige Weise angegangen. Mit Sicherheit hatte keiner von uns eine besondere Gabe für diesen Dienst, wir haben nur auf eine Not reagiert, die in der Gemeinde aufgetreten war. Und ich bin fest davon überzeugt, dass Gott unsere stümperhaften, aber ernsten Versuche gesegnet hat.

Es gab eine Situation, in der die Jünger nicht in der Lage waren, einen Dämon auszutreiben. Ein Junge, der die charakteristischen Anzeichen von Epilepsie an den Tag legte, wurde zu ihnen gebracht, als Jesus gerade auf dem Berg der Verklärung war. Als der Vater des Jungen sagte: „Wenn du aber etwas kannst, so erbarme dich unser und hilf uns!“ (Markus 9,22), antwortete Jesus: „Wenn du kannst – alle Dinge sind möglich dem, der da glaubt.“ (Markus 9,23) Der Glaube der Menschen, die einer besessenen Person nahestehen, scheint in dem Prozess also eine Rolle zu spielen. Aber manchmal, wie wir im Fall des besessenen Geraseners sehen, waren – soweit wir wissen – außer den Schweinehirten keine anderen in der Nähe, und diese Schweinehirten hatten keinerlei Verbindung zu dem Gerasener. Im Fall des Mädchens mit dem Wahrsagegeist in Philippi waren ihre Herren noch nicht einmal mit ihrer Befreiung einverstanden.

Nachdem sie den epileptischen Jungen nicht heilen konnten, „als er heimkam, fragten ihn seine Jünger für sich allein: Warum konnten wir ihn nicht austreiben?“ (9,28) Jesu Antwort war: „Diese Art kann durch nichts ausfahren als durch Beten." (9,29) Einige Handschriften erwähnen neben dem Beten noch das Fasten. Ob nun Jesus das gesagt hat oder nicht, so zeigt es doch, dass viele in der alten Kirche glaubten, dass Gebet und Fasten die grundlegende Vorbereitung für so einen Dienst darstelle. Freunde von mir, die eine besondere Gabe für so einen Dienst haben, sagen mir, dass sie in der Regel vor solch einer Aufgabe versuchen, mehr Zeit im Gebet zu verbringen. Ich vermute, dass die Rolle des Gebetes in diesem Bereich ähnlich wichtig ist wie in der Frage der Salbung, die wir in Kapitel 2 betrachtet haben.

Vollmächtige Lehre und Wunder

Nachdem Jesus den von einem bösen Geist besessenen Mann in der Synagoge von Kapernaum befreit hatte, waren die Menschen erstaunt. Bevor er von diesem Wunder berichtete, hatte Markus gesagt, die Menschen „entsetzten sich über seine Lehre; denn er lehrte mit Vollmacht und nicht wie die Schriftgelehrten." (Markus 1,22) Nach dem Wunder schreibt er erneut: „Und sie entsetzten sich alle, sodass sie sich untereinander befragten und sprachen: Was ist das? Eine neue Lehre in Vollmacht! Er gebietet auch den unreinen Geistern und sie gehorchen ihm!" (Markus 1,27) Es ist interessant, dass das Wunder ähnliche Kommentare wie die Lehre hervorrief.

Ich habe im Markusevangelium zwölf verschiedene griechische Begriffe gefunden, mit denen die Gefühle des Erstaunens, der Verwunderung, des Entsetzens, des Zitterns oder der Furcht als Reaktion der Menschen auf Jesu Dienst ausgedrückt werden (einige dieser zwölf Begriffe sind eng miteinander verwandt, etwa weil sie dieselbe Wurzel haben). In 1,27 staunen die Menschen, wie wir gesehen haben, über die Lehre, dies geschieht allerdings nicht unabhängig von dem Wunder. Dreimal bezieht sich das Staunen im Markusevangelium jedoch ausschließlich auf die Lehre (1,22; 11,18; 12,17). Das erinnert uns an Matthäus' Kommentar am Ende der Bergpredigt: „Und es begab sich, als Jesus diese Rede vollendet hatte, dass sich das Volk entsetzte über seine Lehre; denn er lehrte sie mit Vollmacht und nicht wie ihre Schriftgelehrten." (Matthäus 7,28f.) Zwölfmal sehen wir im Markusevangelium Erstaunen oder Furcht als Reaktion auf ein Wunder.

Die Apostelgeschichte zeigt ein ähnliches Muster in der ersten Gemeinde. Zweimal habe ich dort Erstaunen oder Furcht als Reaktion auf die gepredigte Botschaft gefunden (Apostelgeschichte 4,13; 24,25). Einmal wurden „die Heiden ... froh und priesen das Wort des Herrn“ und als Folge wurden einige gerettet (Apostelgeschichte 13,48). Einmal sehen wir ein Erstaunen über die Lehre, aber wie in Markus 1,27 ist es eng mit einem Wunder verbunden (13,12). Achtmal sind Erstaunen bzw. Furcht die Reaktion auf Wunder, hierzu gehört auch die Furcht, die durch den Tod von Hananias und Saphira ausgelöst wurde (5,5.12). Dreimal staunte man über das Phänomen der Zungenrede, das auf die Erfüllung mit dem Heiligen Geist folgte (2,7; 2,12; 10,45). Nachdem der Gefängniswärter in Philippi erkannt hatte, dass keiner der Gefangenen nach dem Erdbeben entflohen war, „fiel [er] zitternd Paulus und Silas zu Füßen“ (16,29). Als er sieht, welche radikalen Auswirkungen das Evangelium bei den Gefangenen hat, wird er selbst interessiert und fragt: „Liebe Herren, was muss ich tun, dass ich gerettet werde?“ (16,30) Das Ergebnis ist, dass er und seine ganze Familie zum Glauben kommen.

Jesus und die ersten Christen erregten also mit Sicherheit überall, wohin sie kamen, großes Aufsehen! Sie waren so radikal in ihrer Lehre und ihrem Verhalten, dass die Menschen über das erstaunt waren, was sie sagten und taten. In Thessalonich riefen die Gegner des Evangeliums sogar: „Diese, die den ganzen Weltkreis erregen, sind jetzt auch hierhergekommen“ (Apostelgeschichte 17,6). Christen sind immer auf eine radikale Weise präsent, denn wir leben in einer Welt, in der es sich die Menschen mit Sünde und Unglauben eingerichtet haben, und unsere Botschaft attackiert Sünde, und der Gott, der mit uns ist, ist ein wundertätiger Gott. Wenn wir evangelisieren, sind die Menschen normalerweise nicht an dem interessiert, was wir zu sagen haben. Wir müssen ihre Aufmerksamkeit gewinnen. In den Evangelien und der Apostelgeschichte wurde die Aufmerksamkeit oft durch vollmächtiges Predigen und Wunder gewonnen.

In 1. Thessalonicher 1,5f. zählt Paulus fünf Faktoren auf, die zusammengenommen zur Bekehrung der Thessalonicher geführt haben: „... denn unsere Predigt des Evangeliums kam zu euch nicht allein im Wort, sondern auch in der Kraft und in dem Heiligen Geist und in großer Gewissheit. Ihr wisst ja, wie wir uns unter euch verhalten haben um euretwillen. Und ihr seid unserm Beispiel gefolgt und dem des Herrn und habt das Wort aufgenommen in großer Bedrängnis mit Freuden im Heiligen Geist". Die fünf Faktoren, die hier genannt werden, sind das Wort, die Kraft, der Heilige Geist, große Gewissheit und das beispielhafte Leben der Apostel.

Ich glaube, dass es äußerst bedeutungsvoll ist, dass dieselben Evangelisten die Menschen durch wunderbare Machterweise und überzeugende Predigten anzogen. Kraft und Wahrheit sind die beiden großen Anziehungspunkte des Christentums für Außenseiter und im Neuen Testament teilten dieselben Menschen beides aus. Das war eine der überraschenden Entdeckungen, die ich machte, als ich einmal die Apostelgeschichte studierte, um darüber einen Kommentar zu verfassen. Petrus, Paulus und Stephanus waren sowohl Apologeten wie Wundertäter. Ich war über die sorgfältige Apologetik der Predigten des Apostels Petrus besonders überrascht. Von der Predigt des Stephanus lesen wir, die Zuhörer „vermochten nicht zu widerstehen der Weisheit und dem Geist, in dem er redete." (Apostelgeschichte 6,10) Sein Dienst zeichnete sich durch eine Erfüllung mit dem Geist ebenso aus wie durch intellektuelle Überzeugungskraft.

Wie selten ist heutzutage diese Kombination! Wir erleben meistens Gemeinden, die sich entweder auf einen „Wunderdienst" oder auf einen „evangelistischen, apologetischen oder auslegenden Dienst" konzentrieren. Wir erleben auch viele Gemeinden, die sich vor allem auf Bewahrung konzentrieren – normalerweise sterbende Gemeinden! Ich kenne einige Menschen, die in einem Dienstbereich besonders begabt sind, der von ihrer Gemeinde vernachlässigt wird, und die sich deshalb in ihr fehl am Platz fühlen. Wenn die Leiter in einer Gemeinde mit einem starken Predigtdienst erkennen, dass sich jemand zum Heilungsdienst für Kranke berufen sieht, sagen sie vielleicht: „Am besten suchst du dir eine Gemeinde, in der du dich wohler fühlst." Und die Leiter einer Gemeinde mit einer starken Betonung auf Wundern sagen so etwas vielleicht zu einem, der sich für Apologetik interessiert.

Wir erleben es heutzutage vermehrt, dass Menschen die Gemeinde wechseln, weil sie sich woanders „wohler fühlen". Seit wann ist das Wohlgefühl ein so hoher Wert im Dienst und im Gemeindeleben? Geschah das, als wir den Weg des biblischen Christentums verlassen haben? Das Evangelium ist zu radikal und die Nöte der Menschen zu dringend, als dass wir uns irgendein Wohlfühlen leisten könnten! Aber leider glauben viele Christen heute, dass die Hauptaufgabe einer Gemeinde in der Unterhaltung von Menschen besteht und darin, ihnen den Service zu bieten, den sie sich wünschen, Dinge wie eine gute Jugendarbeit oder ein musikalisches Programm. In diesem Umfeld werden wir es immer wieder erleben, dass Menschen die eine Gemeinde verlassen und sich einer anderen anschließen, in der sie sich wohler fühlen. Die Folge davon ist, dass diese Gemeinden einige sehr vitale, bereichernde Ressourcen außer Acht lassen, weil sie unbequem sind. Sie werden krank, weil sie die biblische Ganzheitlichkeit vernachlässigen. Biblische Gemeinden sind jedoch immer unbequeme Orte, denn sie strecken sich immer nach biblischer Ganzheitlichkeit aus.

Auf der einen Seite ist die biblische Wahrheit groß und vollständig. Auf der anderen Seite ist unser Gemüt jedoch klein, und wir sind unvollständig. Deshalb wird es für uns immer eine Herausforderung darstellen, bestimmte Aspekte der biblischen Wahrheit zu akzeptieren, für die wir uns von selbst nicht geöffnet hätten. Das ist typisch für das christliche Leben. Wir haben einerseits einen Frieden, der jedes Verstehen übersteigt, weil Gott uns ganz angenommen hat. Andererseits haben wir jedoch keinen Frieden, weil wir noch nicht ganz angenommen haben, was Gott mit uns vorhat. Wir werden also Zeit unseres Lebens in dieser heiligen Spannung stehen.

Trotzdem finden wir oft Wege, um unsere Unvollständigkeit zu rationalisieren und zu entschuldigen. Manche greifen auf hermeneutische Methoden zurück, um sich nicht der schwierigen Frage stellen zu müssen, wie sie bestimmte Bibeltexte auf ihr Leben anwenden sollen. Diejenigen, die in ihrer Gemeinde keine Wunder erleben, behaupten vielleicht, dass die Wunder mit dem Ende des apostolischen Zeitalters aufgehört hätten, und brauchen sich deshalb nicht damit auseinanderzusetzen, dass verschiedene Abschnitte von Wundern sprechen. Manche verdammen sogar diejenigen, die für Wunderheilungen beten, als unbiblisch. Diese Menschen sagen, dass eine kraftvolle Religiosität auf Erfahrung aufbaut und nicht auf der Bibel. Aber wie Jack Deere in seinem Buch *Überrascht von der Kraft des Heiligen Geistes* gezeigt hat, haben diese scheinbar so biblischen Menschen zugelassen, dass die Erfahrung ihre Theologie dominiert, und das auf Kosten der biblischen Wahrheit. Sie haben einfach keine Wunder erlebt und glauben deshalb, dass sie aufgehört haben.

Diejenigen Gemeinden, die zahlenmäßig nicht wachsen, sagen vielleicht, dass so ein Wachstum auf Kosten der Treue geschieht. Sie sagen, dass sie treu das Wort gepredigt haben, aber die Menschen die unbequemen Wahrheiten der Bibel nicht hören wollten. Sie behaupten, sie hätten dem Zeitgeist nicht nachgegeben, der sich nach Wundertaten sehnt, und wären nicht bereit, zugunsten der Quantität die Qualität zu vernachlässigen. Obwohl all das wahr sein kann, könnte es auch sein, dass sie deshalb nicht gewachsen sind, weil sie nicht bereit waren, sich für Weisen des Dienstes zu öffnen, die gebraucht würden, um ihm Relevanz zu verleihen, und das nur, weil sie damit nicht vertraut sind.

Diejenigen, die sich nicht besonders um den Inhalt des Evangeliums kümmern und stattdessen Zeichen und Wunder in den Mittelpunkt ihres Dienstes stellen, verweisen vielleicht auf die Kraft, die in ihrem Tun demonstriert wird, und darauf, wie die Menschen strömen und gesegnet werden, um ihre Methoden zu rechtfertigen. Allerdings bleiben Leute, die nur wegen der Kraft gekommen sind, oft nicht lange in der Gemeinde. Sobald die Kraftwirkungen ein wenig schal geworden sind oder wenn Gott sich weigert, die Bitte um ein Wunder sofort zu erhören, werden sie unruhig und schauen sich nach etwas anderem um. In nicht wenigen Gemeinden, die Zeichen und Wunder betonen, gibt es deshalb eine enorme Fluktuation.

Nach vielen Jahren des evangelistischen Dienstes unter Nichtchristen bin ich zu dem Schluss gelangt, dass die meisten Menschen zunächst deshalb zu Christus kommen, weil sie gemerkt haben, dass er ihre Bedürfnisse stillen kann. Aber damit sie auf lange Sicht bleiben, müssen sie zur Überzeugung gelangen, dass Christus die Wahrheit ist. Als viele Menschen sich abwandten, weil sie Jesu Lehre zu hart zu akzeptieren fanden, fragte er seine Jünger, ob sie auch gehen wollten. Die bemerkenswerte Antwort des Petrus lautete: „Herr, wohin sollen wir gehen? Du hast Worte des ewigen Lebens“ (Johannes 6,68).

Was immer unsere besondere evangelistische Berufung sein mag, Gott möchte, dass wir der Welt die Kraft des Evangeliums demonstrieren. Möge das durch vollmächtige Predigten, kraftvollen Dienst in den Nöten der Menschen und durch ein beispielhaftes Leben geschehen, wie es anderswo in der Bibel gelehrt wird (Matthäus 5,16; 1. Thessalonicher 1,5f.).

Körperlich Kranke heilen

Im Rest des ersten Kapitels des Markusevangeliums steht die Heilung körperlich Kranker durch Jesus im Vordergrund. Nachdem er die Synagoge in Kapernaum verlassen hatte, ging er zum Haus von Simon und Andreas, wo er Simons Schwiegermutter heilte (Markus 1,29-31). Am Abend wurden viele Kranke und Besessene zu ihm gebracht und von ihm geheilt (1,32-34). Am nächsten Tag verließ er Kapernaum „und predigte in ihren Synagogen in ganz Galiläa und trieb die bösen Geister aus“ (1,39). Im weiteren Verlauf lesen wir den Bericht, wie er einen Aussätzigen berührt und ihn heilt (1,40-45). Offensichtlich war Heilen nach dem Markusevangelium ein bedeutender Aspekt des Dienstes Jesu. Aus dem ersten Kapitel können wir also einige wichtige Prinzipien seines Heilungsdienstes lernen. Mit einigen von ihnen haben wir uns bereits bei der Frage der Dämonenaustreibung beschäftigt.

Persönliche Beteiligung beim Heilungsprozess

Bei der Heilung der Schwiegermutter des Petrus sehen wir, dass Jesus zunächst in ihr Haus ging. Dann „trat er zu ihr, fasste sie bei der Hand und richtete sie auf“ (1,31). Dieses Muster der persönlichen

Beteiligung beim Heilungsprozess können wir überall in seinem Dienst erkennen. Als ein Gehörloser mit einem Sprachproblem zu ihm gebracht wurde, „nahm [Jesus] ihn aus der Menge beiseite und legte ihm die Finger in die Ohren und berührte seine Zunge mit Speichel". Dann sprach er die Worte, die schließlich die Heilung bewirkten (Markus 7,33f.).

Als ein Blinder zu ihm gebracht wurde, „nahm [er] den Blinden bei der Hand und führte ihn hinaus vor das Dorf, tat Speichel auf seine Augen, legte seine Hände auf ihn und fragte ihn: Siehst du etwas?" Der Mann antwortete: „Ich sehe die Menschen, als sähe ich Bäume umhergehen." Dann berührte er die Augen des Mannes ein weiteres Mal, und erst dann wurde dessen Augenlicht vollständig wiederhergestellt (Markus 8,22-25). Wir wissen nicht, warum er diesen ganzen Prozess durchlaufen musste. Aber was wir klar erkennen können, ist, wie sehr die Person eingebunden ist, die die Heilung durchführt. Und wie in dem oben geschilderten Fall nimmt er auch hier wieder den entsprechenden Menschen aus der Menge heraus und beschäftigt sich persönlich mit ihm.

Wir können noch verschiedene andere Belege für Jesu persönliches Engagement nennen. Ich halte seinen langen Fußmarsch zum Haus des Lazarus für sehr bedeutsam. Es gibt zwar keine Einigkeit darüber, wie viele Kilometer Jesus bis nach Bethanien zurückzulegen hatte, weil unklar ist, an welchem Ort er sich befand, als ihn die Nachricht von Lazarus' Krankheit erreichte. Vielleicht war er dreißig Kilometer entfernt, vielleicht aber auch mehr als hundertdreißig. Doch wo auch immer er sich befand, er musste eine lange Strecke zu Fuß zurücklegen, um zu Lazarus' Heimatort in der Nähe von Jerusalem zu kommen. Natürlich wissen wir auch, dass Jesus weinte, als er dort ankam und die Sorgen seiner Freunde sah (Johannes 11,35).

Am eindrucksvollsten ist vielleicht die Beteiligung Jesu bei der Heilung des Aussätzigen in Markus 1. Markus schreibt, „er streckte die Hand aus, rührte ihn an und sprach zu ihm" (1,41). Aussätzige waren vom Rest der Gesellschaft ausgeschlossen, sie wurden von den meisten Gesunden gar nicht beachtet. Sie anzufassen war verboten und die meisten Leute waren allein von dem Gedanken daran abgestoßen. Aber Jesus berührte diesen Mann! Er brach erneut mit den Bräuchen seiner Zeit, als er den Sarg berührte, in dem der Sohn der Witwe von Nain lag (Lukas 7,13). Diese Berührungen sind ein Teil der Identifikation mit den Menschen, denen wir dienen, was im ersten Kapitel dieses Buches Thema war.

Vergleichbar mit den Aussätzigen des ersten Jahrhunderts sind heute AIDS-Patienten, Prostituierte mit Geschlechtskrankheiten und Drogenabhängige, denen niemand nahe kommen oder sich um sie kümmern möchte. Meiner Meinung nach ist es eine Schande, dass Berühmtheiten wie Elizabeth Taylor und Prinzessin Diana für ihre Bemühungen um AIDS-Patienten Schlagzeilen machten, während Christen oft nur dadurch bekannt werden, dass sie den Lebensstil verdammen, der zu einer solchen Krankheit geführt hat. Trotzdem bin ich davon überzeugt, dass es viele Christen gibt, die mit AIDS-Patienten arbeiten (nicht nur bei besonderen Events) und dafür niemals öffentliche Anerkennung bekommen. Christen sollten dafür bekannt werden, dass sie zu denen gehen, die als hoffnungslos und ekelerregend abgeschrieben werden, weil sie die Liebe Christi dazu nötigt.

Das erinnert mich an die Entscheidung Martin Luthers, 1527 in Wittenberg zu bleiben, obwohl dort die Pest ausgebrochen war. Von oben wurde angeordnet, dass er mit dem Rest der Universität die Stadt zu verlassen und nach Jena zu gehen habe. Luther nahm die Sache nicht auf die leichte Schulter. Tatsächlich erwähnt er einige praktische Maßnahmen, die getroffen werden sollten, damit sich die Seuche nicht weiter ausbreitet. Jeder, der nicht durch geistliche oder bürgerliche Pflichten in Wittenberg gehalten werde, solle die Stadt verlassen. Doch als Pastor habe er selbst zu bleiben. Er sagt:

> Diejenigen, die im geistlichen Dienst stehen als Prediger oder Pastoren, müssen in der Gefahr des Todes Ruhe bewahren. Wir haben das klare Gebot von Christus: „Der gute Hirte lässt sein Leben für die Schafe, der Mietling aber sieht den Wolf kommen und verlässt die Schafe und flieht“ (Johannes 10,11). Denn wenn die Menschen sterben, brauchen sie am ehesten einen geistlichen

Dienst, der ihre Gewissen durch Wort und Sakrament tröstet und stärkt und im Glauben den Tod überwindet.

Der deutsche lutherische Pfarrer und Theologe Dietrich Bonhoeffer demonstrierte eine ähnliche Haltung, als er sich während des Dritten Reiches in New York aufhielt. Er war nach Amerika gekommen, nachdem ihm die Nazis alle Möglichkeiten genommen hatten, seinen Dienst in Deutschland weiter auszuüben, weil er ihre Herrschaft kritisiert hatte. Nach ungefähr einem Monat in Amerika bekam Bonhoeffer ernsthafte Zweifel an der Entscheidung, Deutschland zu verlassen. Reinhold Niebuhr, der ihm das Sabbatjahr in Amerika ermöglicht hatte, schrieb er: „Es war ein Fehler von mir, nach Amerika zu kommen. Ich muss diese schwierige Periode in unserer nationalen Geschichte mit Christen in Deutschland durchstehen. Ich habe kein Recht, nach dem Krieg an der Wiederherstellung des christlichen Lebens in Deutschland teilzunehmen, wenn ich die Drangsale der Zeit nicht mit meinem Volk teile."

Der Dienst von Jesus, Luther und Bonhoeffer unterscheidet sich damit im Stil gewaltig von einigen der Star-Heilungsevangelisten unserer Tage. Sie erscheinen auf einer Konferenz, nachdem sie bereits angefangen hat, ziehen ihr Programm durch und werden dann schnell wieder von den Menschen weggeführt, manchmal noch ehe die Konferenz vorüber ist, und in den sicheren Hafen eines Hotels gebracht. Biblische Arbeiter identifizieren sich mit dem Volk und gehen mit ihm.

Aufstehen aus Barmherzigkeit

Als Jesus den Aussätzigen sah und seine Bitte um Heilung hörte, schreibt Markus: „Und es jammerte ihn und er streckte die Hand aus, rührte ihn an und sprach zu ihm: Ich will's tun; sei rein!" (Markus 1,41) Das Verb, das hier mit „jammern" übersetzt wird (*splanchnizomai*), ist ein sehr starkes Wort, das oft für Jesu Reaktion auf die körperlichen und geistlichen Nöte der Menschen verwendet wird. Einige Gelehrte ziehen es vor, die Stelle mit „es ärgerte ihn" statt „es jammerte ihn" zu übersetzen, weil in einigen Handschriften hier ein anderes griechisches Wort (*orgizomai*) verwendet wird. Aber selbst wenn das richtig ist, wird deutlich, dass Jesus durch das Anliegen des Aussätzigen tief bewegt war. Der Begriff, der mit „jammern" übersetzt wird, wird noch in vier anderen Wunderberichten gebraucht – bei der Heilung von einer Menge von Kranken (Matthäus 14,14), bei der Speisung der Fünftausend (Matthäus 15,32; Markus 8,2), bei der Heilung zweier Blinder (Matthäus 20,34) und bei der Auferweckung des Sohnes der Witwe von Nain (Lukas 7,13).

Die normale christliche Reaktion auf eine Not ist Barmherzigkeit. Heutzutage werden wir davor gewarnt, uns emotional zu sehr auf die Probleme unseres Dienstes einzulassen. Darin steckt eine Weisheit, die wir beachten sollten. Wir dürfen niemals unsere Identität in einer Weise aus unserem Dienst ziehen, dass die Nöte der Menschen unser Selbstverständnis bestimmen. Unser Selbstwertgefühl muss immer von Christus bestimmt sein. Aber aus der Stärke eines von Christus bestimmten Selbstwertgefühls heraus können wir uns den Nöten der Welt zuwenden und von Barmherzigkeit bewegt werden. Bob Pierce, der Gründer der christlichen Hilfsorganisation „World Vision", sagte einmal: „Lass mein Herz an den Dingen zerbrechen, die Gott das Herz brechen." Paulus übernahm die Haltung seines Meisters, als er in Bezug auf die Verlorenheit der Juden schrieb, „dass ich große Traurigkeit und Schmerzen ohne Unterlass in meinem Herzen habe." (Römer 9,2) Anderswo sprach er von dem, „was täglich auf mich einstürmt, und [der] Sorge für alle Gemeinden." (2. Korinther 11,28) Wir können uns nicht emotional von dem Leid der Menschen distanzieren, wenn wir uns wirklich mit ihnen identifizieren.

Ich bin fest davon überzeugt, dass auch wir uns in dieser Weise dem Leid zuwenden können, ohne emotional zusammenzubrechen, wenn wir tief in der Freude und der Gewissheit am Herrn gegründet sind. Bestand nicht Paulus darauf: „Freuet euch in dem Herrn allewege, und abermals sage ich: Freuet euch!" (Philipper 4,4)? Jesus sprach zu seinen Jüngern: „Das sage ich euch, damit meine Freude in euch bleibe und eure Freude vollkommen werde." (Johannes 15,11) Unmittelbar danach sagte er ihnen, dass sie einander so sehr lieben sollten, dass sie sogar das Leben füreinander geben könnten (Johannes 15,12f.). Wir müssen also zuerst der Freude im Herrn nachjagen; dann öffnen wir uns für den Schmerz der leidenden Welt. Ich glaube, dass unser heutiges Bemühen darum, Lösungen für den Stress im Dienst zu finden, ein Symptom für die Tatsache sein könnte, dass viele Haupt- und Ehrenamtliche das Bewusstsein dafür verloren haben, dass sie in einer freudvollen Beziehung zu ihrem Herrn gegründet sind. Sie haben deshalb nicht die Kraft, um das Leid als einen grundlegenden Faktor des christlichen Dienstes anzunehmen. Manche geben sich in ihrer Unsicherheit einem ungesunden Aktionismus hin, wenn sie es mit menschlichen Nöten zu tun bekommen. Die Folge dieses Musters ist oft ein Burnout. Andere vermeiden es ganz, persönlich in diese Nöte involviert zu werden.

Öffentlichkeit vermeiden

Nach der Heilung des Aussätzigen „drohte [Jesus] ihm und trieb ihn alsbald von sich und sprach zu ihm: Sieh zu, dass du niemandem etwas sagst; sondern geh hin und zeige dich dem Priester und opfere für deine Reinigung, was Mose geboten hat, ihnen zum Zeugnis." (Markus 1,43f.) Der Begriff „drohen" ist die Übersetzung eines Wortes, das normalerweise „streng mit jemandem sprechen; hart kritisieren" meint (*embrimaomai*). Offensichtlich liegt Jesu Gebot eine gewisse Dringlichkeit zugrunde.

Anderswo finden wir ähnliche Worte, um die zum Schweigen zu bringen, die geheilt wurden. Nachdem Jairus' Tochter von den Toten auferweckt worden war, „gebot [Jesus] ihnen streng, dass es niemand wissen sollte" (Markus 5,43). Das hier gebrauchte Wort (*diastellomai*) bedeutet „befehlen" oder „kommandieren". Nachdem der Taubstumme geheilt worden war, „gebot (*diastellomai*) [Jesus] ihnen, sie sollten's niemandem sagen." (Markus 7,36) Nach dem Bericht von der Heilung der beiden Blinden lesen wir: „Und Jesus drohte (*embrimaomai*) ihnen und sprach: Seht zu, dass es niemand erfahre!" (Matthäus 9,30) Nach der Verklärung, „als sie vom Berge hinabgingen, gebot (*entellomai*, ‚befehlen, kommandieren') ihnen Jesus und sprach: Ihr sollt von dieser Erscheinung niemandem sagen, bis der Menschensohn von den Toten auferstanden ist." (Matthäus 17,9).

Was ist der Grund für diese dringenden Befehle, über ein Wunder zu schweigen (die in der Regel von den Geheilten nicht beachtet wurden)? Vielleicht sollten wir hier die Theorie des „Messiasgeheimnisses“ erwähnen, die der deutsche Neutestamentler Wilhelm Wrede (1859–1906) entwickelt hat. An der Wende zum letzten Jahrhundert behauptete Wrede, Jesus selbst habe sich niemals als Messias gesehen, erst nach seiner Auferstehung hätten seine Jünger dies über ihn ausgesagt. Wrede sagte nun, dass die Geheimhaltungspflicht, die in den Schweigegeboten zum Ausdruck komme, eine Erfindung des Markus sei, der damit habe erklären wollen, warum Jesus, der sich während seines öffentlichen Wirkens niemals zu seiner Messianität bekannt habe, von der ersten Gemeinde als solcher verkündet werde. Wredes Buch spielte in der weiteren Entwicklung, in der die Evangelien zunehmend als theologische Schriften, nicht als historische Berichte angesehen wurden, eine bedeutende Rolle. Aus dieser Sicht sind die Evangelien in der Tat konstruierte Geschichten, mit deren Hilfe der jeweilige Evangelist seine theologischen Überzeugungen zum Ausdruck bringen möchte.

Meines Erachtens gibt es jedoch eine Fülle von Belegen dafür, dass die Evangelisten darstellen wollten, was tatsächlich passiert ist. Wenn das nun der Fall ist, warum gebot Jesus den Menschen zu schweigen? Hierfür werden verschiedene Gründe genannt, und ich glaube, in allen von ihnen steckt zumindest ein Körnchen Wahrheit. Eines ist jedoch sicher: Anders als andere Heiler seiner Zeit wollte Jesus nicht als gefeierter Heiler in die Geschichte eingehen. Ruhm war sein Schicksal, nicht jedoch seine Sehnsucht. Das bedeutet, dass Jesus seine Heilungen nicht systematisch anging und auch nicht großartig anpries. Wie wir bereits gesehen haben, entfernte er die Kranken aus der Menge, um sie in einem privaten Umfeld zu heilen.

Trotzdem tun manche Heiler heutzutage alles, damit ihr Heilungsdienst weithin bekannt wird. Obwohl die Christen in Sri Lanka nur eine kleine Minderheit darstellen, findet man überall an den Straßen Plakate, auf denen für irgendwelche Heilungsveranstaltungen geworben wird. Auf manchen von ihnen sind Bilder von geheilten Menschen zu sehen und kurze Berichte über die Heilungen zu lesen. Von Jesus gibt es jedoch keine Meldung darüber, dass er irgendwo bewusst eine Heilungskonferenz veranstaltet oder irgendeine allgemeine Einladung zu seinem Heilungsdienst ausgesprochen oder auch nur so etwas wie eine Vorlage für ein Heilungsgebet herausgegeben hätte. Ich vermute daher, dass Jesus uns mit seinem Schweigegebot vor den Gefahren eines öffentlich angepriesenen Heilungsdienstes warnen wollte und auch davor, Heilungen als Hauptattraktion im evangelistischen Dienst zu benutzen.

Wenn Heilungen überbetont werden, besteht die größte Gefahr darin, dass sie die Botschaft des Evangeliums überschatten. Diese Gefahr könnte der Grund für Jesu Schweigegebot sein. Jesus wollte nicht, dass die Menschen nur deshalb zu ihm kamen, weil sie sich davon physische Vorteile versprachen. Viele Nichtchristen erscheinen nur deshalb auf christlichen Veranstaltungen, weil sie sich dort Hilfe für irgendeine körperliche oder materielle Not erhoffen. Wenn sie dann da sind, erläutern wir ihnen die Botschaft des Evangeliums. Meiner Erfahrung nach ist es für sie jedoch sehr schwer, von einem körperlichen oder materiellen Bedürfnis auf ein erneuertes Denken umzuschalten. Sie hören sich unsere Ausführungen über das Evangelium an, stimmen ihnen vielleicht sogar zu, aber tief in ihrem Herzen denken sie weiterhin über die Christen und das Christentum: *Das ist ein Ort, wo ich Hilfe für meine körperlichen und materiellen Bedürfnisse bekomme.* Sie sind also nicht in der Lage, das Evangelium wirklich zu verstehen, obwohl es ihnen ausführlich erklärt worden ist.

Aus diesem Grund muss die Botschaft des Evangeliums in unseren Veranstaltungen immer an oberster Stelle stehen. Barmherzigkeit ist ein Aspekt dieser Botschaft. Deshalb wird sie auch immer ein Aspekt unseres Dienstes in der Welt sein. Aber wenn wir die Taten der Barmherzigkeit tun, „um Menschen auf unsere Seite zu ziehen" und die Gemeinde wachsen zu lassen, werden wir über kurz oder lang Probleme bekommen. Die Menschen machen den ganzen Prozess von Bekehrung und Eintritt in die Gemeinde durch, während ihr Hauptinteresse dasselbe bleibt: „Welche materiellen und physischen Vorteile habe ich von dieser Gemeinde?" Wenn wir das erleben, dann müssen wir einige sehr einschneidende Schritte unternehmen, um dieses Missverständnis auszuräumen.

Nach der Speisung der Fünftausend wollten die Menschen Jesus gewaltsam zu ihrem König machen. „Als Jesus nun merkte, dass sie kommen würden und ihn ergreifen, um ihn zum König zu machen, entwich er wieder auf den Berg, er selbst allein." (Johannes 6,15) Als die Menschen ihn schließlich dort entdeckten, fragten sie ihn: „Rabbi, wann bist du hergekommen?" (6,25) „Jesus antwortete ihnen und sprach: Wahrlich, wahrlich, ich sage euch: Ihr sucht mich nicht, weil ihr Zeichen gesehen habt, sondern weil ihr von dem Brot gegessen habt und satt geworden seid. Schafft euch Speise, die nicht vergänglich ist, sondern die bleibt zum ewigen Leben. Die wird euch der Menschensohn geben; denn auf dem ist das Siegel Gottes des Vaters." (6,26f.) Jesus stachelte sie also dazu an, ihren Blick weg von dem kostenlosen Essen auf die Wahrheit des Evangeliums hinzuwenden. In dieser Geschichte folgt als Nächstes Jesu Rede über das Brot des Lebens (6,28-59). „Viele nun seiner Jünger, die das hörten, sprachen: Das ist eine harte Rede; wer kann sie hören?" (6,60) Die Folge davon war: „Von da an wandten sich viele seiner Jünger ab und gingen hinfort nicht mehr mit ihm." (6,66) Jesus wollte also lieber wenige wirklich Gläubige als eine große Menge Menschen, die ihm aus den falschen Motiven folgten.

Das Leben und der Dienst des indischen Predigers Sadhu Sundar Singh waren oft von Wundern begleitet, die er auch in seinen Predigten anzusprechen pflegte. Aber als er entdeckte, dass dies zu Missverständnissen führte und die Menschen von der Botschaft des Evangeliums ablenkte, erwähnte er sie nicht mehr.

Manche Organisationen trennen ihre Sozialarbeit sehr deutlich von ihrer evangelistischen Arbeit. Im kriegszerrissenen Sri Lanka müssen wir das tun, wo es verboten ist, Sozialarbeit und Evangelisation zu vermischen. Deshalb haben wir in den Städten, wo wir präsent sind, jeweils zwei verschiedene Organisationen mit zwei verschiedenen Büros. Ich glaube aber nicht, dass es für dieses Problem nur eine Lösung gibt. Jede Organisation muss einen eigenen Weg finden, wie sie in ihrem Kontext die Hilfe für die menschlichen Nöte und die Predigt des Evangeliums am besten unter einen Hut bekommt.

John Wesley sah einen Grund für das Verbot Jesu, über Heilungen zu sprechen, darin, „dass er die Hohenpriester, Schriftgelehrten und Pharisäer, die sowieso schon bitter gegen ihn waren, nicht mehr erzürnte als es unbedingt nötig war." Wenn sie erkennen sollten, dass aufgrund der Macht der Wunder ihre Macht über die Menschen kleiner wurde, wären sie noch aufgebrachter gewesen, weil sie selbst keine Wunder tun konnten.

Ich glaube, auch heute ist es sinnvoll, darüber nachzudenken. Wir haben es in Sri Lanka oft mit Vertretern anderer Religionen zu tun, die sich ärgerlich darüber beschweren, dass die Christen ihnen „ihre Leute wegnehmen", indem sie sie durch Geldversprechen und Wunder bestechen. Ich habe mich oft gefragt, was genau solche ärgerlichen Reaktionen auslöst. Ich bin zu dem Schluss gekommen, dass die Kraft, die sich in den Heilungsdiensten zeigt, sie an ihre Niederlage erinnert, die ihnen die mächtigen Kolonialherren beigebracht haben, die unglücklicherweise als Vertreter sogenannter christlicher Nationen ins Land kamen. Sie fürchten, dass die Christen ihnen nun wieder eine Niederlage beibringen werden – diesmal durch die Kraft der Wunder. Alte Wunden brechen dadurch auf und die Folge ist eine aufgebrachte Opposition gegen das Evangelium. In so einem Umfeld wäre es meiner Ansicht nach weiser, wenn wir die Wunder, die in unseren Gemeinden passieren, nicht allzu sehr an die Öffentlichkeit dringen lassen würden. Auf jeden Fall wäre es besser, sich nur auf Mundpropaganda zu verlassen, anstatt großangelegte Werbekampagnen zu starten.

Paulus schrieb, dass er schwach wurde, um die Schwachen zu gewinnen (1. Korinther 9,22). Wenn sich die Menschen also aufgrund so einer Sache schwach fühlen und ärgerlich werden, besteht unsere Berufung vielleicht eher darin, uns mit ihrer Schwachheit zu identifizieren, anstatt unsere Stärken herauszustreichen. Ich glaube, das gilt auch für den Dienst unter Menschen, die früher von der Organisation, zu der der Pastor oder Missionar gehört, beherrscht oder gar überwältigt worden sind. Obwohl all das vor langer Zeit geschehen sein mag, bleiben die bitteren Erinnerungen an solche Ereignisse über Generationen lebendig. Deshalb müssen die christlichen Vertreter einer einst sehr mächtigen Institution alles in ihrer Macht Stehende tun, um sich mit der Schwachheit der Menschen zu identifizieren, denen sie dienen.

Ich glaube, dieses Prinzip gilt auch für den Dienst von Weißen unter den Ureinwohnern Nordamerikas und den dort lebenden Afroamerikanern. In den Zeiten, in denen extremistische Muslime den „christlichen" Nationen den heiligen Krieg oder *jihad* erklärt haben, ist es unerlässlich, dass Muslime Christen als demütige Diener kennenlernen und nicht als Menschen mit einer Supermacht im Hintergrund. Ich vermute, dass Regierungen manchmal gegen Muslimgruppen Krieg führen müssen, aber in solchen Fällen bringt ein militärischer Sieg die Menschen dem Evangelium nicht näher. In dieser Atmosphäre müssen Christen vielmehr eindrucksvoll ihre Dienstbereitschaft demonstrieren, damit ihnen die Muslime überhaupt zuhören.

Lasst uns deshalb immer barmherzig sein, wenn wir menschliche Nöte sehen, und lasst uns versuchen, diese Not unter den Einfluss von Gottes Macht zu bringen. Aber lasst uns vorsichtig sein, wenn es um die öffentliche Bekanntgabe solcher Wunder geht, damit sie die Menschen nicht von der Botschaft des Evangeliums ablenken.

Was ist, wenn du diese Gaben nicht hast?

Wir haben über den Befreiungsdienst und Heilungen gesprochen. Aus der Gabenliste von 1. Korinther 12 wird jedoch deutlich, dass „die Gabe, gesund zu machen", und „die Kraft, Wunder zu tun", nicht allen Christen gegeben sind. Trotzdem haben es wir alle mit Menschen zu tun, die krank sind, und manche auch mit solchen, die von Dämonen besessen sind. Deshalb müssen wir hier einige Worte darüber verlieren, was denn nun mit denen ist, die die entsprechenden Gaben nicht haben – ich glaube übrigens, dass ich auch in diese Kategorie gehöre.

1. Mir scheint, dass *diejenigen, die diese Gaben haben, im Glauben beten, dass Gott auf wunderbare Weise heilt.* Jesus stand an Lazarus' Grab und „rief ... mit lauter Stimme: Lazarus, komm heraus!" (Jo-

hannes 11,43). Petrus sagte zu dem Gelähmten an der Schönen Pforte: „Silber und Gold habe ich nicht; was ich aber habe, das gebe ich dir: Im Namen Jesu Christi von Nazareth steh auf und geh umher!" (Apostelgeschichte 3,6) Gott gibt anscheinend einigen einen Glauben, der sie davon überzeugt sein lässt, dass es diese spontane Heilung geben wird. Vielleicht unterscheidet sie das von den Menschen, die diese Gabe nicht haben und deshalb auch nicht so überzeugt eine spontane Heilung ankündigen können.

2. Wie dem auch sei, wenn wir einem Menschen begegnen, der offensichtlich von einem Dämon besessen ist, kann kein Zweifel daran bestehen, dass Gott ihn vollkommen heil machen möchte. Auch wenn wir nach eigenem Ermessen keine besondere Gabe auf diesem Gebiet haben, sollten wir also dennoch *dem Dämon befehlen, die Person zu verlassen*, indem wir ähnliche Worte gebrauchen wie Jesus: „Verstumme und fahre aus von ihm!" (Markus 1,25)

3. Wir sollten alle *für die Heilung von Kranken beten*. Und wir sollten im Glauben beten. Wenn einer krank ist, so schreibt es Jakobus, dann sollen die Ältesten kommen und „über ihm beten" (Jakobus 5,14). Dann führt er aus: „Und das Gebet des Glaubens wird dem Kranken helfen, und der Herr wird ihn aufrichten; und wenn er Sünden getan hat, wird ihm vergeben werden." (Jakobus 5,15) Diese Verse beziehen sich auf alle Ältesten, was bedeutet, dass auch die, die keine besondere Heilungsgabe haben, im Glauben beten sollen. Aber vielleicht haben die mit einer besonderen Begabung den Glauben, dass ein bestimmtes Gebet durch ein Wunder beantwortet werden wird, und verkündigen das entsprechend.

Mit den Kranken zu beten ist eine zentrale Verantwortung für einen christlichen Arbeiter. Gelegentlich haben Menschen eine Wende zum Besseren bezeugt, nachdem ich für sie gebetet habe, obwohl ich nicht weiß, ob meine Gebete irgendetwas damit zu tun hatten! Ich bete oft für kranke Nichtchristen. Selbst wenn sie nicht sofort geheilt werden, bringen sie diese Gebete mit Gott in Berührung, mit dem sie über ihre Probleme reden können. Das kann für die, die die Freude einer Liebesbeziehung mit einem persönlichen Gott nicht kennen, sehr eindrucksvoll sein.

In Sri Lanka gab es eine buddhistische Familie, in der eine Tochter an Krebs litt. Einige Christen besuchten sie und beteten für sie, und anfangs ging es ihr nach den Gebeten besser. Nach einer Weile starb sie jedoch. Trotzdem brachte ihre Krankheit die Familie mit Gott in Berührung. Obwohl ein Familienmitglied gestorben war, wurden einige von ihnen nach und nach Christen, und zwei von ihnen sind heute im vollzeitlichen Dienst. Einer scheint sogar die Gabe der wunderbaren Heilung zu haben.

Ich habe noch nie einen Nichtchristen getroffen, der die Frage, ob man für ihn beten dürfe, verneint hat. Normalerweise rede ich nicht viel, bevor ich bete, aber ich bete in einer Weise, dass jemand, der nur sehr wenig über Gott und das Evangelium weiß, versteht, was ich sage, und dadurch etwas über den Gott erfährt, zu dem ich bete. Als ich vor dem Schreiben dieses Kapitels einige Bücher zu dem Thema las, kam mir der Gedanke, dass ich mehr über Gott und das Evangelium reden sollte, denn wir beten in Christi Namen. Die wichtigste Heilung, die wir je erfahren können, geschieht deshalb, wenn wir beginnen, an Christus zu glauben.

4. Wir müssen uns klarmachen, dass Gott nicht jede Krankheit als Antwort auf ein Gebet durch ein Wunder heilt. Manchmal braucht die Heilung eine ganze Weile, und manche Menschen werden körperlich gar nicht geheilt. Aber *ob sie nun geheilt werden oder nicht, die Gemeinde muss ihre kranken Mitglieder seelsorgerlich begleiten.* Deshalb sind Krankenbesuche die Pflicht eines Dieners des Evangeliums. Ich war nur ein einziges Mal länger als einen Tag im Krankenhaus, nämlich als mir im Alter von vierzehn Jahren der Blinddarm entfernt wurde. Meine beiden lebhaftesten Erinnerungen an diese Zeit sind die an die täglichen Besuche und Gebete meines Pastors, Rev. George Good, und die Freundlichkeit einer römisch-katholischen Missionsschwester, die in diesem Krankenhaus arbeitete. Krankheit macht die Menschen also nicht nur verletzlich, sondern auch offen für die Fürsorge der Kirche.

5. Manchmal sollten wir *die Menschen, mit denen wir es zu tun haben, zu denen schicken, die die Gabe der Heilung haben.* Diejenigen, die im Heilungsdienst stehen, gehören vielleicht einer anderen Kon-

fession oder Denomination an, aber weil wir alle Teil desselben Leibes Christi sind, sollte das kein Problem darstellen. Manche Pastoren fürchten, dass sie ihre Gemeindemitglieder verlieren, wenn sie sie zu einer anderen Gemeinde schicken, in der heilendes Gebet praktiziert wird. Wenn wir uns jedoch so sehr um das Wohlergehen eines Menschen sorgen, dass wir ihn sogar in eine andere Gemeinde schicken, die ihm helfen kann, dann werden, so glaube ich, die Menschen diese Hingabe erkennen und uns nicht im Stich lassen, sondern dankbar für unsere Fürsorge sein. Aber trotzdem kann es vorkommen, dass Menschen uns verlassen.

Ich habe einmal einen Menschen, den ich von Herzen lieb und in den ich sehr viel Zeit und Gebet investiert hatte, zu einer anderen Organisation geschickt, die darauf spezialisiert war, sich um Nöte wie seine zu kümmern. Ich hatte später den Eindruck, dass er nun glaubte, diese Gruppe habe ihm wirklich helfen können, während wir versagt hatten. Das verletzte mich sehr. Aber trotzdem kann ich Gott dafür dankbar sein, dass dieser Person immens geholfen wurde. In seiner Unreife hatte dieser Mann offenbar vergessen, was ich für ihn getan hatte. Aber ich vermute, wenn ich reifer bin als er, dann sollte ich ihm das vergeben können! Unsere Beziehung war über rund fünf Jahre etwas abgekühlt, bis sie zu ihrer ursprünglichen Wärme zurückkehrte. Doch das ist eine der leidvollen Seiten des Dienstes. Wir investieren in Menschen, und dann verlieren wir sie. Manchmal sind sie für das Reich Gottes verloren. Andere bleiben dagegen Christen, sind aber für unseren Dienst verloren. Wenn wir in unserem Dienst glücklich sein wollen, müssen wir uns also auf solche Verluste vorbereiten und lernen, wie wir mit dem Ärger darüber in einer Weise umgehen, dass unser Leben dadurch nicht ruiniert wird.

6. *Oft stehen hinter körperlichen Krankheiten psychologische Probleme, die wir beim Dienst für den Kranken ansprechen können.* Die Meinungen darüber, wie viele physische Erkrankungen emotionale Gründe haben, gehen auseinander. Jim Glennon hat erzählt, dass er einmal in einer Predigt die Zahl mit 60 bis 70 Prozent angegeben habe, worauf ein medizinischer Fachmann aus dem Publikum eingewendet habe, seiner Ansicht nach handele es sich eher um 90 Prozent.

Es gibt einige sehr ergreifende Geschichten von Patienten, die geheilt wurden, nachdem sie in der Lage waren, sich den schmerzhaften Bereichen ihrer Erinnerungen zu stellen und denen zu vergeben, die sie verletzt hatten. Auch hier besteht unsere Rolle vielleicht darin, dass wir spüren, dass dort ein besonderes Problem vorliegt und wir die entsprechende Person zu einem Spezialisten schicken. Es kann natürlich auch sein, dass wir selbst den Menschen durch aufmerksames Zuhören, Seelsorge und Gebet zu einer emotionalen Heilung führen.

7. *Wir können jemanden mit der Gabe des Helfens (1. Korinther 12,28) oder des Dienstes (Römer 12,7; 1. Petrus 4,11) bitten, sich regelmäßig um den Kranken zu kümmern.* Für jeden Leiter ist es besonders schön, wenn man seinen Einfluss geltend machen kann, um Menschen in Not mit denen zusammenzubringen, die ihnen helfen können. Manche Kranke brauchen sehr viel praktische Hilfe, die wir Prediger des Wortes nicht leisten können. Aber in unseren Organisationen gibt es vielleicht Menschen, die im Dienst für andere begabt sind, die die Gabe haben, andere zu besuchen und zu sehen, was dort praktisch zu tun ist.

Christen werden im Dienst immer mit Menschen zu tun haben, die in einem Bereich in Not geraten sind, der auch im Dienst Jesu im Vordergrund stand. Ob wir das gutheißen oder nicht, wir müssen also alle die Fähigkeit entwickeln, um mit diesen Nöten umzugehen. Weil wir wissen, dass nicht alle in diesen Bereichen besonders begabt sind, müssen wir sicherstellen, dass unsere Organisation dennoch auf eine biblische Weise mit den Nöten der Menschen umgeht. Ich hoffe, dass ich in diesem Kapitel dazu ein paar Anregungen geben konnte.

13. Hausbesuche

Im letzten Kapitel haben wir gesehen, dass Jesus nach seinem Dienst in der Synagoge am Sabbat „in das Haus des Simon und Andreas mit Jakobus und Johannes“ kam (Markus 1,29). Dort heilte er die Schwiegermutter des Petrus, die ihnen nach ihrer Heilung „diente“ (1,31). Vermutlich bereitete sie das Abendessen vor. Nach dem Essen war „die ganze Stadt ... versammelt vor der Tür“ dieses Hauses (1,33). „Und er half vielen Kranken, die mit mancherlei Gebrechen beladen waren, und trieb viele böse Geister aus“ (1,34). Es ist bedeutsam, dass nach den Berichten der Evangelisten viele Schlüsselereignisse im Leben Jesu in dem Zuhause von anderen Menschen stattfanden. Er vollbrachte dort einige seiner wichtigsten Wunder und benutzte das, was in den Häusern geschah, um einige wichtige Wahrheiten zu lehren.

Jesu Dienst in den Häusern

Denken wir nur einmal an die folgenden Belege:

- Ganz zu Anfang seines Dienstes nahm Jesus Andreas und einen anderen Jünger Johannes’ des Täufers mit in das Haus, in dem er übernachtete, und plauderte dort so lange mit ihnen, dass sie vermutlich die ganze Nacht dort blieben (Johannes 1,37-39).
- Sein erstes Wunder vollbrachte er auf einer Hochzeitsfeier, die vermutlich im Haus des Bräutigams stattfand. Johannes kommentiert das mit den Worten: „Das ist das erste Zeichen ... und er offenbarte seine Herrlichkeit“. Die Folge ist: „Und seine Jünger glaubten an ihn.“ (Johannes 2,11)
- Markus berichtet uns, dass die Heilung des Gelähmten in Kapernaum stattfand, als „er im Hause war“ (Markus 2,1). Hierbei handelte es sich vermutlich um das Haus von Simon und Andreas. Und zu diesem Zeitpunkt war es so überfüllt, dass der Kranke durch das Dach herabgelassen werden musste. Bei dieser Gelegenheit verkündet Jesus seine Vollmacht, Sünden zu vergeben (Markus 2,5-11).

- Jesus nahm an einem Festmahl im Haus Levis teil, wo viele Zöllner und Sünder mit ihm zu Tisch lagen (Markus 2,15f.). Dieser Besuch könnte als „Nacharbeit“ bei einem „Frischbekehrten“ verstanden werden. Er ist allerdings auch ein klassisches Beispiel dafür, wie Jesus zu den Menschen ging, die mit der Synagoge nicht in Berührung kamen. Als jüdische Autoritäten ihn wegen seiner Tischgenossen kritisch hinterfragten, antwortete Jesus: „Die Starken bedürfen keines Arztes, sondern die Kranken. Ich bin gekommen, die Sünder zu rufen und nicht die Gerechten.“ (Markus 2,17)
- Als er im Haus eines Pharisäers zum Gastmahl eingeladen war, erschien eine sündige Frau, die weinte und seine Füße salbte. Das anschließende Gespräch mündete in einige bedeutsame Lehren über Dankbarkeit und Heil (Lukas 7,36-50).
- Jesus besuchte das Haus des Synagogenvorstehers Jairus und heilte seine Tochter (Matthäus 9,18-26; Markus 5,35-43; Lukas 8,49-56).
- In Matthäus 13 lesen wir verschiedene Gleichnisse Jesu. Die Bedeutung des ersten von ihnen, des Gleichnisses vom Sämann, erklärte er seinen Jüngern (Matthäus 13,18-33). Danach redete er wieder zu der Menge und erzählte drei weitere Gleichnisse – vom Unkraut unter dem Weizen, vom Senfkorn und vom Sauerteig (Matthäus 13,24-33). „Da ließ Jesus das Volk gehen und kam heim. Und seine Jünger traten zu ihm und sprachen: Deute uns das Gleichnis vom Unkraut auf dem Acker.“ (13,36) Hier im Haus war also der Ort, wo sich Jesus und seine Jünger in theologische Gespräche vertieften.
- Als er im Haus von Maria und Martha zum Essen eingeladen war, öffnete eine Beschwerde von Martha die Tür für die wichtige Lehre, dass Hingabe wichtiger ist als Dienst (Lukas 10,28-42).
- Er machte einen evangelistischen Hausbesuch bei dem verhassten Oberzöllner Zachäus. Die Bekehrung des Zachäus bereitete die Gelegenheit für eine lebhafte Demonstration echter Umkehr, und das Murren der Leute führte zu der grundlegenden Aussage

Jesu, dass seine Mission darin bestünde „zu suchen und selig zu machen, was verloren ist“ (Lukas 19,10).

- Er machte sich auf den langen Weg zum Haus des Lazarus. Als er mit der trauernden Martha sprach, bekannte er sich in großartiger Weise dazu, „die Auferstehung und das Leben“ zu sein (Johannes 11,25f.). Dort weinte er ebenfalls, als er seine Freunde weinen sah (11,35).
- Gegen Ende von Jesu öffentlichem Wirken wird Jesus bei zwei Gelegenheiten, einmal im Haus Simons des Aussätzigen (Matthäus 26,6-13; Markus 14,3-9) und einmal bei Lazarus (Johannes 12,1-8), mit kostbarem Salböl gesalbt. Bei der ersten Gelegenheit sagt Jesus, dass diese Frau ihn für sein Begräbnis salbt, und beim zweiten Mal, dass wir allezeit Arme bei uns haben werden.

Das Haus ist also mit Sicherheit ein wichtiger Ort des Dienstes. Jesus wirkte in den Häusern von Fremden (Zachäus), Freunden (Lazarus, Maria und Martha), Kollegen (Simon und Andreas), Vertretern der Öffentlichkeit (Pharisäern und Jairus), frisch Bekehrten (Levi) und Freunden (oder Verwandten), die eine Hochzeit feierten (in Kana). Er ging in die Häuser von Gläubigen (Simon, Lazarus und Levi), Sündern (Zachäus) und von denen, die ihm nicht wohlgesonnen waren (Pharisäern). In den Häusern diente er Fremden, Sündern, Freunden, seinen eigenen Jüngern und deren Familienmitgliedern.

Die Jünger Jesu führten die Tradition fort, dem Haus einen hohen Stellenwert als Raum des Dienstes einzuräumen. Jesus begann dies zu seinen Lebzeiten, als er sie zum Dienst aussandte. Bei dieser Gelegenheit sagte er zu ihnen: „Wenn ihr aber in ein Haus geht, so grüßt es“ (Matthäus 10,12). Anderswo habe ich bereits über die Bedeutung gesprochen, die Häuser und Gastfreundschaft in der Apostelgeschichte haben. In der ersten Gemeinde fand die Evangelisation in den Häusern statt, so zum Beispiel, als sich der Hauptmann Kornelius und seine Freunde bekehrten (Apostelgeschichte 10). Die durchreisenden Prediger pflegten in Häusern zu bleiben, so wie es Petrus im Haus Simons in Joppe tat (Apostelgeschichte 9,42) und Paulus im

Haus der Lydia (Apostelgeschichte 16,14f.). In ihren Häusern lebten die Christen Gemeinschaft und aßen zusammen (Apostelgeschichte 2,46). Paulus besuchte als Teil seiner pastoralen Tätigkeit regelmäßig verschiedene Häuser (Apostelgeschichte 20,20).

Bei den Verlorenen sein

Jesu Besuche im Haus des Zachäus (Lukas 19,5-10) und bei Levi, wo er mit Zöllnern und Sündern aß (Markus 2,15-17), sind Beispiele dafür, wie er zu den Verlorenen ging. In Levis Haus lag er mit am Tisch, was in vielen Bibelübersetzungen leider nicht deutlich wird. Unter den Juden war das nicht die übliche Essenshaltung. So etwas machte man nur bei besonderen Mahlzeiten – Festen, Feierlichkeiten und großen Gastmahlen. Als sie Jesus in dieser entspannten Haltung unter den Menschen entdeckten, die in ihren Augen Sünder waren, fragten die jüdischen Autoritäten seine Jünger: „Isst er mit den Zöllnern und Sündern?“ (Markus 2,16)

Jesu Verhalten erntete also regelmäßig Kritik: „Siehe, dieser Mensch ist ein Fresser und Weinsäufer, ein Freund der Zöllner und Sünder!“ (Lukas 7,34) Vielleicht „nahten sich ihm aber allerlei Zöllner und Sünder, um ihn zu hören“ (Lukas 15,1), weil er mit solchen Menschen sowieso in Kontakt war. Paulus tat dasselbe, als er nach Athen kam, der Stadt des Philosophen Sokrates (Apostelgeschichte 17,16). Der Apostel diskutierte dort seine philosophischen Ansichten mit den Menschen auf dem Marktplatz.

Wie leicht fällt es uns, den Kontakt zu den Menschen zu verlieren, die mit der Gemeinde nichts zu tun haben, weil wir als Christen so beschäftigt sind! Und wie wichtig ist es für einen christlichen Arbeiter, dass er proaktiv wird und an die Orte geht, wo er mit Unbekehrten ins Gespräch kommen kann.

Ich habe in meinem Dienst sehr viele wertvolle Lektionen von Calvin Waugh gelernt, der vor Kurzem nach fast dreißig Jahren als Pastor der Vereinigten Methodistenkirche in Alger im US-Bundesstaat Ohio in den Ruhestand verabschiedet wurde. Alger ist eine Kleinstadt mit weniger als 900 Einwohnern, und in die dortige Gemeinde kommen ungefähr hundert Menschen. Diese Gemeinde ist sehr bekannt für ihr lebendiges missionarisches Programm, durch das viele missionarische Unternehmungen in den Vereinigten Staaten und außerhalb unterstützt werden, darunter auch unsere Arbeit.

Aber das missionarische Interesse von Pastor Calvin beschränkt sich nicht auf Projekte außerhalb von Alger. Er hat mich einmal zum Frühstück in ein Restaurant vor Ort eingeladen, in dem sich die lokale Bevölkerung und einige Farmer trafen. Er selbst isst praktisch täglich in diesem Restaurant. Die Folge davon ist, dass Pastor Cal sich mit vielen der dortigen Besucher angefreundet hat, die ansonsten keinerlei Kontakt zu irgendeiner Gemeinde haben. Wenn sie in eine persönliche Krise kommen, zum Beispiel weil ein Angehöriger gestorben ist, wenden sie sich an ihn, um Hilfe zu bekommen. Und diese Gelegenheiten eröffnen wertvolle evangelistische Möglichkeiten.

Einige unserer „Jugend-für-Christus"-Suchtberater gehen an die Orte, wo Jugendliche, die Drogen nehmen, normalerweise abhängen – bestimmte Straßenecken. Sie freunden sich mit den Jugendlichen an und sind auf diese Weise in der Lage, einige von ihnen mit unserem Dienst in Kontakt zu bringen.

Christliche Leiter verfolgen oft ähnliche Ziele in sozialen Vereinen oder anderen örtlichen Organisationen. Normalerweise erscheint ein solches Engagement zunächst als reine Zeitverschwendung, aber es hilft uns, wertvolle Kontakte für das Evangelium zu knüpfen und die Menschen zu verstehen, die wir erreichen sollen. Ich finde es zum Beispiel sehr hilfreich, auf Partys und Empfängen nichtchristlicher Freunde zu sein, denn dort lerne ich eine Menge über die Welt.

Ich arbeite in erster Linie unter den Armen, und in Sri Lanka fahren Arme nahezu ausschließlich Bus. Aus diesem Grund unternehme ich pro Jahr mehrere ausgedehnte Busreisen. Je älter ich werde, desto härter wird dies, denn srilankische Busreisen sind furchtbar unbequem. Dennoch helfen mir solche Trips enorm in meinem Dienst, um den Hintergrund der Menschen, denen ich diene, besser zu verstehen. Dieses Verständnis hinterlässt Spuren in meinem Predigen, Lehren und meiner Seelsorge.

Als ich in den Vereinigten Staaten studierte, ist mir vor einer Gemeinde einmal ein großes Plakat aufgefallen, auf dem in etwa das Folgende stand: „Der Charakter eines Menschen wird durch die Gesellschaft geprägt, in der er sich aufhält." Mein erster Gedanke war, dass Jesus sich in der Gesellschaft von Zöllnern und Sündern aufgehalten hat!

Viele Christen haben große Vorbehalte dagegen, sich in der Gemeinschaft von sündigen Menschen aufzuhalten. Der Grund dafür ist, dass sie dort verwundbar werden und den Versuchungen nachgeben, die oft auf subtile, aber sehr mächtige Weise mit einer solchen Gemeinschaft verbunden sind. Vor drei Tagen bin ich von einer Rüstzeit unseres Leitungsteams zurückgekehrt. Wir haben die Pläne eines unserer Arbeitsbereiche diskutiert, dessen Haupt- und Ehrenamtliche zu Orten gehen wollen, die normalerweise für Christen tabu sind, weil sie als zu sündig und gefährlich angesehen werden. Wir haben über die Gefahren gesprochen, die mit so einer Arbeit verbunden sind, und haben auch einige Fälle diskutiert, in denen christliche Mitarbeit an solchen Orten den damit verbundenen Versuchungen erlegen sind.

Wir kamen zu dem Entschluss, dass diejenigen, die in einen solchen Dienst gehen wollen, eine starke Gruppe brauchen, der gegenüber sie verantwortlich sind und in der sie über ihre Erfahrungen und Versuchungen berichten können, um die Weisheit ihres Tuns zu diskutieren. Wir haben auch beschlossen, dass die Menschen aus einer brennenden Leidenschaft für die Verlorenen solche Orte aufsuchen sollten, selbst dann, wenn sie dort nur wenig Gelegenheit zu missionarischen Gesprächen haben sollten.

Evangelistische Hausbesuche

Die in den Evangelien und der Apostelgeschichte berichteten evangelistischen Hausbesuche waren, davon bin ich überzeugt, geplante Besuche in bestimmten Häusern wie zum Beispiel dem des Zachäus.

Bei „Jugend für Christus" machen Haupt- und Ehrenamtliche sehr viele evangelistische Hausbesuche bei Menschen, mit denen wir durch einen unserer vielen Arbeitsbereiche in Kontakt gekommen sind. Vor einer wichtigen Evangelisationsveranstaltung versuchen unsere Mitarbeiter in der Regel, alle ihre Kontakte zu Hause zu besuchen, um sie einzuladen. Diese Besuche haben sich als ein sehr wirksames Werkzeug erwiesen, wenn es darum geht, eine evangelistische Ernte unter den Jugendlichen einzufahren, die durch Aktivitäten in den Bereichen Sport, Musik, Theater und Nachhilfe mit uns in Berührung gekommen sind.

Den vielleicht berühmtesten evangelistischen Hausbesuch der Geschichte machte Edward Kimball bei seinem achtzehnjährigen Sonntagsschüler Dwight Lyman Moody. Der Junge war seit ungefähr einem Jahr in seinem Kurs. Er besuchte die Sonntagsschule nur deshalb, weil ihm sein Onkel das zur Auflage gemacht hatte, wenn er in seinem Schuhgeschäft arbeiten wollte. Der Onkel war davon überzeugt, dass der regelmäßige Kirchgang den Jungen aus Schwierigkeiten heraushalten würde. Zu diesem Zeitpunkt hatte Moody keinerlei Interesse am christlichen Glauben. Zuerst wollte er seinen „Spaß" haben, um sich dann, wenn er älter wäre, vielleicht Christus zuzuwenden.

Die Gemeinde hatte eine Evangelisation („Erweckungsversammlung") angesetzt, und Kimball hatte den Eindruck, er sollte Moody besuchen und mit ihm über seine Gottesbeziehung reden. Er ging in das Schuhgeschäft und fand Moody im hinteren Teil, wo er Schuhe einpackte und in ein Regal einsortierte. Er fragte ihn nach seiner Beziehung zu dem Herrn. Um es mit Kimball zu sagen: „Es schien, dass der junge Mann geradezu bereit dafür war, dass das Licht auf ihn fiel, dort, plötzlich, im hinteren Teil eines Schuhladens in Boston." Moody „übergab sich selbst und sein Leben Christus." Obwohl dieser Besuch nicht bei jemandem zu Hause stattfand, fand er doch in Moodys vertrauter Umgebung statt, weswegen ich ihn hier erwähne.

Der evangelistische Besuch, an den ich mich am meisten erinnere, war der Besuch bei einem jungen „Jugend-für-Christus"-Mitarbeiter zu Hause. Sein Vater lag im Sterben, und der Sohn bat mich zu kommen und mit ihm über Christus zu sprechen. Dieser Mann war einer der Begründer der kommunistischen Bewegung Sri Lankas gewesen und ein sehr intellektueller Mensch. Wir sprachen zu Anfang eine

Weile über seine Krankheit und seine verschiedenen Berufserfahrungen. Der junge Mitarbeiter wurde immer unruhiger. Irgendwann unterbrach er unser Gespräch und sagte zu mir: „Ajith, du wolltest doch meinem Vater etwas mitteilen." Das eröffnete mir die Gelegenheit, ein Gespräch über das Evangelium zu beginnen.

Nachdem ich das Evangelium erklärt hatte, fragte ich den Mann, ob er sein Leben Christus übergeben wolle. Zu meiner Überraschung sagte er sofort „Ja". Ich erklärte ihm daraufhin noch einmal, was es bedeute, sein Leben Christus zu geben, und bat ihn, mir ein Übergabegebet nachzusprechen, was er auch tat. Was für ein Wandel passierte auf einmal in diesem sterbenden Menschen! Er lebte noch eine Woche und schien die ganze Zeit von Freude erfüllt zu sein. Wenn ihn Christen besuchten, bat er sie, zu beten und geistliche Lieder zu singen. Später konnte ich noch einmal in einem Dankgottesdienst über ihn reden. Ich sprach nicht nur über seine irdischen Errungenschaften, von denen es viele aufzuzählen gab, sondern über seine Beziehung zu dem Herrn und wie er zu sterben bereit gewesen war.

So wie Jesus die Häuser von Zachäus und Levi besuchte, so können wir auch die Häuser der Menschen betreten, die vom Rest der Gesellschaft gemieden werden. Allein die Tatsache, dass wir diese Häuser aufsuchen, kann die Tür für das Evangelium weit öffnen.

Die Maltos sind ein Bergvolk in Indien mit einer Sterblichkeitsrate, die so hoch ist, dass man schätzt, dass sie spätestens 2025 ausgestorben sind. Sie waschen sich praktisch nie, weil sie keinen Zugang zu Wasser haben. Als Konsequenz werden sie vom Rest der Bevölkerung gemieden. In ihrer Nähe möchte sich keiner aufhalten, weil sie stinken. Eines Tages begannen Missionare von der „Friends Missionary Prayer Band" unter diesem Stamm zu arbeiten. Sie wohnten nicht nur in seinen Dörfern, sondern übernachteten sogar in ihren Häusern, wo sie neben den Einheimischen schliefen.

Bis 1996 wurden 34.000 der 85.000 Menschen dieses Stammes Christen, und die damit verbundene Veränderung ihres Lebensstiles führte zu einer sehr viel niedrigeren Sterblichkeitsrate. Die Missionare haben für diese Ernte einen hohen Preis bezahlt. Vier von ihnen starben an den Krankheiten, die auch die Maltos umbringen – Malaria, Tuberkulose und Kala-Arzar. Einer von denen, die gestorben sind, war der junge Sohn von Patrick Joshua, dem nationalen Leiter der „Prayer Band". Er hatte einen M.A. in sozialer Arbeit gemacht und lebte seitdem unter diesen Menschen, um ihnen im sozialen Bereich zu helfen. Nach seinem Tod haben drei junge Männer seinen Platz ausgefüllt – ein hoher Preis, aber ein wertvolles Opfer, das die Identifikation mit den Menschen einschloss, indem man ihre Gastfreundschaft annahm.

Die Häuser von Nichtchristen zu besuchen kann also viele Türen für das Evangelium öffnen.

Seelsorgerliche Hausbesuche

Die Praxis der Hausbesuche entspricht dem Gleichnis vom Hirten, der nicht wartet, bis das verlorene Schaf wieder zu ihm findet, sondern die neunundneunzig zurücklässt, um sich auf die Suche nach dem einen verlorenen zu machen. Christliche Leiter gehen immer dahin, wo die Menschen sind, und weil das Zuhause der wichtigste Ort im Leben eines Menschen ist, sollten sie sich oft in den Häusern der Menschen aufhalten. Viele der oben aufgezählten Hausbesuche Jesu geschahen als Antwort auf eine Not oder Krise. Ich vermute, dass ein Aspekt des Gebetsdienstes der Apostel (Apostelgeschichte 6,4) aus dem Gebet mit Menschen in Krisensituationen bestand.

Ich habe herausgefunden, dass wir oft nicht viel zu tun haben, wenn wir in ein solches Haus gehen. Einfach dazusein, zuzuhören und Hand anlegen, wenn es irgendetwas zu tun gibt, ist alles, was nötig ist. Zu gegebener Zeit können wir mit der Familie beten. Solch ein Engagement gibt der Familie das Gefühl, dass der christliche Leiter „da gewesen ist" und ihnen in ihren Schwierigkeiten beigestanden hat.

In den *Konstitutionen der Heiligen Apostel*, einer Sammlung verschiedener kirchlicher Kanons, die zwischen 350 und 400 zusammengestellt wurden, aber vermutlich auf das zweite und dritte Jahrhundert zurückgehen, heißt es: „Sei wie ein barmherziger Hirte ein hingegebener Ernährer der Herde. Suche die Schafe und lass die Herde nicht aus den Augen. Finde das eine, das in Not ist, so wie der

Herrgott, unser gnädiger Vater, seinen eigenen Sohn, den guten Hirten und Retter, gesandt hat, um uns zu finden." Danach wird das Gleichnis vom verlorenen Schaft wörtlich zitiert.

Wenn wir das Gleichnis vom verlorenen Schaf sorgfältig übertragen, dann ist das verlorene Schaf ein Mitglied der Herde, das vom Weg abgeirrt ist. In der matthäischen Version wird deutlich, dass Jesus mit dem verlorenen Schaf einen Gläubigen meint, der sich von Gott abgewandt hat (Matthäus 18,12-14). Die Absätze vor und nach diesem Gleichnis drehen sich darum, wie Gläubige von den Wegen Gottes abweichen können. Deshalb geht auch der christliche Leiter Christen nach, die sich von der Herde entfernt haben.

In der Regel haben sich diejenigen, die eigene Wege gehen, über die Leiter geärgert, und ihr Verhalten ist für die entsprechenden Leiter ein Affront. Vielleicht äußern sie sich missbilligend über die Leiter. Wenn sich Menschen so verhalten, sind die Leiter normalerweise sehr verletzt und verärgert. Ich habe einige Situationen erlebt, in denen die Leiter gesagt haben, dass sie nicht zu diesen Menschen hingehen würden, vielmehr sollten sie zu ihnen kommen. Aber unsere Hingabe gilt der Fürsorge für die Herde. Die Tatsache, dass wir beleidigt oder verletzt wurden, spielt also eine untergeordnete Rolle. Unser oberstes Anliegen ist es, das irregehende Schaf zurück zur Herde zu bringen.

Das mag nicht das weltliche Verhaltensmuster von Leitern sein. Aber wenn es um das christliche Liebesprinzip geht, bewegen wir uns immer außerhalb dessen, was die Welt für angemessen hält. Der Vater missachtete kulturelle Grenzen und hob vermutlich sogar sein Gewand an, um dem verlorenen Sohn entgegenrennen zu können (Lukas 15,20). Ein würdevoller Orientale in wallenden Gewändern rennt niemals irgendwo hin, denn das wäre demütigend. Selbst der Philosoph Aristoteles sagte: „Große Männer rennen niemals in der Öffentlichkeit." Der verlorene Sohn hatte große Schande über seine Familie gebracht, aber all das wurde beiseitegeschoben als es darum ging, ihn wieder zu Hause willkommen zu heißen.

In ähnlicher Weise sollten wir denen nachgehen, die durch ihr Verhalten und Reden unserem Namen Unehre gemacht haben. Das ist zweitrangig; das oberste Anliegen muss es sein, sie nach Hause zurückzuwerben. Wir können uns später mit den anderen Dingen beschäftigen. Sie haben sowieso keine Kapazitäten, sich mit diesen Problemen zu befassen, bevor sie nicht gesehen haben, dass Liebe ihre Unsicherheit und Schuld besiegt. Wenn die Härte ihrer Herzen angesichts solcher Liebe wegschmilzt, ist die Tür für Umkehr, Sündenbekenntnis und Wiederherstellung geöffnet.

Wir sollten niemals vergessen, dass Jesus die Initiative ergriff, indem er uns liebte und für uns starb. Weil wir diese Liebe und Fürsorge in Bezug auf unsere Sünden erkannt haben, hatten wir den Mut, von unseren Sünden umzukehren und auf Gottes Gnade zu hoffen. Wenn er auf unsere Umkehr gewartet hätte, bevor er uns seine Liebe offenbarte, wären wir niemals umgekehrt. So wie Gott die Initiative ergriff, um uns zu retten, so ergreifen wir die Initiative und arbeiten dafür, dass diejenigen, die abgeirrt sind, wiederhergestellt werden. Und ein Schlüssel dazu ist der Besuch bei ihnen.

Wenn uns also der Brief eines aufgebrachten Gemeindemitgliedes ins Haus flattert oder wir von ärgerlichen Worten hören, die über uns gesprochen werden, mag unser erster Gedanke vielleicht sein, einen Anwalt zu konsultieren oder einen Brief zu verfassen, der uns vor rechtlichen Schritten schützt. Doch ich darf Sie ermutigen, stattdessen hinzugehen und solche Menschen zu treffen, mit ihnen zu reden und alles zu tun, damit sie wiederhergestellt werden. Vielleicht braucht es zwei Stunden, bis sie Ihnen erzählen, was ihnen auf dem Herzen liegt. Die erste Stunde besteht vielleicht aus oberflächlichem Smalltalk oder dem Bestreiten der Ereignisse. Und die meisten von uns sind dann sicher versucht, einfach aufzugeben und zu gehen. Aber wenn wir durchhalten, haben wir nicht nur die Chance, eine gefallene Person wiederherzustellen, sondern auch aus einem Feind einen Freund zu machen.

Besuche als Ausdruck der Dienstbereitschaft

Was wir bisher gesagt haben, passt zu unserem Verständnis der Gemeindearbeit als Dienst. Der Gedanke, dass ein christlicher Arbeiter Menschen einfach nur deshalb besucht, weil er sie liebt und ihnen helfen will, ist revolutionär in einer Kultur, in der man oft für religiöse Dienstleistungen bezahlen muss. Ein Hindujournalist, der für eine indische Zeitung über die zahlreichen Bekehrungen eines Bergstammes zum Christentum schrieb, nannte drei Gründe für den Erfolg der christlichen Mission. Als Erstes erwähnte er, dass die christlichen Evangelisten in entlegene Orte gehen, wo ansonsten niemand hingehen mag. Selbst Regierungsbeamte der Meldebehörden gäben sich in der Regel mit Schätzungen über die Einwohnerzahlen der Bergdörfer zufrieden, weil sie die beschwerliche Reise in die Berge scheuten. Als Zweites sagte er, dass die christlichen Missionare innerhalb von kürzester Zeit lokale Leiter eingesetzt hätten, was dem Volk ein Gefühl von Identität und Selbstwert gegeben habe. Drittens nannte er das Christentum eine „Billigreligion". Damit meinte er, dass man für die Dienstleistungen eines christlichen Mitarbeiters nicht bezahlen müsse.

Wenn ich die Häuser von Buddhisten oder Bekehrten mit buddhistischem Hintergrund besuche, haben mir die Menschen bei verschiedenen Gelegenheiten erzählt, was es kostet, einen buddhistischen Mönch zu sich zu bitten: Man muss ihn irgendwo abholen oder die Fahrt bezahlen, ihm ein Geschenk geben – in der Regel eine Saffronrobe – und ihn mit einem Essen seiner Wahl bewirten. Die Tatsache, dass wir die Menschen ohne Gegenleistung besuchen und oft noch nicht einmal extra eingeladen werden müssen, ist ein machtvolles Zeugnis für das christliche Evangelium.

Als Jugendmitarbeiter besuchen wir die Häuser der Jugendlichen, wenn ein Familienmitglied krank ist. Wir beten dort für sie in besonderen Momenten, etwa vor einer Operation oder wenn sie ins Krankenhaus eingeliefert werden sollen. Wir beten für Studenten, die vor dem Examen stehen. Wenn es eine Krise in der Familie gibt, rufen nichtchristliche Eltern manchmal sogar an und bitten um den Besuch eines unserer Mitarbeiter, weil sie verstanden haben, dass sie für sie da sind, wenn sie sie brauchen.

Weil der englische Puritaner Richard Baxter (1615–1691) Pastor einer großen Gemeinde (in Kidderminster) war, konnte er nicht alle besuchen. Deshalb lud er die Mitglieder seiner Gemeinde in die Kirche ein, um sie zu treffen. In seinem Buchklassiker *Der reformierte Pastor* beschreibt er, wie er sich pro Woche mit fünfzehn oder sechzehn Familien getroffen hat, wofür er regelmäßig „Montag und Dienstag vom Morgen bis zum Abend" geopfert hat. So konnte er bis zu 800 Familien im Jahr treffen. Er war so sehr von der Effektivität dieser persönlichen Treffen mit Gemeindegliedern überzeugt, dass er schrieb: „Bei denen, die kommen, finde ich mehr äußere Zeichen des Erfolges als durch alle meine an sie gerichteten öffentlichen Predigten."

Natürlich lernen wir die kennen, denen wir dienen, wenn wir sie besuchen. Gilbert Burnet (1643–1715), der anglikanische Bischof des englischen Salisbury, veröffentlichte 1692 ein einflussreiches Buch über den pastoralen Dienst. Er schrieb: „Als Grundlage, auf der alle anderen Bereiche des pastoralen Dienstes aufgebaut werden, sollte er regelmäßig den ganzen Gemeindebezirk Haus für Haus besuchen, damit er sie kennenlernt und sie ihn."

Die frühe methodistische Bewegung hatte unter ihren Mitgliedern sowohl Arme als auch Reiche. Die reichen Christen fingen an, sich näher mit den armen abzugeben und besuchten dieselben Kleingruppen wie sie. Die ärmeren redeten dort über das Elend, das sie an ihren Arbeitsplätzen erlebten. Die reichen Christen empörten sich dadurch über die Ungerechtigkeiten in ihrer Gesellschaft und begannen gegen die soziale Ungerechtigkeit zu reden. Die Folge davon war, dass die methodistische Erweckung einen tief greifenden Einfluss darauf hatte, dass Großbritannien in sozialer Hinsicht gerechter wurde.

Die größten und einflussreichsten Theologen der Geschichte, deren Schriften so tiefgreifende Einsichten offenbarten, dass sie spürbar den Lauf der Kirchengeschichte veränderten, waren diejenigen, die durch ihren pastoralen Dienst in engem Kontakt mit den Menschen standen. Augustin (354–430) wird weithin als der einflussreichste Theologe der Kirchengeschichte nach dem Apostel Paulus angesehen. Ursprünglich hatte er davon geträumt, sich in ein Kloster zurückzuziehen, um dort zu meditieren, zu beten, zu studieren und zu schreiben. Er hatte eine kleine klösterliche Gemeinschaft an einem Ort, der Tagaste hieß. Aber er war ein guter Prediger und deshalb wurde er oft in andere Gemeinden zum Predigen eingeladen... nahm einige dieser Einladungen an, ging aber nie in eine Gemeinde, die keinen Pastor hatte, weil er Angst hatte, sie würde ihn bitten, ihr Pastor zu werden.

Einmal besuchte er Hippo, wo er in den Gottesdienst ging. Der Pastor, Bischof Valerius, sah ihn im Publikum sitzen und erzählte den Versammelten, dass er einen zweiten Pastor brauche, um seine Arbeit zu tun. Die Versammlung verstand die Botschaft und zerrte Augustin nach vorn, wo er auf der Stelle zum Diakon geweiht wurde. Er fing an zu weinen, und die Leute dachten, er weine, weil er zum Diakon statt zum Ältesten geweiht worden war. Aber der wahre Grund bestand darin, dass mit dieser Weihe sein Traum von einem ruhigen Leben für immer zerstört worden war! Augustin blieb in Hippo und diente dort bis zu seinem Tod fast vierzig Jahre später. Aufgrund der pastoralen Herausforderungen fand er nur wenig Zeit zum Schreiben. Für sein Buch über die Dreieinigkeit brauchte er siebzehn Jahre, weil er jedes Mal die Feder beiseitelegte, wenn er sich um ein Problem kümmern musste. Doch was für einen Einfluss hatte es! Dieser Einfluss war mit Sicherheit durch die Tatsache bedingt, dass er immer eng mit den Menschen in der Gemeinde zu tun hatte.

Wir sehen in Johannes Calvin manchmal einen trockenen Akademiker, der mehr Zeit in seinem Studierzimmer als in seinem Gemeindebezirk verbrachte. In Wahrheit war er ein eifriger Pastor, während er ein profilierter theologischer Schriftsteller war. Er gönnte sich nicht viel Schlaf. Sein Haus war immer für alle offen, die einen Rat suchten. Mit den Angelegenheiten der Kirche und des Staates war er ständig beschäftigt. Er besuchte die Kranken und Notleidenden und kannte nahezu jeden Bürger. Calvin schrieb einmal: „Seit ich hierhergekommen bin, waren mir nur zwei Stunden vergönnt, in denen niemand zu mir kam und mich störte.“

Im vorigen Kapitel haben wir erwähnt, dass Luther durch seine Entscheidung, im pestgeplagten Wittenberg zu bleiben und sich um die Sterbenden und Trauernden zu kümmern, sein Leben riskierte. John Wesley legte pro Jahr bis zu 30.000 Kilometer auf einem Pferderücken zurück und hielt in diesem Zeitraum um die 800 Predigten. Meine Ausgabe seines literarischen Gesamtwerkes besteht aus vierzehn Bänden mit jeweils mehr als 500 Seiten. Doch in seinen *Tagebüchern* berichtet er auf vielen Seiten davon, wie er von Haus zu Haus ging, um Menschen zu besuchen, oder wie Menschen an den Ort kamen, wo er übernachtete, um persönlich mit ihm zu sprechen.

Aufgrund ihres Wohlstandes kann es sich die Gemeinde in der westlichen Welt leisten, dass sich ihre Angestellten auf die Bereiche spezialisieren, in denen sie erfahren und begabt sind. Doch in größeren Gemeinden lässt sich der ungesunde Trend beobachten, dass diejenigen, die predigen, nicht mehr viele Besuche oder Seelsorge machen. Für diese Aufgaben werden andere angestellt. Die Folge davon ist unweigerlich, dass die Prediger weniger Kontakt zu den Menschen haben, was wiederum dazu führt, dass sie auch weniger dazu in der Lage sind, ihren Hörern tiefgreifende Einsichten zu vermitteln. Sie mögen dann zwar eine in technischer Hinsicht brillante Botschaft übermitteln, aber ihnen fehlen die Einsichten, die man nur durch den engen Kontakt mit den Menschen bekommt.

Natürlich wird der Pastor einer großen Gemeinde kaum dazu in der Lage sein, jedes einzelne Gemeindemitglied zu besuchen. Deshalb müssen einige Verantwortlichkeiten delegiert werden. Sogar in kleinen Gemeinden sollte der Prediger einige Mitglieder dazu ausbilden, einen Teil der Seelsorge in der Gemeinde zu übernehmen. Doch jeder Prediger, ob er nun in einer großen oder einer kleinen Gemeinde arbeitet, sollte einige Besuche machen und einen Teil der Seelsorge übernehmen. Es liegt in der Verantwortung des Pastors und der Gemeindeleiter sicherzustellen, dass der Pastor nicht in einer Menge von Besuchen erstickt und andere Bereiche seines Lebens und Dienstes darunter leiden.

Segen über den Menschen aussprechen

Obwohl sich das persönliche Segensgebet für Menschen nicht wirklich auf die Hausbesuche Jesu zurückführen lässt, ist es etwas, was wir in Sri Lanka bei unseren Besuchen oft tun. Mir ist dieser Abschnitt erst zwei Tage, nachdem ich den Rest des Kapitels „beendet" hatte, eingefallen. Es war am Weihnachtstag, und als ich nach dem

Gottesdienst mit einer Frau aus unserer Gemeinde ins Gespräch kam, erzählte sie mir, dass ihr frischverheirateter Sohn die Windpocken bekommen habe und wirklich leiden müsse! In seinem Auftrag bat sie mich, über Wasser zu beten, damit sie ihn zu Hause damit salben könne. Ich antwortete ihr, dass ich so etwas nicht tue. Dann bin ich mit ihr nach Hause gegangen und habe direkt für ihn gebetet.

Nachdem ich wieder in meiner Wohnung war, habe ich noch einmal darüber nachgedacht, was gerade passiert war. Dieser junge Mann war vor seiner Bekehrung Buddhist gewesen. Leider war er nicht besonders oft in der Gemeinde zu sehen und vermutlich war seine Beziehung zum Herrn auch nicht die beste. Als er krank wurde, hatte er wohl den Eindruck, nun habe er den Segen Gottes nötig, deshalb fragte er nach geweihtem Wasser. Ich hatte schon seit Jahren dafür gebetet, dass dieser Junge wieder zu Jesus zurückkehren möge, und deshalb stürzte ich mich aus vollem Herzen auf diese Gelegenheit, sein Leben im Sinne Christi zu beeinflussen.

Segnen bedeutet, dass man eine Hoffnung oder ein Gebet über einem Menschen ausspricht, dass gute und wünschenswerte Dinge mit dieser Person passieren mögen. Im Alten Testament war es an verschiedenen Stellen üblich, dass Leiter Menschen segnen. Manchmal, wenn das ganze Volk versammelt war, wurde sogar das ganze Volk gesegnet. Der bekannteste Segen ist der aaronitische, den wir bis heute gebrauchen: „Der Herr segne dich und behüte dich; der Herr lasse sein Angesicht leuchten über dir und sei dir gnädig; der Herr hebe sein Angesicht über dich und gebe dir Frieden." (4. Mose 6,24-26). Die Bibel überliefert Segenssprüche von Leitern wie Mose, Aaron, Josua und David, jeweils an das Gottesvolk gerichtet (2. Mose 39,43; 3. Mose 9,22f; Josua 22,62; 2. Samuel 6,18). Die Segenssprüche, die wir – normalerweise am Ende von christlichen Versammlungen – benutzen, sind die heutigen Ausformungen dieser alttestamentlichen Praxis.

Manchmal wurde ein solcher Segen auch speziell bestimmten Individuen zugesprochen. Der Segen, den Isaak Esau weitergeben wollte, der aber dann von Jakob gestohlen wurde, ist ein Beispiel dafür (1. Mose 27f.). Als Jakob nach Ägypten kam und den Pharao traf, segnete der Patriarch den Pharao, bevor er ihn wieder verließ (1. Mose 47,10). Vor seinem Tod segnete Jakob Josef, indem er seinen beiden Söhnen Ephraim und Manasse die Hände auflegte (1. Mose 48,14). Josua segnete Kaleb, als er ihm sein Erbe gab (Josua 14,13).

Manchmal war der Segen mit einem prophetischen Wort oder einer Vorhersage verbunden, aus der man entnehmen konnte, was Gott mit der gesegneten Person vorhatte. Jakob äußerte so ein Wort, als er Josef segnete (1. Mose 48,15f.). Eli tat dies ebenfalls, als er Elkana und Hanna segnete, die Eltern von Samuel: „Der Herr gebe dir Kinder von dieser Frau anstelle des Erbetenen, den sie vom Herrn erbeten hat." (1. Samuel 2,20) Im nächsten Vers lesen wir, dass sie ihm drei Söhne und zwei Töchter gebar.

Ich habe in den Evangelien drei Stellen entdeckt, die für die Thematik des segnenden Leiters wichtig sind. Als Josef und Maria den kleinen Jesus in den Tempel brachten und dort Simeon trafen, brach der alte Mann in einen spontanen Lobpreis aus, weil er das Heil gesehen hatte, das Gott der Welt bereitet hat. Dann segnete er Josef und Maria und prophezeite Maria, was mit und durch Jesus geschehen würde (Lukas 2,25-32). Die anderen beiden Beispiele finden wir im Dienst Jesu. Das Erste hat mit den Kindern zu tun, die zu ihm gebracht wurden. Dort heißt es, „er herzte sie und legte die Hände auf sie und segnete sie" (Markus 10,16). Das zweite Beispiel trug sich unmittelbar vor der Himmelfahrt zu. Dort „hob [er] die Hände auf und segnete sie. Und es geschah, als er sie segnete, schied er von ihnen und fuhr auf gen Himmel." (Lukas 24,50f.)

Wie wir sehen gebrauchte Jesus in beiden Fällen seine Hände, als er Menschen segnete. Er legte den Kindern segnend die Hände auf. Später wurde in der Gemeinde diese Geste der Handauflegung bei verschiedenen Gelegenheiten gebraucht, zum Beispiel wenn es darum ging, jemanden in einen Dienst einzuführen (Apostelgeschichte 6,6; 13,3). Menschen, die Heilung wollten, baten Jesus, Kranken die Hände aufzulegen (Markus 5,23; 7,32). Jesus und die Leiter der ersten Gemeinde taten dies oft auch von sich aus, wenn es um Heilung ging (Markus 8,23; Lukas 4,40; 13,13; Apostelgeschichte 9,12.17; 28,8). Als Jesus seine Hände hob, um die Jünger vor seiner Himmelfahrt zu segnen, verhielt er sich wie der Hohepriester Aaron. Der „hob seine Hände auf zum Volk und segnete sie“ (3. Mose 9,22).

All diese Belegstellen zeigen, dass wir uns in eine priesterliche Rolle begeben, wenn wir Menschen segnen. Die Hand, die auf einen Menschen gelegt wird, deutet an, dass nun von einem „Priester“ der Segen an das Volk weitergegeben wird. Der Segen geht natürlich nicht vom Priester aus. Er kommt von Gott, der Priester ist nur der Vermittler. Das ist etwas, das nun alle Gläubigen tun können – als Vermittler von Gottes Kraft auftreten und als Mittelsmann für Gottes Ziele.

Diese Berufung, Gottes Segen zu vermitteln, ist etwas, was wir sehr ernst nehmen sollten. Wir sollten sicherstellen, dass wir in Einklang mit Gottes Wille handeln, sodass die Dinge, die wir über einer Person aussprechen, wenn wir sie segnen, tatsächlich mit Gottes Wünschen für diese Person zu tun haben. Wenn ich auf so eine Weise für einen Menschen beten soll, bitte ich in der Regel Gott, dass er mir die richtigen Worte in den Mund legt, und bin offen für die Stimme Gottes. Demnächst werde ich das Haus eines meiner Mitarbeiter besuchen, der mit seiner Frau gerade einen Sohn bekommen hat. Seit Tagen bete ich dafür und denke darüber nach, was ich sagen soll, wenn ich für das Baby und seine Eltern beten werde.

Kein beliebter Dienst

Hausbesuche waren und sind unter christlichen Haupt- und Ehrenamtlichen nicht besonders beliebt. Gegen Ende des siebzehnten Jahrhunderts schrieb Gilbert Burnet: „Ich weiß, dass sich diese Art der Besuche in der Gemeinde so sehr abgenutzt hat, dass weder der Priester noch die Gemeindeglieder eine Wiederaufnahme herbeisehnen.“ Er empfiehlt deshalb den Bischöfen, ihren Geistlichen in einer Predigt zu erklären, „aus welchen Gründen und mit welchen Zielen sie dies tun sollen, damit sie eventuell auftretenden Vorurteilen von Anfang an vorbeugen können.“

Weil sich an der negativen Haltung von Geistlichen gegenüber Hausbesuchen seit damals nichts geändert hat, müssen wir vermutlich erneut ihre entscheidende Bedeutung unterstreichen. Nebenbei handelt es sich dabei um ein Werk Gottes, und alle Arbeit, die wir für Gott und im Einklang mit seinen Wünschen tun, ist großartig und von höchster Bedeutung. George Herbert (1593–1633) beschäftigte sich in seinem klassischen Handbuch zur Seelsorge aus dem siebzehnten Jahrhundert, *Der Landpfarrer*, mit der Problematik, dass die Pastoren den Hausbesuchen nicht viel Bedeutung beimaßen. Er schrieb, dass der Geistliche „sich an die Regel hält, dass nichts im Dienst Gottes klein ist; wenn es einmal die Ehre dieses Namens hat, wächst es sofort zur Größe heran. Deshalb weigert er sich weder, die einfachste Hütte zu betreten, selbst wenn er auf Knien hineinkriechen müsste und sie abstoßend stinkt. Denn Gott ist dort und ebenso die, für die Gott starb."

Manche von uns haben vielleicht das Gefühl, dass sie nicht begabt sind, um Kranken zu dienen, Häuser zu besuchen und ähnliche seelsorgerliche Pflichten zu erfüllen. Doch das ist unsere Berufung. In unserem Dienst tun wir viele Dinge, die wir vielleicht nicht tun wollen und für die wir nicht besonders begabt sind. Trotzdem bereichert die Beschäftigung mit solchen Dingen wirklich unseren Dienst. Wir haben weiter oben gesehen, dass uns Hausbesuche den Menschen und ihren Bedürfnissen näherbringen und uns helfen, sie besser kennenzulernen. Diese Erfahrungen werden unsere Predigten beeinflussen und unsere Fähigkeiten verbessern, das Wort Gottes ins Leben der Hörer zu sprechen. Ob wir es nun mögen oder nicht, wir tun es; wir sind Diener der Menschen, und deshalb müssen wir ihnen und ihren Nöten nahe sein.

Ich finde in diesem Zusammenhang die Worte des großen britischen Neutestamentlers F. F. Bruce sehr hilfreich. Als er gefragt wurde, nach welchen Prinzipien er herausfindet, ob etwas Gottes Wille für sein Leben sein könnte, antwortete er: „Sehr einfach: Zunächst tue ich das, wofür ich bezahlt werde; dann tue ich das, was ich zu tun habe; und schließlich tue ich das, was ich gern tue." Ich glaube, wir sind für viele Aufgaben, die wir in unserem Dienst zu tun haben, nicht besonders begabt. Aber wenn wir ausreichend Gelegenheit haben, unsere Gaben einzusetzen, dann können wir auch damit leben, dass wir manchmal Dinge tun müssen, die wir nicht mögen und für die wir auch nicht besonders begabt sind.

Als Lehrer der Bibel habe ich herausgefunden, dass es mir wirklich hilft, meinen Hörern biblische Wahrheiten zu vermitteln, wenn ich Dinge tun muss, die ich nicht besonders mag, auch wenn ich mich oft darüber beklage. Die Ultraspezialisierung ist deshalb eine gefährliche Sache. Wir in den ärmeren Ländern können sie uns nicht leisten. Doch diejenigen, die zum Studieren in ein westliches Land gegangen sind und nun zurückkommen, um in einem armen Land ihren Dienst anzutreten, fühlen sich oft unerfüllt, weil sie eine Menge Dinge tun müssen, die nach dem westlichen Wertesystem, das sie in sich aufgenommen haben, für unnötig gehalten werden. Ich glaube, dass die Überspezialisierung ein Luxus ist, den wir weder in den reichen, noch in den armen Ländern brauchen. Denn diese Praxis produziert Spezialisten, die keinen Bezug mehr zu denen haben, denen sie eigentlich dienen wollen.

Christliche Pastoren spezialisieren sich auf einem generalisierten Hintergrund. Das bedeutet, dass sie ihre ganz speziellen Gaben praktizieren, während sie ganz unterschiedliche Dienste verrichten. Ich bin der Überzeugung, dass wir, wenn wir rund zwanzig Prozent unserer Arbeit wirklich mögen und wir weitere vierzig Prozent ganz in Ordnung finden, auch mit den übrigen vierzig Prozent umgehen können, die wir nicht mögen. Wie wir bereits gesehen haben, sind es jedoch gerade diese ungeliebten vierzig Prozent, die unserem Dienst Relevanz und Tiefe geben. Wenn wir allerdings bei der Ausübung unseres Dienstes generell das Gefühl haben, dass uns dabei nahezu nichts Spaß macht, und wir uns überall für inkompetent halten, machen wir vermutlich die falsche Arbeit.

14. Gebet

Im Jahr 2001 konnte ich in meiner Position als Direktor von „Jugend für Christus“ (JfC) in Sri Lanka das fünfundzwanzigjährige Jubiläum feiern. In diesem Zusammenhang sollte ich einen kurzen Artikel für unseren JfC-Rundbrief schreiben. Ich entschied mich, über das zu schreiben, was ich in diesen fünfundzwanzig Jahren für den wichtigsten Teil meiner Arbeit gehalten habe. Leider muss ich bekennen, dass ich von dieser Art Arbeit nicht genug getan habe, aber selbst das bisschen, was ich gemacht habe, ist der wichtigste Bestandteil meines Dienstes bisher. Es geht um das Gebet.

Gebet wurde an verschiedenen Stellen dieses Buches schon angesprochen. Im zweiten und im zwölften Kapitel haben wir über die Verbindung von Gebet und Salbung für den Dienst gesprochen. Im dritten und im siebten Kapitel ging es darum, wie wir im Gebet persönliche Herausforderungen angehen sollten. Kapitel 4 drehte sich um Auszeiten, bei denen Gebet ein sehr entscheidender Bestandteil ist. Im zehnten Kapitel haben wir herausgestellt, wie wichtig es ist, für die zu beten, mit denen wir zusammenarbeiten. Darüber hinaus kam auch in verschiedenen anderen Kapiteln immer wieder die Sprache auf das Gebet. Weil Gebet ein so grundlegender Bestandteil des christlichen Dienstes ist, sollten wir uns also nicht darüber wundern, dass es auch in diesem Buch einen breiten Raum einnimmt. Im Folgenden wollen wir nun einen Blick auf die Gebetspraxis als entscheidende Komponente eines dienenden Lebensstils werfen.

Wie wir in den synoptischen Evangelien sehen, folgte Jesus normalerweise der unter seinen jüdischen Zeitgenossen üblichen Gebetspraxis, weswegen die Evangelisten das nicht extra erwähnt haben. Wenn er in diesem Bereich in irgendeiner Weise außergewöhnlich gewesen wäre, hätten wir sicher davon erfahren. Wir können also daraus Folgendes schließen: Wenn die Evangelisten Jesu Gebet besonders beleuchten, hatte dies einen Grund, dem wir nachgehen sollten. Denn obwohl Jesus wie alle Juden morgens und abends gebetet hat, erwähnen die Evangelien einige Gelegenheiten, in denen sein Gebetswunsch weit über diese formalen Gebete hinausgeht.

Der geheime Ort des Gebetes

Markus 1 liefert uns solch einen Hinweis auf ein besonderes Gebet Jesu. In Vers 35 lesen wir: „Und am Morgen, noch vor Tage, stand er auf und ging hinaus. Und er ging an eine einsame Stätte und betete dort." Dass hier von einer „einsamen Stätte" gesprochen wird, zeigt deutlich, dass sich Jesus zum Beten von den Menschen zurückzog. Die Parallelstelle im Lukasevangelium erwähnt nicht, dass Jesus dort betete (Lukas 4,42), sondern lässt anklingen, dass Jesus die Einsamkeit um ihrer selbst willen suchte. Weiter unten lesen wir auch im Markusevangelium, dass Jesus an einsame Orte ging, weil ihm die Menschen nachliefen (1,45).

Lukas schreibt: „Er aber zog sich zurück in die Wüste und betete." (Lukas 5,16) Der Wortlaut lässt erkennen, dass es sich dabei um eine regelmäßige Übung handelte. Einer dieser einsamen Orte, die Jesus aufsuchte, waren die Berge. Es geschah während des Gebetes auf einem Berg, dass er verklärt wurde (Lukas 9,28). Während er über Jesu Gang in den Garten Gethsemane zum Gebet nach dem letzten Abendmahl berichtet, schreibt Lukas, dass er „nach seiner Gewohnheit hinaus an den Ölberg" ging (Lukas 22,39). Obwohl er dort mit seinen Jüngern zusammen hingegangen war, „riss [Jesus] sich von ihnen los, etwa einen Steinwurf weit, und kniete nieder und betete" (Lukas 22,41). Manchmal verbrachte er eine ganze Nacht im Gebet auf einem Berg: „Es begab sich aber zu der Zeit, dass er auf einen Berg ging, um zu beten; und er blieb die Nacht über im Gebet zu Gott." (Lukas 6,12)

Bei anderer Gelegenheit sagt Jesus: „Wenn du aber betest, so geh in dein Kämmerlein und schließ die Tür zu und bete zu deinem Vater, der im Verborgenen ist; und dein Vater, der in das Verborgene sieht, wird dir's vergelten." (Matthäus 6,6) Allerdings haben viele genauso wie Jesus, der nichts hatte, „wo er sein Haupt hinlege" (Lukas 9,58), in ihren Wohnungen keinen ruhigen Ort. Aus diesem Grund müssen wir improvisieren. Weil ich einen großen Teil meines Lesens und Schreibens nachts erledige, stehe ich morgens nicht besonders früh auf. Ich habe deshalb Zeit zum Beten, wenn die anderen aus dem Haus sind. Manchmal klingelt in dieser Zeit das Telefon so oft, dass ich ausschalten muss oder in eine nahe gelegene Kirche gehe, um in Ruhe beten zu können. Bei solchen Gelegenheiten finde ich es beruhigend zu wissen, dass Jesus vor ähnlichen Problemen stand und nach entsprechenden Lösungen suchte. Von ihm können wir lernen, dass wir alle einsame Orte jenseits der Menschen brauchen, um ungestört beten zu können.

Alle Pastoren müssen regelmäßig öffentlich beten. Aber das öffentliche Gebet ist niemals ein Ersatz für das private. Das private Gebet ist ein grundlegender Aspekt des christlichen Lebens und hat damit eine Schlüsselrolle in unserer Vorbereitung für den öffentlichen Dienst. Der methodistische Prediger E. M. Bounds schrieb einmal: „Einige methodistische Prediger beten privat zu kurz und öffentlich zu lang. Die Regel sollte jedoch sein, dass man im Privaten lange betet und sich beim öffentlichen Beten kurz fasst." Dann sagt er noch: „Es ist eine absolute Kreuzigung, während dieser langen, leblosen Gebete auf den Knien zu bleiben." Was er damit sagen will, ist, dass ein klein gehaltenes privates Gebetsleben nicht nur zu langatmigen öffentlichen Gebeten führt, sondern dass diesen Gebeten auch jegliche Lebendigkeit fehlt. Wer nicht in persönlichem Kontakt mit Gott steht, kann auch nicht Gottes Volk in dessen Gegenwart führen.

Ein grundlegender Aspekt des dienenden Lebens

Nach der in Markus 1 erzählten Geschichte suchten die Jünger nach Jesus, der zum Beten auf einen Berg gestiegen war (1,36). Sie waren vermutlich erst aufgewacht, als er das Haus schon verlassen hatte. Als sie ihn schließlich fanden, sagten sie zu ihm: „Jedermann sucht dich." (1,37) Das griechische Wort, das hier mit „suchen" übersetzt wird (*zeteo*), scheint ein unwillkommenes Nachlaufen zu implizieren. Dass Jesus dieses Suchen nicht besonders gelegen kam, macht auch seine Antwort deutlich: „Lasst uns anderswohin gehen, in die nächsten Städte, dass ich auch dort predige; denn dazu bin ich gekommen.“ (1,38) Was also auf den ersten Blick aussah wie eine großartige Möglichkeit, ergriff er nicht, weil das nicht Gottes Wille für ihn war.

In dieser Geschichte zeigen zwei interessante Faktoren den Vorrang auf, den das Gebet im Leben Jesu hatte. Zunächst einmal musste Jesus nach solch einem hektischen Sabbattag ziemlich müde gewesen sein. Wenn er nur ein bisschen war wie ich, dann war es nicht seine natürliche Art, morgens „noch vor dem Tage“ aus dem Bett zu springen, um nach solch einem vollen Tag Beten zu gehen. Als Zweites erwartete ihn ein großangelegter Dienst, den er zu dieser Zeit jedoch völlig ignorierte. Für Jesus war es also offensichtlich die oberste Priorität, ungestörte, qualitativ wertvolle Zeit mit Gott zu verbringen, selbst nach einem hektischen Dienst. Nachdem er die fünftausend gespeist hatte, tat er etwas Ähnliches. Er sandte seine Jünger in einem Boot auf die andere Seite des Sees „nach Betsaida, bis er das Volk gehen ließe. Und als er sie fortgeschickt hatte, ging er hin auf einen Berg, um zu beten.“ (Markus 6,45f.)

Wir alle kennen solche Zeiten, in denen der Stress unseres Dienstes so groß ist, dass wir schnell die Zeit mit dem Herrn hintenanstellen. Eine Woche bevor ich diese Zeilen geschrieben habe, war ich auf der Nationalen Trainingskonferenz für Jugendleiter, die von JfC organisiert wurde. Alle unsere Mitarbeiter arbeiteten bis an den Rand der Erschöpfung, damit die Konferenz reibungslos ablief. Ich war als Redner dort. Ich stand jeden Morgen ziemlich früh auf, um noch Zeit mit dem Herrn verbringen zu können. Aber ich habe mich fast schuldig gefühlt, dass ich mich in der Gegenwart Gottes zu entspannen schien, während meine Kollegen wirklich hart arbeiten mussten! Doch ich habe tatsächlich auch gearbeitet! Eine wichtige Aufgabe der Leitung ist das Gebet. Aus diesem Grund entlastete die erste Gemeinde die Apostel von einigen ihrer Pflichten, damit sich diese Menschen auf das Gebet und den Dienst am Wort konzentrieren konnten (Apostelgeschichte 6,4).

Paulus demonstrierte in seiner Beschreibung des Gründers der Gemeinde von Kolossä, Epaphras, dass Gebet Arbeit ist. Epaphras war zu diesem Zeitpunkt bei Paulus, weit weg von Kolossä. Paulus schreibt: „Es grüßt euch Epaphras, ... der allezeit in seinen Gebeten für euch *ringt*, damit ihr fest steht, vollkommen und erfüllt mit allem, was Gottes Wille ist. Ich bezeuge ihm, dass er *viel Mühe hat* um euch und um die in Laodizea und in Hierapolis." (Kolosser 4,12f.; Hervorhebungen von mir) Die beiden Worte, die hier gebraucht werden, sind sehr starke Ausdrücke. Das Verb, das mit „ringen" übersetzt wird, ist *agonizomai*, was die Bedeutung von „kämpfen, sein Bestes geben, im (athletischen) Wettkampf stehen" hat. Mit „Mühe", *ponos*, ist eine Arbeit gemeint, in der man einige Schwierigkeiten zu überwinden hat. Diese beiden Worte bezeugen zusammengenommen, dass Epaphras wirklich hart für die Gemeinde arbeitete, obwohl er so weit weg war. Doch die Arbeit, die er tat, war das Beten.

Ich habe einmal den Satz gehört, dass Ehefrauen auf den Knien dafür sorgen, dass ihre Männer auf den Beinen bleiben. Das ist vermutlich wahr. Ich kann mit starker geistlicher Unterstützung sagen, dass die Gebete der Leiter oft dafür sorgen, dass die, die sie leiten, im Glauben wachsen und in ihrem Dienst erfolgreich sind. Das leuchtendste Beispiel dafür ist Mose, der mithilfe von Aaron und Hur auf dem Berg die Arme zum Gebet hob, während Josua und seine Krieger die Armee der Amalekiter im Tal darunter schlugen (2. Mose 17,8-13). Das Kriegsglück der Israeliten wandelte sich dabei entsprechend der Intensität, mit der Mose betete.

Zum Gebet gibt es im Leben eines christlichen Arbeiters keine Alternative. Der große schottische Prediger Robert Murray McCheyne (1813–1843) sagte einmal: „Ein Mann ist das, was er auf seinen Knien vor Gott ist – und nichts mehr." Im Gebetsleben kann man keine Abkürzungen nehmen. Jeder christliche Dienst ist ein geistlicher Dienst, und um ihn tun zu können, müssen wir Zeit im Geist verbringen. Wir können keine geistliche Tiefe in unserem Dienst haben und damit auch keinen bleibenden Effekt, wenn unser Leben sich nicht auf das Gebet gründet.

Die Welt bombardiert uns unaufhörlich mit ihren falschen Werten und Attraktionen. Wenn wir diesem Einfluss nicht wertvolle Zeit mit Gott entgegensetzen, werden wir schnell wie Petrus werden, zu dem Jesus gesagt hat: „Du meinst nicht, was göttlich, sondern was menschlich ist." (Matthäus 16,23) Jesus sagte zu seinen Jüngern im

Garten Gethsemane: „Wachet und betet, dass ihr nicht in Anfechtung fallt!" (Matthäus 26,41) Jesus wusste ja, dass diese Jünger eigentlich beten wollten, dass sie jedoch zu müde dazu waren. Deshalb beendet er diesen Vers, indem er sagt: „Der Geist ist willig; aber das Fleisch ist schwach." Was in Gethsemane galt, gilt auch für unser Gebet heute. Deshalb ist es ein Trost zu wissen, dass „auch der Geist unsrer Schwachheit [aufhilft]. Denn wir wissen nicht, was wir beten sollen, wie sich's gebührt; sondern der Geist selbst vertritt uns mit unaussprechlichem Seufzen." (Römer 8,26)

Zu Anfang nehmen wir wahrscheinlich gar nicht wahr, dass wir in der Vernachlässigung des Gebets unsere geistliche Vitalität verlieren. Unsere Fähigkeiten und unsere Ausbildung sind zunächst in der Lage, die Lücke zu füllen, die das Fehlen von Gottes Nähe hinterlassen hat. Ich bin davon überzeugt, dass Menschen ohne Gottes Salbung nicht nur überleben, sondern sogar Erfolg haben können, indem sie sich auf ihre Fähigkeiten verlassen – jedenfalls eine Zeit lang. Wenn wir hart arbeiten, begabt sind, gut organisiert und andere motivieren können, dann wachsen unsere Bereiche vielleicht sogar zahlenmäßig. Viele Menschen wählen eine Gemeinde nach dem dort angebotenen Programm aus, und viele Gemeinden haben attraktive Programme, obwohl ihre Leiter keine Menschen sind, die besonders nah beim Herrn sind. Aber dort finden wir keine geistliche Kraft, und das bedeutet, dass sie nicht das Ziel erreichen. Menschen, die in geistlicher Hinsicht sensibel sind, erkennen normalerweise, dass der dort praktizierte Dienst leer ist, aber sie reden oft nicht darüber, besonders dann nicht, wenn der Leiter in dem Sinne produktiv ist, dass er messbare Ziele erreicht.

Paulus schrieb, „ich bezwinge meinen Leib und zähme ihn, damit ich nicht andern predige und selbst verwerflich werde." (1. Korinther 9,27) Ein Teil dieses Zwingens und Zähmens besteht darin, dass sich ein christlicher Leiter nicht davon abbringen lässt, die besten Zeiten im Gebet zu verbringen.

Ich schreibe dies als einer, der auch auf dem Weg ist. Man könnte meinen, dass ich nach so vielen Jahren im Dienst die Fähigkeit entwickelt haben sollte, dann zu beten, wenn ich sollte. Aber das ist nicht der Fall. Vielmehr handelt es sich dabei um eine Schlacht, die ich jeden Tag neu zu schlagen habe. Ich finde es wesentlich leichter, mich anderen Arbeiten zuzuwenden, und so muss ich jeden Tag dieser Versuchung widerstehen, damit ich Zeit zum Beten habe. Ich habe auf diesem Gebiet so oft versagt, dass ich aus vollem Herzen bekennen kann, dass keine der Früchte in meinem Dienst auf meiner Treue beruht, sondern allein auf Gottes Erbarmen. Aber ich habe mich dazu entschieden, trotz meiner Tendenz zum Workaholic jeden Tag dafür zu kämpfen, dass ich meine produktivsten Zeiten dem Gebet widme.

Gebet zu entscheidenden Zeiten im Dienst Jesu

Es ist allgemein bekannt, dass die Evangelien oft vor entscheidenden Momenten im Dienst Jesu von seinem Gebet berichten:

- Unser Text aus Markus 1 spricht vom Anfang der öffentlichen Wirksamkeit Jesu, kurz nachdem an einem Sabbat große Mengen zu ihm gekommen waren. Jesus stand also vor der Entscheidung, ob er auf dieser Popularitätswelle weiterreiten wollte oder ob er eine andere Strategie entwickeln sollte. Indem er einen eher negativen Ausdruck für das „Suchen" (*zeteo*) der Menge benutzt (Markus 1,37), bereitet er seine Jünger auf seine Entscheidung vor, andere Orte aufzusuchen, ohne sich weiter um die Menschen in Kapernaum zu kümmern. Doch bevor er diese Entscheidung seinen Jüngern mitteilte, betete Jesus allein an einer einsamen Stätte.
- Er betete, als der Heilige Geist bei seiner Taufe auf ihn kam (Lukas 3,21).
- Er verbrachte vierzig Tage mit Fasten (und natürlich auch Beten), bevor er seinen öffentlichen Dienst begann (Matthäus 4,2).
- Bevor er seine Apostel wählte, ging er „auf einen Berg ..., um zu beten; und er blieb die Nacht über im Gebet zu Gott." (Lukas 6,12) Am Morgen danach stieg er vom Berg herab und ernannte die Zwölf.
- Sein Gespräch mit den Jüngern in Cäsaräa Philippi wird als ent-

scheidender Moment in seinem Dienst angesehen (Lukas 9,18-27). Dort fragte er sie, was die Leute von ihm hielten und was sie selbst glaubten, wer er sei. Daraufhin schließt sich seine älteste überlieferte Erläuterung über die Natur seines Dienstes als Heiland an, besonders geht es dabei um die Notwendigkeit seines Todes und seiner Auferstehung. Der Evangelist Lukas leitet diese Episode mit den Worten ein: „Und es begab sich, als Jesus allein war und betete und nur seine Jünger bei ihm waren, da fragte er sie und sprach: Wer, sagen die Leute, dass ich sei?“ (Lukas 9,18)

- Wir wissen, dass die Verklärung stattfand, als „er mit sich nahm Petrus, Johannes und Jakobus und ging auf einen Berg, um zu beten. Und als er betete, wurde das Aussehen seines Angesichts anders, und sein Gewand wurde weiß und glänzte.“ (Lukas 9,28f.) Dort auf dem Berg betete er vermutlich allein, denn Lukas berichtet: „Petrus aber und die bei ihm waren, waren voller Schlaf“, während er verklärt wurde (9,32).

Lukas beschreibt die Situation, die dazu führte, dass Jesus seinen Jüngern das Vaterunser beibrachte, folgendermaßen: „Und es begab sich, dass er an einem Ort war und betete. Als er aufgehört hatte, sprach einer seiner Jünger zu ihm: Herr, lehre uns beten, wie auch Johannes seine Jünger lehrte.“ (Lukas 11,1) Was dann folgte, sollte für den Rest der Kirchengeschichte zu dem Standardgebet der Christenheit werden.

Wir wissen, dass Jesus kurz vor seiner Verhaftung die Jünger mit in den Garten Gethsemane nahm. Den meisten von ihnen sagte er: „Setzt euch hierher, bis ich gebetet habe.“ (Markus 14,32) Petrus, Jakobus und Johannes nahm er jedoch noch ein Stück weiter mit und offenbarte ihnen seine Sorgen. „Und er ging ein wenig weiter, warf sich auf die Erde und betete“ (14,35). Matthäus berichtet, er „fiel nieder auf sein Angesicht und betete“ (Matthäus 26,39). Aus dem Alten Testament kennen wir unzählige Haltungen, in denen die Juden seinerzeit beteten. Doch die Haltung, die Christus hier einnahm, war eine, die ein besonders ernstes und dringliches Gebet ausdrückte.

Wir können aus den angeführten Stellen schließen, dass Jesus ein

Mann des Gebetes war, dessen natürliche Reaktion auf Krisen und Herausforderungen darin bestand, Gott allein im Gebet zu suchen.

Als wir im zweiten Kapitel das Gebet als eine der Vorbedingungen für die geistliche Beauftragung betrachtet haben, als es im vierten Kapitel ums Fasten ging und im zwölften um die Kranken und Besessenen, habe ich mehrmals erwähnt, dass besondere Ereignisse besondere Gebetszeiten als Vorbereitung erfordern. Die oben aufgeführte Liste zeigt uns, dass Jesus vor Schlüsselereignissen betete und dass besondere Gebetszeiten vor wichtigen Entscheidungen christliche Standardpraxis sind. Bevor wir wichtige Entscheidungen treffen oder Gottes Volk durch bedeutsame Erfahrungen führen, müssen wir im Einklang mit Gott sein. Gebet ist der beste Weg, um das zu erreichen. Wenn wir Leiter sind, sind wir vor solchen Ereignissen jedoch meistens sehr beschäftigt. Wenn das der Fall ist, müssen wir also sorgfältig planen, damit wir genug Zeit zum Gebet haben. Vielleicht müssen wir dazu sogar ein paar unserer Verantwortungen an andere delegieren.

Ich möchte im Folgenden ein paar Beispiele für solche wichtigen Ereignisse nennen, in denen wir als christliche Arbeiter besondere Gebetszeiten einräumen sollten:

- Eine Rüstzeit der Mitarbeiter, in der die Gruppe Gottes Angesicht sucht, um eine neue Vision ihrer Arbeit zu bekommen oder bevor der Leiter eine solche Vision der Gemeinde mitteilt.
- Eine Mitarbeiter- oder Leitungskonferenz.
- Bevor man zu einem Besessenen geht, um für ihn zu beten.
- Vor einer schwierigen Sitzung, in der man es mit einigem Konfliktpotenzial zu tun bekommen wird.
- Vor einem Vorstellungsgespräch oder bevor man die Entscheidung trifft, die angebotene Stelle anzunehmen oder abzulehnen.
- Vor einer Predigt (ich brauche vor einer Predigt immer eine Gebetszeit, aber das gilt besonders, wenn ich auf einer großen Konferenz reden soll, denn ich habe gemerkt, dass solche Aufgaben geistlich und emotional besonders erschöpfend sind).
- Vor der Entscheidung über eine Predigtreihe (viele Pastoren ent-

scheiden schon Monate vorher über die Themen ihrer Predigten).

- Bevor man die endgültige Entscheidung darüber trifft, wer mein Partner fürs Leben sein soll.

Stoßgebete

Oft begann Jesus spontan während eines Gesprächs zu beten.

- Nachdem er einige Städte gescholten hatte, weil die Menschen dort nicht umgekehrt waren, dankte Jesus Gott dafür, dass die kleinen Kinder die Wahrheit verstanden, obwohl es die Weisen nicht taten (Matthäus 11,25f.). Dann führte er den Dialog mit seinen Gesprächspartnern weiter.
- Einmal, nachdem er über seinen unmittelbar bevorstehenden Tod und das Prinzip, dass der Tod dem Leben vorausgeht, gesprochen hatte, drückte er Gott gegenüber seine Vorbehalte bezüglich des Todes aus. Er sagte: „Jetzt ist meine Seele betrübt. Und was soll ich sagen? Vater, hilf mir aus dieser Stunde? Doch darum bin ich in diese Stunde gekommen. Vater, verherrliche deinen Namen!“ (Johannes 12,27f.)
- Am Grab des Lazarus angekommen, hob Jesus „seine Augen auf und sprach: Vater, ich danke dir, dass du mich erhört hast. Ich weiß, dass du mich allezeit hörst; aber um des Volkes willen, das umhersteht, sage ich's, damit sie glauben, dass du mich gesandt hast.“ (Johannes 11,41f.) Unmittelbar danach rief er: „Lazarus, komm heraus!“
- Wir sehen, dass Jesus ein Dankgebet spricht, bevor er Tausende speist (Matthäus 15,36; Markus 6,41) und als er das Abendmahl einsetzte (Markus 14,23; Lukas 22,19).
- Drei der sieben letzten Worte Jesu am Kreuz sind zu Gott gesprochen. Er bat Gott, denen zu vergeben, die ihn kreuzigten (Lukas 23,34). Er schrie verzweifelt, dass Gott ihn seiner Ansicht nach verlassen hatte (Matthäus 27,46). Und kurz bevor er starb, befahl er Gott seinen Geist (Lukas 23,46).

Was ich hier aufgezählt habe, sind nur die Gebete, die uns überliefert wurden, weil sie hörbar gesprochen wurden. Es muss mehr Gelegenheiten gegeben haben, in denen Jesus ein stilles Stoßgebet zu Gott geschickt hat. Im zehnten Kapitel haben wir solche Gebete „Blitzgebete" genannt.

Auf ähnliche Weise können auch wir ein spontanes Gebet sprechen, wenn wir es mit etwas zu tun haben, auf das wir Gottes Aufmerksamkeit lenken möchten.

- In einem seelsorgerlichen Gespräch können wir Gott um seine Hilfe anflehen.
- Wenn wir es mit Widerstand zu tun bekommen, können wir Gott bitten, uns die richtige Antwort in den Mund zu legen.
- Bevor ich auf die Kanzel steige, bitte ich in der Regel Gott darum, dass er mir die richtigen Worte gibt.
- Während ich predige, bitte ich Gott oft um seine Hilfe und darum, dass er zu den Menschen spricht.
- Ich finde es sehr hilfreich, während eines Konfliktes mit meiner Frau leise Gebete zu sprechen. Auf diese Weise werden wir nicht panisch oder verlieren die Kontrolle und sagen dann etwas, was wir später bereuen. Wenn wir mit Gott rechnen, können wir die Sache in Hoffnung angehen, weil wir wissen, dass uns Gott nicht nur dabei hilft, dieses Problem zu lösen, sondern es auch in etwas Gutes verwandeln wird. Das verändert unsere ganze Haltung und führt dazu, dass wir uns im Umgang miteinander mäßigen.
- Wie Jesus können wir manchmal auch inmitten eines Gespräches ein Gebet sprechen.
- Wenn wir auf einer Sitzung nicht wissen, wie wir ein bestimmtes Problem lösen sollen, können wir ebenfalls eine Pause einlegen und erst einmal beten.

Auf der weiter oben erwähnten Trainingskonferenz für Jugendleiter bei JfC habe ich die Abschlussveranstaltung geleitet. Der letzte Redner hatte seine Sache gut gemacht und seinen Vortrag nicht nur auf den Punkt gebracht, sondern die versammelten Menschen auch vor eine Entscheidung gestellt. Ich hatte eigentlich vor, etwas Ähnliches zu tun, aber weil das nun nicht möglich war, musste ich mir etwas anderes überlegen, mit dem ich die Konferenz zu einem guten Abschluss bringen könnte. Ich betete zu Gott um seine Führung. Neben mir saß derjenige, der meine in Sinhala gesprochenen Worte ins Tamilische übersetzen sollte. Nachdem ich ihm mein Problem offenbart hatte, beteten wir zusammen um Hilfe. Als ich schließlich auf die Bühne stieg, hatte ich eine ungefähre Vorstellung, was ich machen würde, betete aber immer noch sehr intensiv und überlegte nicht weniger intensiv mit einem offenen Herzen für Gottes Impulse. Und ich denke, es lief gut!

Ich habe 1988 mit meiner Familie eine sechsmonatige Sabbatzeit am Gordon-Conwell Theologischen Seminar in den Vereinigten Staaten verbracht. Ich war dem Department für Missiologie angeschlossen, das damals von Dr. Christy Wilson geleitet wurde. Dr. Wilson und seine Frau Betty kennenzulernen, war einer der Höhepunkte meines bisherigen Dienstes. Was für gottesfürchtige und großzügige Menschen! Dr. Wilson könnte ohne Probleme den Titel eines „Gebetskämpfers" für sich in Anspruch nehmen. Wann immer ich ihm eine Sorge oder eine Not mitteilte, trug er sie ohne zu zögern Gott vor. Einmal traf ich ihn zufällig in einem Kaufhaus und erzählte ihm nebenbei, dass wir ein Problem mit den Plätzen für den Rückflug nach Sri Lanka hatten. Sofort sagt er: „Lass uns darüber beten!", und er betete auf der Stelle, mitten in dem geschäftigen Kaufhaustreiben. Von ihm habe ich gelernt, dass man auch mitten in einem Gespräch ins Gebet überwechseln kann, genauso wie es Jesus getan hat.

Jesus konnte so schnell aufs Gebet umschalten, weil Gebet die Atmosphäre war, in der er lebte, es war sozusagen die Luft, die er atmete. In ähnlicher Weise müssen auch wir im Einklang mit Gott sein, wenn unsere Stoßgebete effektiv sein sollen. Dieser Einklang entsteht jedoch nur, wenn wir ungehetzte Zeiten mit Gott verbringen. Deshalb bin ich in der Regel eher skeptisch, wenn mir Menschen erzählen, dass sie sich keine besonderen Zeiten für Gott reservieren, sondern ihr Gebetsleben allein aus Stoßgebeten besteht. Normalerweise brauche ich rund eine Viertelstunde, um während meiner Fürbitten in so etwas wie eine Gebetsstimmung hineinzukommen. In der ersten Viertelstunde bete ich deshalb oft nur für ein paar wenige Menschen, denn ich habe Probleme, mich auf das Gebet zu konzentrieren. Wenn ich aber erst einmal aufs Gebet eingestellt bin, dann geht es schneller. Wenn ich dann vom Gebet aufstehe, bin ich ganz auf Gott eingestellt, sodass Stoßgebete etwas ganz Natürliches werden. Stoßgebete sind jedoch niemals ein Ersatz für die stille Zeit, für unsere Zeit allein mit Gott.

Der Inhalt: Danksagung, Bitte und Fürbitte

Wenn wir uns den Inhalt der Gebete Jesu anschauen, finden wir drei große Themenbereiche – Danksagung, Bitte und Fürbitte. Wir schauen dabei nicht auf das Modellgebet Jesu, das Vaterunser, das er allen Gläubigen ans Herz gelegt und damit sicher auch Haupt- und Ehrenamtlichen als Vorbild gegeben hat. In diesem Gebet finden wir keine Danksagung und auch keine Fürbitte, dafür aber Anbetung. Hier wollen wir uns die anderen Gebete Jesu anschauen, die in den Evangelien überliefert sind.

Danksagung

Die Dankgebete Jesu, die wir in den Evangelien finden, fallen vermutlich in die Kategorie der „Stoßgebete". Darin eingeschlossen sind die Danksagungen vor der Speisung der Fünftausend (Johannes 6,11) und der Viertausend (Matthäus 15,35), beim letzten Abendmahl (Matthäus 26,27) und als er das Brot im Haus der Emmausjünger brach (Lukas 24,30).

Bei zwei anderen Gelegenheiten reagierte Jesus auf eine Situation, indem er einfach Gott dankte. Das erste Mal geschah dies anlässlich seiner Schelte über „die Städte ..., in denen die meisten seiner Taten geschehen waren; denn sie hatten nicht Buße getan" (Matthäus 11,20). Nachdem er sie wegen der Zurückweisung seiner Lehre getadelt hatte, erkannte er an, dass andere das Gegenteil getan hatten. Er sagte: „Ich preise dich, Vater, Herr des Himmels und der Erde, weil du dies den Weisen und Klugen verborgen hast und hast es den Unmündigen offenbart. Ja, Vater; denn so hat es dir wohlgefallen." (11,25f.) Ein anderes Mal geschah so etwas am Grab des Lazarus, als er ein zeugnishaftes Gebet mit evangelistischem Ziel betete. Johannes berichtet: „Jesus aber hob seine Augen auf und sprach: Vater, ich danke dir, dass du mich erhört hast. Ich weiß, dass du mich allezeit hörst; aber um des Volkes willen, das umhersteht, sage ich's, damit sie glauben, dass du mich gesandt hast." (Johannes 11,41f.)

Die Danksagung bildet einen wichtigen Teil der paulinischen Gebete, denn Paulus dankt fünfzehnmal in den Gebeten seiner Briefe. Einmal handelt es sich dabei um einen allgemeinen Dank für Gottes Gaben (2. Korinther 9,15). Zehnmal dankt Paulus Gott für den Glauben, das Zeugnis und die christlichen Erfahrungen seiner Leser. Er dankt Gott für die Gemeinschaft am Evangelium, die er mit seinen Lesern hat (Philipper 1,3-5). Er preist (*eulogetos*) und dankt (*charis*) Gott für die Gnade, die ihm selbst widerfahren ist (2. Korinther 1,3f; 2,14), und für die Tatsache, dass Gott ihn in seinen Dienst berufen hat (1. Timotheus 1,12-17). Angesichts dieser beeindruckenden Liste sollte es nicht verwundern, dass Paulus sagt: „Seid dankbar in allen Dingen; denn das ist der Wille Gottes in Christus Jesus an euch." (1. Thessalonicher 5,18)

Die oben aufgeführten Belege sollten uns davon überzeugen, dass die Danksagung ein entscheidender Aspekt des Lebensstils eines christlichen Arbeiters ist. Im siebten Kapitel haben wir deutlich gemacht, dass wir es nicht zulassen dürfen, dass Ärger unser Leben kontrolliert. Im elften Kapitel sprachen wir darüber, wie wichtig die Freude in unseren Erfahrungen ist. Ein Schlüssel zu beidem ist ein dankbares Herz. Wie wir gesehen haben, hat Jesus selbst bei seiner Kritik an den unbußfertigen Städten etwas gefunden, wofür er Gott dankbar war (Matthäus 11,20-26). Paulus dankte Gott für die Korinther, die ihm einiges an Kopfzerbrechen bereitet hatten (1. Korinther 1,4-9).

Wir haben ein dankbares Herz, wenn wir Gott in jeder Situation unseres Lebens anerkennen. Wir glauben, dass er souverän ist; wir wissen, dass er jede Situation in etwas Gutes verwandeln wird. Deshalb können wir ihm immer dankbar sein. Wir können denen vergeben, die uns verletzt haben, und bestätigen, dass ihre Unfreundlichkeit eine Möglichkeit für unser Wohl werden wird. Das wird uns helfen, die erdrückende Last des Ärgers und der Bitterkeit abzulegen und unsere Freude bis an den Tag unseres Todes am Leben erhalten.

Bernard Gilpin war ein anglikanischer Prediger des sechzehnten Jahrhunderts, der verhaftet wurde, weil er das Evangelium gepredigt hatte. Er wurde mit dem Pferd nach London gebracht, wo er vor Gericht gestellt werden sollte. Dabei bemerkte er immer wieder: „Alles dient dem Guten." Seine Peiniger machten sich über diese Bemerkungen lustig. Als er auf dem Weg vom Pferd fiel und sich ein Bein brach, fanden sie das besonders witzig. Aber Gilbert antwortete ruhig: „Ich habe keinen Zweifel daran, dass sich selbst dieser schmerzhafte Unfall als Segen erweisen wird." Aufgrund des Zwischenfalls verspätete sich der Gefangenentransport und traf erst einige Tage nach der erwarteten Ankunftszeit in London ein.

Als sie das Gefängnis erreichten, hörten sie in der Stadt ein fröhliches Glockengeläut. Sie fragten nach dem Grund und bekamen als Antwort: „Königin Maria ist gestorben. Jetzt werden Protestanten nicht mehr verbrannt!"

„Aha", sagte Gilbert, „ihr seht, alles dient dem Guten."

Das ist die Haltung, mit der wir uns dem Leben stellen können. Bei dieser Übung entwickeln wir ein trotziges Festhalten an der Tatsache, dass Gott mit uns ist und für uns wirkt. Dann können wir in allen Lagen dankbar sein, so wie Paulus es gewesen ist.

Bitte

Unter den überlieferten Gebeten Jesu finden sich erstaunlich viele, in denen er für sich selbst betet. Und sie alle haben mit der wirklich schweren Arbeit des Sterbens für die Sünden der Welt zu tun. Als der Tod herbeigerückt kam und Jesus über dessen Auswirkungen nachdachte, betete er: „Jetzt ist meine Seele betrübt. Und was soll ich sagen? Vater, hilf mir aus dieser Stunde? Doch darum bin ich in diese Stunde gekommen. Vater, verherrliche deinen Namen!" (Johannes 12,27f.) Dann, beim letzten Abendmahl, betete er: „Vater, die Stunde ist da: verherrliche deinen Sohn, damit der Sohn dich verherrliche;

denn du hast ihm Macht gegeben über alle Menschen, damit er das ewige Leben gebe allen, die du ihm gegeben hast.“ (Johannes 17,1f.) Im Garten Gethsemane war er später in Agonie, als er über seinen Tod nachdachte, und betete: „Abba, mein Vater, alles ist dir möglich; nimm diesen Kelch von mir; doch nicht, was ich will, sondern was du willst!“ (Markus 14,36) Hebräer 5,7 beschreibt dieses Ringen mit Gott im Gebet sehr eindrücklich: „Und er hat in den Tagen seines irdischen Lebens Bitten und Flehen mit lautem Schreien und mit Tränen dem dargebracht, der ihn vom Tod erretten konnte; und er ist auch erhört worden, weil er Gott in Ehren hielt.“

Die übrigen beiden Gebete werden vom Kreuz herab gesprochen, wo Jesus Gott fragte, warum er ihn verlassen habe (Markus 15,34), und als er seinen Geist in die Hände Gottes befahl (Lukas 23,46).

Ich vermute, die größte Versuchung Jesu bestand darin, den Tod am Kreuz zu vermeiden, und deshalb ging es auch darum in den meisten Gebeten, die er für sich selbst betete. In derselben Weise sollten auch wir in unseren Gebeten für uns selbst für die Bereiche, in denen wir verwundbar sind, beten – Bereiche, in denen wir versucht sind, Dinge zu tun, die nicht mit Gottes Willen im Einklang stehen.

Ich benutze für meine persönliche stille Zeit seit mindestens achtunddreißig Jahren eine Gebetsliste. Vor einigen Jahren fiel mir auf, dass ich gar nicht für mich selbst betete. Ich betete vielmehr die meiste Zeit für andere. Dabei gab es viele, viele Bereiche in meinem Leben, in denen ich versagte, und solche, in denen ich versuchbar war. Ich entschied mich, diese Bereiche aufzuschreiben und ihnen auf meiner Liste mit Gebetsanliegen den obersten Platz einzuräumen. Ich glaube, es wäre gut für alle Leiter, wenn sie ihren Schwächen und Herausforderungen einen prominenten Platz in ihren Gebeten einräumten.

Fürbitte

Als es im zehnten Kapitel um das Heranbilden von Jüngern ging, haben wir das Fürbittengebet schon besprochen, deshalb soll das hier nicht noch einmal ausführlich geschehen. Wir wollen vielmehr nur die Gelegenheiten erwähnen, bei denen Fürbittengebete in den Evangelien auftauchen. Das Erste unter ihnen ist Jesu Gebet für Simon, dass, obwohl er Christus verleugnen würde, sein Glaube nicht aufhören möge und er nach seiner Umkehr die Kraft bekomme, seine Brüder zu stärken (Lukas 22,31f.). Das nächste Gebet ist das Hohepriesterliche Gebet, in dem Jesus für seine Jünger betet (Johannes 17,6-19.24-6) und für die, die später zum Glauben kommen würden (17,20-23). Das letzte überlieferte Gebet geschieht am Kreuz, als Jesus Gott darum bat, denen zu vergeben, die ihn töteten, weil sie nicht wussten, was sie taten (Lukas 23,34).

Im zehnten Kapitel haben wir uns auch mit paulinischen Fürbittengebeten beschäftigt. Wir haben darauf hingewiesen, dass er in zehn seiner dreizehn Briefe ausdrücklich seine Fürbitten für die Leser erwähnt.

Es ist gut zu wissen, dass Jesus immer noch für uns betet und dass die Fülle unseres Heils von seinen Gebeten für uns abhängt. In Hebräer 7,25 lesen wir: „Daher kann er auch für immer selig machen, die durch ihn zu Gott kommen; denn er lebt für immer und bittet für sie." So wie Fürbitte ein grundlegender Bestandteil seines Dienstes ist, ist es auch einer unseres Dienstes.

Vor einigen Jahren habe ich einem Kollegen gegenüber erwähnt, dass ich sehr besorgt darüber bin, dass „Jugend für Christus" seinen Schwung beim Beten verloren hat. Er antwortete, dass wir vielleicht deshalb fahrlässig geworden seien, weil wir in keiner Krise stünden. Ich habe darüber nachgedacht und bin zu dem Schluss gekommen, dass wir in der Tat in einer großen Krise waren. Wir standen in der Krise, dass Millionen von Menschen in unserer Nation einer Ewigkeit ohne Christus entgegengingen. Wir standen in der Krise, dass Hunderte von jungen Menschen, die durch unsere Arbeit zum Glauben gekommen waren, nun in ihrem christlichen Leben viele Niederlagen einstecken mussten. Wir standen in der Krise einer Kirche, die verzweifelt Erweckung brauchte.

Wenn wir uns dem Herzen Gottes nähern und sehen, wie weit die Kirche und wir selbst uns von seinen Standards entfernt haben, dann werden unsere Herzen brennen vor Sehnsucht, dass alle Ziele Gottes erreicht werden, und die Folge wird ein ernsthaftes Fürbittengebet sein. Die Kirchengeschichte zeigt, dass der Erweckung Gebet vorausgeht. Es gibt keine Erweckung, wenn die Christen nicht dafür beten. Gott weiß, dass wir Erweckung brauchen, und wenn wir Gottes Herzen nahe wären, wüssten wir das auch. Dann würden wir uns dem Dienst der Fürbitte hingeben und andere dazu ermutigen, es uns gleich zu tun.

Die Jünger sahen ihn beten

An verschiedenen Stellen sehen wir in den Evangelien, dass Jesus zwar mit den Jüngern zusammen war, aber trotzdem allein betete. Wir haben uns bereits mit dem Gebet auf dem Berg der Verklärung und dem im Garten Gethsemane beschäftigt. Vor dem Gespräch mit den Jüngern in Cäsaräa Philippi, als Jesus seine Jünger fragte: „Wer, sagen die Leute, dass ich sei?", schreibt Lukas: „Und es begab sich, als Jesus allein war und betete und nur seine Jünger bei ihm waren" (Lukas 9,18).

Als sie Jesus beim Beten zusahen, scheint in den Jüngern der Wunsch nach einem unermüdlichen Gebetsleben aufgekommen zu sein. Lukas schreibt: „Und es begab sich, dass er an einem Ort war und betete. Als er aufgehört hatte, sprach einer seiner Jünger zu ihm: Herr, lehre uns beten, wie auch Johannes seine Jünger lehrte." (Lukas 11,1) Jesu antwortete, indem er sie das Vaterunser lehrte (11,2-4). Jesus gab seinen Jüngern also die Gelegenheit, ihm beim Beten zuzuschauen. Paulus spricht in seinen Briefen ebenfalls oft über sein Gebetsleben.

Auf dieselbe Weise wäre es auch für die, die wir anleiten, hilfreich, wenn sie etwas über unser Gebetsleben erführen. Wir dürfen dabei natürlich nicht in die Falle tappen, indem wir unser Gebetsleben prahlerisch zur Schau stellen, damit andere uns bewundern. Davor warnt Jesus in der Bergpredigt (Matthäus 6,5f.). Wenn wir denen, die wir anleiten, nahe sind, werden sie sehen, wie wir beten. Wir sollten mit ihnen auch über unsere Erfahrungen mit dem Gebet plaudern.

Paulus schrieb Timotheus: „Du aber bist mir gefolgt in der Lehre, im Leben, im Streben, im Glauben, in der Langmut, in der Liebe, in der Geduld, in den Verfolgungen, in den Leiden" (2. Timotheus 3,10f.). Das Wort, das hier mit „gefolgt" übersetzt wird (*parakolytheo*), bedeutet, „mit eines anderen Glauben oder Praxis übereinstimmen, indem man ihm besondere Aufmerksamkeit widmet, ihn treu nachahmt und seinen Regeln folgt". Wie wir im zehnten Kapitel gesehen haben, sind Leiter für andere ein Vorbild in christlichem Verhalten. Eins der Dinge, die Timotheus bei Paulus beobachtet hat, war sicher sein Gebetsleben.

In meinem eigenen Leben war es mir eine große Hilfe, das Beten verschiedener Ältester zu beobachten, die mir damit ein Vorbild gaben. Als Junge wusste ich, wie viel Zeit meine Mutter im Gebet verbrachte. Wenn ich bei meiner Großmutter mütterlicherseits war und dort früh morgens, wenn es noch dunkel war, ins Bad wollte, musste ich durch ihr Schlafzimmer gehen. Dort sah ich, wie sie meistens mit bedecktem Haupt hinter ihrem Bett kniete und betete. Später habe ich herausgefunden, dass meine Großmutter seit meiner Geburt jeden Tag für mich gebetet hat.

In den Anfangsjahren meines Dienstes besuchte ich mit Samuel Mendis, einem älteren Evangelisten, verschiedene Dörfer. Von ihm habe ich eine Menge darüber gelernt, wie man das Evangelium zu den Armen bringt. Auf einem unserer Trips haben wir im Klassenraum einer Schule übernachtet. Wir haben zwei oder drei der Holzbänke zusammengeschoben und darauf geschlafen. Als ich ziemlich früh am nächsten Morgen aufwachte, sah ich, dass der alte Mann schon auf war und kniend betete. Das hinterließ bei mir einen bleibenden Eindruck.

Den Eltern unter uns sei gesagt, dass unsere Kinder einige sehr wichtige Botschaften über Gott und darüber wie es ist, ihm zu folgen, lernen, indem sie einfach unsere Gebetsgewohnheiten beobachten. Als Kind bin ich mit meiner Familie einmal auf eine christliche Freizeit gefahren. Der Hauptredner dort war Theodore H. Epp, der Gründer von *Back to the Bible Broadcast*. Von dem, was er sagte, kann ich mich nur noch an eine Sache erinnern: Als seine Kinder klein waren, wussten sie, dass es nur eine Zeit am Tag gab, in der sie nicht in das Zimmer ihres Vaters kommen durften. Das war die Zeit, die er allein mit Gott verbrachte. Solch eine Grenze hat den Kindern mit Sicherheit Respekt für Gott ins Leben gepflanzt.

Gebet als Vorbeugung gegen Burnout

Schauen wir uns noch einmal die Gebetszeit an, die Jesus an einem frühen Morgen nach einem anstrengenden Sabbat gehabt hat (Markus 1,35). Zusätzlich zu seinem Predigen hatte er viele Kranke geheilt. Solch eine Arbeit führte zur emotionalen wie geistlichen Erschöpfung. Ich bin sicher, dass Jesus nach so einem Tag durch eine Zeit allein mit Gott, weg von der Menge, sehr erquickt wurde.

Zweifellos ist jedoch Gebet nicht das, was uns nach einem schweren Arbeitstag natürlicherweise einfällt. Ich muss bekennen, dass ich an meinem wöchentlichen freien Tag Schwierigkeiten habe, mich dem Gebet hinzugeben. Ich neige dann eher zum „Abhängen“. Sicher brauchen wir nach sehr stressigen Aktivitäten Zeit zum Entspannen, Erholen und „Abhängen“. Oft müssen wir sie sogar regelrecht planen, ansonsten kann es bei den vielen unreinen Entspannungsmöglichkeiten um uns herum schnell passieren, dass wir in irgendetwas Sündiges abdriften.

Besonders wenn ich unterwegs bin, muss ich Erholungsmöglichkeiten einplanen. Ich versuche Hotels zu vermeiden. Denn ich finde es ganzheitlicher und eine große Hilfe in meiner Identifikation mit den Menschen, wenn ich in einem Privathaus übernachte. Natürlich wollen unsere Gastgeber oft bis spät abends mit uns reden, obwohl wir müde sind, aber das ist eine großartige Möglichkeit, die Menschen kennenzulernen. Wenn ich in einem Hotel übernachte und dort abends in meinem Zimmer ankomme, bin ich meist zu aufgewühlt, um gleich ins Bett zu gehen. Dann könnte ich versucht sein, den Fernseher anzuschalten. Deshalb muss ich mir vorher genau überlegen, was ich tun könnte. Erholung und Spaß helfen, Stress abzubauen. Aber wenn wir uns in irgendetwas Unreines hineinbegeben, dann setzen wir uns einer neuen Form von Druck aus, nämlich dem Druck eines schlechten Gewissens.

Ungehetzte Zeiten mit Gott sind ein großartiger Weg des Stressabbaus. In der Tat ist es doch folgendermaßen: Auch wenn wir nach einem anstrengenden Tag nicht gerade Lust auf frühes Aufstehen und ein ausgedehntes Gebet haben, merken wir, dass es uns erfrischt, wenn wir es dennoch tun. Ich glaube, dass das Leben Jesu besonders die geschäftigen, aktivistischen christlichen Mitarbeiter heute anspricht. Markus unterstreicht diese Tatsache. Zweimal erwähnt er, dass Jesus nicht einmal zum Essen kam, weil die Menschen sich um seine Aufmerksamkeit bemühten (Markus 3,20; 6,31). Aber Markus zeigt auch deutlich die Zeiten, die Jesus allein mit Gott verbrachte.

Jesus war ein kontemplativer Aktivist, und das ist es, was wir auch sein sollten. Als Erzbischof Donald Coggan Markus' Portrait von Jesus kommentierte, sagte er: „Es scheint so etwas wie einen Rhythmus im Leben Jesu gegeben zu haben – Rückzug und Arbeit; Rückzug und Arbeit." Ich erzähle oft unseren Mitarbeitern bei „Jugend für Christus", dass unser Leben einem einfachen Muster folgt. Wir erhalten unsere Kraft, indem wir beim Herrn sind, und dann gehen wir in eine feindselige Welt und werden dort geschlagen. Dann kommen wir zurück zu Gott, um uns von der Schlacht zu erholen und unsere Kraft wiederzubekommen. So gestärkt gehen wir zurück in die Welt und werden wieder geschlagen! Doch die Kraft, die wir von Gott bekommen, befähigt uns, für das Reich Gottes zu kämpfen.

Die Arbeit darf uns natürlich niemals vom Gebet abhalten. Wenn wir wirklich eine Extralast an Arbeit aufgebürdet bekommen, sollten wir mehr als üblich beten, damit wir die Kraft bekommen, die wir brauchen, um die Arbeit „im Geist" zu tun. Normalerweise passiert das Gegenteil. Wenn wir mehr zu tun haben, ist Gebet oft das Erste, was unter den Tisch fällt. Martin Luther schrieb: „Ich habe so viel zu tun, dass ich es nicht unter vier Stunden pro Tag in der Gegenwart Gottes aushalte." Anders als in der westlichen Welt gibt es in Sri Lanka nicht überall Tankstellen. Wenn wir also zu einer längeren Fahrt aufbrechen, müssen wir den Tank unseres Autos bis zum Rand auffüllen. In ähnlicher Weise brauchte Luther für eine besondere Belastung in der Arbeit auch besondere Kraft und das bedeutete für ihn, dass er mehr Zeit mit dem Herrn verbringen musste. Ich kenne niemanden, der über einen langen Zeitraum frisch in seinem Dienst gewesen ist, der nicht täglich ungehetzte Momente mit dem Herrn in Gebet und Bibellese verbracht hätte.

Seit einiger Zeit habe ich viel darüber nachgedacht, ob Gebet nicht eine der sichersten Methoden zur Prävention von Burnout im Dienst sein könnte. Das ist heutzutage deshalb ein so grundlegender Punkt, weil sich der Burnout im Dienst mittlerweile beinahe lawinenartig ausbreitet. Viele haben mich in der letzten Zeit davor gewarnt, dass mich mein Terminkalender zu einem Spitzenkandidaten für Burnout macht. Ich vermute, dass man das jetzt noch nicht beurteilen kann. Ich bin dreiundfünfzig Jahre alt und hoffe, dass mir noch ein paar Jahre im Dienst bleiben. In fünfzehn Jahren kann ich vielleicht mit etwas mehr Zuversicht über dieses Thema sprechen. Aber im Augenblick bin ich davon überzeugt, dass meine tägliche Zeit in der Gegenwart Gottes nicht nur ein großartiges Präventiv für Burnout ist, sondern auch für andere negative Effekte, die mit Stress und harter Arbeit verbunden sind. Im Folgenden möchte ich einige Gründe nennen, warum ich das glaube. Ein paar von ihnen habe ich bereits erwähnt, aber es ist sicher hilfreich, sie noch einmal unter diesem Aspekt hier zusammenzustellen.

Wenn wir täglich eine gute Zeit mit Gott unverhandelbar in unsere Kalender einplanen, ist diese Zeit zunächst einmal eine gute Hilfe, um langsamer zu werden und die ungesunde Rastlosigkeit und Gehetztheit zu heilen, die oft die Ursache für einen Burnout ist. Es gibt nur wenige Dinge, die uns so sehr helfen, unsere Rastlosigkeit zu heilen, wie Zeit in der Gegenwart Gottes. Wenn wir jeden Tag eine feste Zeit für das Gebet blockieren, dann gibt es keinen Grund, schnell durchs Gebet zu hetzen, denn wir werden die festgesetzte Zeit so oder so im Gebet verbringen. Wir sind also gezwungen, einen Gang herunterzuschalten, von der stressigen Hetze hin zum ruhigen Warten auf die Gegenwart Gottes.

Deine Gebetszeit ist so etwas wie die Zugreise zu deinem Büro, wenn du wirklich unter Druck stehst, weil du eine Menge zu tun hast. Du rennst von deinem Haus zum Bahnhof und sobald du an deinem Ziel angekommen bist, rennst du vom Bahnhof ins Büro. Aber solange du im Zug sitzt, helfen dir keine Rennerei und kein

Sorgen. Du kannst dich also ebenso gut entspannt hinsetzen und die Fahrt genießen. Mit dem Gebet ist es genauso. Wie gestresst du auch immer sein magst durch die Arbeit, die du zu tun hast, wenn die Zeit mit dem Herrn eine unverhandelbare Stunde in deinem Tagesablauf ist, dann kannst du sie auch in einer entspannten Haltung verbringen, auch wenn es um dich herum genügend Gründe für Stress und Hektik gibt!

Eine Stunde oder mehr in der Gegenwart des allmächtigen und souveränen Herrn des Universums wirkt Wunder in Bezug auf unser Gefühl der Sicherheit (Psalm 46,1-11), wobei dessen Fehlen ebenfalls ein weitverbreiteter Grund für Burnout ist. Wir erkennen, dass der, der mit uns ist und von dem wir unsere Kraft bekommen, der Herr über alles ist. Die Bibel sagt: „Zuflucht ist bei dem alten Gott und unter den ewigen Armen." (5. Mose 33,27) Darin steckt eine große Gewissheit!

Mit dieser Gewissheit kommt „der Friede Gottes, der höher ist als alle Vernunft" (Philipper 4,7) – mit Sicherheit ein wertvoller Schatz, der durchs Leben trägt. Wenn wir unsere Sicherheit nicht in unserer Beziehung zu Gott finden, werden wir rastlos von Aktivität zu Aktivität hetzen und dabei unbewusst hoffen, dass dies die Leere in unserem Leben füllen wird. Wir haben Angst innezuhalten und vor Gott still zu werden, weil es uns dazu bringen könnte, dass wir uns ernsthaft mit dem auseinandersetzen müssen, was in unserem Leben passiert. Deshalb machen wir weiter mit unserer Geschäftigkeit, bis wir uns selbst zugrundegerichtet haben!

Der oben beschriebene Friede entsteht, wenn wir unsere Anliegen vor Gott bringen (Philipper 4,6). *Wenn wir Zeit mit Gott verbringen, können wir alle unsere Sorgen auf ihn werfen, denn er sorgt für uns* (1. Petrus 5,7). Während einer tiefen Krisenzeit in unserem Dienst habe ich entdeckt, welch eine große Erleichterung dadurch kommt, dass man alle seine Belastungen an Gott abgibt. Ich hatte Schlafschwierigkeiten, weil ich voller Sorgen über die Situation war. Ich lernte meine Unfähigkeit zu bekennen, diese Lasten allein zu tragen, und legte sie in einem bewussten Akt des Loslassens Gott auf. Und als Folge fühlte ich eine große Erleichterung.

Wenn wir beten, öffnen wir unsere Herzen für Gottes heilenden Trost. Und wenn uns jemand verletzt hat, gehen wir zu Gott, um mit ihm darüber zu ringen. Dieses Ringen ermöglicht es Gott, in unserem Leben mit seinem Trost durchzubrechen. Und dieser Trost ermöglicht es wiederum uns, die Bitterkeit über das, was Menschen uns angetan haben, zu überwinden. Was für eine schwere Last ist Bitterkeit! Sie wird uns in unserem geistlichen Leben niederdrücken und zu Kandidaten für einen Burnout machen.

Tatsächlich ist nicht nur Burnout ein Problem. Ebenso groß ist die Gefahr der Depression unter älteren Christen, die nahezu ihr ganzes Leben lang freundlich und hilfsbereit gewesen sind, obwohl sie von vielen Menschen schlecht behandelt wurden. Denn unter dieser freundlichen Fassade verbirgt sich oft ein großer emotionaler Schmerz. Sobald diese Menschen älter werden, fehlt ihnen die Kraft, ihr Leid unter Kontrolle zu halten. Wie Kinder drücken sie das aus, was auf ihren Herzen ist. Heraus kommt eine bittere Depression. Deshalb ist es so wichtig, dass wir für solche Wunden Heilung finden, bevor wir alt werden. Andere können uns dabei helfen. Aber letztlich kann uns nur der Trost des Herrn eine dauerhafte Heilung schenken. Gott kann uns heilen, wenn wir uns ihm im Gebet öffnen, statt unseren Schmerz zu verbergen.

Wenn wir während unserer Zeit mit Gott viel Fürbitte halten, sind wir Werkzeuge der Liebe geworden. Wenn wir für andere beten, fließt aus unserem Leben Liebe heraus. Aber das ist keine Liebe, die uns unserer emotionalen Stärke beraubt. Wir beten, das bedeutet, wir sind in Kontakt mit der unversiegbaren Quelle der Liebe. Während unsere Liebe beim Gebet hinausströmt, kommt Gottes Liebe in uns hinein, und dieser regelmäßige Fluss der Liebe in und durch unser Leben lässt uns von einer Freude glühen, die nur die Liebe hervorrufen kann. Paulus schreibt: „Die Liebe Gottes ist ausgegossen in unsre Herzen durch den Heiligen Geist, der uns gegeben ist." (Römer 5,5) Das Wort, das hier mit „ausgegossen" übersetzt wird (*ekcheo*), impliziert sowohl Überfluss wie auch Überflutung. Der Gedanke der geistlichen Erfrischung wird also mit der Metapher des Wassers verbunden. Wenn wir in einem lebendigen Austausch mit Gott sind, haben wir Zugang zu einer solchen Fülle der Liebe, dass wir unsere Fürbitten strahlend beenden.

Wenn wir hart arbeiten, aber unsere Kraft nicht von Gott erhalten, werden wir tatsächlich ausbrennen. Um Gottes Kraft zu bekommen, müssen wir mit ihm in Kontakt bleiben, und Gebet ist der beste Weg, nahe bei ihm zu bleiben. In Jesaja 40,31 heißt es: „Die auf den Herrn harren, kriegen neue Kraft, dass sie auffahren mit Flügeln wie Adler, dass sie laufen und nicht matt werden, dass sie wandeln und nicht müde werden."

Deshalb wird unsere tägliche Zeit mit Gott zum Erfrischendsten werden, was wir tun können. Diese Erfrischung attackiert all das, was einen Burnout auslösen könnte, eben die Dinge, die oft mit Stress und den Lasten des Dienstes zusammenhängen.

Ich möchte dieses Buch in der Hoffnung beenden, dass der Leser allezeit erquickt in dem Werk des Herrn bleibt und damit nicht daran gehindert wird, die Herrlichkeit Gottes in seinem Dienst zu sehen. Es ist wirklich eine herrliche Arbeit, und wenn unser Dienst gesund bleiben soll, dürfen wir diese Vision der Herrlichkeit niemals aus dem Blick verlieren.

Sachbücher bei FRANCKE

N. T. Wright
Glaube – und dann?
Von der Transformation des Charakters
ISBN 978-3-86827-243-7
256 Seiten, Paperback

„Glaube – und dann?" Diese Frage treibt viele Christen um. Die einen betonen, dass der Glaube an sich schon das Ziel sei und die Hauptaufgabe in seiner Weiterverbreitung bestehe. Andere legen großen Wert auf die persönliche Lebensgestaltung und fordern daher, dass der Glaube auch in einer entsprechenden Frömmigkeit zum Ausdruck kommen müsse. Wieder andere sehen im Glauben eher so etwas wie die grundlegende Motivation, aus der heraus die Welt umzugestalten sei.
Der anglikanische Theologe N.T. Wright zeigt in diesem Buch anhand der antiken Tugendlehre und ihrer Weiterführung im Neuen Testament auf, dass das eigentliche Ziel des Glaubens die Transformation des Charakters ist. Jesus zu folgen bedeutet, ihm ähnlicher zu werden. Doch Wright belässt es nicht bei theologischen Überlegungen. Als Seelsorger macht er sich zugleich Gedanken darüber, wie all das praktisch werden kann.

Ein Buch für alle, die weder mit den Händen im Schoß auf die Wiederkunft Christi warten noch sich in hektische Aktivitäten stürzen wollen, sondern nach einem Weg suchen, durch den sich Glaube und Leben verbinden lassen.

Rowland Forman / Jeff Jones /
Bruce Miller
Den Leiterschaftsstab weitergeben
Eine gezielte Strategie zur Entwicklung von Leitern in Ihrer Gemeinde
ISBN 978-3-86827-156-0
224 Seiten, Paperback

Der Bedarf an guten Leitern ist durchweg größer als das Angebot. Wenn Sie ein Pastor, ein Ältester, ein Teamleiter, sonstiger Mitarbeiter oder ein Mitglied des Gemeindeleitungsteams sind, kennen Sie dieses Problem vermutlich. Was können Sie dagegen tun?
Mehr als Sie sich vorstellen können. Den Leiterschaftsstab weitergeben präsentiert Ihnen einen Lösungsansatz, der praxiserprobt und sofort umsetzbar ist: gemeindebasierte Leiterschaftsentwicklung. Immer mehr Gemeinden verwenden dieses Modell. Es basiert auf den Prinzipien, die die frühe Kirche zu einer so überaus kraftvollen geistlichen Bewegung machten.
Es ging nie darum, aus Leiterschaft eine hochkomplexe Wissenschaft zu machen oder sie den Experten zu überlassen. Es ging vielmehr um besonnene Leiter. Jesus und seinen Jüngern gaben den Staffelstab der Leiterschaft an ganz normale Menschen innerhalb der lokalen Gemeinde weiter.
Den Leiterschaftsstab weitergeben verrät Ihnen, wie Sie diese Vorgehensweise auf Ihre Gemeindesituation übertragen können. Denn wenn Sie sich Jesu Leiterschaftsprinzip zum Vorbild nehmen, wird es auch in Ihrer Gemeinde nie an verlässlichen Männern und Frauen mangeln, die den Lauf der Leiterschaft mit Weisheit, Vision und Leidenschaft antreten.

Peter Scazzero
Das Paulus-Prinzip
Warum Schwäche ein Gewinn sein kann
ISBN 978-3-86122-998-8
256 Seiten, Paperback

Als erfolgsverwöhnter Pastor einer New Yorker Gemeinde baut Scazzero über Jahre hinweg die Fassade eines Superhelden auf, die nicht einmal seine Frau durchschauen kann. Erst als er physisch und psychisch am Ende ist und seine Ehe vor dem Aus steht, fängt Gott neu mit ihm an. Und wie! In diesem Buch packt Scazzero aus, nimmt seine Leser an die Hand und führt sie ehrlich durch den eigenen Zerbruch. Hin zu den unbezahlbaren Erfahrungen, die allen Menschen in Leitungsfunktionen, allen haupt- und ehrenamtlichen Mitarbeitern in der Gemeinde helfen können, ihren Dienst für Gott dynamisch und authentisch zu tun. Gehen auch Sie diese ebenso entscheidenden wie erlösenden sechs Schritte mit ihm!

Johannes Stockmayer
Leinen los!
Wie das Schiff Gemeinde wieder in Fahrt kommt
ISBN 978-3-86827-164-5
240 Seiten, Paperback

Jede Gemeinde ist ein Schiff, das gebaut und ausgerüstet wurde für die Fahrt auf das weite Meer. Nicht im sicheren Hafen, sondern inmitten von Stürmen, Strömungen und anderen Herausforderungen ist der Platz der Christen! Hier sind sie nahe bei Menschen in Not und erleben die Gegenwart Gottes.
Aber es gibt Gemeinden, die aufbrechen wollen – und irgendetwas hält sie fest. Sie hängen an Leinen der Vergangenheit und schauen zurück statt nach vorn. Andere sind müde geworden und haben sich eingerichtet. Ihre Leine ist die Bequemlichkeit. Wieder andere haben Schiffbruch erlitten und sind mutlos. Und einige Gemeinden liegen im Hafen fest, weil ihre Sehnsucht nach dem weiten Meer erloschen ist. Sie begnügen sich mit dem Vordergründigen und suchen nicht mehr den Horizont.
Dabei liegt dort das Ziel: Gottes Ewigkeit. Dorthin ist das Schiff „Gemeinde“ unterwegs und auf dem Weg gibt es viel zu tun! Deshalb: Leinen los! Die Fahrt beginnt …